Georges Passelecq
Bernard Suchecky

Die unterschlagene Enzyklika

Der Vatikan und die Judenverfolgung

Aus dem Französischen von
Markus Sedlaczek

Carl Hanser Verlag

Titel der Originalausgabe:
L'encyclique cachée de Pie XI.
Une occasion manquée de l'Église face à l'antisémitisme
Éditions La Découverte, Paris 1995

ISBN 3-446-18950-5
© Éditions La Découverte 1995
Alle Rechte der deutschen Ausgabe:
© Carl Hanser Verlag München Wien 1997
Satz: Reinhard Amann, Aichstetten
Druck und Bindung: Spiegel Buch GmbH, Ulm
Printed in Germany

Inhalt

Vorwort
Papst Pius XI., die Juden und der Antisemitismus

Am Anfang dieser Geschichte – wir schreiben das Jahr 1938 – stehen ein Amerikaner und in Rom ein Papst, beide konfrontiert mit jenem Antisemitismus von Staats wegen, wie er in Deutschland im Namen der Rasse regiert. Vielerorts herrscht Angst: wir befinden uns am Vorabend der blutigsten Katastrophe der Menschheitsgeschichte, am Vorabend des Zweiten Weltkriegs.

Der Amerikaner, ein mit achtunddreißig Jahren noch relativ junger Jesuit, ist französischer Abstammung, doch reicht seine Ahnenreihe mütterlicherseits zugleich in direkter Linie bis zum großen Benjamin Franklin zurück, einem der Gründerväter der Vereinigten Staaten, sein Name: John LaFarge. Seine Gesinnung ist die eines *liberal*, was mit unserer Bezeichnung eines »Liberalen« nur unzureichend übersetzt wäre: sozial gesinnt, mit wacher Empfindung für die Ungerechtigkeiten, vor allem gegenüber den Schwarzen, deren Zeuge er in seinem Land ist. Zweifellos ein Mann mit linker Gesinnung – ein *left winger* –, wie so viele andere amerikanische Jesuiten, doch damit kein Mißverständnis aufkommt: er verachtet Stalin und den Kommunismus und ist über Hitler und den Nationalsozialismus beunruhigt, sträubt sich jedoch nicht gegen Franco oder Salazar. In Frankreich ist er natürlich unbekannt, trotz seines französischen Namens und trotz seiner Erinnerungen »Un Américain comme les autres«, für deren Übersetzung und Veröffentlichung im Jahre 1959 Jacques Maritain sorgte.

Der Papst, das war damals Pius XI., mit einundachtzig Jahren schon in hohem Alter, herzkrank und durch Diabetes geschwächt: ein starker Charakter, den die Krankheit nicht kleinkriegt, von hohem Arbeitseifer, auf alle Fälle jemand mit Regierungsgeschick. Zunächst Präfekt der Biblioteca Ambrosiana in Mailand, sodann der Vatikanischen Bibliothek, schickt ihn Benedikt XV. im Jahre 1919 nach Polen, in jene politisch konfuse und militärisch schwierige Situation hinein, in der sich die junge Republik nach der Wiederherstellung ihrer Unabhängigkeit befand. Kurze Zeit später wird er Bischof von Mailand, bis er 1922 zum Papst gewählt wird.

Der Jesuit hatte den Papst gelesen, wie es sich gehörte. Der Papst wiederum hatte das Buch »Interracial Justice« (1937) des Jesuiten gelesen, was schon weniger selbstverständlich war. Im April 1938 brach LaFarge, der ein Sprachengenie war, zu einer Reise durch Europa auf. Am 5. Juni ist er in Rom. Am Tag vor seiner Weiterreise nach Paris wird er von Pius XI. in dessen Sommerresidenz nach Castel Gandolfo gerufen. Die beiden kannten sich nicht, und man weiß überhaupt nichts darüber, was ihrem Treffen vorausgegangen, wer sonst noch daran beteiligt und wie es zu dieser Entscheidung gekommen war.

Das Treffen fand am 22. Juni statt. Für den Jesuiten war die Überraschung vollkommen. Er hinterließ zwei Berichte über diese Audienz: eine öffentliche und eine private Version. Was er nicht weitersagen konnte, war die Tatsache, daß ihn der Papst gleich zu Beginn zur Wahrung des päpstlichen Geheimnisses verpflichtete, eine Geheimhaltung, die niemand je aufzuheben versuchte, auch als der Grund dafür wegfiel. Die Gepflogenheiten sorgten für ihre Aufrechterhaltung: man rühmt sich nicht einer geheimen Mission, mit der man von einem Papst betraut wurde, auch nicht nach dessen Tod. Einzig in den Archiven hat sie vielleicht Spuren hinterlassen: es gelingt niemals, alles zu verbrennen.

Demgegenüber ist es kein Geheimnis, was die Aufmerksamkeit Pius' XI. erregt hatte. Für LaFarge entbehrt die *Rasse* jeglicher wissenschaftlichen und biologischen Grundlage: sie ist nur ein Mythos und eine Maske, dort anzutreffen, wo die Wirklichkeit dazu zwingt, soziale Ungerechtigkeit und kulturelle Ungleichheit festzustellen. Das war das Fundament, auf dem der Hitlersche Nationalsozialismus seine *Rassenideologie* aufbaute, indem er Ariertum und Nationalismus miteinander verknüpfte. Der Kommunismus kämpfte für die Zerstörung und die Überwindung der Klassen. Der Nationalsozialismus ging von einer Differenzierung der Rassen über die Evolution der Lebewesen aus: in eine überlegene Rasse (Übermensch*)[1] und unterlegene Rassen (Untermensch*). Wenn der Kommunismus für Pius XI. eine Negation der beiden großen Gebote des Evangeliums – der Gottes- und der Nächstenliebe – darstellte, dann war der Nationalsozialismus eine Negation der gesamten biblischen Lehre von der Genesis an: der Einheit des Menschengeschlechts.

In Amerika war es die Unterdrückung der Schwarzen, die Erbsünde der Kolonialzeit. In Deutschland war es die Verfolgung der Juden, das historische Erbe der Christenheit. In beiden Fällen ließ es die katholische Tradition nicht an Ambivalenz fehlen, verbunden mit einer Kasuistik, die es erlaubte, Verhältnisse und Maßnahmen zu rechtfertigen, die in unseren Augen unmöglich toleriert werden können. Sicherlich kann man einwenden, daß es sich hierbei nur um einen religiösen Deckmantel handelt und daß der »Code noir« Ludwigs XIV. niemals im Namen des Evangeliums verkündet wurde.[2] Tatsache bleibt aber dennoch, daß sich die im wesentlichen abendländische Christenheit Gründe aller Art zurechtgelegt hat, um auf diesem Weg voranzuschreiten, und daß sich die verschiedenen Kirchen damit grundsätzlich abgefunden haben. Das entsprach den etablierten Verhältnissen und der öffentlichen Ordnung. Der etablierten Unordnung, wie Emmanuel Mounier mit all denjenigen sagen wird, die sich nicht damit abgefunden haben.

Was die Geschichte getan hat, kann auch nur die Geschichte wieder rückgängig machen. Zunächst begann sie im Namen eines Europas der Aufklärung das Christentum abzuschaffen – einer Aufklärung, der die Alte wie die Neue Welt ihre Menschenrechtserklärungen verdanken. Was aus dieser Revolution hervorging, besaß wenig Ähnlichkeit mit dem Gelobten Land: das 19. und das 20. Jahrhundert kannten ihre eigenen Schrecken, an denen die Kirchen keinen wesentlichen oder ausschlaggebenden Anteil hatten. Der Liberalismus schuf Bedingungen, die die diversen Nationalismen und Sozialismen begünstigten, bis er sich darauf beschränkte, zwischen dem Nationalsozialismus und dem Bolschewismus hin und her zu schwanken. Auschwitz war nicht etwa eine verschärfte Form des Ghettos, sondern eine säkularisierte Perversion des biblischen Holocausts und der Opfer der alten Religionen. Die nationalsozialistischen und die sowjetischen Lager folgten jeweils ihrer eigenen Logik, die nichts mit der der Inquisition zu tun hatte.

Nach dem »Mord an den unschuldigen Kindern« ist es unmöglich, die Augen zu verschließen: niemand kann mit seinem Seelenfrieden und einem ruhigen Gewissen weiterleben. In den Jahren zwischen 1945 und 1947 war vielfach davon die Rede: wenn Schuld eine ausschließlich persönliche Kategorie darstellt, dann ist Verantwortung notwendig etwas, das man teilt. Nach außen hin ist Schuld eine Sache der Gerichte: Menschen entscheiden als weltliche Richter darüber nach bestem Wissen und Gewissen. Verantwortung ist eine gesellschaftliche Angelegenheit, die uns alle angeht, und eine Dimension der Geschichte, die an unser »ethisches und politisches Wissen« appelliert,

wie die »Académie« es formuliert hat.[3] Die »Razzia von Vel'd'Hiv'«
1942 in Paris hat jene innerfranzösische Debatte zwischen den kon-
trären Positionen François Mitterrands und Jacques Chiracs wiederaufleben lassen. »Es hat also eines Zeitraums von mehr als fünfzig
Jahren bedurft, bis eine Wahrheit, die im Gedächtnis von Zehntausen-
den von Franzosen eingeprägt war, endlich auch vom Ersten unter
ihnen ausgesprochen und anerkannt wurde«, konnte »Le Monde« am
18. Juli 1995 schreiben. Die Verantwortung geht über die Solidaritä-
ten, die sie schafft, quer durch die Jahrhunderte und die Generationen.

Der Antisemitismus brachte den Heiligen Stuhl in eine nicht minder
peinliche Lage. Er konnte weder die Rassentheorie akzeptieren noch
die Biopolitik, zu deren Rechtfertigung sie diente. Dennoch war er
aber selbst, bis in seine Liturgie hinein, Hüter einer jahrhundertealten
Tradition des Antijudaismus. Natürlich war es unmöglich, Natur und
Gnade, eine heidnische Ideologie und die Heilsgeschichte miteinander
zu verwechseln. Aber es traf ebenso zu, daß der Diskurs der katholischen Kirche in seinem Antijudaismus verfangen blieb, daß viele
Gläubige und Priester sich nicht lange mit feinen Unterscheidungen
aufhielten und daß im Laufe der Zeit die Kasuistik der Theologen sich
als völlig wirkungslos, wenn nicht vollkommen lächerlich erwies.

Die Christen des Mittelalters lasen das Buch der Natur auf religiös
bestimmte Weise. Die Christen unserer Tage halten sich an die Zeichen
der Zeit. Kardinal Faulhaber (1869–1952), von 1917 an Erzbischof
von München, machte zweifellos als einer der ersten das »Vox tempo-
ris, vox Dei« zum Leitspruch seines Bischofsamtes. Dieser inspirierte
auch die Titel zweier Bücher: »Rufende Stimmen in der Wüste der Gegenwart« (1932) und »Ruf der Zeit, Ruf Gottes« (1933). Er war diese
Stimme, die im Dezember 1933 mit Predigten zum Thema »Judentum,
Christentum, Germanentum« Aufsehen erregte, gehalten im vollbe-
setzten Dom, der über Lautsprecher mit zwei ebenso vollen Kirchen
verbunden war, und in vier Sprachen übersetzt (ins Französische von
Fernand Sorlot, einem katholischen Verleger, bei dem wie bei so vielen
damals die Verachtung Hitlers mit Sympathie für Mussolini einherging). Eine mutige Tat, ein dezidiert antirassistisches Denken, das aber
noch Spuren des Erbes des christlichen Antijudaismus trägt: »Wir
wurden nicht durch das deutsche Blut erlöst.«

Pius XI. war sich dieser ultimativen Forderung seiner Zeit zutiefst bewußt. Er hatte zunächst die Aussöhnung gesucht, indem er mit Lenin[4],
sodann mit Mussolini und schließlich mit Hitler verhandelte. Über das
Erreichte konnte er sich keinen Illusionen hingeben: er scheiterte im

Hinblick auf das, was ihm am wesentlichsten am Herzen lag, vor allem gegenüber den Kommunisten und den Nationalsozialisten. Im März 1937 wurden ihre Lehren im Abstand von wenigen Tagen in zwei Enzykliken verdammt: »Mit brennender Sorge« und »Divini Redemptoris«. Genau ein Jahr später kam es zum »Anschluß« des katholisch geprägten Österreichs an das Deutsche Reich und zu jener unglaublichen Ergebenheitsadresse des Erzbischofs von Wien, Kardinal Innitzer, an den »Führer«. Und im gleichen Jahr 1938 wurde nun auch in Italien eine eigene Rassengesetzgebung in die Wege geleitet. Der Papst hielt mit seiner Entrüstung nicht hinterm Berg, und er ging sogar soweit, am 6. September vor einer belgischen Pilgergruppe zu erklären: »Im geistlichen Sinne sind wir alle Semiten.« Am 13. April ließ er durch die zuständige römische Kongregation an alle katholischen Universitäten eine Liste versenden, in der eine Reihe für unannehmbar erklärter rassistischer Lehrsätze aufgeführt sind: ein kleiner »Syllabus« in acht Punkten, der am 3. Mai, einen Tag nach Hitlers Parade in der Ewigen Stadt, veröffentlicht wurde.

Dies stellte, in der Hitze der Ereignisse, den Beginn eines *aggiornamento* dar – einer Gewissensprüfung, die zu einer kritischen Auseinandersetzung mit dem traditionellen Diskurs der katholischen Kirche führte –, bis zu dessen Vollendung noch viel Zeit vergehen sollte: weder der Krieg noch das Konzil werden dafür ausreichen, und der Prozeß ist immer noch nicht abgeschlossen. Wer ein wenig soziologisches Gespür hat, wird sich kaum darüber wundern. »Man reformiert die Gesellschaft nicht per Dekret«, hat Michel Crozier festgestellt, und auch nicht das Denken: wir können ein Lied davon singen, und auch die Kirche entgeht diesem Gesetz nicht.

Den ersten Schritt des Heiligen Stuhls auf diesem neuen Weg kann man mit Bestimmtheit auf den 22. Juni 1938 datieren, auch wenn damals noch nicht die Stunde gekommen war, an die Öffentlichkeit zu gehen. Es war keine Privatsache, sondern die erste Etappe und das In-Gang-Bringen einer getroffenen Entscheidung, deren Umsetzung einer genauen und sorgfältigen Vorbereitung bedurfte. An diesem Tag empfing Pius XI. Pater LaFarge und gab ihm den Auftrag, für ihn den Entwurf einer Enzyklika über »Die Einheit des Menschengeschlechts«, die durch rassistische und antisemitische Theorien bedroht wurde, auszuarbeiten. Wie um den historischen Einschnitt zu markieren, hielt er am 28. Juli eine Rede, die Ciano, Schwiegersohn Mussolinis und italienischer Außenminister, am 30. des Monats in seinem »Diario« als »entschieden antirassistisch« beurteilen wird.

11

LaFarge machte sich sogleich an die Arbeit, unterstützt von zwei Jesuiten, Pater Gustave Desbuquois, einem Franzosen, und Gustav Gundlach, einem Deutschen: sie arbeiteten in Paris, in der Rue Monsieur, wo sich der Sitz der »Études« befand, sowie im südlichen Vorort Vanves, wo die »Action populaire« ihren Sitz hatte, deren Direktor seit 1904 Desbuquois war, beides Institutionen, die über genügend Räumlichkeiten und eine reichausgestattete Bibliothek verfügten; weitere Einzelheiten sind nicht bekannt. Seine beiden Mitbrüder hatten bereits an ähnlichen Projekten mitgewirkt, und der zweite, tätig in der berühmten Katholischen Sozialwissenschaftlichen Zentralstelle in Mönchengladbach, wird später Pius' XII. Spezialist für soziale und politische Fragen sein.

Drei Monate später konnte LaFarge dem Papst auf dem Wege über Pater Ledóchowski, dem Ordensgeneral der Jesuiten, einen unter Mithilfe eines vierten Jesuiten ins Lateinische übersetzten Text abliefern. Was ohne Folgen blieb, bis im Jahre 1972 eine Untersuchung des »National Catholic Reporter« (Kansas City) die Angelegenheit an die amerikanische Öffentlichkeit und in die Weltpresse brachte.

An dieser Stelle setzen die Fragen ein – Fragen, die sogleich von Journalisten gestellt wurden, und andere, auf die die beiden – belgischen – Autoren des vorliegenden Buches, mit dessen Einleitung ich betraut wurde, stießen: Georges Passelecq und Bernard Suchecky. Ersterer, Benediktiner aus der Abtei Maredsous und Sohn des Anwalts Fernand Passelecq, der eine aktive Rolle bei der Verurteilung der »Action française« spielte und dessen Familie unter dem Nationalsozialismus vieles zu erdulden hatte, ist Vizepräsident der »Nationalen Kommission der belgischen Katholiken für die Beziehungen zum Judentum«, der in Frankreich das »Bischöfliche Komitee für die Beziehungen zum Judentum« entspricht. Der zweite, Bernard Suchecky, stammt aus einer jüdischen Familie, ist Doktor der Geschichte an der »École des Hautes études en sciences sociales« (EHESS) in Paris und arbeitet gegenwärtig als Bibliothekar in Straßburg. Wie Pius XI. und LaFarge kannten die beiden einander zunächst nicht. Doch das gemeinsame Interesse an dieser Geschichte führte sie zusammen.

Sie stellen hier ihre vorläufigen Arbeitsergebnisse vor: *eine noch nicht zum Abschluß gelangte Untersuchung über eine nicht zur Vollendung und Veröffentlichung gelangte Enzyklika.* Man kann die Fragen, die sie aufwerfen, in fünf Punkten zusammenfassen: Warum wurde so lange geschwiegen? Wie entsteht eine Enzyklika? Warum stieß die Untersuchung auf so viele Hindernisse? Was soll man von der

Unvollendetheit dieses Projekts halten? Muß man zwischen Antisemitismus und Antijudaismus unterscheiden?

Warum wurde so lange geschwiegen?

Ein derartig langes Schweigen über ein so sensibles Thema – über dreißig Jahre vergingen bis zur Entdeckung im Jahre 1972, über fünfzig Jahre bis zum Erscheinen des vorliegenden Buches – kann einen stutzig machen und legt die Frage nahe, was es denn da zu verbergen gab. Meiner Ansicht nach nichts, und das sollte Angehörige oder Kenner des Vatikans nicht verwundern. Pius XI. starb in der Nacht vom 9. auf den 10. Februar 1939 unerwartet an einem Herzinfarkt und hinterließ eine unvollendete Rede, die er am übernächsten Tag, am 11., anläßlich des zehnten Jahrestages des Abschlusses des Lateranvertrags und des Konkordats zwischen dem Heiligen Stuhl und Italien – der »Conciliazione« – hätte halten sollen. Man kannte den Inhalt nur gerüchteweise: ein aufsehenerregender Protest gegen die Verletzung des Konkordats durch die Rassengesetze.

Wie allgemein erwartet, trat sein Staatssekretär, Kardinal Pacelli, am 2. März unter dem Namen Pius XII. seine Nachfolge an. Ein Papst ist durch die Projekte seines Vorgängers nicht gebunden. Die unvollendete Rede und die noch unveröffentlichte Enzyklika wanderten in das Vatikanarchiv. Erst Johannes XXIII. lüftete am 6. Februar 1959 in einem Brief an die italienischen Bischöfe ein wenig den Schleier und zitierte mehrere Ausschnitte aus der Rede.[5] Pius XI. pries darin die Abkommen, die »Gott Italien und Italien Gott zurückgegeben« hätten, doch es hat den Anschein, daß der kritische Teil noch nicht ausgeführt worden war (Johannes XXIII. deutete nur an, daß an dieser Stelle die Schrift undeutlich und zittrig wurde). Er (Johannes XXIII.) zitiert die harten Worte seines Vorgängers über die faschistische Presse. Er persönlich ist der Ansicht, daß es angebracht sei, das Manuskript in diesem Zustand »vor jeglichem profanen und indiskreten Blick« zu schützen«. Er verweist aber dennoch auf »Sätze und Formulierungen, die eine allzu gerechtfertigte Verbitterung [*risentimento*] zum Ausdruck bringen«, die aber durch ein beeindruckendes Bewußtsein seiner väterlichen Verantwortung bezwungen worden sei.

In Rom wußte zu Beginn des Jahres 1939 jedermann, daß der Papst eine Rede halten und die Gelegenheit nicht ungenutzt verstreichen lassen würde. Die Erinnerung daran ist noch immer lebendig. Niemand aber wußte, daß er an eine Enzyklika dachte. Das Gerücht, das Ende November 1938 von der »New York Times« aufgegriffen worden war, ging nicht über die Gerüchte hinaus, die Prälaten und Journalisten tagtäglich in Aufregung versetzen, und die wenigen Eingeweihten, die zur Geheimhaltung verpflichtet waren, nahmen ihr Geheimnis mit ins Grab. Erst das Interesse an der jeweiligen Person der Beteiligten – La-Farge, Desbuquois und Gundlach –, an ihrem Leben und Denken, führte erneut auf die Spur dieses heiklen Themas und zu seiner Enthüllung. Auf diese Weise sind wir im Jahre 1972 angekommen.

Eine Frage aber bleibt: Was geschah in der Zeit zwischen der Übergabe des Entwurfs und dem Tod des Papstes? Darüber hat man einesteils Gewißheit, andernteils Ungewißheit.

Zunächst zur Gewißheit: Pius XI. hatte nur noch vier Monate zu leben, seine Möglichkeiten waren begrenzt und die Umstände dramatisch. Ein physisch geschwächter Papst, eine besorgniserregende überaus ungewisse und bewegte Zeit. Das ist kaum der rechte Augenblick für Reflexionen, sondern eher ein Moment des Aufschubs, den das Münchner Abkommen am 29. September mit sich brachte: ein Opfer, das die Demokratien für den Frieden brachten, kein Sieg des Friedens.

Parallel dazu unternimmt der Heilige Stuhl in Rom wiederholt erfolglose Vorstöße, die Veröffentlichung des italienischen Rassengesetzdekrets vom 17. November 1938 zu verhindern, das in Artikel 6 Mischehen zwischen einem »italienischen Bürger arischer Rasse und einer Person anderer Rasse« für null und nichtig erklärt. Die Maßnahme zielt direkt auf die Juden, weniger deutlich auf die (christlichen) »Neger« Äthiopiens, das Italien soeben zu seiner Kolonie erklärt hatte. Der Papst schreibt eigenhändig an den Duce, sodann an den König. Am 6. notiert Ciano in seinem Tagebuch: »Stürmische Zeiten mit der Kirche in Sicht.« Wie sollte man damit auf beiden Seiten umgehen – das ist die Frage, die die Geister beschäftigt.

Drei Protestbekundungen werden folgen: noch ohne erst die Veröffentlichung abzuwarten vom 14. an im »L'Osservatore Romano«, sodann am 4. Dezember durch den Kardinalstaatssekretär Pacelli und schließlich durch Pius XI. in seiner Weihnachtsbotschaft. Zwischen dem »sehr gegen die Juden aufgebrachten« Mussolini und dem Papst, der seine Umgebung »terrorisiert« und »über das kleinste Detail wacht« (Ciano), herrscht extreme Spannung. Mitte Dezember hofft der Duce auf den »baldigen Tod des Papstes, und seine Anweisung [lautet], abzuwarten und die Krise mit dem Vatikan zu vermeiden«.

Was den Nachfolger angeht, so werden die ersten Monate seines Pontifikats begleitet sein von der italienischen Invasion Albaniens am Karfreitag und dem deutschen Einmarsch in Polen am 1. September. Das war der endgültige Beginn des Zweiten Weltkriegs.

Und nun zu dem, worüber weniger Gewißheit herrscht: Man kann einräumen, daß Pius XI. vielleicht nicht in der Lage war, seine Enzyklika voranzubringen, doch ist der Entwurf überhaupt bis zu ihm vorgedrungen? In den vorliegenden Unterlagen gibt es dafür keinen Beweis. Ein Nein oder jeder Zweifel daran bedeutet, daß der Ordensgeneral der Jesuiten in Verdacht gerät. Ein hartes Urteil. Es ist schwierig, sich dafür zu verbürgen. Es ist aber auch nicht völlig auszuschließen, solange wir keine Einzelheiten über die Beziehungen zwischen dem weißen und dem schwarzen Papst in der Zeit von Pius X. bis zu Johannes Paul II. kennen. Man weiß, daß es vom R. P. Wernz bis hin zur Nachfolge des R. P. Arrupe an Schatten und Wolken nicht fehlte, auch wenn sich der Himmel gegenwärtig wieder aufgeklart hat.

Es ist allgemein bekannt, daß der Heilige Stuhl im Laufe dieses Jahrhunderts die Entscheidungen und Entwicklungen des Jesuitenordens nicht immer gebilligt hat, in dem es übrigens auch intern tiefgehende Unstimmigkeiten gab. Es läßt sich auch leicht feststellen, daß die Auffassung hinsichtlich des Gehorsams je nach Orden verschieden ist: ein Dominikaner gehorcht nicht in gleicher Weise wie ein Jesuit. Und man muß hinzufügen, daß das bei der Profeß abgelegte besondere Gelübde – das 4. Gelübde – keine Verpflichtung zu blinder Unterwerfung unter die Weisungen des Papstes bedeutet, sondern dazu, für Aufgaben, die er dem Orden anzuvertrauen wünscht, zur Verfügung zu stehen. Bis zum heutigen Tage fehlt uns nicht nur eine wahrhaftige Geschichte (diesen Ausdruck verdanken wir Charles Seignobos), sondern überhaupt eine Geschichte, und sei es eine erbauliche, dieser Beziehungen.

Der Fall des R. P. Vladimir Ledóchowski, Ordensgeneral der Jesuiten von 1915 bis 1942, wirft besondere Schwierigkeiten auf. Er war Pole, hegte ein instinktives Mißtrauen gegenüber den Russen und verabscheute den Kommunismus – den auch Pius XI. als »grundschlecht« bezeichnet hatte. Der Nationalsozialismus erschien ihm als das geringere Übel, und er hatte Verständnis für die unentschlossene Haltung der Demokratien, die zwischen der Pest und der Cholera zu wählen hatten. Das Schicksal der Juden ließ ihn nicht vergessen, wie die europäischen Mächte lange Zeit mit Polen umgegangen waren, und er zeigte Verständnis für das Zögern seiner Regierung, als sie gebeten wurde, den Durchzug der Roten Armee durch ihr Territorium zu gestatten.

Dazu kommt noch ein weiterer undurchsichtiger Punkt. Pius XI. hatte Ledóchowski und dem Jesuitenorden eine Unternehmung anvertraut, die ihm sehr am Herzen lag: das Russicum, ein Seminar in Rom, in dem Priester aus aller Herren Länder für die Evangelisierung Rußlands ausgebildet werden sollten. Die oberste Leitung war einem französischen Jesuiten anvertraut worden, der im März 1926 in der Kapelle der Nuntiatur in Berlin durch Mgr. Pacelli heimlich zum Bischof geweiht worden war, Mgr. Michel d'Herbigny. Diesem gelang es, mit Hilfe der französischen Regierung, seinerseits, in der Sowjetunion mehrere Bischöfe im Untergrund zu weihen. Dann wurde er im Jahre 1933 eines Tages ohne weitere Erklärung aus all seinen Funktionen, einschließlich seiner Bischofswürde, entlassen und bald darauf zu klösterlichem Arrest verurteilt. Seinem aktuellsten Biographen, Pater Antoine Wenger, gelang es nicht, sich völlige Klarheit über die Gründe für diese Ungnade zu verschaffen. Sein Vorgänger, Paul Lesourd, hatte seinerseits nicht gezögert, Pater Ledóchowski zu belasten, der praktisch einer Verletzung seiner Amtspflicht beschuldigt wurde.[6]

Das ist kein gesundes Klima. Verdächtigungen und Unterstellungen können nicht als Beweis gelten, und ich meinerseits habe stets nur Dinge behauptet, für die es Beweise gibt, nach einer methodischen Überprüfung der Vermutungen, deren Funktion immer heuristischer Natur bleiben muß. In unserem Fall aber ist der Verdacht nicht von der Hand zu weisen. Er geht auf Pater Gundlach zurück, jenen überzeugten und entschlossenen Gegner des Nationalsozialismus, der nach einem – anonymen, doch bald schon identifizierten – Beitrag über den Nationalsozialismus im Radio Vatikan von der Gestapo bedroht und dem die Rückkehr in seine Heimat verboten worden war. Streng und sogar hart gegenüber seinem Ordensgeneral, beschuldigt er ihn, die Übergabe des Enzyklikaentwurfs an Pius XI. verschleppt zu haben. Nach Aussagen eines weiteren Jesuiten habe es eines ausdrücklichen Befehls des Papstes bedurft, bis er sich schließlich nach vier Monaten dazu durchringen konnte, drei Wochen vor dem Tod des Papstes, auf dessen Schreibtisch man die Unterlagen gefunden habe.

Man würde gerne und sollte eigentlich auch mehr darüber wissen können. Wie kann es aber andererseits verwundern, daß Ledóchowski angesichts der großen Fragen der Zeit eine andere Geisteshaltung und andere Positionen einnahm als Pius XI.? Er stand damit in Rom bei weitem nicht alleine, und in diesen Jahren fehlte es nicht an Beispielen für Widerstand gegenüber dem päpstlichen Willen: Zögern bei der Verurteilung der »Action française«[7], Konflikte im Umfeld der Neugründung der Päpstlichen Akademie der Wissenschaften[8], eine sanfte Ausprägung des Modernismus und die harte Linie des Antimodernismus[9] und sogar die Weigerung, gegen den Nationalsozialismus zu opponieren.[10]

Aus der Ferne mag es so aussehen, als herrsche im Vatikan ein Einheitsdenken, doch sieht man näher hin, wird einem rasch klar, daß er »eine Welt für sich«[11] ist. Wo verläuft die Grenze zwischen Meinungsverschiedenheit und Ungehorsam? Wie sehen die Schattierungen jenes Regenbogens aus, der sich zwischen wohldurchdachter Ausführung und dem eigenen Willen spannt? Es kommt sogar vor, daß sich eine Strömung etabliert: zum Beispiel unter Pius XII. die von Andrea Riccardi so genannte »römische Partei«, die einer direkten Unterstützung des Vatikans für die italienischen Christdemokraten feindlich gegenüberstand.[12]

Irgendwann vielleicht wird eine lange Zeit für undenkbar gehaltene Untersuchung möglich sein: es bedurfte der Beharrlichkeit der jüdischen Gemeinschaft, damit die internationale öffentliche Meinung sich das Ausmaß der Leiden vor Augen hielt, die ihr auferlegt worden waren. Ein sich auf die christliche Lehre berufender Widerstand gegen den Antisemitismus und konkrete Hilfe für Juden fanden vor einem Hintergrund allgemeiner Apathie und eines Desinteresses statt, das nicht nur bei einzelnen festzustellen war. Die als demokratisch geltenden Länder wußten darüber genausoviel wie Pius XI. oder sein Nachfolger Pius XII. Keines beeilte sich, den in Todesgefahr schwebenden Verfolgten zu Hilfe zu kommen. Sie hatten vordringlichere Kriegsziele. Und selbst in Frankreich war bei der Befreiung offensichtlich, daß man die Helden, denen alle Aufmerksamkeit galt, und die Opfer, denen bei den Ereignissen nur eine passive Rolle zugekommen war, nicht verwechseln durfte.

Es fehlt uns nicht an Geschichtswerken über den Zweiten Weltkrieg, was wir jedoch immer noch brauchen ist eine Geschichte des öffentlichen Bewußtseins hinsichtlich dessen, was dieser Krieg war, und wir laufen hier Gefahr, ein anachronistisches Bewußtsein zu entwickeln. Die Befreiung der Konzentrationslager und die Enthüllung des ganzen Schreckens im Jahre 1945 haben nicht ausgereicht, den realen Zustand dieses kollektiven Bewußtseins sofort tiefgreifend zu verändern. Der Krieg, das waren in erster Linie die Kampfhandlungen: auf deren Landkarten kam Auschwitz nicht vor.

Die Geburtsstunde von Auschwitz in seiner Bedeutung für das öffentliche Bewußtsein waren die Nürnberger Prozesse, als es nicht mehr darum ging, einen Feind zu vernichten, sondern einen Verbrecher anzuklagen.[13] Und wenn Auschwitz heutzutage in unseren Augen eine derart große symbolische Bedeutung erlangt hat, dann deshalb, weil sich unser historisches Bewußtsein tiefgreifend verändert hat. Keine Geschichtsschreibung kann diese Arbeit am Bewußtsein *post eventum* außer acht lassen: ohne sie würde es kein Christentum gegeben haben. Doch kommt es vor, daß die Historiker weit hinterherhinken.[14]

Das Bewußtsein der Katholiken, das Bewußtsein der Franzosen sowie das Bewußtsein der Weltöffentlichkeit boten also das klägliche Schauspiel, wie sie sich in ihrer peinlichen Lage abmühten. Die katholische Kirche schleppte ihren alten Antijudaismus mit sich herum. Frankreich bot seiner jüdischen Bevölkerung das Bürgerrecht an, das sie in die Nation integrierte, und in der Zeit nach der Dreyfus-Affäre sah es in seinem Innern eine jüdische Gemeinde entstehen, wie sie hier und da in Europa fortdauern konnte. Pius XI. war zu seiner Zeit ein Prophet, ohne daß er die Zeit oder die Mittel gehabt hätte, sich auf eine Weise Gehör zu verschaffen, wie er es für dringend notwendig hielt.

Wie entsteht eine Enzyklika?

Papst Pius XI. fehlte es also an Zeit. Zwölf Wochen im Höchstfall, allem Anschein nach aber nur drei, das ist herzlich wenig, wenn man die üblichen Gepflogenheiten im Vatikan in Betracht zieht.

Die von Georges Passelecq und Bernard Suchecky durchgeführte Untersuchung bringt uns geradewegs in ein Gebiet, das die Fachleute als »Redaktionsgeschichte«* bezeichnen. Es handelt sich dabei um eine alte Methode der Bibelexegese, die, ausgehend von den Zeugnissen der Überlieferung, zunächst eine kritische Ausgabe des Textes erstellt. Diese in jedem Fall notwendige Ausgangsbasis reicht aber nicht aus, um den Text auch zu interpretieren: man muß darüber hinaus in Erfahrung bringen, wie die Abfassung und Zusammenstellung der heiligen Schriften, vom Pentateuch bis zu den Evangelien, vor sich ging.[15]

Die Fragestellung läßt sich durchaus mit Gewinn auf die päpstlichen Enzykliken und die jüngsten Konzilsdokumente ausweiten. Es besteht nämlich ein Unterschied zwischen der Lage des Exegeten und des Zeitgeschichtlers: sie kämpfen nicht mit gleichen Waffen. Zwischen ihnen steht das Archiv. Ersterer widmet sich der textinternen Kritik mit all ihren Unwägbarkeiten; der zweite hat hingegen Zugang zu den einzelnen aufeinanderfolgenden Fassungen des Texts, sofern sie erhalten sind und Einsichtnahme möglich ist.[16]

Die Enzyklika ist ein noch junges Genre: zweieinhalb Jahrhunderte alt, wobei sich der Rhythmus ihrer Veröffentlichung zunehmend beschleunigte. Bis zum heutigen Tag zählt man ungefähr dreihundert. Die erste namentlich bekannte Enzyklika, »Vix pervenit«, über die Zinsleihe, wurde im Jahre 1745 von Benedikt XIV. unterzeichnet. Die berühmteste, an die alle zehn Jahre bis hin zu »Centesimus annus« Johannes Pauls II. (1991) erinnert wird, ist zweifellos die Enzyklika »Rerum novarum« Leos XIII. über die Lage der Arbeiter aus dem Jahre 1891. Sie ist auch die einzige, zu der die mit ihrer Abfassung in Zusammenhang stehenden Unterlagen veröffentlicht wurden, was mit beispielhafter Sorgfalt Mgr. Giovanni Antonazzi unternahm.[17] Man kann sich schwerlich vorstellen, daß sein Beispiel Schule machen wird: es wäre eine Unmenge Arbeit und nicht sehr ergiebig. Dennoch ist ihre Bedeutsamkeit zu offensichtlich, als daß man nicht wenigstens den Wunsch aussprechen möchte, die bedeutendsten Enzykliken wären immer einer solchen Untersuchung unterworfen.

Durch die Arbeit Mgr. Antonazzis erfahren wir einiges über den Stand des sozialen Denkens in der Kirche am Ende des 19. Jahrhunderts, über Streitigkeiten zwischen verschiedenen Schulen innerhalb der Kirche, über den schwierigen Prozeß, sich der Probleme und der notwendigen Lösungen bewußt zu werden, sowie über die noch größere Schwierigkeit, deren Neuheit in eine theologische Tradition einzubinden. Diese Arbeit zeigt uns auch, daß die Redaktionsgeschichte nicht alle Probleme löst und nicht alle Fragen beantwortet. An der Seite der Federführenden gab es wiederum andere, die auf den Gang der Redaktionsarbeit Einfluß nehmen wollten. Nach dem Zweiten Vatikanischen Konzil konnte man sehen, wie sich so mancher damit brüstete, dem Konzil Ideen geliefert und es somit beeinflußt zu haben. Viele, vor allem in Europa, bildeten sich auf ähnliche Weise ein, am Ursprung von »Rerum novarum« zu stehen, und freuten sich, darin ihre eigenen Ideen wiederzuerkennen (dies ist der Fall bei der »Union catholique d´études sociales« aus Fribourg mit Kardinal Mermillod und Albert de Mun). Das erhaltene Dokumentationsmaterial zeigt, daß man dabei die Angelsachsen allzusehr vergessen – oder mit Stillschweigen übergangen – hatte: Kardinal Manning (Westminster) und Kardinal Gibbons (Baltimore).

Von dieser Enzyklika einmal abgesehen, verfügt man über einige gesicherte Fakten, vertrauliche Informationen und vor allem über Gerüchte. Man weiß, daß Pater Desbuquois und Pater Gundlach an der Vorbereitung von »Quadragesimo anno« (1931) beteiligt waren, ohne daß irgend jemand Pater Nell-Breuning erwähnen würde, einen deutschen Jesuiten und Lehrer Gundlachs, den Pius XI. sehr schätzte. Es heißt, Gundlach habe an der Enzyklika »Divini Redemptoris« (1937) über den atheistischen Kommunismus mitgearbeitet, und man versichert, daß Pius XI. einen Teil der Arbeit an der Enzyklika »Mit brennender Sorge« (1937) an die Kardinäle Pacelli, seinen Staatssekretär, und Faulhaber, den Erzbischof von München, abgegeben habe.

Zeitlich näher liegt »Pacem in terris« (1963) von Johannes XXIII.; diese Enzyklika soll sich der Feder des späteren Kardinals Pietro Pavan verdanken, der während des Zweiten Vatikanischen Konzils auch Autor des Vorentwurfs eines Textes über die Religionsfreiheit war, der wegen seines neuen Ansatzes auf immer in der Versenkung verschwand. Die Enzyklika »Populorum progressio« (1967) Pauls VI. soll einiges dem Gründer von »Économie et humanisme«, Pater Louis-Joseph Lebret, zu verdanken haben; jedenfalls war sie auf französisch verfaßt, wie Kardinal Poupard gegenüber jenen Voreiligen präzisierte, die glaubten, einige Fehler und Mißverständlichkeiten in bezug auf das lateinische Original nachweisen zu können.

Man kennt eine im Geist, den sie atmet, ziemlich vom Endtext abweichende Vorstufe zu »Centesimus annus« (Mai 1991), die von Ende 1990 datiert, und man vermutet mindestens eine weitere Fassung vor der endgültigen Billigung durch Johannes Paul II. Man weiß, daß die Redaktion seiner Enzyklika über die Moral, »Veritatis splendor«, (1993) sich besonders mühsam gestaltete und verweist auf eine Vielzahl von Mitarbeitern: es kam zu Indiskretionen, von denen die Zeitschrift »Golias« profitierte, wenn auch die veröffentlichte Fassung zum Zeitpunkt ihres Erscheinens bereits überholt war.

Im Gedächtnis haften blieb auch die Enzyklika »Pascendi« (1907), in der die Irrtümer der Modernisten verurteilt wurden: ganz offensichtlich eine Enzyklika, die aus zwei Teilen besteht (einem doktrinären und einem disziplinarischen Teil). Es wurde voller Rührung behauptet, Pius X. habe sie trotz ihrer Länge in einer einzigen Nacht selbst, sogar »auf seinem Betschemel kniend«, niedergeschrieben. Eine fromme Legende, die aber zu der Frage Anlaß gibt: Hat es, zumindest seit »Rerum novarum«, eine einzige Enzyklika gegeben, von der man sagen könnte, der Papst persönlich sei der alleinige Autor gewesen?

Das scheint nicht der Fall zu sein, und das wird auch niemanden verwundern. Eine Enzyklika ist immer ein großes Unternehmen, langwierig und kompliziert. Sie bleibt es auch, wenn eines Tages der Papst seine Unterschrift unter das Dokument setzt und damit die Urheberschaft übernimmt.

Eine Enzyklika läßt sich nämlich nicht auf die Gedanken reduzieren, die in ihr zum Ausdruck kommen. Sie ist untrennbar mit dem Stil verbunden, in dem sie zum Ausdruck gebracht werden. »Kurienstil« nannte man ihn früher, und man müßte einmal dessen Entwicklung von Gregor XVI. bis hin zu Johannes Paul II. verfolgen. Niemand hat das besser formuliert als Étienne Gilson, ein sachkundiger Interpret der lateinischen Autoren des Mittelalters:

»Die Schwierigkeit besteht nicht darin, daß sie in einem Kanzleilatein abgefaßt sind, befrachtet mit den Schnörkeln des humanistischen Schreibstils, sondern vielmehr darin, daß sich der Sinn des Lehrinhalts nicht immer leicht erfassen läßt. Man versucht nun, sie zu übersetzen, und währenddessen erkennt man schließlich zumindest die Existenzberechtigung ihres Stils. Man kann die Wörter dieses Papstlateins nicht durch andere, irgendeiner der großen modernen Literatursprachen entlehnte Wörter ersetzen, und noch weniger kann man diese Sätze auflösen, um sie in eine andere Form zu bringen, ohne daß man sich bald schon darüber klar wird, daß das Original bei aller Sorgfalt im Verlaufe dieses Prozesses an Kraft einbüßt, und nicht nur an Kraft, sondern auch an Präzision, was aber noch nicht das Schlimmste ist, denn die eigentliche Schwierigkeit, denen wohlbekannt, die den Versuch wagen, besteht darin, das zu respektieren, was man ohne jedes Paradox die Präzision ihrer Ungenauigkeiten nennen könnte. Die kalkulierte Präzision ihrer gewollten Ungenauigkeiten.«[18]

Das Latein der Enzykliken ist eine Fachsprache, die wie jede andere Fachsprache ihre eigenen Regeln und Geheimnisse hat. Gilson, der sie den christlichen Intellektuellen vorbehalten sah, war der Meinung, daß es, um in sie einzudringen, mehrerer Jahre des Studiums der Theologie bedürfe sowie darüber hinaus des Besuchs von speziellen »Fortbildungsveranstaltungen, in denen die Kunst, eine päpstliche Enzyklika zu lesen, gelehrt würde«.[19]

Pius XI. lebte zu einer Zeit, als dieser Kurienstil noch verbindlich war. Der in diesem Buch veröffentlichte Text von »Humani generis unitas« entgeht zumindest zum Teil dieser Schwierigkeit, da die Übertragung in eine lateinische Fassung noch nicht vollzogen worden war und diese im Moment auch unzugänglich ist. Aber nun muß man sich gerade die Frage stellen, ob der Text in seiner ursprünglichen Sprachgestalt für die Umgebung des Papstes und die römische Kurie akzeptabel war und wieviel Zeit diese benötigte, um ihn in eine ihr gemäße Form zu kleiden. Im Jahre 1975 wird der nun in Kanada lebende holländische Jesuit J. H. Nota seiner Genugtuung darüber Ausdruck geben, daß dieser Text nicht veröffentlicht wurde.

Warum stieß die Untersuchung auf so viele Hindernisse?

Sollte die Tatsache, daß der von Pius XI. in Auftrag gegebene Text in seiner Umgebung Mißfallen erregte, darauf hinweisen, daß man von seinem Tod profitierte, um das Vorhaben in der Versenkung verschwinden zu lassen und jegliche Spur zu tilgen? Bei denjenigen, die, nicht ohne Mühen, die Spur wiederaufzunehmen versuchen, kann sich dieses Gefühl durchaus einstellen. Wer aber mit historischer Forschung vertraut ist, wird sich weniger über seine Mißerfolge als über seine Erfolge wundern. Für alle wird es von Gewinn sein, zwei Phasen oder Ebenen sorgfältig voneinander zu unterscheiden: das, was direkt auf den Willen des Papstes zurückgeht, und das, was die kirchlichen Archive in sich bergen.

Wer also kann die unvollendete Enzyklika verborgen haben? Der Vorgang des Verbergens stellt hier eine Hypothese dar, eine Deduktion: sie konnte nicht von ganz alleine verschwinden; es war jemand nötig, der dafür sorgte. Aber wer? Und warum? Man kann sich allerlei vorstellen, vor allem wenn man nichts weiß und wenn der Eindruck entsteht, daß einem eine Welt völlig verschlossen ist. Es gilt, der Versuchung, die eine schlechte Ratgeberin wäre, zu widerstehen und sich am Beispiel der Ethnologen zu orientieren, sich geduldig mit den Regeln und Gewohnheiten dieser spezifischen Gesellschaft vertraut zu machen. Man hat viel darüber gesprochen, daß Pius XI. selbst, als er 1926 die Affäre um die »Action française« neu aufrollte, große Mühe hatte, die von seinem Vorgänger Pius X. vor 1914 zusammengestellten Unterlagen wiederzufinden.

Die Unterschiede zwischen den beiden Päpsten – Ratti und Pacelli – springen ins Auge, doch führen sie in die Irre, sobald man den Gegensatz allzu stark herauskehrt. Pius XI. hat genausoviel verhandelt wie

Pius XII., und Pius XII. hat ebensosehr protestiert wie Pius XI. Es handelt sich nicht nur um eine Frage des Temperaments oder der Ausrichtung, sondern auch um eine der jeweiligen Situation. Kein Papst ist an die Vorhaben seines Vorgängers gebunden, doch jeder Papst fühlt sich verpflichtet, die Kontinuität zu betonen, und sei es nur dadurch, daß er ihn ausgiebig zitiert.

Es liegt also nichts Ungewöhnliches darin, daß »Die Einheit des Menschengeschlechts« nicht weiterverfolgt wurde und daß die Unterlagen in die Archive wanderten. Es ist auch müßig, den alten Streit um das »Schweigen Pius' XII.«, jene Erbsünde seines Pontifikats, wenn man so sagen kann, wiederauszugraben. Wer erinnert sich noch daran, daß es Emmanuel Mounier war, der im Mai 1939 als erster diesen Vorwurf erhob und den Ausdruck prägte? Und daß es Jean Tonneau, ein französischer Dominikaner, war, der ihn von 1942 an als erster davon freisprach, in: »Der Papst, der Krieg und der Frieden. Hat Pius XII. gesprochen?«[20] Wir werden in einer nüchterneren Form darauf zu sprechen kommen: Was haben Pius XI. und Pius XII. gesagt? Wie ist das, was sie gesagt haben, verstanden und aufgenommen worden? Was hätte man gerne von ihnen gehört, und warum hat man ihnen erst so spät den Vorwurf gemacht, nichts gesagt zu haben?

Die Archive, um die es geht, sind zunächst einmal das »Archivio segreto vaticano«, ähnlich unseren Nationalarchiven, doch in der Nebenbedeutung ein Privatarchiv des Heiligen Stuhls und wie in Frankreich ungeachtet dessen, was das zuständige Dikasterium (Ministerium) selbst aufzubewahren befugt ist. Sie sind aber dennoch öffentlich und für die Forschung zugänglich, auch wenn sie nur bis zu einem bestimmten Stichtag hin einsehbar sind. Lange Zeit endete die Weitergabe beim Tod Gregors XVI. (1846). Paul VI. setzte die Grenze bis zum Tode Leos XIII. (1903) herauf, nachdem er für die damit steigende Zahl an Forschern einen eigenen Saal hatte ausstatten lassen. Johannes Paul II. ging dann bis zum Tode Benedikts XV. (1922), was für die Archivare zu schnell war, die mit der Klassifizierungsarbeit nicht nachkamen.

So gilt also heute das willkürlich festgelegte Datum 1922: der Heilige Stuhl rechnet, anders als Frankreich und die meisten anderen Staaten, die in unterschiedlich festgelegten Zeitschritten vorgehen, in Pontifikaten. Dieses Datum gilt sogar in Fällen, wo es nicht eigentlich zwingend notwendig wäre. So schließt das kürzlich veröffentlichte Inventar einer Privatstiftung, die das Vatikanarchiv erhalten hatte (von Mgr. Benigni, dem Gründer der »Sapinière«), die letzten Kartons aus ebendiesen Zeitlimitgründen aus. Und die Diözesanarchive verfahren häufig ebenso wie die der Kongregationen nach der im Vatikan gültigen Regel.

Doch immerhin sind Ausnahmen möglich; etwa durch päpstliche Entscheidung: so geschah es, als Paul VI. die Veröffentlichung der »Actes et documents du Saint-Siège relatifs à la Seconde Guerre mondiale« in die Wege leitete (in die das Material zur Enzyklika Pius' XI. nicht aufgenommen wurde), oder auch im Umfeld des Zweiten Vatikanischen Konzils. Oder aber als persönlich gewährte Ausnahme aufgrund eines bestimmten Vorhabens: die Zeiten sind fern, als es geschah, daß – während vier Jesuiten im Auftrag des Papstes über die diplomatischen Archive Pius' XII. aus den Kriegsjahren arbeiteten – einem weiteren Jesuiten, Pater André Blanchet, der Zugang zu den Unterlagen über die Indizierung von Abbé Bremonds Biographie der heiligen Chantal unter Pius X. verweigert worden war. Für die Zeit von 1922 bis in unsere Tage sind die kirchlichen Archive Forschern bei weitem nicht so verschlossen, wie es in einer Bestimmung vorgesehen ist, die keineswegs den Charakter einer Vorschrift und noch weniger einer allgemeinen Regel hat.

Von nun an vollzieht sich die Arbeit des Historikers zu einem beträchtlichen Teil vermittels einer *Kunst der Beziehungen* zu den Archivaren, von der der Fortgang der Forschungen abhängt, wobei klar ist, daß die Abstimmung zwischen diesen beiden Gruppierungen aus vielerlei Gründen nicht unmittelbar vonstatten geht. Man stelle sich den bestausgestatteten und hilfsbereitesten Archivar vor (ich habe schon viele von diesem Schlage getroffen): wenn er den kulturellen Hintergrund seines Besuchers nicht teilt, wird er manchmal Mühe haben, nachzuvollziehen, was jener wissen will. Das Gesuchte ist nicht unbedingt unter den Schlüsselbegriffen klassifiziert, die man ihm nennt, manchmal ist es überhaupt noch nicht klassifiziert. Dazu kommen noch die Instruktionen, die er vielleicht erhalten hat, und die Vorsichtsmaßnahmen, zu denen ihm der Fragesteller vielleicht Anlaß gibt.

Dies alles genügt, um aus den kirchlichen Archiven ein nur ungenau umrissenes Ganzes zu machen, weder geschlossen noch offen, aber viel ungenauer noch, als sich jemand vorstellen kann, der nicht über lange Erfahrung damit verfügt, wobei ich noch nicht einmal davon spreche, was alles zerstört wurde oder verlorenging. Mir für meinen Teil ist es stets gelungen, zu finden, was ich benötigte, und Zugang dazu zu erhalten, manchmal unter erstaunlichen Bedingungen, immer aber mit einem starken Gefühl der Unvollständigkeit. Man arbeitet über das, was noch vorhanden ist, trauert dem nach, was fehlt, doch man kann davon ausgehen, daß genügend übrigbleibt, um eine Analyse durchzuführen und hieb- und stichfeste Schlußfolgerungen zu ziehen, die auch späteren Entdeckungen standhalten können.

Die Schwierigkeiten, auf die unsere beiden Forscher gestoßen sind, wundern mich nicht. Und ich werde mich hüten zu behaupten, daß sie es besser hätten machen können und mit mehr Erfahrung mehr hätten erreichen können. Diese Kunst der Beziehungen ist eine sehr persönliche Angelegenheit, die man nicht auf den Bänken der Universität lernt und die eher der Geduld des Jägers entspricht. Das Dokument hat seine Tücken wie das gejagte Wild.

Was soll man von der Unvollendetheit dieses Projekts halten?

Man kann, ja man muß bedauern, daß dieser Enzyklikaentwurf nicht ausgeführt wurde. Hätte sie den Lauf der Geschichte geändert? Hätte sie einen Aufschrei des Gewissens ausgelöst und die »Endlösung« gestoppt? So denken diejenigen, die diese Nichtveröffentlichung am meisten bedauern. Ich finde, daß sie da sehr optimistisch sind: ihre enttäuschte Hoffnung verkennt allzusehr die Fakten. Zweierlei ist zu beachten: sowohl der Stand der öffentlichen Meinung als auch der Stand des katholischen Denkens verbieten es, ihre Wünsche für die Realität zu halten.

1. Seit Pius XII. und seinem »Schweigen« bis hin zu Johannes Paul II. scheint die Öffentlichkeit vom Papst viel zu erwarten. Das ist etwas Neues: während der Heilige Stuhl bei der Uno als Beobachter vertreten ist (so wollte er es), war er 1918 von den Friedensverhandlungen in Versailles ausgeschlossen – ein paradoxer Sachverhalt, hat man doch nie zuvor soviel von »Dechristianisierung« gesprochen, trotz aller Bemühungen der Katholischen Aktion, die Pius XI. so sehr am Herzen lag. Die Sache ist doppelt zweideutig: zum einen, weil es innerhalb des Komplexes namens »öffentliche Meinung« keine Einheitlichkeit gibt, und zum anderen, weil das, womit der eine einverstanden ist, unweigerlich den anderen stört; weil jede dieser Gruppen vom Papst nur das erwartet und hört, was ihr entspricht.

Der Papst ist für sie keine oberste Autorität, die über alles in letzter Instanz befindet, sondern der Sprecher eines Weltgewissens, das auf der Suche nach sich selbst, mit sich selbst uneinig und zur Entschlossenheit ebenso unfähig ist wie eine internationale Konferenz. Die berühmteste bzw. gerühmteste Enzyklika, »Rerum novarum«, hat das Antlitz der Welt nicht verändert; sie hat eine katholische Bewegung in Gang gebracht, die weder die sowjetische Revolution von 1917 verhindert noch den Triumphzug der freien Marktwirtschaft gestoppt hat. Ein Jahrhundert danach wurde »Centesimus annus« von einem Liberalen wie Alain Madelin genauso herzlich aufgenommen wie von einem Kommunisten wie Georges Marchais: jeder hatte seine Gründe, sich darin wiederzufinden. Im Gegensatz dazu erntete Benedikt XV. im Jahre 1917, als er die kriegführenden Nationen zu einem Verhandlungsfrieden aufrief, nur Beschimpfungen, und erst im Laufe der Zeit begannen viele so zu denken wie er, die sich dann nicht mehr an ihn erinnerten.

Im März 1937 hat Pius XI. das deutsche Neuheidentum und zugleich den atheistischen Kommunismus feierlich verurteilt. »Divini Redemptoris« fand ein ungleich stärkeres Echo als »Mit brennender Sorge«. Der Bolschewismus und seine Revolution machten angst und verleiteten auf diese Weise die demokratischen Regierungen zum Appeasement gegenüber dem Nationalsozialismus. Ein Jahr später, als es zum Anschluß* kam, hinderte die Enzyklika den Erzbischof von Wien nicht daran, sich dem Hitlerregime anzudienen, auch wenn er dies bald bereut hat.

Die Päpste haben viel gesprochen, ohne dabei die politischen Führer oder die Öffentlichkeit ersetzen zu können. Sie sprachen auf ihre ziemlich weit vom gewöhnlichen Sprachgebrauch entfernte Art über Positionen und mit einer Autorität, die viele Katholiken nicht zu billigen bereit waren, und zwar in einem historischen Augenblick, für den die inzwischen angesammelte Erfahrung – die Ereignisse und der zeitliche Abstand – einen veränderten Blick nahelegt.

Man muß es unverblümt sagen: am Vorabend des weltweiten Konflikts *waren nicht die Juden das eigentliche Problem*, für niemanden. Hätte man zehn Gerechte finden können, um das Verbrechen aufzuhalten? Im Jahre 1947 wird die »Exodus«-Affäre genügen, um die wahre Gesinnung im Namen derselben hohen Politik offenzulegen, die über die Dauer des Krieges vorgeherrscht hatte. Die Papstreden stellen einen Projektionstest im großen Maßstab dar. Im Extremfall kommt es nicht allzusehr darauf an, was darin gesagt wird, insofern sie einer Gesellschaft gestatten, sich zu artikulieren, sowohl sofort als auch im nachhinein.

2. Pius XI. fühlte, vielleicht angeregt durch Edith Stein[21], daß er mehr sagen müßte und *daß das wirkliche Problem tatsächlich das der Juden war.* Was aber konnte er sagen? Sicherlich nicht das, was uns heute in die Lage versetzt, jenen Einbruch in unserer Geschichte adäquat zu beschreiben.

1975 legten die katholischen Bischöfe der Bundesrepublik Deutschland auf einer nationalen Synode ein Schuldbekenntnis ab:

»Wir sind das Land, dessen jüngste politische Geschichte von dem Versuch verfinstert ist, das jüdische Volk systematisch auszurotten. Und wir waren in dieser Zeit des Nationalsozialismus, trotz beispielhaften Verhaltens einzelner Personen und Gruppen, aufs Ganze gesehen doch eine kirchliche Gemeinschaft, die zu sehr mit dem Rücken zum Schicksal dieses verfolgten jüdischen Volkes weiterlebte, deren Blick sich zu stark von der Bedrohung ihrer eigenen Institutionen fixieren ließ und die zu den an Juden und Judentum verübten Verbrechen geschwiegen hat.«[22]

Ein Text, wie er vor dem Zweiten Vatikanischen Konzil und der langen Phase des Nachdenkens, welches 1965 zur Erklärung »Nostra aetate« – »über das Verhältnis der Kirche zu den nichtchristlichen Religionen« – führte, undenkbar war. Deren vierter Abschnitt ist der jüdischen Religion gewidmet:

»4. [...] Da also das Christen und Juden gemeinsame geistliche Erbe so reich ist, will die Heilige Synode die gegenseitige Kenntnis und Achtung fördern [...].

Obgleich die jüdischen Obrigkeiten mit ihren Anhängern auf den Tod Christi gedrungen haben, kann man dennoch die Ereignisse seines Leidens weder allen damals lebenden Juden ohne Unterschied noch den heutigen Juden zur Last legen. [...]

Im Bewußtsein des Erbes, das sie mit den Juden gemeinsam hat, beklagt die Kirche [...] alle Haßausbrüche, Verfolgungen und Manifestationen des Antisemitismus, die sich zu irgendeiner Zeit und von irgend jemandem gegen die Juden gerichtet haben. [...]

5. [...] Deshalb verwirft die Kirche jede Diskriminierung eines Menschen oder jeden Gewaltakt gegen ihn um seiner Rasse oder Farbe, seines Standes oder seiner Religion willen, weil dies dem Geist Christi widerspricht.«[23]

Nichts hätte wahrscheinlich Pius XI. oder Pius XII. daran gehindert, diesen Text zu unterschreiben, wenn er ihnen vorgelegt worden wäre. Sie waren kaum in der Lage, ihn zu verfassen, auch niemand aus ihrer Umgebung. Bei Kriegsende zollte Pius XII. in Anwesenheit des Kardinalskollegiums dem Mut der deutschen Bischöfe seine Anerkennung.[24] In der Folge entbrannte ein heftiger Streit um ihre Haltung gegenüber dem Nationalsozialismus und das »Schweigen der Kirche«. Wie konnte man vergessen, daß ein Drittel des Klerus mit den Polizei- und Sicherheitsdiensten des Regimes zu tun hatte? Die Bischöfe hätten mehr tun können, und Pater Rupert Mayer, der von Johannes Paul II. 1987 seliggesprochene Jesuit, hat ihnen den Makel, nicht bis zum Martyrium gegangen zu sein, zum Vorwurf gemacht.

Vielleicht hatte er recht damit, doch wenn sie nicht mehr getan haben, so geschah dies weder aus Ängstlichkeit noch aus Bequemlichkeit, sondern einfach deswegen, weil sie gar nicht sahen, was sie hätten mehr tun sollen. Sie taten, was Pius XI. und Pius XII. von ihnen erwarteten. Das schwache Glied war in jenen Jahren nicht der Episkopat, sondern der Nuntius in Deutschland, Mgr. Orsenigo, der das Vertrauen Pius' XI. genoß und den Pius XII. überhaupt nicht schätzte, ohne jedoch in der Lage zu sein, ihn abzulösen: sein Nachfolger hätte die notwendige Zustimmung der Nazibehörden nicht bekommen.

Was in diesen Jahren die beiden Päpste am meisten bedrängt, ist der tödliche Angriff, der gegen die Kirche und die »christliche Kultur« auf der einen Seite vom internationalen Kommunismus sowie auf der anderen Seite vom deutschen Nationalsozialismus geführt wird. Alles fügt sich in diese Perspektive ein, bzw. alles wird ihr untergeordnet.

Ich habe einige Leser von »La Croix« sehr schockiert, als ich in einem meiner Artikel schrieb, daß Pius XI. sich gegenüber dem Nationalsozialismus »weniger ablehnend« zeigte als gegenüber dem Kommunismus.[25] Ich behaupte: es genügt, die Texte noch einmal zu lesen, und es gibt keinen Grund, darüber erstaunt zu sein. Der Nationalsozialismus beschränkt sich auf ein Land, in dem die katholische Kirche stark und durch ein Konkordat geschützt ist. Der Kommunismus ist international, hat seine Hauptstadt in einem großen orthodoxen Land und zeitigt seine weitreichenden oder ihm zur Last gelegten schlimmen Folgen vor allem in Mexiko und in Spanien, beides katholische Länder. Mit dem ersteren glaubt Pius XI. – im März 1937 – immer noch, sich arrangieren zu können, und er hofft – Te Deum – auf den Tag, an dem das deutsche Volk, samt seinen verirrten Machthabern, zum Glauben an Christus zurückkehrt. Dagegen ist der atheistische – und also »grundschlechte« – Kommunismus das Hauptziel der »großen Aktion der katholischen Kirche«.

Angesichts des Wütens dieser Gegner sieht Pius XI. die Kirche als »magistra gentium«[26], als Lehrmeisterin der Völker, verwickelt in einen *Kirchenkampf**, in dem der deutsche Katholizismus sich auf gefährliche Weise in vorderster Linie exponiert, um die »christliche Kultur« zu verteidigen, die auch die »einzig wahrhaft *menschliche Gesellschaft*« darstellt. Das war damals ein Gemeinplatz. Der Vortrag, den der Dominikaner Pater Carré am 16. April 1946 vor Botschaftern im Theater Marigny hält, wird immer noch dasselbe Thema haben: die Vernichtung des Nationalsozialismus setzt die gesellschaftlichen Kräfte des weltweit wachsenden Christentums für den Kampf gegen den Kommunismus frei.[27] Es fehlte jeglicher Hinweis auf die Tragödie der Juden: dazu bedurfte es noch einiger Zeit des Nachdenkens.

Mehr als jeder andere Papst förderte Pius XI. diese historische Sichtweise und politische Theologie[28], die die Christenheit mit Christus als dem König der Völker ins Zentrum der Weltgeschichte rückte. Der Antijudaismus ist ein traditioneller Bestandteil dieses Gedankengebäudes und dabei ein Teil, der nicht beliebig abtrennbar ist. Man stelle sich einmal vor, die Enzyklika wäre veröffentlicht worden. Man kann sich nun fragen, welche äußeren Folgen dies gehabt hätte: wie sie in der Öffentlichkeit und von den Regierungen aufgenommen worden wäre und wie das weitere Schicksal der jüdischen Bevölkerung ausgesehen hätte. Mit ziemlicher Sicherheit läßt sich sagen: abgesehen davon, daß sie innerhalb des katholischen Denkens ein Fremdkörper – wie ein niedergegangener Meteorit – geblieben wäre, hätte sie auf jeden Fall zum systematischen Nachdenken angeregt, wie man es beim Zweiten Vatikanischen Konzil beobachten konnte.

Muß man zwischen Antisemitismus und Antijudaismus unterscheiden?

Von christlichem Antijudaismus zu sprechen, um den Begriff Antisemitismus zu vermeiden, stellt das nicht nur eine Ausflucht oder einen Euphemismus dar? Ich denke nicht. Es handelt sich um eine Möglichkeit und nicht im geringsten um eine Notwendigkeit. Man muß stets auf die Geschichte und den Gebrauch der Wörter achten, vor allem, wenn sie derartig – mit Bedeutungen und Emotionen – befrachtet sind, ja überfrachtet, und doch zugleich vage. Jede Diskussion müßte mit der Frage beginnen: Welche genaue Bedeutung gibt man den Begriffen, deren man sich dann übereinstimmend bedient? Das aber geschieht selten.

Auf diese Weise würde man – vielleicht – endlose Verwirrungen vermeiden. War Karl Marx Antisemit? Um darüber zu entscheiden, reicht es nicht, »Zur Judenfrage« zu lesen, da es verschiedene Möglichkeiten zu geben scheint, sie zu lesen.[29] War Ernest Renan, der den Antisemitismus verurteilte, Rassist? Aimé Césaire war dieser Ansicht und hat ihn deshalb kritisiert.[30] Und Benoît Malon, der Vater des integralen Sozialismus (1891), der den Rassismus verurteilte – war er Antisemit in der Tradition Fouriers und Proudhons? Davon sind seriöse linke Autoren überzeugt. »Das Geld ist der Gott unserer Zeit, und Rothschild ist sein Prophet«: das wird Drumont behaupten, doch Heine war es, der dies schrieb.[31]

Der Begriff *Antisemitismus* selbst ist jüngeren Datums: aus dem Jahr 1880, kaum älter als ein Jahrhundert.[32] Er taucht in Frankreich in einem Klima auf, das vom Panamaskandal und der Dreyfus-Affäre geprägt ist, in Verbindung mit Nationalismus, Kosmopolitismus, Geschäftemacherei und gegen die Freimaurer gerichteten Bestrebungen, und nicht unmittelbar mit dem Rassismus. Er steht für das Anti-Frankreich, das »Ungeziefer: Freimaurer, Revolutionäre, Freidenker, Juden, Politiker« (1893), und sogar für die Protestanten, alle verbündet und verschworen und Komplotte schmiedend, um »die älteste Tochter der Kirche« zu säkularisieren. Man steht vor der großen Alternative, es ist die Stunde der Entscheidung: »die Erde oder das Kapital« (1888). Man befindet sich seit der Revolution im »Krieg der beiden Frankreichs«, der sich hinzieht und immer mehr zuspitzt, wobei sich beide Seiten gegenseitig Schrecken einjagen.[33]

Es gab einen populären Antisemitismus mit all seinen Schichten und geographischen Besonderheiten (man denke an Mittel- und Osteuropa) und einen aufgeklärten Antisemitismus, »von Voltaire zu Wagner«[34], wobei die Emanzipation der Juden gerade der Aufklärung zu verdanken ist (doch sie zielte darauf, den Juden assimilierbar zu machen, das heißt zu einem Individuum und Staatsbürger).

Es gab den Antisemitismus Luthers und den von Erasmus von Rotterdam. Es gab einen Antisemitismus der Schriftsteller und Künstler, der im vorigen Jahrhundert nicht nur bei einigen wenigen Exaltierten anzutreffen war, ebenso einen Antisemitismus der braven Bürger, der gerne mit einem Antiklerikalismus einherging: man fiel über die Pfaffen her und goutierte Geschichten über Juden. Es herrschte ein »Krämergeist«, für den »Le Rire« (gegründet 1894) ein typisch republikanisches und patriotisches Beispiel darstellt.

Es gab einen sozialistischen Antisemitismus – neben der marxistisch-leninistischen Variante –, obgleich er mit dem »Ideal« des Sozialismus oder Kommunismus nichts tun hatte.[35] Ebenso gab es einen christlichen Antisemitismus, der weit zurückreichte, wenn auch das päpstliche Rom als das »Paradies der Juden« galt.

Der Begriff wirkte auf alle diejenigen, die sich auf ihn beriefen, ohne vor Plumpheiten und Niederträchtigkeiten zurückzuscheuen (man denke an all die Anekdoten, Schmähungen und Karikaturen), nicht abschreckend. Drumont machte sich zu seinem Tribunen, von »La France juive« (1886), das großen Erfolg haben wird (mehr als 200 Auflagen), bis hin zu seiner Tageszeitung »La Libre Parole« (von 1892 ab bis zu seinem Tode im Jahre 1917). Bernanos wird ihn 1931 mit »La Grande Peur des bien-pensants. Édouard Drumont« beweihräuchern: »Der Antisemitismus ist keine Marotte oder rein theoretische Vorstellung, sondern ein großer politischer Gedanke.« Roger Duguet (der Abbé Boulin), der sich als »anti-judäo-freimaurerisch« definierte, wird sich in diesem Punkt von Mgr. Jouin, dem Begründer der berühmten »Revue internationale des sociétés secrètes«, unterscheiden, der aus seinem überzeugten Antisemitismus keinen Hehl machte. Marcel Jouhandeau bezeichnete sich – unter anderem – als einen Christen und Antisemiten . . .

Man denkt an La Fontaines »Les Animaux malades de la peste«: »Nicht alle starben, aber alle waren angesteckt.« Es waren fast nur die republikanischen Katholiken (nicht zu verwechseln mit den Christdemokraten jener Zeit), die dem entgingen: eine Minderheit.[36]

Diese Variante war bereits Gegenstand mehrerer Untersuchungen. Jean-Marie Mayeur: »Les congrès nationaux de la ›Démocratie chrétienne‹ 1896–1898«[37]; Pierre Sorlin: »›La Croix‹ et les Juifs, 1880–1899«[38]; Jeannine Verdès-Leroux: »Scandale financier et antisémitisme catholique«[39]; Pierre Pierrard: »Juifs et catholiques français«[40]; Lazare Landau: »De l'aversion à l'estime. Juifs et catholiques en France de 1919 à 1939«[41]; François Delpech: »Sur les Juifs«[42]; Alain Fleury: »›La Croix‹ et l'Allemagne 1930–1940«[43]; Danièle Delemaire: »Antisémitisme et catholiques dans le Nord pendant l'affaire Dreyfus«[44]; Ralph Schor: »L'Antisémitisme en France pendant les années trente. Prélude à Vichy«[45]; Pierre-André Taguieff: »Les Protocoles des sages de Sion. Faux et usage du faux«[46]; Pierre Vidal-Naquet in einer aufschlußreichen Einleitung zur Neuauflage von Jacques Maritains »L'Impossible Antisémitisme«[47]; im Entstehen ist eine Arbeit von Pierre Barrucand über die näheren Umstände und Verhältnisse dieser in Vergessenheit geratenen Kreise; ich selbst arbeite über die katholische Bewegung Italiens der Jahre 1880 bis 1930 ...

Wer meine Arbeiten gelesen hat, weiß von diesem Umsichgreifen des modernen christlichen Antisemitismus, insbesondere im Kreis um Mgr. Umberto Benigni (1862–1934) und seiner Freunde (der bereits erwähnte Abbé Boulin, nicht aber Mgr. Jouin) und innerhalb jenes internationalen antimodernistischen Spionagenetzes – »la Sapinière [der Tannenwald]« genannt –, das der Prälat im Jahre 1909 gegründet hatte. Hinzu kam kurze Zeit später die »Verteidigung der christlichen Kultur gegen die jüdischen Zerstörungskräfte«, die weit jenseits religiöser Polemik lag. Trotz alledem wandten sich diese Männer unablässig gegen einen »rassistischen und antichristlichen Antisemitismus, und wir sind die ersten, die ihn mit Abscheu verurteilen«. Einer der bekanntesten unter ihnen, Don Paolo De Töth (Florenz), warf im Jahre 1938 einen offiziellen Abgesandten des Regimes zur Tür hinaus, der ihn zur Mitarbeit an den Rassengesetzen aufforderte, die wohl als selbstverständlich vorausgesetzt wurde. Antisemit, dieses Wort hören sie nicht gern, und es ist nicht die Tatsache, daß jemand »Semit« ist, die sie empört, sondern die geballte Macht und die Rolle, die die »Judäokratie« im weltweiten Chaos und bei der »Verjudung« der Welt spielt. Ein Gemeinplatz, der immer noch lebendig ist und keineswegs mit dem Ariermythos zusammenhängt.[48]

Es wäre eine eingehende und vergleichende Untersuchung darüber nötig, wie vielgestaltig und außergewöhnlich langlebig diese Tradition ist, zu deren Erklärung es nicht ausreicht, einen einzigen – vereinfachenden – Grund zu liefern. Wenn der Antisemitismus die Christen auf das »Mysterium Israels«[49] verweist, dann verweist dieses Mysterium seinerseits auf das der Menschheit, auf das, was Giorgio Strehler die »Kräfte des Bösen« und das »Böse der Welt«[50] genannt hat, ein immer wiederkehrendes Problem, das der westliche Optimismus allzu schnell abtut und verdrängt. Und eine Soziologie des Antisemitismus stößt schnell auf eine unerschöpfliche Materialfülle.[51] Die »Judäophobie« ist nicht einfach nur eine besondere Form der Xenophobie.

Das Aufkommen des Nationalsozialismus machte dieses intellektuelle Problem, das er hinwegfegte, sinnlos; er riß alles in seiner zerstörerischen Logik mit. Oder vielmehr zwang er jeden einzelnen, vor dem Henker und seinen Opfern sowohl im Tun als auch im Denken klar Position zu beziehen. Die Sprache wurde zum Mörder oder zum Retter: reden, das war auch tun.[52] Besondere Vorsicht auf sprachlichem Gebiet wurde für denjenigen notwendig, der seine Sache nicht mit derjenigen der Propagandisten der »Endlösung« verwechselt sehen wollte.

Der Begriff *Antijudaismus* wird also erneut und doppelt notwendig, wenn man vermeiden will, daß alles in einer Flut trügerischer Gleichungen aufgeht, in der sich alles gleicht. Der nationalsozialistische Antisemitismus ist nämlich keine logische Weiterentwicklung des alten christlichen Antijudaismus. Er führt zwei Begriffe ein, die es im Antijudaismus zuvor nicht gab: zum einen Semit, semitisch oder Semitentum, Begriffe, die im vorigen Jahrhundert im Zuge der Geschichte der Religionen in Erscheinung traten; und zum anderen Rasse, rassisch und Rassismus[53], verstanden vor dem Hintergrund einer Soziobiologie im Sinne einer Naturgeschichte der menschlichen Gattung. Wir haben es hierbei mit einer säkularisierten, laizisierten und nationalisierten *Weltanschauung** zu tun – die Sünde gegen Gott wird zum Verbrechen gegen den gottlosen Staat –, eine völlige Umkehrung der urchristlichen Vorstellung.

Diese beruhte auf einer religiösen Grundannahme: der göttlichen Berufung des erwählten Volkes und der Beziehung zum Gott Israels, dem einzig wahren Gott; mit der Entstehung des Christentums und der Zerstreuung des jüdischen Volkes beginnt das Drama. Während sie sich unter den bekehrten Heiden ausbreitete, verstand es die Kirche, einerseits die Brücken abzubrechen und andererseits das Erbe zu bewahren: sie war das *verus Israel.*[54]

Der christliche Antijudaismus beruht im Grunde auf einem theologischen Streit: er entstand inmitten des Judentums, gleichzeitig mit dem Christentum, aufgrund der zunehmenden Trennung der beiden voneinander. Er hat eine lange Geschichte, die eine andere Richtung einschlug, als die neue Religion bei den Heidenvölkern zur Staatsreligion wurde, und vor allem als sie Ausschlußmaßnahmen und die Inquisition rechtfertigte oder Leidenschaften und Phantasmen nährte (die lange Litanei der »Ritualmorde«). Diese Geschichte erfuhr im 19. Jahrhundert eine Politisierung, wobei sie ein Schwanken der Sprache und ihre Annäherung an den rassistischen Antisemitismus anderer Herkunft begünstigte.

In dieser historisch bedingten, aber auch grundsätzlich ambivalenten Situation etablierte sich allmählich das, was Jules Isaac »L'enseignement du mépris« [Die Lehre der Verachtung] (1962) nennen wird: ein ganzes Volk wird mit Schande bedeckt. Der christliche Antijudaismus ist zunächst einmal eine *heilige Geschichte*, die die Gesamtheit des individuellen und kollektiven menschlichen Lebens – den ganzen Menschen und alle Menschen – auf ihre übernatürliche Zielvorstellung hin ordnet. Den politischen Totalitarismen setzt sie ihren religiösen Fundamentalismus gegenüber. Er weist die Juden zurück, ohne jedoch ohne sie auskommen zu können[55], und er ist bereit, bis auf ihre endgültige Bekehrung zu warten, deren er sich sicher ist. Der *Naturalismus* des modernen Antisemitismus mündet in eine ganz andere Zukunft: *Morituri.* »Das Lehrbuch des Hasses« (Léon Poliakov) kann sich nur die Vernichtung und die endgültige Auslöschung vorstellen.

In Frankreich ließen sich zahlreiche Katholiken, von Drumont bis Maurras (anderswo waren es andere Namen), von dieser Welle des Naturalismus bis zu dem Tag tragen oder forttragen, an dem sie mit Verwunderung entdeckten, wohin sie führte, und begannen – häufig unvermeidlicherweise ungeschickt, doch auf radikale Weise –, sich davon freizumachen. Das Einsetzen dieser Reaktion bei all jenen, deren Gewissen stark genug war, ist ein beeindruckender Moment. Georges Passelecq und Bernard Suchecky führen einige aussagekräftige Beispiele aus der katholischen Hierarchie an. Es ist darüber hinaus klar, daß es, um zu handeln – um an Leib und Leben bedrohte Juden, Männer, Frauen und Kinder zu retten –, nicht erst einer Korrektur der eigenen Theologie und der Aufklärung des eigenen Denkens bedurfte: der christliche Urimpuls und die instinktive menschliche Reaktion reichten dazu aus, wenn es am nötigen Mut nicht fehlte. Es sollte darauf eine Zeit des Nachdenkens folgen, eine Zeit, in der die gemachte Erfahrung die Notwendigkeit einer Bestandsaufnahme des christlichen Erbes und die Notwendigkeit, es neu zu überdenken, deutlich vor Augen führen sollte.

Weil es nötig ist, den Unterschied in der Zeit zu markieren, drängt sich der Begriff des Antijudaismus erneut auf, um die Bezugsfelder klar voneinander abzugrenzen, während er seinerseits einer Überprüfung in einer notwendig gewordenen kritischen Durchleuchtung der Vergangenheit harrt. So dachte Jules Isaac im Jahre 1948: »Der Antijudaismus, für gewöhnlich und fälschlicherweise Antisemitismus genannt.« Und bereits vor ihm sagte Dr. Joseph Weill im Jahre 1931: »Der Antisemitismus, oder vielmehr Antijudaismus, reicht weit in die Zeit zurück.«[56]

Sich von seiner Vergangenheit zu lösen und sie dabei zu bewältigen ist stets ein langwieriger intellektueller Prozeß und ein großes innerliches Abenteuer, auf individueller wie auf gesellschaftlicher Ebene. Wir schleppen immer noch – siehe Sarajewo und Bosnien – die Folgen des Ersten Weltkriegs (1914–1918) und seines unglückseligen Versailler Vertrags mit uns herum. Wir haben gesehen, was 1989 im Zusammenhang mit dem zweihundertsten Jahrestag der Französischen Revolution los war und welche Leidenschaften dabei wiederauflebten. Wenn das Zweite Vatikanische Konzil das Ende des katholischen Antijudaismus[57] zum Programm erhoben hat, so übersteigt doch die zu bewältigende Aufgabe die Bemühungen einer einzigen Generation. Es handelt sich keineswegs um *Modernismus* und genausowenig um eine Modernisierung des katholischen Glaubens, sondern – so lernen wir aus der Geschichte – angesichts des Geschehenen um einen Appell zu einem tiefergehenden geistigen und geistlichen Verständnis seines Wesens und seiner Gebote.

Pius XI. hatte diese Ereignisse vorweggenommen. Er sah den Sturm unerbittlich kommen; es war nicht notwendig, daß das nicht Nichtwiedergutzumachende erst eintrat, um ihn zum Sprechen zu bringen. Sein Tod ließ es nicht dazu kommen. Was uns bleibt, als Ausgangs- und Bezugspunkt dieses *aggiornamento*, ist die nicht zu Ende gebrachte Enzyklika, deren Idee er formuliert und deren Entwurf er dann in Auftrag gegeben hat. In einer dunklen Stunde und unter einem todesschwarzen Himmel war dies vielleicht die Ankündigung eines neuen Zeitalters, in dem die katholische Kirche es gelernt hätte, in dem Bemühen, ihre Andersartigkeit – ihre Identität – zum Ausdruck zu bringen, auf jegliches ›gegen‹ und jegliches ›anti‹ verzichten zu können. Das wäre zwar nicht das Ende eines »unnachgiebigen Katholizismus«, aber doch das Ende jener Gestalt, jener Maske des »*Matamorus*«[58], die sich im Laufe einer langen Reihe von Kreuzzügen – geführt im Namen der wahren Religion gegen eine Unzahl von Feinden – herausgebildet hatte.

Das entspricht auch, wenn ich ihn richtig verstehe, dem Denken des Dominikanerpaters Bernard Dupuys, der lange Zeit Sekretär des Komitees der französischen Bischöfe für die Beziehungen zum Judentum war und dessen Autorität auf diesem Gebiet niemand bestreiten wird: »Das Übel des Antisemitismus hat keine religiösen Wurzeln, in dem Sinne, daß es genügen würde, die religiöse Dimension auszuschalten, damit es verschwinde. [...] Im Gegenteil, wir bekämpfen den Antisemitismus gerade dann, wenn wir wahrhaft und authentisch religiös sind.«[59] Das Wesentliche besteht nicht darin, zu wissen, ob es sich so verhält, sondern darin, zu wollen und zu bewirken, daß es so sei.

Émile Poulat
École des hautes études en sciences sociales (Paris)

Vorbemerkung

In einer am 10. Februar 1989 von der Päpstlichen Kommission Gerechtigkeit und Frieden in Rom veröffentlichten Erklärung zum Rassismus heißt es, daß Pius XI. nach der Veröffentlichung von »Mit brennender Sorge« (März 1937) »seit 1937 dabei war, eine weitere große Enzyklika über die Einheit des Menschengeschlechts vorzubereiten, die den Rassismus und Antisemitismus verurteilen sollte. Der Tod ereilte ihn, ehe er sie veröffentlichen konnte«.[1]

Wie viele andere hatten wir etwas mythenhaft von diesem Dokument sprechen hören, von der als verschwunden, wenn nicht gar unterschlagen oder schlicht und einfach als unvollendet geltenden Enzyklika. Und wie viele andere vor uns haben wir uns auf die Suche nach ihr gemacht.

Sie zu finden war nicht gerade leicht, doch ist es uns schließlich, zumindest teilweise, gelungen. Wie, davon werden wir im ersten Kapitel dieses Buches berichten, und davon, warum unser Erfolg nur ein Teilerfolg war. In den drei folgenden Kapiteln werden wir die Geschichte dieses Dokuments nachzeichnen. Im fünften Kapitel beschäftigen wir uns mit dem unmittelbaren religiösen, kulturellen und politischen Kontext, in dem dieser Enzyklikaentwurf Gestalt annahm, bevor wir es riskieren, einige vorläufige Schlußfolgerungen zu ziehen. Daran anschließend werden wir den vollständigen Text dieses Entwurfs veröffentlichen, dem seine Verfasser den Titel »Humani generis unitas« (»Die Einheit des Menschengeschlechts«) gegeben haben.

Diese Geschichte wirft viele Fragen auf, bei denen vorschnelle Argumente offensichtlich keine Antworten ersetzen können. Die Hauptfrage gilt unserer Meinung nach der Verantwortung, und als solche ist sie an alle gerichtet: Wie sahen vor dem Krieg die Lehre und die Haltung der katholischen Kirche in bezug auf die Juden und den Antisemitismus, und wie sieht ihre heutige Antwort darauf aus? Nachdem diese Frage das grundlegende Motiv für unsere Untersuchung gewesen war, wurde sie zum eigentlichen Leitfaden des Buches, das der Leser nun vor Augen hat.

Nachdem wir beinahe wie Felddiebe in ein uns unvertrautes Gebiet eingedrungen sind, nehmen wir nicht in Anspruch, alle Erzähl- und Erklärungsstränge entwirrt zu haben, die in der Geschichte dieser Enzyklika miteinander verknüpft sind. Wir können auch nicht behaupten, Zugang zu allen in den Archiven verwahrten Dokumenten gehabt zu haben. Wir wissen natürlich, daß es auf dem einen oder anderen verschlungenen Wege manchmal gelingt, bestimmte Riegel aufzubrechen. Wir haben es bewußt vorgezogen, darauf zu verzichten.

Wie dem auch sei – wir haben uns bemüht, gewissenhaft und sorgfältig zu arbeiten. Wir haben möglichst viele Dokumente, und manchmal sehr ausführlich, zitiert. Zum einen wollten wir vermeiden, daß der Leser sich gezwungen fühlt, uns aufs Wort zu glauben, zum anderen wollten wir ihm das Nachdenken erleichtern, damit er sich eine eigene Meinung bilden könne.

Wir sind uns darüber im klaren, daß man in dieser Arbeit Versäumnisse und Fehleinschätzungen oder -urteile wird finden können. Sollten diese Mängel anderen die Möglichkeit eröffnen, die eine oder andere Lücke zu schließen oder bestimmte Ansichten zu korrigieren, so ist dies sicherlich das Beste, was diesem Buch passieren kann.

1

Die Suche nach den Dokumenten

Erstmals öffentlich diskutiert wurde der Fall einer »unveröffentlichten, gegen den Antisemitismus Stellung beziehenden Enzyklika Pius' XI.« in einer Artikelserie, die im Laufe des Dezembers 1972 und des Januars 1973 in den Vereinigten Staaten in der Zeitschrift »National Catholic Reporter« erschien. Die meisten wesentlichen Informationen über diese Angelegenheit wurden im Zuge der ebenso intelligenten wie präzisen Nachforschungen Jim Castellis, eines Mitglieds der Redaktion besagten Blattes, bereits zutage gefördert.[1]

Im Juni des Jahres 1938 hatte Papst Pius XI., so berichtete Castelli, einen amerikanischen Jesuiten, Pater John LaFarge SJ, mit der Ausarbeitung eines Entwurfs für eine Enzyklika beauftragt, die gegen Rassismus und Antisemitismus Stellung beziehen sollte. Von diesem Auftrag überrascht und an seinen eigenen Fähigkeiten zweifelnd, ließ sich LaFarge zwei Mitarbeiter an die Seite stellen, und zwar die Jesuitenpatres Gustav Gundlach SJ, einen Deutschen, sowie den Franzosen Gustave Desbuquois SJ, die ihm der Ordensgeneral des Jesuitenordens, Pater Wladimir Ledóchowski SJ, zuwies. Zu ihnen gesellte sich noch ein weiterer deutscher Jesuit, Pater Heinrich Bacht SJ, der das Dokument ins Lateinische übersetzen sollte. Die vier Männer arbeiteten den ganzen Sommer über in Paris, und gegen Ende September begab sich LaFarge nach Rom, wo er Ledóchowski drei Fassungen des in Auftrag gegebenen Entwurfs übergab. Drei Texte also, je einen in französischer, englischer und deutscher Sprache, von denen mindestens einer den Titel »Humani generis unitas« (»Die Einheit des Menschengeschlechts«) trug.

Und dann ... dann passiert nichts weiter damit. Im Februar 1939 stirbt Pius XI., im März wird Kardinal Pacelli unter dem Namen Pius XII. sein Nachfolger, im September beginnt mit dem Einmarsch in Polen der Zweite Weltkrieg, ohne daß besagte Enzyklika ans Licht der Öffentlichkeit gelangt wäre.

Was war geschehen? Jim Castelli gab auf diese Frage keine abschließende Antwort. Auf der Grundlage der Briefe, die LaFarge und Gundlach einander schrieben, nachdem ersterer in die Vereinigten Staaten zurückgekehrt war, stellte er aber die Hypothese auf, der Ordensgeneral der Jesuiten habe die Weitergabe der Entwürfe absichtlich verzögert, da sie im Falle eines erfolgreichen Abschlusses seine strategischen Pläne, die mehr gegen den Kommunismus als gegen den Nationalsozialismus gerichtet waren, durchkreuzt hätten. Als die Texte Pius XI. erreichten – sofern sie ihn überhaupt jemals erreichten –, war der alte Papst Ratti dem Tod bereits zu nahe, als daß er noch Zeit gehabt hätte, ihnen die Form einer Enzyklika zu geben. Und Pius XII., der von den von seinem Vorgänger in Auftrag gegebenen Texten sehr wohl Kenntnis gehabt zu haben scheint, sollte einfach beschließen, sie im »Schweigen der Archive« verschwinden zu lassen.[2]

Wie war es Jahre danach dem »National Catholic Reporter« gelungen, von der Sache zu erfahren und ein derart heikles Thema anzuschneiden? Auf welche Dokumente stützten sich seine Enthüllungen? Jim Castelli gab an, daß »die Mikrofilmkopien der Enzyklika und der dazugehörigen Dokumente« der Zeitschrift von einem ehemaligen Jesuiten namens Thomas Breslin anvertraut worden waren, der sie entdeckt hatte, als er im Laufe des Jahres 1967 damit beschäftigt war, das Archiv John LaFarges zu katalogisieren. Letzteres war lange Zeit vom Verlag der katholischen Wochenzeitung »America«[3] aufbewahrt worden und befand sich inzwischen im Ignatius-von-Loyola-Seminar in Westchester, New York, wo ebenjener Thomas Breslin Theologie studierte. Seine Arbeit wurde jedoch durch die Schließung des Seminars im Jahre 1969 unterbrochen. Ein Jahr später wurde das Archiv LaFarges im Woodstock College in Manhattan, New York, eingelagert, wo aber in Ermangelung eines qualifizierten Archivars die Katalogisierung nicht fortgesetzt wurde.[4]

Im Laufe seiner Nachforschungen hatte sich Jim Castelli darum bemüht, sich die Existenz dieser Dokumente durch verschiedene und voneinander unabhängige Zeugen bestätigen zu lassen. Nach den Erinnerungen Pater Walter Abbotts SJ, der mit John LaFarge während seiner New Yorker Zeit befreundet war, hatte letzterer »gegenüber niemandem von uns an der Fordham University jemals auch nur ein Sterbenswörtchen von dieser Geschichte erwähnt. Kurz vor seinem Tod im Jahre 1963 gab er schließlich auf drängende Fragen eines ehemaligen Studenten Pater Gundlachs zu diesem Thema im vertrauten Kreise [unserer] Gemeinschaft zu, daß er an dieser Unternehmung teilgenommen hatte, ohne jedoch weitere Angaben zu machen.« Abbott fügte aber hinzu, daß er noch am Todestag LaFarges unter dessen Papieren eine englische und eine französische Fassung des Enzyklikaentwurfs gefunden habe. Einem anderen Zeugen, Pater Heinrich Bacht SJ, zufolge, der 1938 die Übersetzung des Enzyklikaentwurfs ins Lateinische begonnen hatte und der im Jahre 1972 der letzte noch Lebende der an dieser Geschichte Beteiligten war, »schrieb Gundlach den überwiegenden Teil des Entwurfs, während LaFarge den Großteil der Schlüsselstellen über Rassismus und Antisemitismus verfaßte«. Schließlich wurde die Existenz eines derartigen Dokuments, allerdings ohne weitere Angaben, auch von Pater Robert Graham SJ bestätigt, der zwanzig Jahre lang bei »America« mit LaFarge zusammengearbeitet hatte und der 1972 mit zuständig war für die Abteilung des Vatikanischen Archivs, die sich mit der Zeit des Zweiten Weltkriegs beschäftigt.[5]

Vom Enzyklikaentwurf selbst zitierte der »National Catholic Reporter« als zusammenhängenden Text nur die Abschnitte 126 bis 130, das heißt die Schlußfolgerungen über den Rassismus im allgemeinen. Die Abschnitte über den Antisemitismus wurden nur kurz erwähnt.[6]

Jim Castelli schloß seine breitangelegte Untersuchung in einer editorischen Nachbemerkung mit der Feststellung, daß »die Geschichte dieses Enzyklikaentwurfs beweist, daß das Ausbleiben einer zur rechten Zeit, noch am Vorabend des Krieges, vorgebrachten Verurteilung des Antisemitismus durch den Vatikan nicht einer einfachen Unterlassung zuzuschreiben ist, sondern der bewußten Weigerung, ein Dokument fertigzustellen, das in seinen Grundzügen vom Papst persönlich umrissen worden war«. Diese Schlußfolgerung warf jedoch »zahlreiche Fragen hinsichtlich der internen Abläufe im Vatikan während des Zweiten Weltkriegs« auf. Denn »die Veröffentlichung des Enzyklikaentwurfs unmittelbar nach seiner Ausarbeitung hätte Hunderttausende, ja sogar Millionen von Menschenleben retten können«. Darüber hinaus »wäre der Rassismus heute in den Vereinigten Staaten höchstwahrscheinlich ein Phänomen von wesentlich geringerer Bedeutung, wenn zu einem früheren Zeitpunkt eine deutliche Erklärung gegen den Rassismus veröffentlicht worden wäre«.[7]

Schließlich äußerte Gordon Zahn, ein Kenner der Sozialenzykliken[8], in einem ausführlichen Leitartikel die Vermutung, daß die wiederentdeckte Enzyklika »vielleicht die deutlichste katholische Stellungnahme zu diesem moralischen Übel« des Antisemitismus darstellt. Als solche »wirft sie das ›Problem Hochhuths‹[9] in einem anderen Kontext erneut auf, denn nun geht es nicht mehr nur um das Versäumnis Pius' XII., nicht gegen die systematische Vernichtung der Juden protestiert zu haben, sondern eher um eine offensichtliche Weigerung, die Ziele seines Vorgängers und verehrten Gönners weiterzuverfolgen. Wenn man noch hinzufügt, daß Pius XI. zu einem Zeitpunkt protestiert hätte, zu dem sich das nationalsozialistische Vernichtungsprogramm noch im Anfangsstadium befand, während Pius XII. auch dann noch gegenüber der Öffentlichkeit schwieg, als das Programm in den absoluten Schrecken der ›Endlösung‹ mündete, dann wird das, was zunächst noch wie eine unnötige Schädigung des Andenkens eines hochgeschätzten Oberhaupts erscheinen konnte, zu einem realen Problem, das eine ernsthafte Untersuchung und kritisches Nachdenken erforderlich macht.«

Darüber hinaus »legt die erst kürzlich ›entdeckte‹ Enzyklika die Vermutung nahe, daß Pius XII. zwar selbst kein Antisemit war, aber dieses moralische Übel nicht genauso vehement ablehnte wie sein Vorgänger und daß er ihm infolgedessen unter seinen politischen Prioritäten nicht den hohen Stellenwert einräumte, den ihm aller Wahrscheinlichkeit nach Pius XI. zumaß. Darin könnte man außerdem ein Indiz für einen Unterschied in der Persönlichkeit der beiden Päpste sehen, insofern Pius XII. weniger geneigt war, sich Kontroversen auszusetzen, und von einer Position Abstand nahm, die er vielleicht für eine rein impulsive Reaktion Pius' XI. halten mochte.«[10]

Eine Klarstellung durch den Vatikan

Das vom »National Catholic Reporter« veröffentlichte Dossier hatte sofort die Aufmerksamkeit verschiedener renommierter Presseorgane[11] auf sich gelenkt, ohne jedoch eine ähnliche Welle von Polemiken auszulösen, wie sie zehn Jahre zuvor die Aufführung des Theaterstücks »Der Stellvertreter« von Rolf Hochhuth begleitet hatten. Ist dieses bescheidene Echo auf die Schnelligkeit zurückzuführen, mit der der Vatikan diesmal reagiert hatte?

In seiner Ausgabe vom 5. April 1973 veröffentlichte der »Osservatore Romano« eine Klarstellung, die von einem der für das Vatikanische Archiv Verantwortlichen, Pater Burkhart Schneider SJ, unterzeichnet war. Das Erscheinen eines neuen Bandes innerhalb eines großangelegten Editionsprojekts mit dem Titel »Actes et documents du Saint-Siège relatifs à la Seconde Guerre mondiale« [Akten und Dokumente des Hl. Stuhls zur Geschichte des Zweiten Weltkriegs][12] zum Anlaß nehmend, legte Pater Schneider unter der Überschrift

»Eine fehlende Enzyklika« dar, daß man in diesem neuen Band, der auch Dokumente aus den letzten Jahren des Pontifikats Pius' XI. enthält, »einen Text vermissen [wird], mit dem sich in der letzten Zeit die internationale Presse öfters beschäftigt hat. Man hat [...] wiederholt davon gesprochen, daß in den Vereinigten Staaten eine noch unveröffentlichte Enzyklika Pius' XI. gegen die Rassenvergötzung gefunden worden sei, deren Veröffentlichung von einer damals nicht zu überschauenden Tragweite geworden wäre. Tatsächlich arbeiteten im Sommer 1938 die Jesuitenpatres LaFarge, Gundlach und Desbuquois im Auftrag des Papstes in Paris an der Vorbereitung eines Dokumentes, das die christliche Lehre über die Einheit des Menschengeschlechts – ›Humani Generis Unitas‹ war der in Aussicht genommene Titel – gegen alle Rassenideologien darlegen sollte. Das Ergebnis der Arbeit war ein Text von über hundert eng beschriebenen Schreibmaschinenseiten, die in einem spekulativ-theoretischen und etwas schwerfälligen Stil geschrieben sind und mehr die Feder des P. Gundlach als die des P. La-Farge verraten. Es existieren von diesem Text drei verschiedene Fassungen, die nicht immer miteinander übereinstimmen. Die drei Texte, die Ende 1938 oder Anfang 1939 von dem damaligen Generalobern des Jesuitenordens, W. Ledóchowski, an Papst Pius XI. weitergegeben wurden, können nicht als ein eigentliches päpstliches Dokument angesehen werden, sondern höchstens als Entwurf, der noch eine weitere Überarbeitung und Veränderung gebraucht hätte, um in die Form einer eigentlichen Enzyklika gebracht zu werden. Die tatsächliche Situation in jenem Augenblick – der besorgniserregende Gesundheitszustand des Papstes, der wenige Wochen danach starb; die Vorbereitungen für das Zehnjahresgedächtnis der Lateranverträge, das unmittelbar bevorstand – ließ eine Weiterbehandlung jenes Entwurfs nicht zu, der wie so manche andere Texte als Torso im Archiv verblieb. Immerhin lassen sich nicht wenige seiner Grundgedanken in Dokumenten Pius' XII. von seiner ersten Enzyklika ›Summi Pontificatus‹ vom 20. Oktober 1939 an finden. Dies erklärt sich durch die Tatsache, daß Pius XII. sich der Mitarbeit von P. Gundlach für die Vorbereitung von Texten und Ansprachen bediente, die sich auf politische oder soziale Fragen bezogen. Weil es sich also um eine Privatarbeit handelt, die zwar im Auftrag des Papstes als Vorbereitung für ein Dokument des Hl. Stuhls unternommen worden war, sahen die Herausgeber davon ab, den Text in diese Sammlung aufzunehmen.«[13]

Hielt man diese Klarstellung für ausreichend? Jedenfalls scheint sie dem ersten Versuch, die in Frage stehenden Dokumente ans Licht der

Öffentlichkeit zu bringen, einen Schlag versetzt zu haben. Eines war aber dennoch klargeworden: die Archive des Vatikans bergen eine Fülle von dokumentarischen Hinweisen auf diese Geschichte.

»Die Lage ist im Augenblick vielleicht nicht besonders günstig«

Georges Passelecq, Benediktiner der Abtei Maredsous in der Gegend von Namur in Belgien, erfuhr von den Artikeln im »National Catholic Reporter« schon kurz nach ihrem Erscheinen und beschloß, eigene Nachforschungen anzustellen. Aufgrund seines Amtes als Sekretär der Belgischen Nationalen Katholischen Kommission für die Beziehungen mit dem Judentum, das er seit 1969 innehatte, konnte er sich berechtigte Hoffnungen machen, sein Ziel zu erreichen. Als erstes schrieb er am 11. Oktober 1974 an Pater Robert Graham SJ nach Rom:

»Ehrwürdiger Pater, seit einiger Zeit schon sind Pater Roger Braun SJ[14], der in Paris die Zeitschrift ›Rencontre – Chrétiens et Juifs‹ leitet, und ich damit beschäftigt, eine Dokumention zusammenzustellen bezüglich der Enzyklika, die Papst Pius XI. zum Thema Rassismus veröffentlichen wollte und die durch seinen plötzlichen Tod in den Archiven des Vatikans gelandet ist. Erst kürzlich bat mich Pater Braun, der sich leider nicht bei bester Gesundheit befindet, die Sache weiterzuverfolgen, und schlug mir vor, Ihnen zu schreiben, denn er meinte von Ihnen selbst erfahren zu haben, daß Sie eine Reihe interessanter Dokumente zu dieser bedeutenden Frage besitzen.

Würden Sie mir nun gestatten, mich an Sie zu wenden und Sie zu fragen, ob wir eventuell Zugang zu diesen Dokumenten haben könnten, und zwar mit Blick auf die spätere Veröffentlichung einer Untersuchung zu diesem Thema in ›Rencontre‹?

Falls es nötig sein sollte, würde ich nach Rom kommen.

Die Fragestellung selbst ist mir nicht fremd. Aus amerikanischen Publikationen habe ich bereits viele Informationen bekommen, insbesondere über Pater LaFarge (den ich, wenn ich mich recht entsinne, 1950 in New York persönlich kennengelernt habe).

Ich danke Ihnen recht herzlich für Ihre Bemühungen auf diesem Gebiet und verbleibe in brüderlicher Ergebenheit und in Dankbarkeit, Georges Passelecq.«[15]

Pater Graham antwortete (in französischer Sprache) noch im selben Monat, am 21. Oktober, aus Rom:

»Ehrwürdiger Pater, ich habe Ihren Brief vom 11. Oktober erhalten und beeile mich, Ihnen zu antworten, daß ich den Text der Enzyklika ›Humani generis unitas‹ nicht besitze. Ich hatte um das Jahr 1959 herum eine Fotokopie an die ›Action populaire‹ zu treuen Händen des ehrw. P. Bosc[16] geschickt und ihn um Rat gefragt, ob eine Veröffentlichung opportun sei. Die Antwort lautete dahingehend, daß der Text als ein nicht endgültiges Dokument nicht in seiner Gesamtheit von Interesse sei, wohingegen bestimmte Auszüge für eine Veröffentlichung geeignet wären. Dann geschah nichts mehr. Das heißt, bis der ehrw. P. Edward Stanton, ein Jesuit aus Boston, sich an die Arbeit machte. Er machte (1972?) in Ottawa in Kanada eine Doktorarbeit daraus. Zu meiner Schande kann ich Ihnen den Titel nicht nennen noch Ihnen sagen, ob die Arbeit in einem Verlag erschienen ist. Auf alle Fälle habe ich den endgültigen Text nicht gesehen. [...]

Die Dokumentation, von der der ehrw. P. Braun spricht [...], besteht aus meinen eigenen Notizen, die ich in New York nach meinen Gesprächen mit ihm machte, oder anderen Aufzeichnungen, die ich von Pater Abbott erhielt (der hier im Hause arbeitet, aber derzeit in Ferien ist). Ich habe bei Gelegenheit einmal einen Bericht zu dieser Sache vorbereitet, doch blieb dieser unvollendet. Es handelt sich tatsächlich eher um einen Bericht als um eine Diskussion. Ich möchte Sie darauf aufmerksam machen, daß Pater LaFarge – eine edle Seele, um die ich sehr trauere – kurz vor seinem Tod an die ›New Catholic Encyclopedia‹ einen Artikel über Rassismus geschickt hatte. Zu diesem Zweck hatte er die alte ›Enzyklika‹ aus seiner Schublade hervorgeholt.

Ich frage mich, welchen Wert man diesem Dokument beimessen soll, das zwar sicherlich für den Papst bestimmt war, aber für sich genommen nur das wiedergibt, was Pater LaFarge und Pater Gundlach (und vielleicht auch Pater Desbuquois) dachten. Die deutschen Jesuiten hier glauben im gesamten Dokument die Handschrift Gundlachs wiederzuerkennen, was ich nicht ausschließe, obwohl der Auftrag des Papstes an Pater LaFarge erging. Bei der Vorbereitung eines Dokuments für Pius XI. mußten sie wohl natürlicherweise die vielen Erklärungen konsultieren, die der Papst in den Monaten und Jahren zuvor zum Rassismus abgegeben hatte – warum untersuchen Sie nicht *diese* Dokumente?

Könnten Sie mir bitte anzeigen, auf welche Weise ich Ihnen besser dienen kann? Denn es ist mir sehr daran gelegen, daß mein Lehrer und Wohltäter ›Uncle John‹ wahrheitsgemäß als ein Mensch Anerkennung findet, der die Nöte unserer Zeit schon in ihren ersten Anzeichen erkannte.

Dieser Tage lese ich gerade erneut einige katholische Bücher über die Kirche und die Juden. Ich finde es seltsam, daß niemand von der Audienz Jules Isaacs bei Pius XII. spricht, über deren Ergebnis sich Isaac sehr zufrieden äußerte. Es handelte sich um die Sache mit der Weglassung des Kniefalls in der Karwoche. Etwas, das heutzutage sicherlich belanglos erscheint. Damals aber war es als eine erste Geste durchaus von Bedeutung.

Der Herrgott segne Sie in Ihrem Apostolat!

Ich verbleibe mit hochachtungsvollen Grüßen.«[17]

Da die Antwort Pater Grahams deutlich den Anschein eines Ausweichmanövers hatte, bat Georges Passelecq Pater Ambroise Watelet O.S.B., ebenfalls Benediktiner aus Maredsous und damals Rektor des päpstlichen Kollegiums Sankt-Anselmus in Rom, der Sache nachzugehen und nicht lockerzulassen. Vergebliche Mühe. Pater Watelet schrieb ihm am 18. September 1976 aus Rom:

»Lieber Pater, ich komme gerade von einem einstündigen Gespräch mit diesem liebenswürdigen Menschen, Pater Graham SJ. Ich habe ihm Ihre Fragen und Wünsche dargelegt. Er sagte mir sogleich, er fürchte, daß Sie bereits zu spät kämen; ein gewisser Pater Nota, ein holländischer Jesuit, hat nämlich Anfang dieses Jahres eine Untersuchung zu dieser Sache mit dem Enzyklikaentwurf veröffentlicht. Sie finden diese Untersuchung in der ›Internationalen katholischen Zeitschrift‹ Nr. 2/1976. Der Pater hatte einen deutschen Text dieses Enzyklikaentwurfs in Händen und analysierte ihn.

Pater Graham machte Sie bereits in seinem Brief vom 21. Oktober 1974 darauf aufmerksam, daß sich eine Fotokopie des französischen Textes bei der ›Action populaire‹ in Paris (P. Bosc) befinden müßte; Pater Graham selbst hat den Text nicht mehr.

Er hat zwei Dinge besonders betont:

1. Dieser Enzyklikaentwurf, von Pius XI. persönlich bei P. LaFarge in Auftrag gegeben (zur Überraschung des Ordensgenerals P. Ledóchowski), stellt nur einen ersten Entwurf *first draft* dar, der nicht unbedingt die Gedanken Pius' XI. wiedergibt. Das Dokument ist im Vatikan angelangt, aber hat Pius XI. es zu Gesicht bekommen?

2. Der Enzyklikaentwurf behandelt nicht in erster Linie die Juden, sondern das gesamte Problem des Rassismus im allgemeinen.

Demnach existiert also ein Dossier über diese Sache im Vatikanischen Archiv; es befindet sich aber noch im geheimen Teil des Archivs und ist also nicht auf den üblichen Wegen zugänglich.

Pater Graham fügte hinzu, daß die wesentlichen Grundzüge des Gedankenguts dieser Enzyklika, wie es scheint, von Pius XII. wiederaufgegriffen wurden, als er im Oktober 1939 ›Summi pontificatus‹ veröffentlichte.

Die Gedanken P. LaFarges fanden – P. Graham hat es Ihnen geschrieben – Eingang in seinen Artikel zum Rassismus in der ›New Catholic Encyclopedia‹.

Eine letzte Überlegung: P. Graham ist der Meinung, daß der Vatikan, was diese Sache mit dem Enzyklikaentwurf betrifft, in dieser Zeit der Spannungen im Nahen Osten wahrscheinlich nicht allzusehr daran interessiert ist, mit Veröffentlichungen über die Juden besonders hervorzutreten.

Um noch einmal zusammenzufassen, P. Graham rät Ihnen, zunächst einmal den kürzlich erschienenen Artikel von P. Nota zur Kenntnis zu nehmen, wonach Sie sehen werden, ob es noch Neues und Interessantes dazu zu sagen gibt. Er selbst glaubt, Ihnen nicht viel helfen zu können; vielleicht wäre ein Kontakt mit P. Nota in Holland und mit P. Bosc bei der ›Action populaire‹ in Paris angebracht.

Er sagte mir nicht, daß es unmöglich sei, Zugang zum Dossier im Vatikanarchiv zu erhalten; doch ist die Lage im Augenblick vielleicht nicht besonders günstig. Ich könnte mich erkundigen, wenn Sie es wünschen.

Soweit nun, lieber Pater Georges, was ich für Sie in Erfahrung bringen konnte. Lassen Sie es mich wissen, wenn Sie mehr wissen wollen.«[18]

Da dem »Rat« Pater Grahams genügend Befehlscharakter innewohnte, bohrte Georges Passelecq nicht weiter. Dreizehn Jahre später nahm er seine Nachforschungen allerdings wieder auf, nachdem er Bernard Suchecky begegnet war. Aus seiner Korrespondenz ergaben sich aber noch andere Spuren und Wege, als die scheinbar unzugänglichen Archive des Vatikans. Zum Beispiel das Archiv der Jesuiten von der »Action populaire« oder die Dokumente, die sich wahrscheinlich im Besitz Pater Notas befinden, des Autors des von Pater Watelet erwähnten Artikels. Und natürlich der Mikrofilm, von dessen Erhalt der »National Catholic Reporter« berichtete.

»Gott sei Dank ist dieser Entwurf ein
Entwurf geblieben!«

Bernard Suchecky war seinerseits im Juli 1987, im Kontext zweier hitziger Debatten – der Affäre um das Karmelitinnenkloster in Auschwitz und der Seligsprechung Edith Steins im April 1987 –, bei der Durchsicht diverser Akten in der Bibliothek des »American Jewish Committee« in New York auf den bereits erwähnten Artikel Pater Notas gestoßen.

Dieser Artikel war im Jahre 1974 unter dem Titel »Edith Stein und der Entwurf für eine Enzyklika gegen Rassismus und Antisemitismus« im »Freiburger Rundbrief«, einer deutschen Zeitschrift, die sich den jüdisch-christlichen Beziehungen widmete, erschienen.[19] Sein Autor Johannes H. Nota SJ, ein holländischer Jesuit, der sein Leben dem Studium und der Vermittlung des Denkens Edith Steins gewidmet hat, erwähnte in diesem Artikel, wie im Jahre 1933 die deutsche Philosophin erfolglos versuchte, eine Privataudienz bei Pius XI. zu erhalten, um ihn davon zu überzeugen, eine Enzyklika zu erlassen, in der der Antisemitismus verurteilt wird. Pater Nota zitiert aus Aufzeichnungen Edith Steins: »Meine Erkundungen in Rom ergaben, daß ich wegen des großen Andranges (Heiliges Jahr 1933) keine Aussicht auf eine Privataudienz hätte. Nur zu einer ›kleinen Audienz‹ (d. h. im kleinen Kreise) könne man mir verhelfen. Damit war mir nicht gedient. So verzichtete ich auf die Reise und trug mein Anliegen schriftlich vor. Ich weiß, daß mein Brief dem Heiligen Vater versiegelt übergeben ist; ich habe auch einige Zeit danach seinen Segen für mich und meine Angehörigen erhalten. Etwas anderes ist nicht erfolgt. Ich habe aber später oft gedacht, ob ihm dieser Brief nicht noch manchmal in den Sinn kommen mochte. Es hat sich nämlich in folgenden Jahren Schritt für Schritt erfüllt, was ich damals für die Zukunft der Katholiken in Deutschland voraussagte.«[20]

Bei der Suche nach diesem Brief Edith Steins erfuhr Pater Nota erstmals von »Humani generis unitas«: »P. Robert Graham SJ hat mir aber erst 1968 erzählt, daß er bei seiner Arbeit für die Publikation der Dokumente aus dem Vatikanischen Archiv einen Entwurf für eine Enzyklika gegen Rassismus und Antisemitismus gefunden habe.«[21] In der Folgezeit verschafften ihm die Artikel im »National Catholic Reporter« zusätzliche Informationen und bestärkten ihn in seinem Willen, mehr über diese Angelegenheit zu erfahren. Aber, so schreibt J. H. Nota: »Zuerst war es außerordentlich schwer, den vollständigen Text zu bekommen, da wir im ›National Catholic Reporter‹ nur einige Fragmente aus dem Entwurf von P. John LaFarge SJ zu lesen bekamen. Briefe nach Rom, Paris, Deutschland, Nordamerika erbrachten im allgemeinen zwar einige freundliche Worte, aber nicht den Text. Man habe den Text nicht, hieß es, ich solle aber versuchen, bei... um zu vernehmen, daß man den Text zwar habe, aber der sei doch geheim usw. Allmählich fand ich heraus, daß es vier Fassungen des Textes gibt: englisch, deutsch, französisch, lateinisch. Vermutlich haben die Patres Gundlach, LaFarge und Desbuquois gemeinsam an dem Text gearbeitet.

Endlich habe ich von P. Edward Stanton SJ, Boston College – der eine von ihm noch zu publizierende Dissertation über P. LaFarge geschrieben hat – den englischen Text bekommen. [...] Meine Versuche, auch die anderen Texte zu bekommen, sind leider gescheitert, obschon Dr. Johannes Schwarte – der eine hoffentlich bald erscheinende Dissertation über P. Gustav Gundlach SJ geschrieben hat –, mir auch außerordentlich behilflich war. Aber ›seine Hände waren gebunden‹. Sehr wertvoll ist seine Mitteilung, daß die Fassungen, bis auf die Passagen über den Rassismus und Antisemitismus im engeren Sinne identisch sind.«[22]

Nun also zumindest die englische Fassung in Händen haltend, machte sich Pater Nota an die Analyse. Er fand den Teil, der die Einheit des Menschengeschlechts betrifft, »sehr gut« und denjenigen, der den Rassismus im allgemeinen behandelt, »exzellent«. Doch kamen ihm die Abschnitte über die Juden und den Antisemitismus derart dürftig vor – eine des langen und breiten dargelegte allzu traditionelle Theologie führte zu Positionen, die er als »eine Enttäuschung« bezeichnete –, daß er ausrief: »Wenn man aber diese Stellen im Kontext der Rassengesetzgebung in Deutschland in denselben Jahren liest, dann kann man heute sagen: [...] Gott sei Dank ist dieser Entwurf ein Entwurf geblieben!«[23]

Nach der Lektüre dieses Artikels und sobald er die Untersuchung des »National Catholic Reporter« zur Kenntnis genommen hatte, machte sich Bernard Suchecky bei amerikanischen Spezialisten für jüdisch-christliche Beziehungen, Juden wie Christen, seien sie an Universitäten oder anderswo tätig, auf die Suche, um aber letzten Endes nur zwei Arten von Antworten zu erhalten. Entweder ein lapidares »Nie davon gehört!« oder einen Satz wie: »Es ist wie mit dem Ungeheuer von Loch Ness. Jedesmal, wenn die Kirche wegen des ›Schweigens Pius' XII.‹ in Verlegenheit gerät, versucht irgend jemand, dessen Tragweite herunterzuspielen, indem er diese Geschichte mit der Enzyklika hervorzieht. Der ›gute‹ Pius XI. wollte das Wort ergreifen, kam aber nicht mehr dazu, während der ›unglückliche‹ Pius XII. es vorzog, zu handeln und so viele Juden wie möglich zu retten, allerdings in aller Stille. Doch gelang es noch niemandem, diese Dokumente zutage zu fördern...«[24]

Die Artikel Pater Notas und des »National Catholic Reporter« boten aber dennoch genügend Informationen, um diese Geschichte mit der Enzyklika in den Augen Bernard Suscheckys plausibel erscheinen zu lassen, er nahm nun seinerseits die Fährte von »Humani generis unitas« auf. Er wandte sich zunächst an die Redaktion des »National Catholic Reporter«, wo man ihm versicherte, daß das Archiv der Zeitschrift nichts zu diesem Thema enthalte; der Mikrofilm, den Jim Castelli 1972 bekommen hatte, sei »unauffindbar«.[25] Einer ähnlichen Anfrage bei der katholischen Georgetown University in Washington, D.C., wo das Archiv LaFarges seit der Schließung des Woodstock College in den sechziger Jahren aufbewahrt wird, war ebensowenig Erfolg beschieden, wie der Brief Nicholas B. Scheetz', des für die Manuskripte der Bibliothek Zuständigen, mit Datum vom 21. August 1987 aus Georgetown zeigt:

»Sehr geehrter Herr Suschecky, herzlichen Dank für Ihren Brief vom 7. August bezüglich einer unveröffentlichten Enzyklika Pius' XI., ›Humani generis unitas‹, die sich im Archiv des ehrwürdigen John LaFarge SJ befinden soll.

Ich habe die beiden Kataloge des Archivs LaFarges durchgesehen, ohne den geringsten Hinweis auf die Enzyklika zu finden. Ich habe auch in den Kartons nachgesehen, die dieses Material enthalten müßten, doch leider ebenfalls ohne Erfolg. Darüber hinaus fragte ich den Mitarbeiter, der den Katalog der Sammlung LaFarge erstellt hat, ob er sich daran erinnere, bei der Katalogisierung derartiges Material zu Gesicht bekommen zu haben. Doch leider erinnert er sich an nichts Derartiges. Er fügte hinzu, daß er vor kurzem erst, auf eine der Ihrigen ähnliche Anfrage hin, diese Sammlung von Grund auf und ohne positives Ergebnis durchsucht habe. Mir scheint demnach der Schluß nahezuliegen, daß sich das von Ihnen gesuchte Material nicht im Archiv LaFarge in Georgetown befindet.

Der Zeitschriftenartikel, den Sie mir schickten, datiert vom 15. Dezember 1972, das war, lange bevor wir die Betreuung des Archivs LaFarge übernommen haben. Es ist möglich, daß wir nicht alles erhalten

50

haben; es ist ebenfalls möglich, daß die die Enzyklika betreffenden Dokumente nicht wieder ins Archiv eingeordnet wurden, nachdem sie für den ›National Catholic Reporter‹ auf Mikrofilm kopiert worden waren.

Meiner Ansicht nach wäre es das beste, sich an Herrn Jim Castelli, den Autor des Artikels, zu wenden, um von ihm zu erfahren, ob er den Mikrofilm noch besitzt. Würden Sie mir bitte mitteilen, wenn dem so ist oder falls Sie das fehlende Material ausfindig machen? Ich wäre nämlich sehr daran interessiert, Kopien dieser Dokumente wieder in unser Archiv LaFarge aufzunehmen. Jedenfalls tut es mir sehr leid, daß ich Ihnen mit den gewünschten Dokumenten nicht dienen kann.

Mit den besten Wünschen für das Gelingen Ihrer Arbeit ...«[26]

Logischerweise bestand der nächste Schritt darin, Pater Nota ausfindig zu machen, da dieser ja in seinem Artikel behauptete, zumindest die englische Fassung des Enzyklikaentwurfs zu besitzen. Nach einigem Suchen erfuhr Bernard Suchecky, daß Pater Nota in Thorold (Ontario) in Kanada lebt, unweit der Niagarafälle. Er stattete ihm am 28. und 29. Oktober 1987 ohne Vorankündigung einen Besuch ab. Der betagte holländische Jesuit sagte, daß er nicht mehr für ihn tun könne, als man bereits getan habe; Bernard Suchecky könne das Fragment der englischen« Fassung von »Humani generis unitas« in Augenschein nehmen, das er selbst damals von Pater Edward Stanton erhalten habe. Besagtes Fragment, etwa fünfzehn maschinengeschriebene Seiten lang, umfaßte die Abschnitte 131 bis 152 des Dokuments, in denen speziell von den Juden und vom Antisemitismus die Rede ist. Bernard Suchecky hielt nun zumindest einen ersten Teil des Dokuments in Händen.

Während dieses Besuchs berichtete Pater Nota Bernard Suchecky anhand einiger Beispiele von den »außerordentlichen Schwierigkeiten«, denen er sich, wie in seinem Artikel erwähnt, gegenübersah, als er versuchte, an das Dokument heranzukommen. Im folgenden nun ein solcher Fall, der auch für die Nachforschungen der Autoren des vorliegenden Bandes von einiger Bedeutung ist. Es handelt sich um einen Brief, den Pater Lamalle SJ am 30. Juli 1973 aus Rom schrieb und in dem er bestätigte, daß das Hauptarchiv der Jesuiten in Rom kein Material zu dieser Angelegenheit enthält:

»Lieber Pater Nota, Pax Christi.

Pater Gumpel überbrachte mir, verbunden mit wärmsten Empfehlungen, Ihre doppelte Anfrage: 1) nach dem Text der geplanten, jedoch unveröffentlichten Enzyklika Pius' XI. ›Humani generis unitas‹ gegen den Rassismus, der zum Teil in die Enzyklika ›Summi pontificatus‹ Pius' XII. aufgenommen wurde; sowie 2) die Bestätigung oder Dementierung des Sachverhalts, wonach Pater Ledóchowski versucht hätte, die Veröffentlichung hinauszuzögern, um die deutsche Regierung nicht noch mehr zu verärgern.

Ich bedaure sehr, daß ich dem Wunsch Ihrer doppelten Anfrage nicht unmittelbar entsprechen kann. Zunächst einmal deswegen nicht, weil sich der Text dieser geplanten Enzyklika mit Sicherheit nicht in unserem Archiv befindet. Ich glaube sie genügend zu kennen, um dies behaupten zu dürfen. Und zum zweiten findet sich in der registrierten Korrespondenz Pater Ledóchowskis mit dem Heiligen Stuhl nichts zu dieser Angelegenheit.

Dieses negative Ergebnis wundert mich nicht. Ich kannte Pater Ledóchowski gut und habe zur betreffenden Zeit mehrfach für ihn und mit ihm zusammen gearbeitet. Mir fiel seine äußerst große Sorge auf, keine für den Fall einer Verfolgung oder Beschlagnahmung usw. möglicherweise kompromittierenden Schriftstücke zu hinterlassen, vor allem dann, wenn es sich nicht um Angelegenheiten handelte, die direkt den Orden betrafen (bei dem, was uns direkt betrifft, konnte sich die Archivierung als notwendig erweisen). Von dem wenigen, was man hatte, haben sich die Spuren während des Krieges verloren, als die Anwesenheit feindlich gesinnter Kräfte in Italien und in Rom die Befürchtung eines Zugriffs auf unsere Akten aufkommen ließ. Ich erinnere mich, in den letzten Jahren einen Artikel gelesen zu haben, in dem von dieser ›unterdrückten‹ Enzyklika Pius' XI. die Rede war, aber ich weiß nicht mehr, in welcher Zeitschrift, ob in ›La Civiltà Cattolica‹ oder in einer anderen. Da es sich jedoch um eine Angelegenheit handelt, die außerhalb meines beruflichen Fachgebiets liegt, habe ich mir keine Notizen dazu gemacht. Sie hätten mehr Aussicht auf Erfolg, wenn Sie sich an einen der Patres wenden würden, die sich um die Edition der Dokumente Pius' XII. kümmern: Pater Burkhart Schneider (Università Gregoriana, Piazza della Pilotta, 4, 00187 Roma), Pater Angelo Martini oder Pater Robert Graham (beide bei der ›Civiltà Cattolica‹, Via di Porta Pinciana, 1, 00187 Roma).

[...] Ihnen in xᵉ verbunden, Edmond Lamalle SJ

NB: Die zeitliche Grenze, bis zu der unsere Dokumente ohne besondere Genehmigung zugänglich sind, liegt beim Jahr 1900. Allerdings stellt sich ja diesmal diese Frage gar nicht: *deest materia*.[27]

Deest materia. Mit anderen Worten: das Material fehlt im römischen Archiv der Jesuiten.

Zwei Dissertationen und ein Mikrofilm

Gegen Ende des Sommers 1987 beschlossen Georges Passelecq und Bernard Suchecky, die sich ein Jahr zuvor in Brüssel kennengelernt hatten, die Suche nach diesen Dokumenten gemeinsam fortzusetzen. Zwischen November 1987 und Januar 1988 besorgten sie sich ohne größere Schwierigkeiten die Dissertationen von Edward Stanton und Johannes Schwarte, die Pater Nota bereits in seinem Artikel erwähnt hatte.

Ganz auf »John LaFarges Interpretation des vereinigenden Auftrags der Kirche, besonders auf dem Gebiet des Verhältnisses zwischen den Rassen« hin ausgerichtet, basiert die Arbeit von Edward Stanton SJ aus dem Jahre 1972[28] fast ausschließlich auf den unzähligen Publikationen John LaFarges. Einzig der »Humani generis unitas« gewidmete Teil dieser Arbeit stützt sich auf Archivmaterial.[29] Doch wenn auch der Autor angibt, daß es ihm gelang, »aus den Papieren LaFarges einen französischen und zwei englische Texte« des Enzyklikaentwurfs zu erhalten, so gibt er nirgendwo klare Auskunft darüber, wo diese Papiere aufbewahrt werden oder wie er an sie herankam.[30]

Nach Ansicht Johannes Schwartes, der seine Arbeit über Gundlach Ende 1973 an der Universität Münster als Dissertation einreichte[31] und der sich auf zwei verschiedene dokumentarische Quellen stützt, die Archive von Gustav Gundlach und von John LaFarge, ist der deutsche Jesuit als der eigentliche Autor des von Pius XI. in Auftrag gegebenen Entwurfs anzusehen. Doch wenn Johannes Schwarte auch des langen und breiten über die deutsche Fassung spricht, die er für den Haupttext hält und über deren Titel er sagt, daß sie eher »Societatis unio« (Die Einheit der Gesellschaft) als »Humani generis unitas« gelautet habe, so hütet er sich sorgsam, genauere Angaben darüber zu machen, wo er sie auftreiben konnte. Er behauptet statt dessen, daß »sämtliche Dokumente, aus denen im folgenden die Entstehungsgeschichte sowie das weitere Schicksal des Entwurfs zur Enzyklika ›Societatis Unio‹ rekonstruiert wird, [...] sich im Archiv des Jesuitenseminars in Woodstock [New York]/USA [befinden]. Sämtliches Material wurde dem Verfasser dankenswerterweise von *Th. Breslin* per Mikrofilm zur Verfügung gestellt.«[32]

Diese Behauptung ist unzutreffend – wir werden weiter unten sehen, daß auf dem in dieser Anmerkung erwähnten Mikrofilm die deutsche Fassung gar nicht enthalten ist. So nennt der Autor in der Bibliographie am Ende seiner Arbeit zahlreiche unveröffentlichte Texte Gundlachs und gibt für die meisten davon die Institution an, in der sie aufbewahrt werden. Bei dem berühmten Enzyklikaentwurf ist das nicht der Fall:

»– Gustav Gundlach (zusammen mit John LaFarge): Entwurf zu einer Enzyklika ›Societatis Unio‹ nebst einem Begleittext von Gundlach über den Zweck der Enzyklika. Sommer/Herbst 1938 (unveröffentlichtes Manuskript).«[33]

Andererseits bezieht sich J. Schwarte auf den Seiten, in denen er sich mit der Erstellung der deutschen Fassung des Enzyklikaentwurfs beschäftigt, auf Informationen, Erinnerungen und Kommentare von »Prof. Dr. Anton Rauscher SJ, Augsburg/Mönchengladbach«, der Gustav Gundlach persönlich gekannt habe und der alles über das Dokument mit dem Titel »Societatis unio« zu wissen scheint[34], ohne gleichzeitig zu erwähnen, daß Dr. Rauscher niemand anders ist als (von ihrer Gründung im Jahre 1963 an) der Leiter der Katholischen Sozialwissenschaftlichen Zentralstelle, in der das Archiv Gundlachs aufbewahrt wird, darunter auch die in Frage stehende deutsche Fassung.[35] Daraus läßt sich schließen, daß J. Schwarte gebeten wurde, nicht alle seine Quellen offenzulegen ...

Weitere, parallel dazu durchgeführte Nachforschungen waren im Oktober 1987 erfolgreich; Bernard Suchecky machte Thomas Breslin ausfindig. Breslin, der damals Privatdozent an der Florida International University in Miami, USA, war, überließ ihm, ohne zu zögern, eine Kopie des Mikrofilms, den er 1972 auch dem »National Catholic Reporter« und 1973 Johannes Schwarte geschickt hatte.[36]

Nach Auskunft Thomas Breslins enthält dieser Mikrofilm sämtliche Dokumente zu dieser Angelegenheit, die er 1967 im Archiv LaFarge gefunden hatte, das heißt zweiundsechzig Einzeldokumente.[37]

»Man wird sich wohl noch einige Jahre gedulden müssen«

Dank Thomas Breslins waren Georges Passelecq und Bernard Suchecky nun, Ende Herbst 1987, im Besitz eines beachtlichen Teils der benötigten Dokumente. Dennoch aber nur eines Teils, denn es fehlte ihnen insbesondere die deutsche Fassung des Enzyklikaentwurfs, und es fehlten die Briefe John LaFarges an Gustav Gundlach und an Pater Ledóchowski. Aufgrund unterschiedlicher bis dahin gesammelter Informationen kamen Georges Passelecq und Bernard Suchecky zu dem Schluß, daß weder vom Archiv LaFarge in Washington noch vom Vatikanischen Archiv oder vom römischen Archiv der Jesuiten noch etwas zu erwarten sei.

Blieben also noch zwei Spuren, denen sie nachgehen konnten: Gustave Desbuquois und Gustav Gundlach. Die erste Spur führte über die Zeitschrift »L'Action populaire« in Paris und verlief sich im Nichts. Zu diesem Schluß war zumindest Pater Paul Droulers SJ gelangt, der Ende der siebziger Jahre im Archiv Pater Desbuquois' nach den fraglichen Dokumenten gesucht hatte. In einer dem ehemaligen Leiter der »Action populaire« gewidmeten umfangreichen Untersuchung hält Paul Droulers fest, daß »die Papiere Desbuquois' kein Material zu dieser Angelegenheit enthalten. Falls aber einmal etwas Derartiges vorhanden war, dann wurde es sicherlich 1940 verbrannt, bevor er Vanves vor dem Einmarsch verließ.«[38] Die Spur des Archivs Gustav Gundlachs führte in die Katholische Sozialwissenschaftliche Zentralstelle in Mönchengladbach, wo das Archiv seit dem Tode des deutschen Jesuiten im Jahre 1963 aufbewahrt wird.

Im November 1988 bat Bernard Suchecky den Leiter dieser Institution, der niemand anders als der in der Dissertation von J. Schwarte erwähnte Pater Anton Rauscher war, in einem Brief um die Erlaubnis, das Archiv Gundlachs einsehen zu dürfen. Mit Datum vom 5. Dezember antwortete ihm Pater Rauscher, daß »[...] tatsächlich ein erster Entwurf einer Enzyklika Pius' XI. existiert, der von Pater Gundlach und einem weiteren amerikanischen Jesuiten verfaßt worden war. Dieser Entwurf behandelt die Gesellschaft und wendet sich in diesem Zusammenhang gegen Rassismus und Antisemitismus.

Nach dem Tode Pater Gundlachs sagte mir der Provinzial der Jesuiten, daß all diese Dokumente aufzubewahren seien. Wenn Sie eine Kopie dieses ersten Entwurfs erhalten wollen, müßten Sie an den Pater Provinzial Alfons Höfer SJ in Köln schreiben [...].«[39]

Georges Passelecq bemühte sich um die Erlaubnis des Provinzials der Jesuitenprovinz Norddeutschland, der ihm am 10. Januar 1989 aus Köln schrieb:

»Sehr geehrter Pater Georges, aus den Unterlagen unseres Archivs läßt sich offensichtlich nicht exakt klären, ob die Rechte für die von P. Gundlach seinerzeit verfaßte deutsche Version der geplanten Enzyklika ›Societatis Unio‹ bei der norddeutschen Provinz liegen. Von meiner Seite aus besteht jedoch kein Vorbehalt für eine Freigabe des Textes. Setzen sie sich also bitte mit Pater Rauscher in Verbindung. Sollte er irgendwelche rechtlichen Bedenken haben, müßten Sie sich mit ihm auseinandersetzen.

Ich hoffe, daß Ihnen diese Auskunft Sie für Ihre Arbeit weiterhilft und verbleibe ...«[40]

Danach waren mehrere Versuche vonnöten, um schließlich am 7. Juli 1989 folgende Stellungnahme Pater Rauschers zu erhalten:

»Sehr geehrter Herr Dr. Suchecky, ich bitte um Nachsicht, wenn ich Ihr Schreiben vom 19. Mai 1989 erst heute beantworte. Da ich im Sommersemester ein Forschungsfreisemester habe und viel im Ausland bin, war es mir nicht möglich, früher zu antworten.

Ich werde mich bemühen, den Entwurf ›Societatis Unio‹ im Nachlaß von Pater Gundlach im Laufe des Monats August zu kopieren und Ihnen zuzusenden [...].«[41]

Dieser Ankündigung folgten allerdings keine Taten.

Aus unterschiedlichen, vor allem beruflichen Gründen unterbrachen Georges Passelecq und Bernard Suchecky in der Folge ihre Nachforschungen für einen längeren Zeitraum. Im Juni 1994 begann Bernard Suchecky die ganze Prozedur noch einmal von vorne. Nach zahlreichen Telefongesprächen und einem Besuch in Mönchengladbach – ohne Erfolg, da Pater Rauscher »unerwarteterweise verhindert war« – erhielten Georges Passelecq und Bernard Suchecky schließlich die Erlaubnis, am 5. August 1994 die deutsche Fassung des Entwurfs vor Ort durchzusehen, ohne aber eine Kopie davon machen zu dürfen. Dieses Dokument, verkündete ihnen Pater Rauscher, sei Eigentum des Vatikans, der allein die Erlaubnis zu seiner Vervielfältigung und Verwendung erteilen könne. Folglich riet Pater Rauscher, sich an die zuständigen Stellen in Rom zu wenden, insbesondere an das römische Archiv der Jesuiten.

Georges Passelecq wandte sich nun an Pater J. De Cock SJ, den stellvertretenden Archivar des römischen Archivs der Jesuiten, und schrieb ihm am 22. August 1994:

»Ehrwürdiger Vater, Pater J. M. Schiltz, Rektor des Kollegs St.-Paul in Godinne, hat mich Ihrer Aufmerksamkeit empfohlen, so daß ich mir hiermit, in der Hoffnung, Ihnen nicht allzu ungelegen zu kommen, die Freiheit nehme, mich an Sie zu wenden.

Unsere Kommission plant die Veröffentlichung einer Untersuchung über die Entwicklung der christlichen (katholischen wie protestantischen) Lehre bezüglich des Judentums. Was die Zeit zwischen den beiden Weltkriegen betrifft, so wurde ein bedeutendes Dokument aufgrund des Todes Pius' XI. am 10. Februar 1939 leider nie veröffentlicht. Es handelt sich um den Entwurf einer Enzyklika über den Rassismus, mit dem drei Patres der Gesellschaft Jesu betraut worden waren und von dem drei Fassungen, eine englische, eine französische sowie eine deutsche Fassung, existieren. Wir sind im Besitz der beiden ersteren (sowie der fast vollständigen diesbezüglichen Korrespondenz). Die dritte Fassung besteht aus einem von Pater Gundlach bearbeiteten Text, von dem sich eine Kopie in der Katholischen Sozialwissenschaftlichen Zentralstelle in Mönchengladbach befindet.

Auf eine Anfrage meinerseits beim Pater Provinzial von Westfalen-Norddeutschland hin hatten wir dank der Freundlichkeit P. Anton Rauschers Zugang dazu. Wir konnten jedoch keine Fotokopien machen, da das Dokument nach Pater Rauscher ›Eigentum des Vatikans‹ sei.

Es geht uns darum, die drei Fassungen, die zu drei Vierteln wörtlich identisch sind, miteinander zu vergleichen, nicht zum Zwecke einer ›kritischen Ausgabe‹, sondern um mit aller Präzision die Lehrmeinung festhalten zu können, die man dem Papst zur Unterschrift vorlegen wollte.

Wegen dieser Lücke in unserer Dokumentation wende ich mich nun an Sie für den Fall, daß Sie im Besitz einer weiteren Kopie sind, die nicht Eigentum des Vatikans ist und die ich vielleicht, falls es mir gestattet wird, abschreiben könnte.

Darüber hinaus verfügen wir ebenfalls über den größten Teil der diesbezüglichen Korrespondenz zwischen den drei Verfassern, und auch zwischen ihnen und dem P. General Ledóchowski. Wir fragen nun an, ob es möglich wäre, zu den gleichen Bedingungen auch Einsicht in die in unserer Dokumentation noch fehlenden Briefe nehmen zu können.

Dies wäre nun unsere Bitte, von der ich hoffe, daß sie nicht indiskret erscheint. Falls sie Ihre Zustimmung erhält, würde ich mir erlauben, bei Gelegenheit meines nächsten Aufenthaltes in Rom im kommenden Oktober/November an Ihre Tür zu klopfen.

In aller Bescheidenheit habe ich mich nun an Sie gewandt.

Mit herzlichem Dank im voraus verbleibe ich in brüderlicher Ergebenheit, Georges Passelecq O.S.B., Sekretär.«

Pater De Cock antwortete mit Datum vom 23. September 1994 aus Rom:

»Ehrwürdiger Vater, jetzt erst beantworte ich Ihren Brief vom 22. 8. d. J. Der Grund für diese Verspätung ist in einer längeren Abwesenheit meinerseits und nicht in den Nachforschungen in unserem Archiv zu sehen.

Diese Nachforschungen hatten übrigens keinen Erfolg, zumindest was das von Pater Gundlach in deutscher Sprache verfaßte Dokument angeht. Wie Sie selbst schrieben, befindet sich dieses Dokument in Deutschland. So sind im übrigen die Dinge im Orden geregelt. Darüber hinaus leuchtet mir ein, daß Pater Rauscher angibt, dieser Text sei Eigentum des Vatikans. Im allgemeinen richten sich unsere Archive, und speziell unser römisches Archiv, nach den Regelungen des Vatikanischen Archivs bezüglich des Zugangs zu den Dokumenten. Im Augenblick sind nur Dokumente der Zeit bis zum Januar 1922, also bis zum Tode Papst Benedikts XV., zugänglich.

Bitte haben Sie ebenfalls Verständnis, daß die Korrespondenz zwischen Pater Ledóchowski und Pater Gundlach aus besagter Zeit noch nicht für die Forschung freigegeben ist. Man wird sich wohl noch einige Jahre gedulden müssen, bis diese Frage eingehender behandelt werden kann.

Ich bedauere, Ihnen keine positivere Auskunft geben zu können, und verbleibe in brüderlicher Verbundenheit, J. De Cock SJ, Archivar.«[42]

Zu erwähnen ist noch, daß Anfang Oktober 1994 Bernard Suchecky auf einer Reise nach Österreich zufällig dem Leiter des Archivs der päpstlichen Universität Gregoriana, Pater Marcel Chappin SJ, begegnete, der sich ebenfalls für die Geschichte von »Humani generis unitas« interessierte, und der ihm bestätigte, daß das von ihm betreute Archiv der Gregoriana kein Material zu diesem Thema enthält, da alle

Dokumente aus dem Besitz Pater Gundlachs in Mönchengladbach aufbewahrt würden[43] ...

Am Ende ihrer langwierigen, zum Teil erfolglosen Nachforschungen angelangt, kommen die Autoren des vorliegenden Buches nicht umhin, nach den Motiven zu fragen, die nach mehr als einem halben Jahrhundert bestimmte Teile des kirchlichen Apparats noch immer zu solch strenger Wachsamkeit veranlassen. Ist es nur Trägheit der Administration? Stehen theologische oder politische Einsätze auf dem Spiel, die immer noch aktuell sind, obwohl sie dreißig Jahre nach dem Zweiten Vatikanischen Konzil nur mehr schwer auszumachen sind? Aufschluß über derartige Fragen können vielleicht gerade die Teile des Dossiers geben, zu denen den Autoren der Zugang verweigert wurde ...

2
Der Auftrag zu »Humani generis unitas«
(Mai bis Juni 1938)

Am 2. Mai 1938 kommt der amerikanische Jesuit John LaFarge mit 800 Dollar in der Tasche im Hafen von Plymouth, England, an. »Das ist das Minimum, das als unbedingt erforderlich erscheint«, hatte er drei Wochen zuvor in seinem Spesenantrag geschrieben; »es umfaßt 200 $ für eine Rückfahrkarte, 200 $ für Reisen vor Ort und 300 $ für (maximal) 100 Tage zu 3 $ pro Tag. Wenn wir nicht so eingeschränkt wären, würde ich 1000 $ nehmen [. . .].«[1]

Er war mit der »Volendam« der »Holland America Line« gekommen, wollte drei Monate in Europa bleiben und um die dritte Augustwoche in die Vereinigten Staaten zurückkehren.[2] Einer Reportage wegen gekommen, ahnte er nicht, daß diese Reise »auf völlig unerwartete Weise einem Abschnitt [seines] Lebens« ihren Stempel aufdrücken sollte.[3]

John LaFarge

Als Angehöriger der besseren Kreise an der Ostküste der Vereinigten Staaten[4] hatte John LaFarge an der Harvard University, wo auch seine außerordentliche Sprachbegabung[5] in Erscheinung trat, den »Bachelor« in Philosophie erlangt und seine Studien anschließend am Priesterseminar von Innsbruck in Österreich fortgesetzt. 1905 wurde er zum Priester geweiht. Im gleichen Jahr kehrte er in die Vereinigten Staaten zurück, um bei den Jesuiten von Poughkeepsie im Staate New York sein Noviziat zu beginnen. Er lehrte an verschiedenen Colleges (1908–1909), war Krankenhaus- und Gefängnisseelsorger (1909–1910) und ging schließlich nach Maryland, wo er im Laufe von fünfzehn Jahren (1911–1926) diverse Pfarrstellen in mehrheitlich von Schwarzen, aber auch von Einwanderern aus verschiedenen Gegenden der Tschechoslowakei bewohnten Pfarreien innehatte. Von dieser Tätigkeit als Seelsorger nahm er für sein weiteres Leben zwei entscheidende Dinge mit: eine vertiefte Kenntnis der slawischen Sprachen sowie eine unvergleichliche Erfahrung im Kampf für »Gerechtigkeit zwischen den Rassen«.

Im Laufe des Sommers 1926 wies ihn sein Provinzial, Pater Laurence J. Kelly SJ, der großen jesuitischen Wochenzeitung »America« zu, deren Leiter er von 1942 bis 1948 sein wird. Wie die anderen Mitglieder der Redaktion war LaFarge bei der Dokumentation für einen bestimmten Teil der Welt zuständig. Ihm fielen Frankreich, Rußland und Osteuropa zu. Er führte darüber hinaus die Rubrik »With scrip and staff« (»Mit Beutel und Stab«), die er mit dem Pseudonym »Pilgrim« (»Pilger«) zeichnete. Darin ging es zumeist um das Landleben, um Gerechtigkeit zwischen den Rassen, Liturgie und liturgische Kunst.[6]

Mit beiden Beinen im Leben stehend, bezog sich LaFarge weniger auf die Heilige Schrift und die Kirchenväter als auf die Sozialenzykliken Leos XIII. und Pius' XI., insbesondere auf »Rerum novarum« (Leo XIII., 1891), »den bedeutendsten Markstein in der kirchlichen Lehre und Schlüssel für alle Probleme der Zeit«.[7] Da er als Journalist vor allem den durchschnittlichen Leser ansprechen wollte, war sein Stil populär, konkret und pastoral. »Wir brauchen ein Bild vom sozialen Königreich Christi«, schrieb er 1935 in einer dem Kommunismus gewidmeten Artikelserie, »und zwar eines, das nicht nur in groben Zügen entworfen ist, sondern mit allen praktischen Konsequenzen [...]. Wenn wir unsere Lehren in einfache Worte fassen können, die auch kleine Kinder im Kommunionunterricht verstehen, dann sollten wir auch dazu in der Lage sein, unsere Lehren in einer der Menge verständlichen Weise darzulegen.«[8]

Seine umfangreiche journalistische Arbeit hatte ihn aber nicht vom Kampf gegen die Rassendiskriminierung abgebracht. 1934 gründet er in New York den »Catholic Interracial Council« als Zentrum eines ausgedehnten Netzes katholischer Komitees, in denen Schwarze und Weiße sich gemeinsam für »Gerechtigkeit zwischen den Rassen als einer besonderen Form der sozialen Gerechtigkeit im allgemeinen« einsetzten.

LaFarge wird die Ideen dieser Bewegung in einem 1937 erschienenen Buch mit dem Titel »Interracial Justice« darlegen, das seinen Ruf als Wortführer der katholischen Kirche im Kampf für Gerechtigkeit zwischen den Rassen in den Vereinigten Staaten endgültig festigen wird. Als Manifest und Handbuch der militanten katholischen Gegner der Rassentrennung wird »Interracial Justice« von drei der damaligen katholischen Soziallehre entsprechenden Leitideen getragen: die Rassenfrage ist in ihrem Kern eine soziale Frage; die Katholizität (Universalität) der Kirche ist die Antizipation einer auf den Menschenrechten gegründeten und die lebendige Einheit des Menschengeschlechts verwirklichenden sozialen und politischen Ordnung; Mittel zur Erreichung dieses Ziels ist nicht der Klassenkampf, sondern der Zusammenschluß, die Zusammenarbeit der die Gesellschaft konstituierenden Gruppen.

Im Vorwort heißt es: »Wenn man genauer hinsieht, lösen sich viele auf den ersten Blick scheinbar rein rassenbedingte Konflikte in nicht rassenbezogene, ökonomische, erziehungspraktische, politische oder andere Faktoren auf. Die Gleichstellung der Rassen ist nur ein Teil der umfassenderen Aufgabe, die darin besteht, die verschiedenen Kulturen und Zivilisationen der Welt miteinander in Einklang zu bringen, um auf den wesentlichen Gebieten zu einer Zusammenarbeit und Einheit zu gelangen, ohne die Freiheit und Vielfalt des Menschen zu zerstören. Das Christentum weist mit seiner großen Lehre von der Einheit in der Vielheit, einer Einheit, die das universelle Band der Nächstenliebe verbindet, einen Weg, auf dem man dieses Ziel erreichen kann.«[9]

In Anlehnung an die moderne Anthropologie und Ethnologie behauptet LaFarge, daß »ein Rassentyp alles in allem ein künstlicher Begriff«, »die ›Rasse‹ im populären Verständnis des Wortes ein Mythos« sei und daß folglich »dieser Begriff nicht als praktische Grundlage irgendeiner Form der zwischenmenschlichen Beziehung dienen kann«.[10] Und er zieht daraus den Schluß: »Es gibt keine Negerrasse in den Vereinigten Staaten, sondern Neger als eine Bevölkerungsgruppe [...]. Die Faktoren, die die Gruppe der Neger von den anderen ethnischen Gruppen unterscheiden, sind erstens ein identifizierbarer Grad afrikanischer Abstammung sowie zweitens eine *gemeinsame soziale Erfahrung* all jener, denen diese Abstammung zugeschrieben wird [...]. Mehr als irgend etwas Objektives und Greifbares ist der Common sense die reale Grundlage eines Großteils dessen, was das ›Negersein‹ in den Vereinigten Staaten ausmacht. In dem Maße, wie sich dieser Common sense verändert, wandelt sich die Struktur der Gruppe selbst. [...] Die Frage besteht nicht in der Existenz von Unterschieden, sondern in der *Charakterisierung* dieser Unterschiede.«[11]

Nachdem er sich an den Kriterien der modernen Wissenschaft orientiert hatte, um die Nichtigkeit des Begriffs der »Rasse« darzutun, stützt sich LaFarge auf die Lehre der Kirche, um die Einheit des Menschengeschlechts zu betonen: in der Person Christi, »des höchsten Repräsentanten der menschlichen Rasse selbst, [...] ist alles eins«.[12] Durch den Opfertod Christi zur Erlösung aller Menschen und »durch die Institution seiner Kirche als einer allumfassenden, ewigen und übernationalen Gemeinschaft wurde der gesamten Menschheit das Angebot gemacht, an einer Einheit teilzuhaben, die derjenigen unendlich überlegen ist, die die alleinige Tatsache einer gemeinsamen Schöpfung und gemeinsamer anthropologischer Herkunft sichern könnte. Diese höhere Einheit hat ihr Symbol im mystischen Leib Christi. Als Mitglieder des einen Leibs, dessen Haupt Christus ist, treten die Kinder Gottes in eine einzigartige Beziehung nicht nur untereinander, sondern auch mit der gesamten Menschheit.«[13]

Es folgt eine Darstellung der traditionellen Lehre vom Naturgesetz und von den Menschenrechten. Diese »natürlichen [Rechte], mit dem Menschen geschaffen und dem Menschen innewohnend, sind ihm nicht wie Privilegien, [...] nicht durch Sitte und Gebrauch [...], noch weniger [...] durch den Staat, seine Verfassung und seine Gesetze verliehen [...]. Die Bürgerrechte und -pflichten haben ihren Ursprung nicht in irgendeiner menschlichen Einrichtung, sondern in der Beziehung des Bürgers zu seinem Schöpfer als dem Urheber und obersten Souverän der menschlichen Gesellschaft. [...] Menschenrechte [...] sind gleich, da alle Menschen in gleicher Weise dazu berufen sind, ihre sittliche Natur zu vervollkommnen. Es steht also im Widerspruch zu den Menschenrechten, [Individuen oder Gruppen von Individuen] ungleiche Chancen [...] aufzuerlegen. [...] So wie nach der christlichen Ethik die *Individuen* gleiche Grundrechte besitzen, so sind die Rechte der verschiedenen *Gruppen*, die die Gesellschaft bilden, ebenfalls gleich.«[14]

Der Rest des Werks besteht in der Anwendung der allgemeinen Lehren der großen Sozialenzykliken Leos XIII. und Pius' XI. auf den Fall der Schwarzen in Amerika, insbesondere der von »Rerum novarum« und »Quadragesimo anno«, aus denen LaFarge unablässig zitiert oder auf die er verweist. So auch im Falle des sozialen und politischen Ideals, das zur Tat führen soll: »Moderne katholische Historiker und Soziologen sehen, den Empfehlungen Papst Pius' XI. in ›Quadragesimo anno‹ folgend, in der Tendenz unserer Zeit, alle Achtung vor der Würde der menschlichen Person dem hemmungslosen Streben nach materiellem Gewinn unterzuordnen, die Hauptursache für die Ungerechtigkeit sowohl zwischen den Rassen als auch auf ökonomischer, industrieller und internationaler Ebene.

Wenn die menschliche Persönlichkeit entwertet, wenn das menschliche Leben im Wert herabgesetzt wird, dann ist es gleichgültig, ob dies auf dem Gebiet der Finanzen, der Industrie, des Krieges oder der Beziehungen zwischen den Rassen geschieht. Die Wurzel des Übels ist in allen Fällen die gleiche. Im Wert herabgesetzte Arbeit zieht ein ebenso entwertetes Leben nach sich. Und einem im Wert herabgesetzten Leben entspringen Gewohnheiten und Gedanken, die die Entwertung der Existenz sanktionieren.

Der Ausbeutung der menschlichen Persönlichkeit im hemmungslosen Streben nach Gewinn setzt das Christentum nicht den Klassenkampf entgegen, der die Krankheit nur verschlimmert, sondern die Kooperation und Zusammenarbeit zugunsten des Gemeinwohls.

Im christlichen Verständnis bezieht sich eine solche Kooperation auf das Individuum (Produzent und Verbraucher, Gläubiger und Schuldner, Arbeit und Kapital), auf die Nationen untereinander, auf den Staat selbst und auf die Beziehungen zwischen den Rassen.

Die Struktur, die das Prinzip der Zusammenarbeit oder des Zusammenschlusses in unserer Gesellschaft verkörpert, ist eine Sozialstruktur, die auf die Menschenrechte gegründete Beziehungen zwischen den Gruppen bestimmter Rassen prinzipiell garantiert; nicht als ein einfaches Bündel von Maßnahmen, sondern als eine Erneuerung unserer gesamten Lebensordnung.

Wie wird das Prinzip der Zusammenarbeit oder des Zusammenschlusses Eingang in die moderne Gesellschaft finden? In den Grundzügen wurde das von Papst Pius XI. in ›Quadragesimo anno‹ im Zusammenhang mit den zu diesem Zweck vorgeschlagenen Berufsgruppen beschrieben. Die Schaffung solcher Gruppen setzt eine organische oder funktionale Konzeption der Gesellschaft voraus.«[15]

LaFarge wird diesen Ideen der Zusammenarbeit und des Zusammenschlusses bis an sein Lebensende treu bleiben und gerade deswegen durch die Entwicklung der amerikanischen Schwarzenbewegung zu Beginn der sechziger Jahre ein wenig irritiert werden. Dennoch wird der bereits dreiundachtzigjährige LaFarge am 28. August 1963, drei Monate vor seinem Tod, an der Seite Pastor Martin Luther Kings am großen Marsch für die Bürgerrechte nach Washington teilnehmen.

John LaFarges Europareise

»Im April 38«, wird John LaFarge später in seiner Autobiographie schreiben, »beschloß Pater Francis Xavier Talbot SJ, der Leiter von ›America‹, mich zum Eucharistischen Weltkongreß nach Budapest zu schicken.« Doch zu seinem Auftrag gehörte auch, die Situation in Ungarn, der Tschechoslowakei, im Hitler-Deutschland, im Italien Mussolinis und im vom Bürgerkrieg erschütterten Spanien zu erkunden. Außerdem sollte er die Beziehungen zu europäischen Zeitschriften festigen, die wie »America« ebenfalls von Jesuiten geleitet wurden: »The Month« (England), »Études« (Paris), »L'Action populaire« (Paris), »Stimmen der Zeit« (München), »La Civiltà Cattolica« (Rom). Schließlich galt es, diese Reise dazu zu nutzen, »sich mit den Vorstellungen der Päpste zu den großen Problemen von allgemeinem Interesse näher vertraut zu machen, wie zum Beispiel der sozialen Frage, die Leo XIII. und Pius XI. in ihren Enzykliken behandelt hatten«.[16]

Am 2. Mai in England angekommen, ist LaFarge zunächst einmal ein wenig als Tourist unterwegs, trifft sich mit den Redaktionen der katholischen Zeitschriften »The Month« und »The Tablet« und spricht mit verschiedenen Persönlichkeiten, darunter mit Jan Masaryk, dem tschechoslowakischen Gesandten in London. Am 15. Mai schreibt er an Talbot: »Jan Masaryk lud mich zum Mittagessen ein, und es war eine interessante Begegnung. Er teilte mir gleich zu Beginn seine Befürchtungen wegen Hitler mit, und ich schloß daraus, daß die Lage wirklich kritisch sei. ›Ich habe stundenlang mit Lord Halifax diskutiert‹, rief er aus, ›und ihm gesagt, daß ich schon wüßte, was zu tun wäre, wenn er mich nur über die Position Großbritanniens meinem Land gegenüber in Kenntnis setzen wollte. Falls Großbritannien uns nicht unterstützen sollte, würde ich auf der Stelle meine Koffer packen, nach Berlin fahren und Hitler meine Karten auf den Tisch legen. Das Spiel wäre zu Ende, und wir würden einfach das nehmen, was Hitler uns übrigzulassen geruhte. Wenn uns Großbritannien aber unterstützt, werden wir bis zum Ende kämpfen.‹ Ich schloß daraus, daß die Briten wie immer äußerst klug taktierten und niemanden unterstützten, außer wenn es in ihrem eigenen Interesse lag.«[17]

Am 13. Mai kommt LaFarge in Paris an, wo ihm die Jesuiten von »Études« für eine Woche ihre Gastfreundschaft gewähren. Dort lernt er vor allem Pater Gustave Desbuquois SJ kennen, den Leiter der »Action populaire«, von dem im nächsten Kapitel noch ausführlicher die

Rede sein wird. In seinem bereits zitierten Brief an Talbot kündigt La-Farge seine baldige Abreise nach Deutschland an und erwähnt die Möglichkeit eines Abstechers nach Spanien. Er schreibt: »Nach Informationen aus verschiedenen Quellen wird es im Laufe dieses Sommers zu einer entscheidenden Konfrontation zwischen den beiden schwer zu versöhnenden Lagern des nationalistischen Spaniens, den Traditionalisten und den Falangisten, kommen. Man fürchtet, daß die Falangisten eine ganze Menge Exradikaler einerseits und deutscher Nazis andererseits in ihren Reihen haben, mit dem Ergebnis, daß auch in Spanien versucht wird, hart gegen die Kirche vorzugehen, ähnlich wie in Deutschland. Auf der anderen Seite tendieren die Traditionalisten, zu denen eine gewisse Anzahl Monarchisten zählt, zu einem katholisch-korporativistischen Staat. Sie hoffen, das neue Spanien nach dem Vorbild des neuen Portugals gestalten und auf einer föderalistischen Grundlage errichten zu können. Sie fordern zwar die einheitliche Anerkennung der spanischen Sprache, jedoch würden die Regionalsprachen wie Baskisch oder Katalanisch toleriert werden.

Alles deutet darauf hin, daß man auf eine direkte Konfrontation zusteuert. Es heißt, daß Franco entschieden zu den Traditionalisten tendieren und sich dem Totalitarismus, dem Nazismus usw. widersetzen würde. Es heißt auch, daß daß Salazar, dem er grenzenlose Bewunderung entgegenbringe, sein Vorbild sei. Franco hat die Armee auf seiner Seite, und gerade dank der Einstellung der Armee hofft er, in Spanien die Freiheit der Kirche aufrechterhalten zu können.«[18]

Und LaFarge fährt fort: »Ich kann mich des Eindrucks nicht erwehren, daß es beinahe überall auf dem Kontinent mit allem bergab geht und daß man auf einen heftigen Kampf zwischen zwei unversöhnlichen Extremen zusteuert: der Unterwerfung der Kirche, sei es, indem man sie zum Werkzeug eines relativ wohlgesinnten Staates macht – wie in Italien –, sei es, indem man sie unterdrückt; und auf der anderen Seite eine korporativistische Gesellschaft, die die verschiedenen Körperschaften sowie die Freiheit der Kirche in den Staat integriert. Damit verbunden eine schrittweise Annäherung zwischen Kommunisten und Nazis.

Erstaunlicherweise sagte mir Jan Masaryk, der tschechoslowakische Gesandte in London, daß er glaube, daß sich Hitler und Stalin schließlich zusammentun würden.

Leonard Feeney[19] hat recht, wenn er sagt, daß immer die Kirche das wichtigste ist. Ich denke, daß man dies ein wenig erweitern und die Juden sowie in den USA die Farbigen einschließen kann. Im Moment aber scheint die Kirche in Europa im Zentrum des Geschehens zu stehen ...«[20]

Demselben Umschlag legt LaFarge folgende kleine Notiz bei:

»Für Karten, die ich Ihnen aus Deutschland oder Österreich schicke, im folgenden die Bedeutung der abschließenden Grüße:

Oremus pro invicem[21]: es steht schlecht, schlechter, als Sie sich vorstellen können.

Beten Sie für mich: es ist ungefähr so, wie wir es in den Vereinigten Staaten gehört haben.

Beten Sie für mich, der ich unterwegs bin: es steht nicht so schlecht, Anzeichen von Widerstand usw.

Grüße und Gebete: komplexe und schwer zu analysierende Situation.«[22]

Dieser rudimentäre Code wird bald zum Einsatz kommen; eine Woche später schickt LaFarge bei der Abreise aus Koblenz folgende Postkarte an Talbot: »Es lohnt sich, die berühmte alte Abtei zu besichtigen. Mir gefiel der große [ortis?] sehr. Die besten Wünsche an alle. *Oremus pro invicem.*«[23]

Damit kein Mißverständnis aufkommt: LaFarge denkt keineswegs an die allgemeine Lage in Deutschland, sondern an die Situation der Kirche dort: wird sie den Schlägen standhalten, die ihr das Naziregime versetzt?

John LaFarge verläßt Paris in Richtung Koblenz, »um dort einen alten Studienkollegen aus Innsbruck, Dr. Heinrich Chardon, Pfarrer an der Liebfrauenkirche, wiederzusehen«.[24] Bei seiner Ankunft bestürmen ihn Gemeindemitglieder mit Fragen, und als er ihnen sagt, daß er erst am Morgen aus Paris abgereist sei, erhält er als Antwort: »Sie haben Glück gehabt, daß Sie entkommen konnten, auf den Straßen von Paris scheint Blut zu fließen; dort ist eine Revolution ausgebrochen, die Juden und die Bolschewisten bringen auf den Straßen Leute um!« John LaFarge dementiert: »Die Leute um mich herum brachen in Lachen aus: Sehen Sie! Solche Dummheiten will man uns glauben machen!«[25]

Nach diesem aufschlußreichen Gespräch faßt er seine Eindrücke aus Koblenz in der bangen Feststellung zusammen: »In Koblenz war es schwierig zu erfahren, was in Bonn oder in Köln geschah. Es war unvorsichtig zu schreiben, noch mehr, zu telefonieren oder Telegramme zu schicken. Die Zeitungen bieten nur sorgfältig kontrollierte Informationen.

Wir unterhielten uns im Pfarrhaus bis zwei Uhr morgens, und ich erkannte, daß das hitlerische Klima nichts Imaginäres, sondern erdrückende Realität war. Auf dem großen Tisch lag ein Haufen Papier. Der arme Pfarrer und seine Kapläne mußten täglich, wöchentlich und monatlich Meldebögen ausfüllen. Das Kommen und Gehen aller Personen in der Pfarrei mußte angezeigt werden. Die Kapläne nahmen die Sache gleichmütig hin. Eines Tages werden wir doch alle nach Dachau gehen, sagten sie, wozu sich also plagen?«[26]

»Sicher, sagte mir mein Kollege bei einem Spaziergang durch die Stadt, wir können noch unsere Wallfahrt und unsere Fronleichnamsprozession abhalten. Die Regierung läßt uns diese Freiheit aus Propagandagründen, damit das Ausland wisse, daß Hitler der Kirche verbunden bleibt. Doch wehe jedem Beamten oder jeder Persönlichkeit des öffentlichen Lebens, die an dieser Veranstaltung teilnehmen; man fotografiert sie, um Beweismittel gegen sie zu haben. Einige Tage später erhält er einen Brief, in dem man ihm mitteilt, daß er seine Stellung verloren habe. Es handelt sich um keine physische Gewalt, doch man versäumt nicht, wirtschaftlichen Druck auszuüben, vor allem, wenn es sich um Familienväter handelt.«[27]

John LaFarge kommentiert: »Hier hatte es ein blühendes Zentrum aktiven christlichen Lebens gegeben, wo es an nichts fehlte: soziale Einrichtungen, religiöse Bildung, das Apostolat, die Auseinandersetzung mit Sozialreformen, die liturgische Bewegung. Hier hatten sich noch ganze Massen hinter dem Banner des Christkönigs vereint, und der Aufstieg des atheistischen Marxismus war in diesem Land, in dem die alten katholischen Traditionen wiederaufblühten, gestoppt worden. Katholiken und Nichtkatholiken vereinigten ihre Kräfte auf der Suche nach einer neuen und friedlichen Ordnung. Zentrum dieser Erneuerung war dieses alte rheinische Heiligtum der Gottesmutter. Realitäten, die endgültig in der Vergangenheit versunken sind, erscheinen heute wie Träume, und ein beunruhigender Gedanke schlich sich in meinen Geist ein: Würden sich eines schönen Tages unsere katholischen Kirchen in den Vereinigten Staaten ebenfalls in einen Traum auflösen? Könnte es geschehen, daß in einer nicht allzu fernen Zukunft unsere Millionen Pfarrschulen, unsere blühenden Kollegien, unsere Universitäten, unsere Krankenhäuser, unsere Institutionen, unsere nationalen Organisationen nur mehr Erinnerung sind, so wie die Tempelritter des Mittelalters? Ja, das kann geschehen, wenn wir in unserer Wachsamkeit nachlassen, das Gesetz zu verteidigen, oder wenn wir den Glauben durch ein Verhalten verraten, das im Widerspruch zu ihm steht. Die Kirche von morgen liegt in den Händen der Kirche von heute. Wer konnte zu Beginn des 16. Jahrhunderts glauben, daß England, das frömmste der katholischen Länder, in einigen Jahrzehnten seinen Glauben verloren haben würde? Nichts konnte mehr im Widerspruch zum katholischen Geist Deutschlands stehen als der Nazismus, und dennoch schien die Kirche ihre irdischen Errungenschaften nicht mit Erfolg verteidigen zu können. Die Kirche befindet sich in einem allzu behaglichen Klima niemals in Sicherheit.«[28]

Am 21. Mai ist LaFarge in Prag. Er verbringt die erste Nacht im Seminar, wo man ihm aus Platzmangel in einem als geographisches Museum bezeichneten Raum ein Bett aufstellte. »Ich schlief also zwischen Land- und Weltkarten ein«, wird er sich später erinnern. »In dieser Nacht gab es die Tschechoslowakei noch auf den Karten [...]. Die Republik sollte noch das Frühjahr und den Sommer überleben; doch als es September wurde, wurde sie wie ein welkes Blatt im Sturm der politischen Ereignisse hinfortgerissen. Ich freue mich, die Tschechoslowakei wenigstens einmal gesehen zu haben, bevor sie aufhörte, in der Geschichte als freies Land zu existieren.«[29]

In Budapest »brachten in diesen wundervollen Tagen des Eucharistischen Weltkongresses eine ganze Stadt und eine Nation, denen sich die Delegierten aus zahlreichen Ländern anschlossen, von ganzem Herzen ihre Verehrung des Königs der Eucharistie zum Ausdruck, mit all der Würde und Pracht, deren sie fähig waren«.[30]

Am 31. Mai fährt LaFarge mit dem Zug nach Zagreb, wo er namentlich mit Erzbischof Alojzije Stepinac[31] zusammentrifft. Anschließend fährt er über Ljubljana, Triest und Venedig nach Rom.[32]

Von Rom, wo er am 5. Juni eintraf[33], wird LaFarge zuallerst in Erinnerung behalten, daß sich »in den Buchhandlungen aus dem Deutschen übersetzte antisemitische Werke stapelten«.[34] Auch wenn er in bestimmten Vorstädten »mehr Armut [entdeckte], als ich jemals in den ärmsten Gebieten im Süden der Vereinigten Staaten gesehen habe«, so wird er nicht müde, die architektonischen, ökonomischen und sozialen Errungenschaften des Faschismus zu bewundern. »Mussolini hätte«, so wird er sechzehn Jahre später in seiner Autobiographie bekennen, »die Rolle eines wahren Erneuerers Italiens spielen können, wenn er nicht, womit man rechnen mußte, vom militärischen Ruhm verleitet, vom rechten Weg abgewichen wäre, hinein in das äthiopische Abenteuer sowie in Hitlers Fußstapfen hinein in ideologische, antisemitische und rassistische Abenteuer.«[35]

Am 7. Juni 1938 trifft er mit dem Ordensgeneral der Jesuiten, Wladimir Ledóchowski SJ, und dessen amerikanischem Stellvertreter Zacheus Maher SJ zusammen. »Ich mußte mich tatsächlich mehrmals zwicken«, vertraut er Talbot an, »um glauben zu können, daß ich wirklich dabei war, mit unserem Hochwürdigsten Vater zu sprechen, dem Empfänger so vieler Anfragen und einer für uns im allgemeinen so mysteriösen Persönlichkeit.«[36]

Das Projekt einer Enzyklika

Kurz bevor er gemäß seinem ursprünglichen Programm Rom in Richtung Paris verließ – die Abreise war für die Zeit um den 25. Juni herum vorgesehen –, schmiedete LaFarge noch Pläne für Recherchen in Spanien.[37] Diese Pläne sollten jedoch auf völlig unerwartete Weise durchkreuzt werden.

Kurz vor seiner Abreise nimmt er an einer Generalaudienz Pius' XI. in Castel Gandolfo teil, zu der ihn Pater Vincent McCormick SJ, der Rektor der päpstlichen Universität Gregoriana, eingeladen hatte. »Einige Tage später«, wird LaFarge in seiner Autobiographie schreiben, »erreichte mich eine Botschaft aus dem Vatikan: Seine Heiligkeit wünschte mich zu sehen und setzte ein Treffen an. Ich war höchst erstaunt; und ich fragte mich, was für eine Bedeutung ich denn in den Augen des Heiligen Vaters haben könne ...«[38]

Wir wissen weder, woher der Papst von der Anwesenheit LaFarges in der italienischen Hauptstadt wußte, noch, wie die Entscheidung für diese Unterredung zustande kam, auf die wir später noch näher eingehen werden. Jedenfalls befindet sich LaFarge am 22. Juni erneut in der päpstlichen Sommerresidenz in Castel Gandolfo.[39] Was dort geschah, wird von LaFarge selbst auf unterschiedliche Weise wiedergegeben. So heißt es 1954 in seiner Autobiographie: »Der Heilige Vater empfing mich sehr freundlich. Ich verstand rasch, daß er mit mir über Fragen des Rassismus sprechen wollte, der gerade in Italien und Deutschland an der Tagesordnung war. Er sagte mir, daß ihm dieses Problem ständig durch den Kopf gehe und daß es ihm scheine, als vermischten sich Rassismus und Nationalismus immer mehr. Er hatte mein Buch ›Interracial Justice‹ gelesen, dessen Titel ihm sehr gefiel. ›Interracial Justice‹, das ist gut!‹ sagte er, wobei er die Wörter französisch aussprach. Er fügte hinzu, daß mein Buch das Beste gewesen sei, was er zu diesem Thema gelesen habe. Natürlich war ich geschmeichelt.

An meinem Essay gefiel ihm, daß ich das Thema unter einem geistig-moralischen Blickwinkel behandelt hatte und daß ich mich darüber hinaus bemüht hatte, die katholische Lehre gleichzeitig mit dem Naturgesetz und mit der konkreten Erfahrung zu konfrontieren, um auf diesem Weg zu einigen praktischen Schlußfolgerungen zu kommen. Der Heilige Vater befragte mich noch zu meinen Aktivitäten und hörte sich sehr aufmerksam an, was ich ihm über das Wirken des ›Catholic Interracial Council‹ darlegte; er ermutigte mich, in dieser Richtung weiterzuarbeiten, und ermahnte mich, mich von Hindernissen nicht entmutigen zu lassen. Er schlug auch vor, die Fragestellungen aus wissenschaftlicher Sicht zu vertiefen, um keinen Aspekt zu vernachlässigen. Zum Schluß bat er mich, ihn erneut aufzusuchen, falls ich wieder einmal in Rom sein sollte, denn es würde ihn freuen, weiter mit mir über die Rassismusfrage zu sprechen und sein Wissen zu erweitern.«[40]

Doch in einem aus Paris an P. Joseph A. Murphy geschickten Schreiben mit Datum vom 3. Juli 1938 ist LaFarge viel präziser:

»VERTRAULICH. Pater Maher hat Ihnen vielleicht geschildert, was bei der Audienz wirklich geschah. Es war so, daß mich der Papst zur Geheimhaltung verpflichtete und mir den Auftrag erteilte, den Text für eine Enzyklika für die Weltkirche zu schreiben, über das Thema, das er im Augenblick für das dringlichste hält.

Er sagte mir, daß Gott mich zu ihm geschickt habe, als er darüber nachdachte, wem er diesen Textentwurf anvertrauen konnte. Er hatte an jemand anderen gedacht – er erwähnte einen *sehr* bedeutenden Gelehrten –, doch bei längerem Nachdenken kam er zu der Überzeugung, daß Pater LaFarge kompetenter sei. ›*Sagen Sie einfach, was Sie*[41] *sagen würden, wenn Sie selbst der Papst wären*‹[42], hat er zu mir gesagt.

Es war plötzlich, als befände man sich im Stück ›Monsignor‹.

Er legte mir sodann in groben Zügen das Thema, die Methode seiner Behandlung sowie die zu beachtenden Prinzipien dar.

Er sagte mir, daß er an den H. H. Pater General schreiben würde – was er dann auch tat –, um ihn zu bitten, mir alle Mittel zur Verfügung zu stellen. ›Eigentlich hätte ich zunächst mit Pater Ledóchowski darüber sprechen müssen, bevor ich mich an Sie wandte; doch ich denke, daß es auch so in Ordnung ist‹, sagte er in etwa. Schließlich ist der Papst der Papst.

Am darauffolgenden Sonntag traf der Pater General mit dem Papst zusammen, der vor ihm alles, was er mir gesagt hatte, ausführlich wiederholte, wobei er dieselben Dinge betonte. Am Montag, dem

27. Juni, dem Tag meiner Abfahrt, traf ich um vier Uhr nachmittags mit dem Pater General zusammen und sprach eineinhalb Stunden lang mit ihm. Er sagte mir natürlich, daß ich nur mehr mein Bestes zu tun bräuchte. Auf mein Ersuchen hin benannte er zwei Gelehrte als Hauptmitarbeiter, einen aus Rom und den anderen hier aus Paris. Ich sagte dem Pater General, daß ich nichts tun könne, wenn ich in Rom bleiben würde. Deshalb stimmte er freundlicherweise zu, daß ich nach Paris zurückkehrte, um dort zu arbeiten. Wenn die Arbeit beendet sein wird, werde ich das Manuskript wahrscheinlich persönlich nach Rom bringen und es übergeben, wen auch immer man mir dafür bestimmt.[43]

Der Pater General gab mir natürlich zahlreiche Ratschläge und Verhaltensmaßregeln, die sich zumeist von selbst verstanden, da die Sache so beschaffen sei, daß im Falle ihres Bekanntwerdens sämtliche Regierungen Europas innerhalb von vierundzwanzig Stunden Leute in den Vatikan entsenden würden, um ihren jeweiligen Standpunkt darzulegen.

Offen gesagt, ich war ganz einfach erstaunt, und alles, was ich sagen kann, ist, daß mir der Felsen des heiligen Petrus auf den Kopf gefallen ist. Hätte ich mit etwas derart Ungeheuerlichem gerechnet, so hätte mich nichts dazu bringen können, nach Rom zu fahren, geschweige denn den Papst zu treffen. Nun bleibt mir nichts anderes übrig, als die Sache durchzuziehen, wie der Pater General sagte.

Der General meint, daß es schnell gehen müsse, obwohl er meinem Vorhaben zustimmte, ein wenig auszuruhen, um meine Gedanken nach derartig abenteuerlichen Ereignissen zu sammeln [...].

In das Geheimnis sind, außer dem Pater General selbst, P. Maher, P. McCormick, P. Philipps und der hiesige Superior P. d'Ouince eingeweiht. Ich nehme an, daß P. Killeen als Stellvertreter ebenfalls unterrichtet werden wird. Und die beiden Männer, die man mich zu konsultieren bat.[44]

Am Tag der Audienz selbst war ich schon bereit, die Rückreise an Bord der ›Staatendam‹ anzutreten, die mich am 27. August in die Vereinigten Staaten zurückgebracht hätte. Ich werde das Unmögliche versuchen, um am 1. September zurück zu sein. In ungefähr einer Woche werde ich mehr darüber wissen, was ich tun kann. Ich sehe nicht, warum es mir nicht gelingen sollte. Spanien? Ich habe den Plan nicht aufgegeben, wenigstens zwei oder drei Tage dort zu verbringen.

Natürlich wird sich das mit meiner literarischen Produktion überschneiden. Doch ich werde Ihnen ein oder zwei Sachen schicken, um

Vermutungen und Fragen zuvorzukommen. Ich bitte Sie, beten Sie für mich, beten Sie fest. Ich habe niemals derart verzweifelt der Gebete bedurft. Bitten Sie auch die Schwestern, für mich zu beten. Denn die Aufgabe ist übermenschlich, sowohl ihrem Wesen nach als auch im Hinblick auf die knappe Zeit [...].

Vor einigen Monaten hatte ich bereits Notizen zu dem Thema, das mir der Papst anvertraute, zusammengetragen. Mit einigen Hinweisen auf die Lehren der Päpste. Als ich New York verließ, fragte ich mich, ob ich das alles mitnehmen sollte. Zu guter Letzt habe ich alles eingepackt. Nun, und das rettet mir zum Teil das Leben. Die Wege der Vorsehung sind seltsam ...

Würden Sie das alles dem Pater Provinzial vorlesen? Es ist zwar unüblich, doch ich bin einfach zu verwirrt und zu überrascht, als daß ich in nächster Zeit noch irgend etwas schreiben könnte. Ich werde ihm später in aller Form einen schönen Brief über die ganze Angelegenheit schreiben. Ich bin sicher, daß er das verstehen und meine scheinbare Nachlässigkeit verzeihen wird.

Der Inhalt des Briefes, den ich Ihnen am 3. Juli geschickt habe, ist allgemein für die Unseren bestimmt, natürlich mit Diskretion. Da meine Privataudienz im ›Osservatore Romano‹ vom 26. Juni erwähnt wurde, muß man wohl irgend etwas dazu sagen. Diese Tatsachen sind also kein Geheimnis. Was jedoch in diesem Brief hier steht, ist schwerwiegender; wenn es publik würde, so gingen, wie bereits gesagt, die Folgen über das hinaus, was wir uns vorstellen können. Außerdem gibt es den direkten Befehl des Papstes, der zu mir sagte: ›Es heißt, das Geheimnis des römischen Pontifex sei ein offenes Geheimnis. Mag sein. Doch sollte es nicht so sein. Und es ist ein wirkliches Geheimnis, was Wir Ihnen anvertrauen.‹«[45]

Pater Heinrich Bacht SJ zufolge hatte John LaFarge bei der Audienz damit begonnen, Pius XI. eine »Analyse des Rassismusproblems in den Vereinigten Staaten, genauer gesagt des Problems der Schwarzen, [vorzutragen]. Der Papst war von der Darstellung so beeindruckt, daß er spontan zu ihm sagte: ›Wir werden eine Enzyklika zu diesen Fragen veröffentlichen, und Sie sollen sie vorbereiten.‹«[46]

Höchstwahrscheinlich ist es diese »Analyse des Rassismusproblems in den Vereinigten Staaten«, deren in nicht ganz exaktem Französisch verfaßter Entwurf sich im Archiv LaFarges befindet:

» 1 – Was wir uns vornehmen, ist, *das große Hindernis* für eine Bekeh-
rung der Schwarzen zu beseitigen (sekundäres Apostolat) – d.h. *die
Gleichgültigkeit* der Weißen gegenüber den geistlichen und weltlichen
Bedürfnissen der Schwarzen.

2 – *Besonderes Mißtrauen* der Schwarzen wegen der Gleichgültigkeit gegenüber ihrer weltlichen Lage.

Gegen diese Gleichgültigkeit kämpfen wir, indem wir zeigen, daß
die großen *Lehren der Sozialenzykliken* für alle Probleme weltlicher
Natur, die die Familie, die Wohnsituation, den Lohn, die gewerk-
schaftliche Organisation, die Gesundheit usw. der Schwarzen betreffen, eine klare und passende Lösung zu bieten haben.

3 – Schwarze und Weiße werden durch das Studium und die Umsetzung der Lehren der Enzykliken darin *unterstützt, zusammenzuarbeiten:* Konferenzen, Studienkreise, Klausuren, persönliches Vorbild, Ju-
gendgruppen, Berufsverbände usw.

4 – Möge der Heilige Vater die Güte haben, *uns* in dem Bemühen *zu
bestärken*, für die Anwendung der Enzykliken auf die weltlichen Probleme der Schwarzen zu sorgen[47], um bei den Weißen einen apostolischen Geist für die Bekehrung der Schwarzen zu erwecken.«[48]

Am Nachmittag des 27. Juni führt LaFarge ein weiteres Gespräch mit
Pater Ledóchowski. Am Abend verläßt er Rom in Richtung Genf[49],
von wo aus er einige Tage später nach Paris gelangt.[50] Denn dort in der
französischen Hauptstadt werden die Verfasser des von Pius XI. in
Auftrag gegebenen Entwurfs drei Monate lang arbeiten: John LaFarge,
Gustave Desbuquois und Gustav Gundlach. Im Laufe des Sommers
wird Pater Heinrich Bacht hinzustoßen, der ihren endgültigen Text ins
Lateinische übersetzen soll.

3
Die Abfassung
(Juli bis September 1938)

In den ersten Julitagen kehrte John LaFarge also nach Paris zurück, wo er sich »in der erdrückenden Hitze« jenes Sommers 1938[1] zusammen mit den Jesuitenpatres Gustave Desbuquois und Gustav Gundlach in die Arbeit an seinem neuen Auftrag vertiefen wird.

Wie LaFarge engagierten sich auch Desbuquois und Gundlach in der sozialen Katholischen Aktion, deren theologische und praktische Grundlagen die Enzyklika »Rerum novarum« Leos XIII. (1891) geschaffen hatte.[2] Doch im Unterschied zu ihm standen sie seit vielen Jahren in engem Kontakt mit Rom, das ihre Dienste bereits für die Vorbereitung bedeutender Dokumente in Anspruch genommen hatte: beide wirkten, jedoch voneinander unabhängig, bei der Ausarbeitung der Enzyklika »Quadragesimo anno« Pius' XI. (1931) mit und Desbuquois an »Divini Redemptoris« (Pius XI., 19. März 1937). Und so war ihre Mitarbeit bei der Abfassung dieser neuen Enzyklika wenn auch keine notwendige Folge ihrer vorangegangenen Tätigkeiten, so doch zumindest nicht rein zufällig.

1938 galt der Name Desbuquois[3] bereits seit längerem als Synomym für die »Action populaire«, die er im Jahre 1903 mitbegründet hatte und deren Leiter er von 1905 an war. Unter dieser Bezeichnung firmierte eine Gruppe von ungefähr einem Dutzend Jesuiten, die sich in Vanves, einem Vorort von Paris, niedergelassen hatte und zu einem wichtigen Zentrum geworden war, von dem Impulse für die katholische Soziallehre in ganz Frankreich ausgingen. Durch die Veröffentlichung von Zeitschriften, durch Vorträge und die Organisation von Seminaren sowie die in Zusammenarbeit mit einer ähnlichen Gruppierung in Lyon unter der Leitung Joseph Folliets jährlich veranstalteten »Französischen Sozialwochen« übte die Mannschaft der »Action populaire« schließlich beträchtlichen Einfluß auf die Arbeitergewerkschaften, die katholischen Arbeitgeberverbände und auf Jugend- und Genossenschaftsbewegungen usw. aus.

Der um ungefähr zwanzig Jahre jüngere Gustav Gundlach[4] hatte einen gänzlich anderen Weg eingeschlagen, der ihn sehr früh in einige der schöpferischsten katholischen Intellektuellenkreise der Weimarer Republik führte. Nachdem er zunächst mit einem Philosophiestudium in Freiburg im Breisgau begonnen hatte, wandte er sich bald und auf ausdrücklichen Wunsch des Jesuitenordens, der an der Weiterentwicklung des »christlichen Solidarismus« Heinrich Peschs[5] interessiert war, den Wirtschaftswissenschaften zu. Zu diesem Zwecke zu Beginn des Sommers 1924 nach Berlin gekommen, besuchte er bald auf persönliches Anraten von Pesch die Vorlesungen zur Nationalökonomie Werner Sombarts, mit dem er auch mehrere Jahre zusammenarbeitete. Ebenfalls zu dieser Zeit begann seine langjährige Zusammenarbeit mit dem damaligen Apostolischen Nuntius in Deutschland, Eugenio Pacelli, mit dem er durch einen gemeinsamen Freund, den Jesuitenpater Robert Leiber[6], bekannt gemacht worden war.

Ende der zwanziger Jahre engagierte sich Gundlach aktiv im politischen Leben der Weimarer Republik. Angesichts der ambivalenten Einstellung zahlreicher Katholiken zur Republik und der Zunahme antirepublikanischer Kräfte[7] konzentrierte er seine Tätigkeit auf soziale und ökonomische Probleme. So arbeitete er im »Volksverein für das katholische Deutschland« mit, war Mitglied des »Königswinterer Kreises«[8], wurde schließlich Professor für Sozialethik und Soziologie an der Philosophisch-Theologischen Hochschule St. Georgen in Frankfurt am Main und veröffentlichte zahlreiche Artikel in der Jesuitenzeitschrift »Stimmen der Zeit«. Seine Artikel zu »Klasse«, »Klassenkampf« und »Klassenstaat«, die in der fünften Auflage des »Staatslexikons der Görres-Gesellschaft« (1929) erschienen waren, erregten in katholischen Kreisen, wo man den Begriff der Klasse im allgemeinen mit dem Marxismus in Verbindung brachte, einiges Aufsehen. In diesen Artikeln definierte Gundlach die Klasse als eine »innerstaatliche Großgruppe mit dem Ziel, durch Auseinandersetzung mit einer gleichartigen Großgruppe eine bestimmte Gestaltung der ›öffentlichen Wohlfahrt‹, des ›bonum commune‹, als sinnwidrig zu bekämpfen bzw. als sinngemäß zu verteidigen« und stellt weiter fest, »daß in der vom Ideal stets abfallenden Wirklichkeit unter Umständen die klassenmäßige Schichtung der Gesellschaft ein geeignetes, gegebenenfalls sogar notwendiges Mittel ist, den Staatszweck zur Verwirklichung zu bringen«. Der Klassenkampf wäre also dann sinnvoll, wenn er als »Prozeß zur organischen Gesundung der Gesellschaft« verstanden werde. Woraus sich ergibt, »daß das wahre Ziel der klassenmäßigen Auseinandersetzung in der schöpferischen Einigung zugunsten eines höheren Dritten liegt, nämlich des Staats- und Volksganzen«.[9] Solche

Überlegungen werden nicht ohne Einfluß auf die Ausarbeitung der Enzyklika »Quadragesimo anno« bleiben. Und genau an diesem Punkt kreuzen sich die Wege Gundlachs und Desbuquois' zum erstenmal.

Als der vierzigste Jahrestag von »Rerum novarum« näher rückte, beschloß Pius XI., sie zu aktualisieren und dabei den seither eingetretenen ökonomischen und politischen Veränderungen in einer neuen großen Sozialenzyklika Rechnung zu tragen. Ledóchowski, der vom Papst beauftragt wurde, den Entwurf vertraulich vorbereiten zu lassen, wandte sich im Herbst 1930 an Pater Oswald von Nell-Breuning SJ. Dieser verfaßte einen ersten Entwurf, wobei er sich auf Beiträge seiner Freunde im Königswinterer Kreis stützte, ohne sie jedoch ins Vertrauen zu ziehen. »Alles, was dort zur Sprache kam, war für meine Mitarbeit an der Enzyklika von Bedeutung«, wird Nell-Breuning später offenbaren und die Rolle Gundlachs dabei wie folgt beschreiben: »Gundlach [war] der führende Kopf [...], der nicht nur in allen sozial-*philosophischen*, sondern auch in allen gesellschafts*politischen* Grundsatzfragen die Haltung des Kreises maßgeblich bestimmt hat«; und das in einem Maße, daß man die Enzyklika als ein »grandioses Plagiat an Gundlach« betrachten könne. »Den Angelpunkt bildete seine Analyse der Klassengesellschaft, die er in seinem berühmt gewordenen Staatslexikon-Artikel erstmals vorgelegt hatte.«[10]

Wie Nell-Breuning weiter mitteilte, wurde Gundlachs Beitrag zu »Quadragesimo anno« in der Behandlung der »gesellschaftlichen Strukturprobleme« sowie in der Formulierung des »Subsidiaritätsprinzips« besonders deutlich.

In seinem Vorentwurf empfahl Nell-Breuning, an die Stelle der kapitalistischen »Klassen«-Gesellschaft oder auch der von den diversen Sozialismen gepredigten »klassenlosen« Gesellschaft eine demokratische Gesellschaft zu setzen, in der privatrechtliche Körperschaften zusammenarbeiten würden. Er behandelte ebenfalls die Themen Eigentum, Kapital, »Einkommen ohne Arbeit«, Arbeitnehmertum und seine Überwindung sowie die allgemein harmonisierende und ergänzend-unterstützende Rolle des Staates (»Subsidiarität«) im Dienste des Gemeinwohls usw.[11] Diese Fassung erschien jedoch Ledóchowski als zu theoretisch und zu »solidaristisch«, und so bat er einen Jesuiten aus Anvers, Pater Albert Muller SJ, sie zusammen mit ihrem Verfasser zu überarbeiten. Darüber hinaus hatte der Ordensgeneral schon im Oktober Pater Desbuquois um eine ähnliche Arbeit gebeten. Bei mehreren Treffen mit Muller verfaßten Desbuquois und sein Mitarbeiter Pater Danset einen konkreteren Text, der einerseits aufzeigte, daß der Kapitalismus des freien Wettbewerbs von einer Diktatur einiger weniger Mächtiger verdrängt worden sei, die sowohl die Unternehmen als auch das Kapital kontrollierten und dabei über den Staat hinaus und ohne Sorge um das Gemeinwohl der Gesellschaft das gesamte Leben der Nationen in ihrer Hand hätten, sowie andererseits, wie sich der Sozialismus in einen brutalen Kommunismus oder aber in einen »gemäßigten« Sozialismus verwandelt habe, dessen Forderungen sich denen der christlichen Tradition der Achtung vor der menschlichen Person annäherten. Als heilsames Mittel für einen Fortschritt in den Lebensbedingungen der Menschen schlugen sie eine vom christlichen Geist der Eintracht und der Barmherzigkeit beseelte »Rationalisierung« vor. Während Muller der eigentliche Urheber dieses Gemeinschaftsprojekts war, trafen sich Desbuqouis und Danset lediglich mit ihm in Rom, um letzte Fragen zu klären. Insgesamt betrachtet waren sich aber die verschiedenen Mitarbeiter grundsätzlich einig.[12]

Die Wege Desbuqouis' und Gundlachs hätten sich beinahe noch einmal gekreuzt, und zwar im Zusammenhang mit einer später abgebrochenen, doch nicht uninteressanten Initiative. Um Ostern 1933 herum sollte in Frankfurt ein erstes internationales Treffen von Jesuiten stattfinden, die mit der katholischen sozialen Aktion zu tun hatten. Zu diesem Treffen, organisiert von den Patres Desbuqouis und von Nell-Breuning, sollten vierundfünfzig Teilnehmer aus fünfzehn Nationen Europas und Lateinamerikas zusammenkommen und hauptsächlich über folgendes Thema diskutieren: »Verlangen die Ereignisse und der materielle wie kulturelle Fortschritt in der Solidarität nicht nach einer neuen Ordnung, die sich im Zuge einer gewaltigen sozialen Umwälzung bereits abzuzeichnen scheint, oder können wir den sozialen Frieden von einer Gesetzgebung und von Sozialmaßnahmen in einem kapitalistischen Regime erwarten und erhoffen? Was sollen wir in der Zwischenzeit tun, lehren und predigen, da wir eine Revolution nicht aktiv durchführen können?«

In seiner Einführung hätte Gundlach über »die Gesellschaft und die Sozialsysteme« gesprochen. Doch wurde dieses Treffen von Pater Ledóchowski wegen der Situation in Deutschland in letzter Minute abgesagt.[13]

Gegen Ende des Jahres 1936, als die Lage vom Spanischen Bürgerkrieg, der Volksfront und der Unterdrückung der Kirche in Mexiko, der UdSSR und in Deutschland gekennzeichnet war sowie von »atheistischer Propaganda« auf allen Kontinenten und einem erstarkenden nationalsozialistischen Rassismus, nahm Pius XI. zwei neue Enzykliken in Angriff: »Mit brennender Sorge« (14. März 1937), auf die wir im 5. Kapitel noch zu sprechen kommen werden, und »Divini Redemptoris« (19. März 1937) »über den atheistischen Kommunismus« und die Notwendigkeit, durch berufsständische Organisation auf eine Umwandlung der Gesellschaft hinzuarbeiten. Zur Vorbereitung der zweitgenannten versammelte Ledóchowski, der erneut mit der Betreuung des Projekts beauftragt worden war, Jesuiten aus fünf oder sechs verschiedenen Nationen um sich, namentlich die Patres Muckermann, Ledit und Coffrey, die jeweils bestimmte Teile des Entwurfs übernahmen. Auf Anforderung schickte Desbuquois mehrere von ihm selbst oder von Mitgliedern der »Action populaire« verfaßte Texte. Anfang Februar dringend nach Rom gerufen, wird Desbuquois an den Sitzungen teilnehmen und den gesamten Text noch einmal überarbeiten, damit man es nicht bei einer simplen Verurteilung des Kommunismus bewenden ließ. Gedacht als Ergänzung zu »Quadragesimo anno« in bezug auf die Soziallehre und die soziale Aktion, wobei diese Teile zwei Drittel des Dokuments einnehmen, erinnert »Divini Redemptoris« an die »beständige Zurückweisung des Kommunismus durch die Kirche und zeigt, daß der Marxismus-Leninismus unter dem Deckmantel eines Kreuzzugs für den Fortschritt der Völker einen aggressiven, unterdrückerischen, atheistischen und unmenschlichen Etatismus darstellt. Sodann werden die katholischen Vorstellungen in bezug auf Gerechtigkeit und sozialen Fortschritt, deren Grundlage die Achtung vor der menschlichen Person und ihrer Freiheit bildet, mit Hilfe einer im Vergleich zu früher nun genaueren Definition der ›sozialen Gerechtigkeit‹ noch einmal formuliert, und es folgt ein Aufruf zur Errichtung eines ›gesunden Korporativismus‹ unter der Obhut des Staates, zum Zwecke einer ›organischen Zusammenarbeit‹. Der vierte Teil, an dem Desbuqouis vermutlich am meisten beteiligt war, ›ist der stärkste‹ und stellt ›Hilfs- und Heilmittel‹ vor, um die christliche Lehre in die Tat umsetzen zu können: Grundlage ist eine persönliche spirituelle Erneuerung; ›so wird es unmöglich sein, das gegenseitige Zusammenwirken von Gerechtigkeit und Liebe in den wirtschaftlich-sozialen Beziehungen zur Herrschaft zu bringen, es sei denn mit Hilfe einer Körperschaft von beruflichen und zwischenberuflichen Institutionen‹, die aber an dieser Stelle mit der verschwommenen Formulierung ›was man eine Korporation nennt‹ beschrieben werden, sodann folgt ein besonderer Appell, dessen Tonfall man sehr gut wiedererkennt, ›an Euch christliche Arbeitgeber und Unternehmer, deren Aufgabe oft so schwierig ist. Ihr seid ja noch belastet mit dem Erbe von Irrtümern einer ungerechten Wirtschaftsführung.‹ Am Ende wird die Notwendigkeit betont, ›das Studium der sozialen Fragen im Lichte der Lehre der Kirche zu fördern und die Unterweisungen [...] zu verbreiten‹, sowie die Tatsache, daß es sich um die Pflicht aller einzelnen wie auch der religiösen oder der Berufsverbände handelt. Diese Ausführungen stehen in einer Linie mit dem, was sechs Jahre zuvor gelehrt worden war.« [14]

Der Beitrag Gundlachs zu »Quadragesimo anno« [15] war Pater Ledóchowski nicht verborgen geblieben, und so rief er ihn bald nach Rom. Wie viele andere im Vatikan dachte Ledóchowski, der Nationalsozialismus würde sich in Deutschland nicht lange an der Macht halten; seine hauptsächliche Sorge galt dem Bolschewismus (»der Hauptfeind ist immer Moskau, [...] ein Kompromiß mit Berlin ist immer möglich«). Um diesen besser bekämpfen zu können, wollte der Jesuitengeneral in Rom ein jesuitisches Aktionszentrum einrichten, und er dachte daran, Gundlach mit der wissenschaftlichen Leitung zu betrauen. Dieser aber lehnte das Angebot ab mit der Begründung, daß »ein derartiges Unternehmen wie eine moralische Unterstützung der Achsenmächte wirken, unter den Katholiken dieser Länder Verwirrung stiften und anderwärts den moralischen Einfluß der Kirche schwächen könnte«. Ledóchowski bot ihm daraufhin eine Professur für Sozialethik an der päpstlichen Universität Gregoriana an. Von da an wird Gundlach, mit Ausnahme des Jahres 1937, als er schwer erkrankt war, bis 1938 abwechselnd in Rom, Frankfurt und Berlin verweilen. [16]

Betrachten wir nun noch für einen Augenblick zwei Stellungnahmen Gustav Gundlachs, die für die Würdigung seines Beitrags zur Ausarbeitung von »Humani generis unitas« nicht ohne Bedeutung sind.

Im Jahre 1930 zeichnete der deutsche Jesuit für den Artikel »Antisemitismus« im »Lexikon für Theologie und Kirche« verantwortlich, der im folgenden zitiert werden soll:

»Antisemitismus, eine moderne Bewegung zur polit. u. wirtschaftl. Bekämpfung des Judentums. Man kann eine völkisch u. rassenpolitisch eingestellte von einer staatspolitisch orientierten Richtung des A. unterscheiden. Jene bekämpft das Judentum wegen seines rassenmäßigen u. völkischen Andersseins schlechthin, diese wegen des übersteigerten u. schädl. Einflusses des jüdischen Bevölkerungsteils innerhalb desselben Staatsvolkes. Die zweite Richtung hängt insofern mit der ersten zusammen, als sie den ungünstigen u. übermäßigen Einfluß auf die Eigenart von Rasse u. Volkstum der Juden zurückführt.

Nach A. Wagner (›Grundlagen der polit. Ökonomie‹, 1892/93, 817) gehören gerade die Juden zu jenen Elementen der Bevölkerung, ›welche Anlage, Neigung, Schulung besitzen, ihre wirtschaftl. Handlungen den Bedingungen dieses Kampfes (sc. des privatwirtschaftl. Konkurrenzkampfes) möglichst anzupassen‹. Daher siegen sie am meisten dort, wo diese rücksichtslose Anpassungsfähigkeit am nötigsten ist: im Handel. ›Die Rechtsordnung des modernen privatwirtschaftl. Konkurrenzsystems ist ihm [dem Judentum] wie auf den Leib (od. vielmehr auf den Geist und Charakter) zugeschnitten‹, daher wirtschaftl. Fortkommen, Luxusentfaltung, gesteigerte Bildungsmöglichkeit für den Nachwuchs u. ›wenn mehr u. mehr auch die liberalen Berufe, zumal die dem wirtschaftl. Erwerbsleben nächststehenden (Advokatur, ärztl. Stand, Journalistik), von Juden überfüllt werden – die getauften immer noch gar nicht mitgezählt: dann gibt eine solche Entwicklung der Dinge (zumal im Zeitraum von 2 Menschenaltern!) doch zu denken‹, bes. im Interesse des harmonischen Staatsvolks, der ›Volksgemeinschaft als sittl. u. Kulturgemeinschaft‹. Der Einfluß des Judentums ist inzwischen weiter gestiegen. Nur der mit dem Aufstieg verbundene sittl. Verfall (Geburtenrückgang) stellt einen A. von innen her dar.

Die erste Richtung des A. ist unchristlich, weil es gegen die Nächstenliebe ist, Menschen allein wegen der Andersartigkeit ihres Volkstums, also nicht ihrer Taten, zu bekämpfen. Auch wendet sich diese Richtung notwendig gegen das Christentum wegen seines innern Zusammenhangs mit der Religion des von Gott einst auserwählten jüd. Volkes (Versuche einer ›arisch-germanischen‹ Religion). Die zweite Richtung des A. ist erlaubt, sobald sie tatsächlich-schädlichen Einfluß des jüd. Volkstums auf den Gebieten des Wirtschafts- u. Parteiwesens, des Theaters, Kinos u. der Presse, der Wissenschaft u. Kunst (liberal-libertinistische Tendenzen) mit sittl. u. rechtl. Mitteln bekämpft. Ausgeschlossen sind Ausnahmegesetze gegen jüd. Staatsbürger als Juden, u. zwar vom Standpunkt des modernen Rechtsstaats. Positive Mittel sind: Durchdringung des Gesellschaftslebens mit christl. Geist, Kampf nicht nur gegen semitische, sondern auch ›arische‹ Schädlinge, Stärkung der positiv sittlich-gläubigen Faktoren im Judentum gegen die liberalen, dem sittl. Nihilismus am meisten zugänglichen ›Assimilationsjuden‹, die, jeder nationalen wie relig. Bindung ledig, im Lager der Weltplutokratie wie des Weltbolschewismus gegen die menschl. Gesellschaft zerstörend wirken u. dadurch freilich dunkle Züge der vom Heimatboden vertriebenen jüd. Volksseele auslösen.

Der A. der Partei um Adolf Stoecker in Berlin u. die Christlichsozialen in Wien (gleichzeitig mit dem Rassen-A. um Schönerer) gehören der zweiten Richtung an. Nach dem Kriege ist der A. der ersten Richtung als Rassenhaß in der völk. Bewegung (bes. bei den Nationalsozialisten), ja sogar bei der Deutschnationalen Partei groß geworden, weil man die Juden für Miturheber u. Mitgenießer an Krieg u. Niederlage hielt. Auch in andern Ländern erregten innenpolit. Spannungen leicht einen A.

Die Kirche hat von jeher die Juden gegenüber einem praktischen, aus falschem christl. Eifer od. aus Wirtschaftsneid stammenden A. geschützt. Anderseits hat sie Maßnahmen gegen unberechtigten u. schädl. Einfluß des wirtschaftenden u. geistigen Judentums angeregt u. unterstützt (christl. Einschlag des Genossenschaftswesens, kath. Presse). Die modernen, auf falschen Theorien vom Menschenwesen u. vom geschichtl. Geschehen ruhenden Systeme des A. muß die Kirche verwerfen, u. zwar immer mit Betonung der hervorragenden Rolle, die das Judentum als ›auserwähltes Volk‹ in der göttl.-christl. Heilsordnung zu erfüllen hatte (vgl. das Dekret des Hl. Offiziums gegen die Amici Israel v. 21. 3. 1928[17] in ActaApSed XX 103f.). – Gustav Gundlach.«[18]

Halten wir von diesem Text vorerst nur die Tatsache fest, daß sein Verfasser den Standpunkt des modernen Rechtsstaats einnimmt, was an sich schon bemerkenswert ist, daß er sich einem »rassenpolitischen« Antisemitismus entschieden widersetzt und daß er eine Annahme jeglichen Ausnahmegesetzes gegen jüdische Staatsbürger »als Juden« ausschließt. Ohne uns lange bei zumindest bestreitbaren Aussagen aufzuhalten wie: »Die Kirche hat von jeher die Juden gegenüber einem praktischen [...] Antisemitismus geschützt«, so wollen wir dennoch deren Ambiguität herausstreichen. Denn wie soll man den »tatsächlich-schädlichen Einfluß des jüdischen Volkstums« auf den verschiedensten Gebieten »mit [...] rechtlichen Mitteln« bekämpfen, ohne daß die rechtlichen Mittel Ausnahmeverfahren wären, sobald sie ausschließlich die Juden als Juden zum Ziel haben? Und wie sollte man gesetzliche Bestimmungen auf die Juden, oder auch nur auf bestimmte Juden, beschränken, ohne letztere mit Hilfe von Kriterien zu identifizieren, die gerade auf ihrem »rassenmäßigen und völkischen Anderssein«, ihrem religiösen Anderssein beruhen? Halten wir schließlich auch fest, daß die Ausführungen Gundlachs durch die enge Verbindung, die sie zwischen den Juden und den negativen Auswirkungen einer von der Kirche verworfenen Moderne herstellen – »rücksichtslose Anpassungsfähigkeit« an den Konkurrenzkampf; Profitorientiertheit; Juden, die die freien Berufe »überfüllen«; ein »schädlicher Einfluß«; »sittlicher Nihilismus« der »Assimilationsjuden«, die »im Lager der Weltplutokratie wie des Weltbolschewismus gegen die menschliche Gesellschaft zerstörend wirken« –, gänzlich Teil der vorherrschenden kirchlichen Vorstellungswelt sind, die seit der Mitte des 19. Jahrhunderts ein karikierendes antisemitisches Bild von den Juden zeichnet.

Andererseits verurteilte Gustav Gundlach am 1. April 1938 im deutschen Programm von Radio Vatikan die Stellungnahme des österreichischen Episkopats, in der der Anschluß Österreichs an das Dritte Reich begrüßt wurde; seine Worte verhallten nicht ungehört. Vergegenwärtigen wir uns zunächst noch einmal den Kontext.[19]

Am 12. März 1938 überschritten deutsche Truppen die österreichische Grenze. Tags darauf wird Österreich zu einer Provinz des Deutschen Reichs erklärt. Am 14. März hält Hitler seinen triumphalen Einzug in Wien; am 18. erklärt er, daß Deutsche und Österreicher aufgerufen seien, am 10. April in einem Referendum über den Anschluß abzustimmen und zugleich neue Abgeordnete für den Reichstag zu wählen. Es beginnt ein gewaltiger Propagandafeldzug, in dem die Nazis der Kirche eine besondere Rolle zuweisen.

Am 15. März erteilt der Erzbischof von Wien, Kardinal Theodor Innitzer, nach einem Besuch bei Hitler »den katholischen Seelsorgern und dem katholischen Volk der Erzdiözese Wien und des Burgenlands« folgende Weisungen:

»1. Seelsorger und Gläubige stellen sich restlos hinter den großen deutschen Staat und seinen Führer, dessen weltgeschichtlicher Kampf gegen den verbrecherischen Wahn des Bolschewismus und für die Sicherung des deutschen Lebens, für die Beschaffung von Arbeit und Brot, für die Macht und Ehre des Reiches und für die Einheit des deutschen Volkes offenkundig vom Segen der Vorsehung begleitet ist.

2. Alleinige Berufsaufgabe des Priesters ist die Seelsorge. [... Er] muß sich deshalb von jeder Politik fern halten und soll der Entwicklung der Dinge mit Vertrauen entgegensehen.

3. Aus dem Glauben an die innere Verbundenheit der Seelen ergibt sich für den Christen auch die Überzeugung, daß die natürliche Gemeinschaft der Nation einen göttlichen Gedanken zu verwirklichen

berufen ist; es folgt daraus, daß die Pflege der natürlichen Tugenden die Voraussetzung des echten religiösen Lebens ist.

4. Ich weise die Leiter der katholischen Jugendorganisationen an, die Eingliederung in die Jugendverbände des deutschen Staates vorzubereiten.

›Die Kirche wird ihre Treue gegenüber dem Staate nicht zu bereuen haben.‹ Dieses Wort des Führers bürgt dafür, daß die eigentlichen Aufgaben der Kirche erfüllt werden können.

[…]

Damit leisten die Katholiken in ihrer Gesamtheit auch am besten ihren Einsatz für ein sicheres Wohlergehen des Reiches, des Volkes und der Heimat.«[20]

Am 27. März wird »in allen Kirchen auf österreichischem Territorium« eine vom 18. März datierende gemeinsame Erklärung der österreichischen Bischöfe verlesen:

»[…] Wir erkennen freudig an, daß die nationalsozialistische Bewegung auf dem Gebiet des völkischen und wirtschaftlichen Aufbaues sowie der Sozial-Politik für das Deutsche Reich und Volk und namentlich für die ärmsten Schichten des Volkes Hervorragendes geleistet hat und leistet. Wir sind auch der Überzeugung, daß durch das Wirken der nationalsozialistischen Bewegung die Gefahr des alles zerstörenden gottlosen Bolschewismus abgewehrt wurde.

Die Bischöfe begleiten dieses Wirken für die Zukunft mit ihren besten Segenswünschen und werden auch die Gläubigen in diesem Sinne ermahnen.

Am Tage der Volksabstimmung ist es für uns Bischöfe selbstverständliche nationale Pflicht, uns als Deutsche zum Deutschen Reich zu bekennen, und wir erwarten auch von allen gläubigen Christen, daß sie wissen, was sie ihrem Volke schuldig sind.«[21]

Am 1. April bringt Kardinal Innitzer gegenüber dem Vorsitzenden der Fuldaer Bischofskonferenz[22], Kardinal Bertram, die Hoffnung zum Ausdruck, daß sich die deutschen Bischöfe der Erklärung des österreichischen Episkopats zur Volksabstimmung anschließen werden. Er fügt hinzu, daß diese Erklärung nicht mit »restriktiven Klauseln belastet« werden sollte. Am Ende dieser Botschaft ist der Unterschrift des Primas von Österreich ein handschriftliches »Und Heil Hitler!« vorangestellt, das einiges Aufsehen erregen wird.[23]

Am 2. April stellt der »Osservatore Romano« lediglich klar, daß »wir ermächtigt sind mitzuteilen«, daß die Erklärung der österreichischen Bischöfe »ohne jegliche vorherige Absprache oder nachträgliche Billigung des Heiligen Stuhls und in alleiniger Verantwortung des Episkopats verfaßt und unterzeichnet wurde«.[24] Doch am Vortag hatte Radio Vatikan um 20 Uhr einen »von einem anonymen Jesuiten auf deutsch gehaltenen Kurzvortrag zum Thema: »Was ist politischer Katholizismus?« gesendet, der ungleich strenger gegenüber dem österreichischen Episkopat und Kardinal Innitzer ausfiel; letzteren konnte man in der Beschreibung der Anhänger eines »falschen politischen Katholizismus« (siehe unten, Punkt 3) unschwer wiedererkennen.

Der fragliche »anonyme Jesuit« war niemand anders als Gustav Gundlach. Im folgenden nun die Niederschrift seines berühmten »Kurzvortrags«:

»Das ›Schwarze Korps‹[25] vom 17. 3. 38 schrieb in bezug auf die erste Erklärung des Kardinalerzbischofs von Wien über die neue Situation in Österreich wie folgt: ›Der politische Katholizismus [...] – dieses infamste aller politischen Systeme hat auf dem Boden Österreichs und in den Herzen der Deutschen jetzt die furchtbarste Niederlage seines Daseins [...] erlitten. Wir haben von nun an jeden Versuch, dennoch Politik zu machen, nur noch kriminell zu werten.‹

Auf diese Bemerkung des ›Schwarzen Korps‹ gilt es grundsätzlich wie folgt zu antworten:

1. Nach Meinung der Gegner der Kirche bedeutet politischer Katholizismus, daß der Papst oder die Bischöfe oder die Gläubigen moralische Prinzipien nur als Vorwand benutzen, um gegen Staat und Gesellschaft zu agieren, aber in Wirklichkeit darauf abzielen, weltliche Vorteile oder Machtpositionen zu erlangen oder zu bewahren.

Diese Auffassung des politischen Katholizismus bestand bereits bei den bürgerlichen Liberalen und den Marxisten, so daß der Nationalsozialismus, der sich heutzutage mit Nachdruck als antiliberal und antimarxistisch bezeichnet, in bezug auf diesen Punkt nicht anders spricht als der Liberale oder der Marxist und in diesem Falle wie auch sonst überall dieselbe kulturelle Haltung einnimmt.

2. Politischer Katholizismus im echten und wahren Sinne, wenn man das unschöne und sehr mißverständliche Wort gebrauchen will, besagt, daß Bischöfe, Äbte und Gläubige sich dafür einsetzen, daß die Grundsätze des Schöpfers und Erlösers der Welt in allen Bereichen der Schöpfung, so auch in Staat und Gesellschaft, zur Durchführung kom-

men. Dieser politische Katholizismus ist also eine innerreligiöse, christliche Angelegenheit. Ihn kriminell werten zu wollen, wie dies ›Das Schwarze Korps‹ tut, heißt also das Wesen des Christentums mißbrauchen. Im Dienste dieses politischen Katholizismus hat das kirchliche Lehramt, nicht zuletzt der gegenwärtige Hl. Vater, in feierlichen Rundschreiben und in Verkündigungen zu sittlichen Grundfragen des staatlichen und gesellschaftlichen Lebens Stellung genommen. In diesem Dienst haben sich auch die Gläubigen im Bewußtsein ihrer in Taufe und Firmung übernommenen Verpflichtung in den verschiedensten Ländern und den verschiedensten Formen zusammengetan, um die Durchsetzung jener eben erwähnten Grundsätze zu betreiben. Auch die vom Hl. Vater verkündete Katholische Aktion kann, wenn sie dem vielfach bekundeten Willen ihrer Urheber treu bleiben will, nicht davon absehen, alle Bereiche des irdischen Lebens, keinen einzigen ausgenommen, mit den Normen des göttlichen Sittengesetzes zu durchdringen. Ein grundsätzlicher Verzicht, ein grundsätzlicher Rückzug der katholischen Praxis in das sogenannte Rein-Religiöse, wie man heute gerne und so mißverständlich sagt, wäre gleichbedeutend mit einer Häresie, einem Glaubensirrtum.

3. Allerdings gibt es auch einen falschen politischen Katholizismus. Dieser ist freilich nicht das oben geschilderte Wahngebilde, welches sich heute der Nationalsozialismus in Nachahmung der alten Liberalen und Marxisten einbildet. Dieser falsche politische Katholizismus ist vielmehr eine Art und Weise des Verhaltens der Katholiken [...], die lediglich aus übergroßer Vorsicht, Taktik und aus schwächlicher Anpassung an gegebene oder erwartete Tatsachen besteht. Es ist kein Zweifel, daß er im Laufe der Geschichte der Ehre und dem Ansehen der Kirche und gerade dadurch auch der Seelsorge oft schwersten Schaden gebracht hat, zumal in Zeiten, wo sich der Gegner des Christentums mit seiner Grundsatzfertigkeit brüstet und die Christen der geistigen Knochenerweichung beschuldigt. Am größten war und ist der Schaden dann, wenn sogar die berufenen Hüter der göttlichen Sittenordnung von jenem Geiste des falschen politischen Katholizismus erfaßt waren oder sind, und zwar irgendwie befangen unter dem Eindruck der Mächtigen und Erfolgreichen des Tages.

Da mag es kommen, daß die Augen solcher Hirten nicht mehr, wie es doch eigentlich ihre Pflicht ist, den Wolf im Schafspelz erkennen und daß sie Versprechungen sogar von Menschen glauben, vor denen sie traurige Erfahrung anderer, ja sogar das Wort des obersten Hirten selbst hätte warnen müssen. Die Folge dieser Haltung wird dann stets sein, daß solche Hüter der kirchlichen Interessen wirkliche und beklagenswerte Übergriffe vom religiös-sittlichen auf das ausschließlich politische Gebiet sich zuschulden kommen lassen.

Sie nützen beispielsweise ihre religiös-sittliche Lehrautorität aus, um die Gläubigen von der Wahrheit bestimmter Behauptungen in rein praktischen Dingen des politisch-gesellschaftlichen Lebens zu überzeugen, selbst wenn diese Behauptungen und die Tatsachen, auf denen sie beruhen, von vielen ernsthaften und kompetenten Menschen anders beurteilt werden. Zum Beispiel ist es nicht Sache der kirchlichen Lehrautorität als solche, Erklärungen abzugeben, welche die rein wirtschaftlichen, sozial-politischen und volkswirtschaftlichen Erfolge einer Regierung messen und werten. Kein Gläubiger ist im Gewissen verpflichtet, diesen Urteilen der christlichen Lehrautorität seine Zustimmung zu geben und den Gebrauch seiner politischen Rechte daran zu orientieren.

Noch verwerflicher wäre jener falsche politische Katholizismus überkluger Anpassung, wenn er zur selben Zeit die einfachen Gläubigen aller Stände, weil sie mutig für die Grundsätze der Gottesordnung, vor allem des Naturrechts im öffentlichen Leben, eintreten, büßen läßt, während sich die Hirten kurzerhand den Erfolgreichen des Tages anschließen. Alle aufrechten Menschen weit über den Bereich der Kirche hinaus müssen in solchem Verhalten der Hirten nur Würdelosigkeit und Treulosigkeit erblicken. Es ist wahr, daß gute persönliche Absichten vorliegen können; doch hat man in diesem Fall nicht nach ihnen zu urteilen. Die Gegner der Kirche können triumphieren, weil sie das notwendige persönliche Band innerhalb der Kirche brüchig werden sehen, nämlich das unbedingte Vertrauen zwischen Hirten und Herde. Diese Art des politischen Katholizismus wäre allerdings eine merkwürdige Verwirklichung der Katholischen Aktion und ihres wesentliches Ziels, das in der Zusammenarbeit der Laien mit dem hierarchischen Apostolat besteht. Denn dies würde bedeuten, daß praktisch alle Mühen und die Last dieser Aktion ausschließlich auf den Laien lasten würden.

Und aus diesem Grund ist jener falsche politische Katholizismus immer und überall zu verurteilen und zu brandmarken. Es ist wahr, daß der Nationalsozialismus diesen politischen Katholizismus nicht als falsch verurteilen würde, nicht mehr, als ihn das ›Schwarze Korps‹ nicht als ›kriminell‹ beurteilen würde; sie benutzten ihn im Gegenteil als ein Mittel, um die Katholiken vom rechten Glauben abzubringen.

Vor dem Richterstuhle Christi kann dieser falsche politische Katholizismus wegen seiner inneren Häßlichkeit gewiß nicht bestehen. Er kann auch nicht bestehen vor dem Richterstuhle der Braut Christi, der Hl. Kirche, die, was immer auch kommen mag, als Braut ohne Runzeln und Makel für alle treuen Katholiken so hoch erhaben ist über all jene feige Menschlichkeit. Darum nieder mit dem falschen und hoch, sosehr die Wortfülle mißfällt, mit dem wahren und echten politischen Katholizismus.«[26]

Der »Osservatore Romano« vom 4. und 5. April wird betonen, daß der fragliche »Kurzvortrag« im Radio »eine rein private theoretische Überlegung war; er war also weder offiziell noch offiziös, noch inspiriert, und der Heilige Stuhl kann – wie in so vielen ähnlichen Fällen – dafür keine Verantwortung übernehmen«.[27] Nach Gundlach aber wurde »der Kardinalstaatssekretär Pacelli, der die Sendung überprüft und gebilligt hatte, [...] von Pius XI. voll gedeckt«.[28]

Dringlich nach Rom beordert, wohin er am 5. April flog, hatte Kardinal Innitzer zunächst einen langen Empfang bei Kardinal Pacelli und dann beim Papst. Es folgte in seinem eigenen Namen sowie »im Namen aller österreichischen Bischöfe« eine neue Erklärung, die allgemein als Widerruf aufgefaßt wurde:

»1. Die feierliche Erklärung der österreichischen Bischöfe vom 18. März dieses Jahres wollte selbstverständlich keine Billigung dessen aussprechen, was mit dem Gesetze Gottes, der Freiheit und den Rechten der katholischen Kirche nicht vereinbar war und ist. Außerdem darf jene Erklärung von Staat und Partei nicht als Gewissensbindung der Gläubigen verstanden und propagandistisch verwendet werden.

2. Für die Zukunft verlangen die österreichischen Bischöfe:

a) In allen das österreichische Konkordat betreffenden Fragen keine Änderung ohne vorausgehende Vereinbarung mit dem Heiligen Stuhl.

b) Im besonderen eine solche Handhabung des gesamten Schul- und Erziehungswesens sowie jeglicher Jugendführung, daß die naturgegebenen Rechte der Eltern und die religiös-sittliche Erziehung der Jugend nach den Grundsätzen des Glaubens gesichert sind.

c) Verhinderung der religions- und kirchenfeindlichen Propaganda.

d) Das Recht der Katholiken, den katholischen Glauben und die christlichen Grundsätze für alle Bezirke des menschlichen Lebens mit allen dem heutigen Kulturstand zu Gebote stehenden Mitteln zu verkünden, zu verteidigen und zu verwirklichen.«[29]

Gundlach selbst, der von einem in die Vatikankreise eingeschleusten Informanten in Berlin denunziert worden war, erhielt Ende Mai 1938 eine Warnung[30], daß er von der Gestapo verhaftet werden würde, wenn er nach Deutschland zurückkehrte. Er sollte Rom bis zum Ende des Zweiten Weltkriegs nicht mehr verlassen.

Was die gefälschte Volksabstimmung vom 10. April[31] betrifft, so endete sie mit einem massiven »Ja«: der Anschluß wurde von 99,08 Prozent der Wähler in Großdeutschland und von 99,75 Prozent in Österreich gebilligt. Die Österreichfrage war also gelöst. Am 21. April sollte Hitler General Keitel, den Chef des Oberkommandos der Wehrmacht, bitten, im Hinblick auf seine baldige Ausführung den »Fall Grün« in die Wege zu leiten, das heißt den Plan eines Blitzangriffs auf die Tschechoslowakei ...

Die Abfassung von »Humani generis unitas«

Da sind die Verfasser des Enzyklikaentwurfs nun »in schwerer Arbeit und Hitze im Häusermeer von Paris« vereint, wie Gundlach später in seiner Autobiographie schreiben wird, wobei er sich aber sehr zurückhaltend über die Arbeit selbst äußert.[32] Die Bedingungen, unter denen sich die drei Jesuiten ans Werk machen, sind nicht die besten. Heinrich Bacht zufolge: »In der ganzen Zeit, in der wir an diesem ›Geheimprojekt‹ arbeiteten, waren wir in ständiger Sorge, die Gestapo, die seit der berühmten Radiosendung (1938) hinter Gundlach her war, möchte irgend etwas unternehmen; jedenfalls erzählte man sich damals, daß in Paris eine regelrechte Gestapo-Zentrale bestehe. Als darum eines Tages Stefan Andres mit einem jüdischen Journalisten hilfebittend in das Haus der ›Études‹ kam und der Pförtner mich bat, die Verhandlungen mit ihm zu führen, bekamen Gundlach und LaFarge einen Schrecken, es möchte sich um Agents provocateurs der Gestapo handeln. Ich selbst wurde immer wieder eindringlich beschworen, nichts von dem Unternehmen zu erzählen. Demgemäß hatte ich auch kein Interesse daran, bei meiner Rückkehr nach Deutschland irgendein Papier mitzunehmen, was bei einer Kontrolle hätte Verdacht erregen können.«[33]

Dennoch redet LaFarge zuviel. Höchstwahrscheinlich hatte er das Bedürfnis, sich jemandem anzuvertrauen, sosehr ließen ihn die Bedeutung und die Größe der Mission an sich selbst zweifeln. Um ihn zu bestärken und ihm mitzuteilen, daß er bald die vier Gelübde ablegen könne, mit denen er die oberste Rangstufe der Jesuiten erreichen wird, richtet sein unmittelbarer Vorgesetzter, Pater Talbot, am 13. Juli aus New York folgende ermutigende Worte an ihn:

»STRENG VERTRAULICH.[34] Lieber Pater John, bevor ich auf Ihre Nachrichten eingehe, werde ich entgegen den Regeln handeln, doch ich glaube, daß es dafür mit Blick auf die Umstände gute Gründe gibt.

Sie brauchen Mut und Selbstvertrauen, und die Nachrichten, die Sie, dessen bin ich sicher, bald erreichen werden, sollten Sie auf die hervorragende Aufgabe vorbereiten, deren Erfüllung Sie sich im größtmöglichen Gehorsam selbst schuldig sind.

Um es ohne Umschweife zu sagen, es sind alle Vorbereitungen abgeschlossen worden – mit positivem Ergebnis, wie man mir versichert –, damit Sie die vier Gelübde der Profeß ablegen können. Pater Blakely und ich haben Ende letzten Jahres darüber gesprochen. Der Antrag wurde um Neujahr herum gestellt. Die offizielle Antwort müßte in Kürze eintreffen. Dies alles ist streng vertraulich; ich würde mich nicht berechtigt fühlen, gegenüber irgend jemandem auch nur die leiseste Andeutung im voraus zu machen – es sei denn gegenüber jemandem, der sich gezwungen sieht, all seine Kräfte zu konzentrieren, um eine Aufgabe wie die Ihre zu einem guten Ende zu führen. Die Gesellschaft weiß um Ihren Wert und schätzt Sie sehr hoch: sie hat auch größtes Vertrauen in Ihre Fähigkeiten, das, was der Heilige Vater von Ihnen verlangt, angemessen zu erfüllen. Wir setzen unser Vertrauen und unseren Glauben in Sie. Glauben Sie nun auch an sich selbst. Wir haben im Hinblick auf Sie nicht die geringste Befürchtung; haben Sie nur ebenfalls keine.

Der Heilige Vater sagte, daß die Vorsehung Sie geschickt habe. Es scheint tatsächlich so zu sein. Wir können ihm aufs Wort glauben und sagen, daß es von der Vorsehung und von Gott gewollt war. Das war natürlich erstaunlich und sogar beunruhigend. Daß er sich an Sie gewandt hat, einen zufälligen Pilger, während er in Rom die Besten zur Verfügung hat, daß er an Sie vor allem wegen Ihrer Schriften und der Dinge, die er von Ihnen gehört hatte, dachte und daß er auf dieser Grundlage beschloß, daß Sie genau *der Richtige* seien, das erscheint als purer Wahnsinn oder als weise Eingebung. Ich bin überzeugt, daß er aufgrund eines Zeichens handelte, das von jenseits unserer vergänglichen Welt kam. Sagen wir also, daß die Entscheidung des Heiligen Vaters höhere Eingebung war. Ich urteile darüber ohne die geringste Inspiration: Sie sind *der Geeignetste*, um diese Arbeit durchzuführen.

Sie haben sich jahrelang darauf vorbereitet; Sie haben viel über dieses Thema gelesen, Sie haben darüber nachgedacht, Sie haben es analysiert und sind zweifellos zu mehr und besseren Ergebnissen gekommen als irgend jemand anders. Sie besitzen den nötigen übernationalen Geist. Sie haben in Ihren Schriften und Ihren Überlegungen die betreffenden Grundprinzipien bereits explizit oder implizit dargelegt. Sie haben sich mit den Umwälzungen der modernen Nationen, mit ihren Ideologien, ihrem Handeln und ihren Zielen vertraut gemacht, und Sie kennen die Geschichte der untergegangenen Nationen. Ihr größter Trumpf: der Glaube, der in Ihnen brennt, und der spirituelle Zugang. Seien Sie Sie selbst, und Sie werden im Namen der Kirche und im Namen Christi sprechen.

Indem Sie Sie selbst sind, werden Sie nicht nur Ihre eigene Stimme vernehmen, sondern auch die des Papstes selbst und, durch diese hindurch, die des Heiligen Geistes. Es wird Ihnen gelingen oder nicht. Wenn es Ihnen gelingt, so ist es gut; scheitern Sie, dann ist es ebenfalls gut so, jemand anders wird es tun. Doch es wird Ihnen gelingen. Und ich bitte die Nonnen, sich uns im Gebet anzuschließen. Gott segne Sie, Sie und Ihre Arbeit [...].«[35]

Am 18. Juli schreibt Pater Joseph A. Murphy SJ, der Assistent des New Yorker Provinzials, dann an Talbot:

»Lieber ehrwürdiger Pater Superior, Pax Christi. Es ist interessant festzustellen, daß wir genau an dem Tag, an dem wir den beiliegenden Aufsatz John LaFarges erhalten haben, auch die Dokumente mit der Erlaubnis für John LaFarge, die vier feierlichen Gelübde der Profeß abzulegen, erhielten. Ich schicke den Brief mit der Versicherung zurück, daß kein Grund besteht, sich zu entschuldigen. Dieses Verfahren entsprach in jedem Punkt den Regeln. Ich danke Ihnen für [unleserlich]. Ich ahne, worum es geht, habe aber sonst noch nichts darüber gehört.

Das Datum des Ereignisses ist noch nicht festgelegt worden. Wenn der Pater zurückgekehrt sein wird und Sie mich davon unterrichten, werden wir das nächstfolgende Marienfest wählen – Grüße an alle [...] in Jesus Christus, Joseph A. Murphy.«[36]

Am 17. Juli weist Ledóchowski aus Neapel LaFarge darauf hin, daß seine Arbeit länger als vorgesehen zu dauern droht, und fordert ihn auf, vorsichtiger zu sein. Dieser handschriftliche Brief ist auf französisch verfaßt, wie alle weiteren, die der Jesuitengeneral in der Folge an LaFarge richten wird:

»Lieber ehrwürdiger Pater, der Pater Assistent Maher sagte mir gestern, daß Sie vorhaben, am 20. August nach Amerika zurückzukehren. Mir scheint, daß das nicht möglich sein wird. Sie haben zwar keine wissenschaftliche Arbeit zu vollbringen, das Thema ist aber dennoch derart heikel, daß jede Position von verschiedenen Experten gründlich untersucht werden muß. Darüber hinaus wird man dem Ganzen die *gewünschte Form* geben müssen, was gar nicht so einfach ist: *experto crede*! ... Die Formulierung der Sätze und das Ganze wird der Geisteshaltung des Unterzeichnenden entsprechen müssen.

All diese Dinge können nicht in einem Monat erledigt werden, und andererseits ist es nicht angebracht, daß Sie abreisen, bevor die Arbeit vollendet ist. – Und noch etwas wollte ich Ihnen sagen, nämlich sehr streng auf die Geheimhaltung zu achten. Sehen Sie, ich habe nur mit dem [unleserlich] darüber gesprochen. Ich habe lange darüber nachgedacht, ob ich mit dem Pater Assistent von Amerika darüber sprechen könne, und es schien mir, daß ich es noch vor seiner Abreise tun müsse, und so war ich ziemlich überrascht, als ich hörte, daß Sie mit ihm und auch mit Pater Philipps bereits darüber gesprochen haben. Wir sind stets der Regel gefolgt, nur diejenigen in ein Geheimnis einzuweihen, die wir brauchten, um die Arbeit gut auszuführen; niemanden sonst. Und Sie müssen diese Regel jetzt ebenfalls beachten und auch nachdem die Arbeit mit Gottes Hilfe vollendet sein wird; sonst könnten wir ernste Unannehmlichkeiten bekommen.

Sie haben sicherlich gesehen, daß der Heilige Vater in seiner Ansprache an die ›Dames du Cénacle‹ (›L'Osservatore Romano‹, 17. VII.) bereits auf die Sache angespielt hat[37], das hindert uns aber nicht, vollkommenste Zurückhaltung zu üben. Ihnen verbunden [...] W. Ledóchowski.«[38]

Am 21. Juli telegrafiert LaFarge an Talbot: »Strenge Verwarnung hinsichtlich Geheimhaltung erhalten – nicht einmal mehr Murphy informieren – wenn Sie ihn informiert haben, verpflichten Sie ihn zu schweigen – wenn Maher es erwähnt, so auf seine Verantwortung – Pilger.«[39] Am Tag darauf gibt Talbot dieses Telegramm an Murphy weiter und fügt hinzu:

»Lieber ehrwürdiger Pater Provinzial, anbei eine Kopie des Tele-
gramms, das ich heute morgen erhalten habe. Pater LaFarge hat offensichtlich mit dem Pater Assistenten gesprochen. Dieses Telegramm
bringt uns, wie mir scheint, gegenüber Pater Maher in eine schwierige
Lage. Ich sehe nicht, wie wir ihm gegenüber verbergen könnten, daß
wir auf dem laufenden sind. Offensichtlich hat Pater LaFarge die Geheimhaltung nicht zur Gänze gewahrt [...].«[40]

Von der Notwendigkeit, »absoluteste Geheimhaltung« zu wahren, ist
auch in einem Brief die Rede, den Ledóchowski am 26. Juli aus Neapel
an LaFarge schickt:

»Ehrwürdiger Pater, herzlichen Dank für Ihren so guten Brief vom
22. Juli. Ich bin voll und ganz mit Ihrem Arbeitsprogramm einverstanden und zweifle nicht, daß Pater Desbuquois Ihnen eine große Hilfe
sein wird.
  Sie haben völlig recht, daß zu große Zurückhaltung schaden
könnte. Sie werden mit vollster Wahrheit sagen können, daß der Ordensgeneral Sie zurückgehalten hat, um Sie eine Arbeit durchführen
zu lassen, doch über die Arbeit, die Sie nun tun, können wir mit niemanden ohne wirkliche Notwendigkeit und ohne absoluteste Geheimhaltung sprechen.
  Lassen Sie mich wissen, wann Sie vorhaben, nach Rom zurückzukehren.
  In Verbundenheit [...] Ihr Ihnen ergebener [...] W. Ledóchowski.«[41]

Von August an geht aus der Korrespondenz, über die wir verfügen, vor
allem hervor, daß die Aufgabe, die die drei Verfasser übernommen hatten, langsamer voranschreitet, als LaFarge, der sich mehr und mehr
nach Amerika zurücksehnt, vorhersah. »Sie sind hier alle wunderbar
zu mir«, schreibt er zum Beispiel am 5. August an Talbot, »und sie tun
alles, was sie können, um mir das Leben im Hause angenehm zu machen. Aber wenn ich jemals amerikanischer Patriot gewesen bin, so in
diesen Tagen.« Dieser Brief bietet uns auch ein gutes Beispiel für den
Humor, den LaFarge offensichtlich niemals verlor. So findet sich La-
Farge bei einem Diner im Rahmen der Sozialen Woche in Frankreich,
während deren er sich einen Tag der Entspannung gönnt, »zwischen
dem Nuntius und dem Erzbischof von Rouen wie ein Sandwich eingeklemmt, während der Präsident der Woche und der Bischof von
Évreux mir gegenübersaßen. Das Diner war, Gang für Gang, großar-

tig; nicht mit dem vergleichbar, was man für gewöhnlich in den Konventen serviert. Als Vorspeise jedoch Eisbein. Nie zuvor in meinem Leben hatte ich Eisbein gegessen, obwohl dies das Standardgericht in den Provinzen ist. Ich widerstand dem Eisbein in Maryland, ich widerstand dem Eisbein in Woodstock, ich widerstand dem Eisbein in New York, mein ganzes Leben lang widerstand ich dem Eisbein. Niemals habe ich vor dem Eisbein kapituliert. Doch eingeklemmt zwischen einem Nuntius und einem Erzbischof, mußte ich wohl oder übel nachgeben. Zu meiner großen Überraschung fand ich, daß es gar nicht so schlecht schmeckte [...].«[42]

Am 11. August schreibt er an Talbot:

»Lieber Frank, wie durch ein Wunder gehen die Dinge voran. Jemand muß gebetet haben. Wenn der Entwurf durchkommt, dann wird das Dokument zum Ende hin einen sehr starken Akzent zugunsten der höheren katholischen Erziehung enthalten. Das nimmt schnell Form an.

Ich werde wahrscheinlich am 30. nach Rom fahren und dort bleiben, bis sie mich entlassen. Ich werde alles in Bewegung setzen, um vor dem 30. September zurück zu sein.

Riesige Erleichterung: die Hitze ist vorbei. Nicht daß ich allzusehr darunter gelitten hätte, doch hat hier jeder unentwegt darüber geklagt. Sollte ich jemals hierbleiben müssen, so würde ich daran sterben, wo auch immer in Europa. Es ist wunderbar für einen kurzen Besuch, aber ich könnte mich niemals ihren Ideen und ihren Systemen anpassen. Man kann eine *tour de force* unternehmen, mit weiß Gott welcher Unterstützung; aber hier leben und arbeiten! [...]«[43]

Am 23. August schreibt LaFarge an Talbot:

»[...] 1. Hoffe, um den 30. August nach Rom zu fahren. Ich habe mir einen Platz auf der ›Volendam‹ reserviert, die am 24. September Boulogne verlassen und am 3. Oktober in New York ankommen wird. Falls sie mich eher aus dem Gefängnis entlassen, so werde ich ein früheres Schiff nehmen, doch fürchte ich, daß dies alles ist, was ich tun kann. [...]

6. Die Arbeit schreitet – wie durch ein Wunder – voran. [...] Was ich an Positivem über die Lage in Deutschland geschrieben habe, trifft zu[44], zum Beispiel was ich an Gutem gesehen habe – eine bewunderungswürdige Geisteshaltung. Natürlich habe ich nichts über die

Kehrseite gesagt, vor allem deswegen nicht, weil der Artikel von Italien aus abgesandt wurde (ich hatte Angst, daß er bei der italienischen Post auf Abwege gelangen könnte). In Rom habe ich mir ein vollständigeres Bild von der Lage gemacht – ich las die gesamte geheime Korrespondenz zwischen Pacelli und den Nazis – Das war eine Offenbarung – Die Dinge liegen noch viel schlechter [...].«[45]

Am 31. August schreibt Ledóchowski aus Frascati an LaFarge:

»[...] Ich hoffe, daß Sie vielleicht schneller, als Sie denken, nach Amerika zurückkehren können. Kommen Sie nicht nach Rom, bevor Sie nicht einen weiteren Brief von mir erhalten haben. [...]«[46]

Am folgenden Tag schreibt ihm Ledóchowski erneut:

»Eine gute Nachricht! Ich bin ermächtigt, Ihnen mitzuteilen, daß Sie unmittelbar nach Beendigung Ihrer Arbeit nach Amerika zurückkehren können. Haben Sie bitte die Freundlichkeit, Ihre Arbeit Pater Desbuquois anzuvertrauen und ihn zu bitten, daß er sie mir auf sicherem Wege schicke. Wir werden dann den Hinweisen entsprechend, die wir erhalten, die nötigen Bearbeitungen vornehmen [...].«[47]

Am 2. September schickt LaFarge eine Postkarte an Talbot:

»[...] Es geht langsam voran. Es hat den Anschein, daß mich das bis weit in den Oktober hinein aufhalten wird [...].«[48]

Schließlich schreibt LaFarge am 18. September Talbot folgenden Brief, der am Ende des zweiten Absatzes a posteriori wie eine Vorausahnung klingt:

»[...] Am Dienstag, dem 20. September, hoffe ich nach Rom abzureisen und das vollendete Werk mitzunehmen. Leider muß es noch einmal mit der Maschine geschrieben werden, damit es vorzeigbar ist, aber ich bin sicher, daß sie mir jemanden zuteilen, der das macht. Sodann wird der Text einer Prüfung unterzogen werden, und ich habe nicht die geringste Ahnung, was dabei herauskommen wird. Jedenfalls wurde er hier einer minutiösen Kritik unterzogen, und er hat die Prüfung bestanden.

Der Pater General wollte mich von Paris aus in die Vereinigten Staaten zurückkehren lassen – jemand von hier sollte den Text nach Rom bringen. Doch ich habe ihm geschrieben, daß ich mich nicht berechtigt fühle, sein Angebot anzunehmen, so verlockend es auch sein mag (denn ich denke nur noch an die Rückkehr). Ich bin überzeugt, daß es nötig ist, vor Ort zu sein, um die Hintergründe zu erklären; aus verschiedenen Quellen habe ich erfahren, daß dies wirklich nötig sei [...]. Hoffen wir, daß sie mich am 15. Oktober abreisen lassen [...].

Meine Finanzen beunruhigen mich ein wenig. Offen gesagt, ich denke, daß ich den Gürtel enger schnallen kann und nach dem Kauf einer Rückfahrkarte nach Rom mit dem Rest von ungefähr 390 $ auskomme. Aber es macht mir Sorge, und wenn Sie mir weitere 200 $ schicken könnten, dann wäre ich beruhigter. Diese ganze Sache hat mir große Ausgaben verursacht, insgesamt 200 $: ungefähr 100 $ für die Maschinenabschrift und 100 $ für diverse Hilfen, all dies bei rigoroser Sparsamkeit [...].«[49]

Nichts in den uns vorliegenden Unterlagen gibt über das genaue Datum Aufschluß, zu dem LaFarge schließlich nach Rom zurückkehrte, um die Frucht dieser Monate anstrengender Arbeit zu überbringen. Doch in seiner Autobiographie erklärt er, »an jenem berühmten Septemberabend« in der Generalkurie der Jesuiten gewesen zu sein, an dem Hitler in Berlin seine »Sportpalastrede« hielt. Es handelt sich höchstwahrscheinlich um die Rede vom 26. September 1938, in der Hitler der Welt bedeutete, daß das Schicksal der Tschechoslowakei nun besiegelt sei. LaFarge hat uns übrigens auch eine Beschreibung dieses Abends hinterlassen, die seine journalistische Begabung offenbart: »Die Umstände waren dramatisch. Pater Ledóchowski hatte alle Patres gebeten, nach der Rekreation, die auf das Abendessen folgte, zusammenzubleiben. Er selbst nahm in unmittelbarer Nähe des Radioapparats Platz, während sich alle anderen um ihn herum gruppierten. Die Übertragung war einwandfrei; man hätte glauben können, in der riesigen Halle des Sportpalasts zu sein. Die Rede wurde in einem leidenschaftlichen Rhythmus vorgetragen. Hitler sprach zunächst mit ruhiger und voller Stimme, als ob er sich in einem vertraulichen Ton an dieses riesige Publikum wenden wollte; schnell hob er die Stimme, und sehr bald brachen seine fanatischen Schmähungen los. Jeder Abschnitt wurde von skandierten ›Sieg Heil! Sieg Heil! Sieg Heil!‹-Rufen begleitet. Ich zitterte am ganzen Leib, während diese Stimme unablässig anschwoll und wieder abfiel. Der Pater General saß da mit gespanntem, aber gefaßtem Gesichtsausdruck. Beneš war in dieser Rede der

Schuldige; Beneš, der Aggressor; Beneš, der Tyrann; Beneš, der Verräter an der Zivilisation; Beneš, der Feind des deutschen Volkes; Beneš, dem Hitler vertraut hat und der ihn soeben verraten habe; Beneš, das Werkzeug des Verrats des Auslands. Das Gebrüll im Sportpalast war bereits Kriegsgedröhn; die Stimme blinder Leidenschaft, fähig, von einem Augenblick zum andern alles explodieren zu lassen; die Stimme des Hasses und der Hysterie, deren Echos bis in die Vereinigten Staaten nachhallten. Erstaunlicherweise fand Hitler inmitten dieser Flut von Schmähungen und Drohungen Platz, ein freundliches Wort an die Adresse Frankreichs und Großbritanniens zu richten, deren Verständnis und Sympathie er zu erschmeicheln hoffte. Die Rede zog sich hin. Die Glocke rief die Patres zu den nach der Rekreation vorgesehenen Exerzitien, doch der Pater General verharrte vor dem Radio. Eine Viertelstunde später kündigte erneutes Glockenläuten die Gewissensprüfung an, doch niemand rührte sich. Ich konnte nicht umhin, mich zu fragen, was Hitler wohl gedacht hätte, wenn er erfahren hätte, daß es ihm an diesem Abend gelungen war, eine Abweichung vom unerbittlichen Reglement in der Generalkurie der Jesuiten in Rom zu verursachen, indem er uns alle am Radiogerät festhielt, um ihm zuzuhören. Ein letzter Abschnitt, und die Rede war zu Ende. Der General stand sogleich auf und ging in Richtung Tür. Bevor er aber hinausging, drehte er sich noch einmal um und sagte nur: ›Seien Sie unbesorgt, es wird keinen Krieg geben.‹ Und er hatte recht, zu diesem Zeitpunkt brach der Krieg nicht aus.«[50]

Von Rom fährt LaFarge nach Paris zurück, von wo aus er am 29. September vor der Abreise nach Boulogne an »America Press« telegrafiert: »Einschiffung 1. Oktober ›Statendam‹. Lafarge.«[51]

Am 1. Oktober, das heißt zwei Tage nachdem Engländer und Franzosen in München klein beigegeben hatten[52], und genau an dem Tag, an dem deutsche Truppen in die Tschechoslowakei einmarschierten und das Sudetenland besetzten ...

4
Was ist mit dem Entwurf geschehen ? (Oktober 1938 bis Mai 1940)

Was ist mit den Dokumenten geschehen, die LaFarge Ende September 1938 in Rom abgeliefert hatte?

Um diese Frage zu beantworten, verfügen wir über kaum mehr als sechs Briefe, die Gundlach zwischen dem 16. Oktober 1938 und dem 30. Mai 1940 an John LaFarge geschrieben hat[1], und fünf weitere, die derselbe Empfänger im gleichen Zeitraum von den Patres John Killeen, Zacheus Maher und Vincent McCormick erhielt. Die Letztgenannten bestätigen im allgemeinen die in den Gundlach-Briefen enthaltenen Informationen. Aber genügt das, um den Darstellungen Gundlachs mehr Glaubwürdigkeit zu verleihen?

So lückenhaft und einseitig sie sein mag, die Korrespondenz Gundlachs verdient es dennoch, in ihrer Gesamtheit zitiert zu werden. Denn außer den Informationen zum weiteren Schicksal des Enzyklikaentwurfs enthält sie auch konstante Hinweise auf einen dreifachen Hintergrund, den der deutsche Jesuit für seinen amerikanischen Briefpartner ausführlich kommentiert: die Konflikte und Intrigen, deren Schauplatz der Vatikan während der letzten Monate des Pontifikats Pius' XI. und der ersten Monate des Pontifikats Pius' XII. ist; die Verschlechterung der Beziehungen zwischen dem faschistischen Staat und dem Vatikanstaat, die Stück für Stück den im Jahre 1929 unterzeichneten Konkordatsfrieden unterhöhlt, sowie das Erstarken der rassistischen Bewegung, das zur italienischen antisemitischen Gesetzgebung des Herbstes 1938 führen wird; die Verschärfung der Spannungen in Europa, die zur Besetzung der gesamten Tschechoslowakei (März 1939), zum Einmarsch in Polen (1. September 1939) und zum Ausbruch des Zweiten Weltkriegs (3. September 1939) führt.

Gundlach kehrt also am 1. Oktober 1938 nach Rom zurück, in der Meinung, dort LaFarge wiederzusehen, der aber am selben Tag in die Vereinigten Staaten abreiste. Neun Tage später erfährt er aus einem Brief Pater John Killeens SJ, des amerikanischen Stellvertreters des Ordensgenerals der Jesuiten, daß Pater Ledóchowski am 8. Oktober die »gekürzte Fassung« des Enzyklikaentwurfs einem Redakteur der »Civiltà Cattolica«, Pater Enrico Rosa SJ, zur Begutachtung übergeben habe. Von sich aus habe Killeen »alle unsere anderen Dokumente beigegeben, um auf diese Weise dazu beizutragen, daß keine Änderungen erfolgen, die den Absichten der Urheber weniger entsprechen«. Verärgert darüber, daß auf diese Weise wertvolle Zeit verlorengegangen sei, und weil er Ledóchowski bereits in Verdacht hat, »aus Gründen der Taktik und Diplomatie den [...] Auftrag durch dilatorische Verfahren zu sabotieren«, drängt er LaFarge, mit Datum vom 16. Oktober, dem Papst direkt zu schreiben:

»Hochwürdiger, lieber P. LaFarge! Pax Christi! Dieser Sonntag ist nun der dritte, den ich seit der großen Reise wieder in R[om] zubringe. Verabredungsgemäß war ich mit dem 1. Oktober hier, obwohl mir der Erholungsaufenthalt in der Schweiz ebenso notwendig wie bekömmlich war. Wer beschreibt mein Erstaunen, als ich bei meinem Antrittsbesuch bei R. P. Rektor[2] erfuhr, E. H.[3] seien abgereist. Ich glaubte nun, daß im Borgo[4] etwas zu erfahren sei und rief den Ass. Germ.[5] an. Auffälligerweise kam dieser persönlich sofort zu mir, und zwar, wie ich merkte, in der Absicht, zu erfahren, ob ich in P[aris] diese oder jene interessante Persönlichkeit getroffen hätte. Dies mußte ich verneinen, da Sie ja wissen, wie zurückgezogen ich dort gelebt habe. In *unserer Angelegenheit* wußte er gar nichts und bestätigte mir nur, daß E. H. abgereist seien; im übrigen habe sein und unser Chef[6] über die Angelegenheit mit ihm nie gesprochen. Wie üblich, konnte und wollte er mir keinen Rat geben, was nun in unserer Sache geschehen könne.

Am Montag (3. 10.) kam dann der Brief E. H. vom 28. 9. in meine Hände, der mir erstens ein Lebenszeichen von Ihnen und zweitens etwas Licht brachte. Ich überlegte dann die Sache einen Tag mit mir und entschloß mich dann, an den Subst. Americ. zu schreiben und unter Hinweis auf mein begreifliches Interesse wenigstens nach dem Schicksal unserer Dokumente zu fragen. Am Sonntag (9. 10.) hat mich dann der Subst. Am. besucht, traf mich aber nicht an. Am 10. 10. bekam ich dann ein Schreiben von ihm, worin er mir mitteilte, daß unser Chef den von Ihnen verkürzten Text an Herrn Rosa von der bekannten Zeitschrift zur Begutachtung gegeben habe. Der Subst. fügte bei, dies sei vor drei Tagen geschehen, also etwa am 8. 10., und er selbst habe alle unsere anderen Dokumente beigegeben, um auf diese Weise dazu beizutragen, daß keine Änderungen erfolgen, die den Absichten der Urheber weniger entsprechen. Endlich versprach er noch, mich auf dem Laufenden zu halten, wenn etwas Neues ihm bekannt würde. Selbstverständlich muß diese freundliche Aufklärung des Subst. Am. völlig vertraulich behandelt werden.

Dies ist die Situation; seitdem habe ich nichts mehr gehört. Lieber P. LaFarge! Sie sehen, daß Ihre Absicht, das Dokument nicht in andere Hände gelangen zu lassen, nicht erreicht wurde. Ihre Loyalität gegenüber dem Chef, für die ich schon in P[aris] alles Verständnis aufbrachte, die mir aber schon dort zu weitgehend schien, ist nicht gelohnt worden. Ja, es könnte Ihnen der Vorwurf gemacht werden, daß unter jener Loyalität die Loyalität gegenüber Herrn Fischer[7] gelitten habe. Wenn man außerdem bedenkt, daß der Chef vierzehn Tage brauchte, um die Sache dem genannten Begutachter zu geben, und seitdem sich in Schweigen hüllt, bekommt man einen eigenartigen Gedanken. Ein Außenstehender könnte in alldem einen Versuch sehen, aus Gründen der Taktik und Diplomatie den Ihnen unmittelbar von Herrn Fischer gegebenen Auftrag durch dilatorische Verfahren zu sabotieren. Daß der Chef es nicht für notwendig hält, mich in der Sache zu hören, ist schon an sich merkwürdig; vor allem ist es unter den gegebenen Umständen für mich geradezu peinlich. Ich würde und werde dies aber tragen. Dagegen ist es aber unerträglich, daß das, was im Interesse der guten Sache geschehen, und zwar bald geschehen müßte, nun nicht geschieht.

Unter diesen Umständen bin ich der Auffassung, daß E. H. überlegen müssen, ob Sie nicht verpflichtet sind, unmittelbar an Herrn Fischer zu schreiben, denn *Sie* – niemand sonst – haben damals unmittelbar den Auftrag bekommen. Um diesen Schritt nicht dolos zu machen, schlage ich vor, daß Sie folgendes schreiben. Sie hätten den Text unserem Chef zur weiteren Übermittlung übergeben, da Sie aus persönlichen Gründen hätten abreisen müssen. Nunmehr, wo Sie wieder in Am[erika] seien, hätten Sie aus der Beobachtung der Verhältnisse *erneut* die Überzeugung gewonnen, daß der vorgeschlagene Text und die vorgeschlagene Methode den tatsächlichen und *dringenden* Bedürfnissen entsprechen. Dies möchten Sie mit ihrem Schreiben erneut bestätigen. Dieses Schreiben kann u. U. durch den apost[olischen] D[elegierten] in W[ashington] gehen.

E. H. dieses mitteilen zu müssen, bedaure ich sehr. Aber die völlige Unmöglichkeit für mich, etwas in der Sache zu tun, und anderseits die Not der guten Sache nötigen mich dazu. Ich mache für Sie ein Memento, daß der Hl. Geist das Richtige eingibt.

In der Hoffnung, daß Heimat, Volkstum und Nation dort Sie gesundheitlich wieder stärken, bin ich Ihr stets dankbarer Gust. Gundlach SJ«[8]

Mehrere dieser Informationen werden durch ein Schreiben Pater Killeens an LaFarge vom 27. Oktober bestätigt:

»Lieber Pater LaFarge, obwohl ich kaum Informationen habe, die ich Ihnen mitteilen könnte, schien es mir höchste Zeit zu sein, Ihnen zu schreiben, um Ihnen von allem Kenntnis zu geben, was ich über das weiß, was seit Ihrer Abreise hier geschehen ist. Während einer Woche, oder etwas mehr, hat sich nichts gerührt. Dann trug mir eines Tages der Pater General auf, eine der französischen Fassungen, die Sie bei mir gelassen haben, Pater Rosa von der ›Civiltà‹ zu schicken. Der Pater General legte ein Begleitschreiben bei, ohne mich aber über dessen Inhalt zu unterrichten. In bezug auf das, was er Ihnen kurz vor Ihrer Abreise gesagt hat, scheint es mir sehr wahrscheinlich zu sein, daß der Pater General sich damit begnügte, Pater Rosa das Dokument zu übergeben, um auf Nummer Sicher zu gehen und eine zusätzliche Meinung zu hören. Aber ich bin mir dessen nicht sicher. Deshalb habe ich, um Ihren diesbezüglichen Wünschen Rechnung zu tragen, für den Fall, daß Pater Rosa die eine oder andere Veränderung vorschlagen möchte, Ihre Aufzeichnungen und Erklärungen beigefügt sowie eine Kopie der letzten Empfehlung, die Sie mir gegeben haben, in der Sie verlangen, daß, was auch immer mit bestimmten Passagen geschieht, andere unangetastet bleiben sollten, insbesondere die hervorragenden Abschnitte 126–130. Seitdem das Dokument Pater Rosa übergeben wurde, habe ich nichts mehr gehört, und dies ist auch der gegenwärtige Stand der Dinge. Seien Sie versichert, daß Sie umgehend von mir hören werden, wenn ich etwas Neues in Erfahrung gebracht habe. Pater Gundlach sorgte sich ebenfalls, was geschehen sei, und ich habe ihm das Obenstehende mitgeteilt [...].«[9]

Enrico Rosa SJ

Wenden wir uns für einen Moment der Persönlichkeit Pater Enrico Rosas SJ zu, an den sich der Ordensgeneral der Jesuiten wandte, um die Meinung eines Experten einzuholen – oder um, wie Gundlach es sah, die Übergabe der Dokumente an den Papst hinauszuzögern. Im Jahre 1905 als Mitglied in die Redaktion der »Civiltà Cattolica«, der bedeutendsten Jesuitenzeitschrift Italiens, berufen, wurde Pater Rosa 1915 ihr Leiter. Wenn er diesen Posten im Jahre 1931 auch aufgab, so blieb er dennoch Mitglied des Herausgeberkollegiums und widmete sich seither ausschließlich der Zeitschrift. Der in der »Civiltà Cattolica« einen Tag nach seinem Tod am 26. November 1938 veröffentlichte Nachruf macht aus ihm »[...] einen Interpreten und furchtlosen Verteidiger der Weisungen des Heiligen Stuhls [...], einen, der in praktisch allen Kämpfen, die um die Verteidigung der Wahrheit geführt wurden, den Ton angab«. Sein Name »bleibt vor allem verbunden mit seinen Artikeln über die vielfachen Irrtümer des Liberalismus, mit der äußerst scharf geführten Kampagne gegen die Sphinx des Modernismus, [...] mit der Widerlegung der alten und neuen Verleumdungen, die überall in der Welt gegen die Gesellschaft Jesu [... sowie allgemeiner] gegen die Geschichte der Kirche in Umlauf gesetzt werden, mit der unglücklichen Frage der Action française, [mit der Verurteilung der] blutigen Verfolgungen in Mexiko, der antichristlichen Attacken des deutschen Nazismus, [mit der Verteidigung der] Legitimität der Intervention der Francisten in Spanien [...]«.[10]

In den Augen seiner Anhänger erschien Pater Rosa also als antimodernistischer »Meinungsmacher«.[11]

Wir werden im 5. Kapitel auf die Artikel zurückkommen, die er in den dreißiger Jahren der »Judenfrage« gewidmet hatte. Wenngleich besonnener als einige seiner Mitbrüder, verfocht er in ihnen dennoch eine segregationistische Lösung, die mit dem im Einklang stand, was die früher von ihm geleitete Zeitschrift seit Ende des 19. Jahrhunderts als wünschenswert bezeichnete. Alles in allem eine Position, die derjenigen nahestand, die Gustav Gundlach in seinem Antisemitismus-Artikel aus dem Jahre 1930 als »erlaubten« Antisemitismus charakterisierte.

Trotz allem teilt uns kein einziges der in unserem Besitz befindlichen Dokumente etwas über das Ergebnis des Gutachtens Pater Rosas mit, vorausgesetzt, daß er genügend Zeit hatte, sich »Humani generis unitas« aufmerksam zuzuwenden; bevor er am 26. November, das heißt eineinhalb Monate nachdem er die verschiedenen Skripten zu dem Projekt erhalten hatte, starb, war er bereits mehrere Monate schwer krank.

»Ob man dann durch unsere Sache den ›Frieden‹ gefährden will?«

Am 18. November teilt Gundlach seinem amerikanischen Briefpartner seine wachsende Besorgnis mit. Während sich der Gesundheitszustand Pius' XI. rapide verschlechterte[12], war man in seiner Umgebung sehr wachsam, so daß »nur noch dies an ihn herankommt, was andere an ihn herankommen lassen«. Als darüber hinaus wegen der von Mussolini verkündeten Rassengesetze[13] auch noch die Spannungen zwischen dem Vatikan und der italienischen Regierung zunahmen, konnte die Bearbeitung des Enzyklikaentwurfs mit gutem Grund noch weiter hinausgeschoben werden: »Ob man dann durch unsere Sache den ›Frieden‹ gefährden will?« Wie dem auch sei, Gundlach fand sich damit ab, »in Geduld [zu] warten«:

»Hochwürdiger lieber P. LaFarge! Ihr Brief v. 5. 11. erreichte mich am 16. 11. mittags. Ich war sehr froh, eine Antwort von Ihnen zu bekommen. Heutzutage hat ja die Post oft merkwürdige Schicksale. Sie erwähnen allerdings nur einen Brief, den Sie von mir empfingen; ich hatte in demselben Umschlag noch einen anderen Brief verpackt, der sich mit der Stellensuche für Herrn Dr. Friedmann-Friters befaßte. Hoffentlich haben Sie auch diesen Brief erhalten und hoffentlich können Sie in der Sache etwas finden. Ich sehe die großen Schwierigkeiten, die dort sind, vollkommen ein. Aber sie müssen sich auch in unsere Lage hineindenken, die wir täglich hier im Hause von solchen wirklich unglücklichen Menschen aufgesucht werden. Doppelt schlimm ist es, wenn es sich wie im vorliegenden Fall um sehr ernsthafte Konvertiten handelt.

Nun zu unserer eigenen Angelegenheit. Ich bin sehr froh, daß Sie den von mir angeregten Brief geschrieben haben. P. L. . . . r[14], mit dem ich über die Angelegenheit sprach, ist ebenfalls der Auffassung, daß der von Ihnen nunmehr begangene Weg richtig ist. Nun bin ich neugierig, was dabei herauskommt. Sehr mißlich ist, daß nach übereinstimmenden Auskünften der letzten Zeit der Zustand des betreffenden Herrn physisch sehr hinfällig geworden ist, sodaß man anscheinend auch in der nächsten Umgebung ihm nicht mehr viel Zeit gibt. Die Dinge liegen also allem Anschein nach jetzt so, daß nur noch dies an ihn herankommt, was andere an ihn herankommen lassen; er selbst soll zwar noch geistig frisch sein, aber doch nicht mehr viel Initiative aus sich heraus entwickeln.

Eine andere Schwierigkeit dürfte in der augenblicklichen Beziehung zu dem hiesigen starken Mann[15] liegen. Offenbar geht man beiderseitig einer Auseinandersetzung in der Frage der bekannten Gesetzgebung[16] aus dem Wege. Die eine Seite hat formell durch den Protest ihren Standpunkt gewahrt, und die andere Seite wird vorkommendenfalls *praktisch* auf dem Wege von Ausnahmen der konkordatären Rechtslage Rechnung tragen. Dies ist hier die verbreitete Meinung. Ob man dann durch unsere Sache den ›Frieden‹ gefährden will?

Einstweilen schließe ich mich Ihrem Memento und der Hoffnung auf die Fürbitte der sel. M. Cabr. herzlich an. Die neue Entwicklung der Dinge in D[eutschland] ist doch so, daß das Ansehen der K[irche] als Hüterin von Gottes Ordnung sehr leiden wird, wenn sie ganz und gar schweigt.[17]

Der von Ihnen erwähnte hohe Herr von dort hat nach einigen Gewährsleuten *nicht* die von Ihnen angedeutete Absicht. Im übrigen gibt es auch hier Leute, die wie der amerikan. Episk.[18] solchen Plänen sehr skeptisch gegenüberstehen.

Zum Schluß übermittle ich Ihnen noch mein herzliches Beileid zum Tode Ihres Bruders, dessen ich schon im Memento gedachte. Nun bin ich doch ganz damit versöhnt, daß Sie so zeitig abreisten. Es war Fügung.

Und so wollen wir alle Anliegen der göttlichen Vorsehung anheimstellen und in Geduld warten.

Ich verbleibe mit freundlichen Grüßen Ihr in Christus ergebener – G.«[19]

»Wir können mit keiner sofortigen Veröffentlichung rechnen«

In den ersten Januartagen des Jahres 1939 ist nach Pater Zacheus J. Maher, dem amerikanischen Assistenten des Ordensgenerals, noch alles »in der Schwebe«:

»Lieber Pater LaFarge, gerade habe ich mich von Pater Killeen verabschiedet, der heute morgen abreist, doch erst am 3. Februar an Bord der ›Aquitania‹ in New York eintreffen wird. Gestern abend hat er bei einem Gespräch mit dem Pater General erfahren, daß das, woran Sie so sehr interessiert sind, gerade ›in der Schwebe‹ ist. Wir können also mit keiner sofortigen Veröffentlichung rechnen.

Ich persönlich hatte nicht die Gelegenheit, mit dem Ehrwürdigen Vater darüber zu sprechen, obwohl ich das Vergnügen hatte, Pater Gundlach zu treffen, der erleichtert war, als er erfuhr, daß die deutsche, die französische und die englische Fassung in meinem Besitz sind. Er vertraute mir an, daß er Ihnen vorschlagen wird oder bereits vorgeschlagen hat, demjenigen zu schreiben, der als erster mit Ihnen über diese Angelegenheit gesprochen hatte, um ihm zu sagen, daß Sie die Arbeit beendet und dem Pater G[eneral] anvertraut hätten, damit der sie weiterleite. Darf ich Ihnen sagen, daß ich unter den gegenwärtigen Umständen nicht glaube, daß dies eine gute Sache wäre? Seien Sie hinsichtlich dessen, was Sie bisher vollbracht haben, beruhigt, und seien Sie versichert, daß man sich um alles in der nötigen Weise kümmern wird. Das, was Sie geschaffen haben, wird hochgeschätzt, und man ist Ihnen überaus dankbar [. . .].«[20]

Die Zeit vergeht. Ohne daß etwas geschieht – so laut Gundlach, der sich im Vatikan immer isolierter fühlt und LaFarge am 28. Januar 1939 von seiner Verbitterung und seinem »Mißtrost« berichtet:

»Hochwürdiger, lieber P. La Farge! Schon lange ists her, daß ich Ihnen schrieb, und Sie selbst ziehen anscheinend ebenfalls das Schweigen vor. Für Sie ist dieser Zustand leichter zu ertragen, denn Sie haben ein öffentliches Wirken mit vielen Beziehungen auf heimatlichem Boden. Unsereiner aber sitzt hier zwischen vier Wänden in einer fremden Umgebung und ist auf die Gnade der hohen Herren angewiesen, ob sie einem etwas sagen wollen oder nicht, ja, ob sie einem auf Fragen antworten wollen oder nicht. Kurz: das Dasein eines unmündigen Kindes für einen Mann Ende der Vierziger! Nach Rückkehr des amerik. Ass. war ich persönlich bei ihm und besprach unsere Sache. Er war im Besitz der Schriftstücke mit Ausnahme des seiner Zeit an P. R[osa] gegebenen franzöz. Textes. Er sagte mir, daß er ›morgen‹ – es war Ende Dezember – mit Admonum[21] über die Sache sprechen wolle und mir dann Bescheid gebe. Bis heute warte ich auf Antwort. In der ersten Januarwoche war P. D[esbuquois] von Vanves acht Tage hier; er gab eine Art Retraite bei den franz. Ursulinen; er hielt sich anscheinend ganz verborgen und hat auch mich nicht besucht. Sehen Sie: so geht es nicht weiter. Wenn Adm[onum] wirklich die Sache verhindern will, dann möge man mir wenigstens die von mir gearbeiteten Sachen herausgeben. Ich besitze, wie Sie wissen, keinen Durchschlag des deutschen Textes und auch nicht des Inhaltsverzeichnisses. Ich besitze nur den ungekürzten Text in franz. Sprache vom ersten und zweiten Teil. Deshalb schreiben Sie, bitte, dem P. Ass., daß er mir das eben Bezeichnete herausgibt. Vielleicht ist dies, was man in mühsamer und langer Arbeit geschafft hat, doch soviel Wert, daß man daraus ein Buch macht. Schließlich geht es doch nicht an, daß andere Leute in diesen Fragen publizieren können und unsereiner nicht, weil das, was man hat, unter Vormundschaft steht.

Die zweite Sache, mit der ich Sie leider belästigen mußte, nämlich die Angelegenheit meines jüd. Konvertiten Dr. Friedmann-Friters, ist leider auch noch eine offene Frage. Unterdessen rückt der verhängnisvolle Termin – der 14. März – immer näher, bis zu dem alle ausl[ändischen] Juden das Land verlassen müssen.[22]

Für die Grüße, die Sie mir durch Frl. Dr. Herz zukommen ließen, danke ich sehr. Wir selbst hier halten unsere Schule weiter, aber die Furcht, daß wir in kurzem vor einer neuen September-Situation stehen, ist allgemein. Hinzu kommt, daß nicht wenige auch hier kirchlich Entwicklungen wie in D. voraussehen. Der Arm Gottes wirft uns ganz von unseren eigenen Plänen und Gedanken weg hinein in seine immer gütige, aber dunkle Vorsehung.

Indem ich mich mit meinem Mißtrost recht sehr ihrem Memento empfehle, bin ich Ihr in Christus erg. Mitbr. Gust. G.«[23]

»Etwas zu früh«

Nach einem neuerlichen Herzanfall stirbt Pius XI. in der Nacht vom 9. auf den 10. Februar 1939. Kardinal Pacelli wird am 3. März unter dem Namen Pius XII. sein Nachfolger. Für Gundlach, der mit Datum vom 15. März an LaFarge schreibt, könnten dieser Tod und diese Nachfolge mehr als nur einen widrigen Umstand darstellen; wenn er »die Fortsetzung der geraden Linie, die war«, erhofft, dann hat er bereits »Sorge, daß diplomatisierende Einflüsse mehr als recht sich Geltung verschaffen wollen«:

»Hochw. lb. P.! Ihre l. Zeilen v. 16. II. wollte ich nicht eher beantworten, bis der gute Dr. Fr[iedmann-Friters] glücklich über das große Wasser abgereist ist. Dies wird nun heute der Fall sein, denn heute geht

sein Schiff *Excambion* (Export-Line) von Genua ab. Er ist Ihnen überaus dankbar für die Einladung, die der hiesige amerikan. Konsul als
genügend für ein Visite-Visum erklärte, zumal er einen der im Schreiben genannten Herren persönlich kenne. Lediglich wollte er noch
zur eigenen Sicherung die Erklärung einer kompetenten, am besten
amerik. Person, daß Herr Fr[iedmann-Friters] nach Erledigung des
Zwecks des Besuchs auch wieder die Ver[einigten] St[aaten] verlassen
könne. Dies war eine Formsache; wir wollten aber nicht kabeln, sondern ich ging zu unserem hiesigen Rektor, und dieser hatte die große
Güte, die vom Konsul verlangte Erklärung schriftlich zu geben. Ich
sagte ihm, daß es sich lediglich um eine Formsache handle, bei der er
selbst praktisch kein Risiko eingehe. So bekam denn Herr. Dr. Fr[ied-
mann-Friters] für wenig Geld sein Visum, was, wie gesagt, hier eine
große Seltenheit bei derartigen Fällen ist. Also nochmals herzl[ichen]
Dank! Inzwischen kam dann noch eine zweite Einladung von drüben,
die aber nicht mehr hier gebraucht wurde. Sehr schwierig gestaltete
sich dann die Verhandlung mit dem Reisebüro American-Express.
Hier mußte unser Patient schwer bluten. Er mußte eine Karte für die
Hinfahrt (175 Doll.), eine Karte für die Rückfahrt (160 Doll.) lösen
und außerdem noch eine Garantiesumme von 500 Doll. hinterlegen,
falls Schwierigkeiten entstünden, die der Schiffahrtsgesellschaft evtl.
eine Geldstrafe zuzögen. Sie sehen: es wird dieser Kategorie armer
Menschen wirklich von keiner Seite leicht gemacht. Nun ist ja das
Geld für die Rückfahrt und die Garantiesumme für ihn nicht verloren;
er bekommt es wieder. Aber es war doch schwer, das Geld aufzutrei-
ben, und er mußte sozusagen seine letzten Groschen in London in
Anspruch nehmen. Ich habe dann hier noch 2000 Lire leihweise aufge-
trieben, damit er noch andere notwendige Reise-Ausgaben bestreiten
kann; diese zahlt er im April vom Londoner Guthaben zurück. Leider
ist man hier immer noch nicht soweit, daß die im Vat[ikan] eingerich-
tete Fürsorgestelle auch mit Geldmitteln nötigenfalls einspringen
kann; Schwierigkeiten aus den italien. Devisenbestimmungen kommen hinzu. Dann kam noch ein zwei Wochen langes Warten bei den
verschiedenen Amtsstellen, um mindestens drei Erlaubnisscheine zur
Ausreise zu erwirken. Gestern war nun alles glücklich erledigt, und er
kommt am 29. III. in Newjork an. Ich schreibe auch gleichzeitig an Frl.
Dr. Herz, damit er bei der Landung abgeholt wird, damit nicht neue
Schwierigkeiten entstehen. Vielleicht machen auch Sie die Doktorin
nochmals darauf aufmerksam.

Nun unsere andere ›große‹ Sache. Gerade heute bekam ich ein

Schreiben des R. P. Ass[istent] Am[éricain] v. 14. 3. Darin schreibt er, daß gestern Abend mit ARPN[24] die erste Gelegenheit gehabt habe, über die Sache zu sprechen. ARPN meinte, daß er gelegentlich mit Herrn Fischer[25] sprechen wolle, was er mit der Sache machen wolle. Die Dokumente seien, wie ich ja wisse, Herrn Fischer senior[26] gegeben worden und seien zweifellos in seinem Arbeitszimmer zurückgelassen. Nun weiß ich erstens nicht, daß die Dokumente tatsächlich übergeben wurden, was also jetzt feststeht; und zweitens hat der gute Ass[istent] über zwei Monate gebraucht, um die Sache zur Sprache zu bringen. Wenn Sie ihm nicht geschrieben hätten, wäre der *timor reverentialis* [27] zweifellos auch jetzt noch nicht überwunden. – Ein weiteres: Ein guter Bekannter hier im Haus – Sie kennen ihn auch – sprach am zweiten Tag des neuen Fischers mit dem neuen Herrn und verwies ihn unter Namensnennung – es fiel Ihr Name und meiner – auf die bereits vorliegenden Entwürfe. Der Hohe Herr wußte von nichts (!) und sagte, er werde mal ARPN fragen, was da sei und wo die Sachen seien. – Also, irgendetwas wird jetzt geschehen, und zum Glück habe ich jetzt einen guten Faden dorthin. Die Sache kam zur Sprache, weil Herr Fi[scher] jun.[28] die anscheinend von anderer Seite ihm nahegelegte Idee ventilierte, zur Verhandlung unserer Probleme das Vatikanum fortsetzen zu lassen. Sein Gesprächspartner – mein Gewährsmann – betonte die technischen Schwierigkeiten und die daraus resultierende Schwerfälligkeit des Arbeitens einer solchen Riesenveranstaltung und verwies stattdessen auf ›unseren‹ Weg. Dies war der Zusammenhang. – Gestern hatte ich außerdem Gelegenheit, mit dem Episc. Berolinensis[29] zu reden, der mit Fi[scher] jun. gut befreundet ist. Einstweilen warte ich also ab und werde auch nichts veröffentlichen, was die Materie der Dokumente betrifft.

Die Einstellung von ARPN hinsichtlich der verschiedenen ›Ismen‹ ist schwankend. Wenn er Nachrichten hat, was alles in D. auf dem Gebiet der Volksmoral und besonders der religiösen und moralischen Erziehung der Jugend im antichristlichen und gesellschaftsdestruktiven Sinne geleistet wird, kann man Dikta hören, wonach der N[ational]S[ozialis]mus doch mindestens so gefährlich sei wie der K[ommunismu]s. Dann kommen wieder Leute, die aus D. von diesem oder jenem Nachgeben (scheinbar!) des NS.mus auf religiösem Gebiet berichten, und schon schwimmt alles wieder an d. Kur. des Gn. im Optimismus. Kommen dann noch entsprechende Berichte aus Am[erika] über den K.s, dann ist wieder *nur* der K.s der eigentliche Feind! Es fehlt eben an einer grundsätzlichen und vor allem *naturrechtlich* unterbauten Einstellung, die leider auch noch mit einem großen Mangel an Sachkenntnis und Kenntnis der Tatsachen sich verbindet. Leider sind auch die Einflüsse der vornehmen und besitzenden Kreise aus beinahe allen Ländern bei ARPN sehr wirkungsvoll. Jede soziale Gesetzgebung, die irgendwie den konkreten Eigentümern und der sogenannten ›Wirtschaft‹ lästig wird, wird ohne weiteres als Weg zum K.s, als Einfluß des K.s hingestellt und entsprechend gebrandmarkt. Dabei sind bürgerliche und Wirtschaftskreise in manchen Ländern so blind, daß sie, um dem sogenannten Druck der Gewerkschaften und Arbeiterorganisationen zu entgehen, mit Staatsformen der Manier von D. sympathisieren; denn dort sind ja die Arbeiter ganz kusch und haben keine Macht mehr. Also machen wir es politisch auch so – sagen diese Leute –, und die Wirtschaft geht gut. Sie bedenken aber nicht, daß das System in D. vollendeter Staatssozialismus ist, und daß der eigentliche Leidtragende der *Mittelstand*, aber bereits jetzt schon auch ›das Kapital‹, ist. Diese Leute sind blind, und meine Meinung ist und bleibt: bekämpft den K.s, und zwar ob er rot oder anderswie gefärbt ist. Bekämpft den K.s positiv, indem Ihr die von der Kirche gelehrte Linie des Naturrechts und des Evangeliums in den Fragen des Gesellschafts- und Wirtschaftslebens vertretet. Aber aus Furcht vor dem roten K.s die Bourgeoisie, vor allem die katholische, von allen realen Opfern dispensieren wollen, indem man den Antikommunismus als eine *bloße* Reform der Gesinnung hinstellt und mit kommunistischen Greuelbildern gegenüber Religion und Kirche beim ›braven‹ Bürgertum Gänsehaut weckt, das ist verkehrt. Es ist klar, daß ARPN mit denen, die *seinen* Antikommunismus so sehen, nicht zufrieden ist. Aber die Kirche wird nur dann in Ehren und mit Erfolg bestehen können, wenn sie klar für die Forderungen des Evangeliums und des Naturrechts *überall* und gegenüber *allen* eintritt. Lesen Sie, bitte, in der letzten großen Biographie von Montalembert, was dieser große Patriot und Katholik zur Zeit des bonapartistischen Absolutismus sagte und schrieb, wo ebenfalls so manche Prälaten mit dem System sich abfanden, weil die Kirchen offen blieben, und wo diese Prälaten über alles Naturrechtswidrige – administrative Verhaftungen, Verletzung des Briefgeheimnisses usw. – hinwegsehen zu können glaubten. – Heute, wo die Zeitungen melden, daß nunmehr auch die Resttschechei und Prag gefallen sind, muß man sich darüber klar sein, daß jener Rassenwahn keine geringere Weltgefahr zu werden droht als der rote K.s. Möge der Herrgott andere Länder davor bewahren, daß sie erst durch praktische Erfahrung von ihrer Blindheit geheilt werden müssen.

Wir erhoffen hier die Fortsetzung der geraden Linie, die war. Wir sind allerdings in Sorge, daß diplomatisierende Einflüsse mehr als recht sich Geltung verschaffen wollen. Aber sicher ist, daß der neue Herr sich nichts vergeben wird und niemals entgleist, mögen seine Entschlüsse und Kundgebungen vielleicht auch weniger temperamentvoll, sondern mehr fein abgewogen sein.

Und nun, hochw. lb. P., danke ich Ihnen nochmals für Ihre große Hilfe in Sachen Dr. Fr[iedmann-Friters]. Ich werde für Ihre Anliegen eine hl. Messe lesen. Wenn ich wieder etwas höre in unserer großen Sache oder wenn ich sonst etwas Wichtiges zur Lage habe oder, wenn mir bei der Lektüre der A. [?] etwas auffällt, werde ich mich melden. Schreiben Sie mir nur englisch, denn ich werde mich selbst notgedrungen ans liebe Deutsch halten müssen. Stets Ihr in Christus ergebener – G.«[30]

Gundlach war davon überzeugt, daß der neue Papst vom Enzyklikaentwurf, an dem LaFarge und er selbst den ganzen Sommer hindurch gearbeitet hatten, nichts wußte. Mit Datum vom 16. März 1939 teilt Pater Maher LaFarge mit, daß die vorbereitenden Dokumente Pius XI. vor seinem Tod tatsächlich übergeben worden seien, daß aber der neue Papst noch keine Zeit hatte, von ihnen Kenntnis zu nehmen:

»Lieber Pater LaFarge [...]. Ich habe Ihre Anfrage nach den Dokumenten dem Hochwürdigen Vater unterbreitet, der mich bat, Ihnen Folgendes auszurichten: In Anbetracht der Tatsache, daß die das fragliche Thema betreffenden Dokumente demjenigen übergeben worden sind, der daran interessiert war und der kürzlich verstarb, und in Anbetracht der Tatsache, daß sein Nachfolger zweifellos noch keine Zeit hatte, von den Unterlagen, die auf seinem Schreibtisch liegengeblieben waren, Kenntnis zu nehmen, schien es etwas zu früh zu sein, ihn danach zu fragen, was er in diesem Fall zu tun gedenke; er wolle dieses Thema aber ansprechen und seine Meinung hierzu einholen, sobald sich eine günstige Gelegenheit dazu bieten werde.

Er hat es sich besonders gut notiert, und ich bin sicher, daß er sich darum kümmern wird. Einstweilen habe ich Pater G[undlach] von all dem in Kenntnis gesetzt, damit er ebenfalls auf dem laufenden ist [...].«[31]

Ein Zeichen dafür, daß die »Sache« bereits begraben ist? Am Ostermontag 1939 teilt Maher LaFarge mit, daß »die französische und die englische Fassung« ihm in Kürze zurückgeschickt würden und daß Pater Ledóchowski ihn autorisiere, sich ihrer für eine eventuelle Veröffentlichung zu bedienen:

»Lieber Pater LaFarge, mir wurde vom Hochwürdigen Vater aufgetragen, Hochwürden mitzuteilen, daß Sie, falls Sie es wünschen, sich Ihrer jüngsten Arbeit bedienen und zu ihrer Veröffentlichung schreiten können, die natürlich der üblichen Zensur unserer Gesellschaft unterliegt.

Der Pater General legt jedoch besonderen Wert darauf, daß es nicht den geringsten Anschein des geringsten Bezuges gebe, den diese Arbeit mit dem haben könnte, was auch immer Ihnen von Seiner verstorbenen Heiligkeit aufgetragen worden war.

Ich setze Pater Gundlach von dieser Instruktion in Kenntnis und schicke ihm ebenfalls das Manuskript in deutscher Sprache zurück. Ich werde Ihnen die französische und die englische [Fassung] mit dem ersten Kurier bringen lassen, vielleicht einem jener Scholastiker[32] aus Maryland, die auf dem Weg von Innsbruck zurück nach Woodstock hier gerade Aufenthalt machen.

Der Herr wird Sie sicher für all Ihre Bemühungen und all die Sorgen, die diese Arbeit Ihnen bereitete, segnen, auch wenn sie nicht zu dem ursprünglich geplanten Abschluß gelangt [...].«[33]

LaFarge wird sich der im Sommer 1938 mit seinen beiden Kollegen durchgeführten Arbeit tatsächlich bedienen. 1943 wird zum Beispiel unter dem neuen Titel »The Race Question and the Negro« eine zweite Auflage seines Buches »Interracial Justice« erscheinen, das um einige Kapitel erweitert wurde, in denen man das 1938 Erarbeitete bald dem Buchstaben, bald dem Geist nach wiederfindet.[34] Darüber hinaus erwähnt er im »Rassismus«-Artikel, den er für den nach seinem Tod 1967 erschienenen 12. Band der »New Catholic Encyclopedia« schreiben wird, das »Ineditum« Pius' XI. und übernimmt die Abschnitte 111 bis 128 der englischen Fassung von »Humani generis unitas« beinahe vollständig.[35]

Am 10. Mai 1939 teilt Gundlach, der soeben das »deutsche Manuskript« erhalten hat, seinem New Yorker Briefpartner erneut seine Überzeugung mit, daß »eine Vorlage bei [Pius XII.] wohl überhaupt nicht erfolgt« sei, und daß folglich »unsere Sache [...] den Weg alles Irdischen gegangen [ist], was ja wohl auch von Anfang an mehr den Ansichten und Absichten [des Jesuitengenerals] entsprach«:

»Hochwürdiger, lieber P.! Pax Christi! Ihr letzter Brief kam an, nachdem ich etwa vierzehn Tage vorher das deutsche Manuskript von Ass[istent] Am[éricain] zurückerhalten hatte; beigefügt war als Abschrift eine Zusammenfassung dessen, was man Ihnen geschrieben hatte, nämlich daß einer anderweitigen Veröffentlichung nichts im Wege stehe, wenn die Vorschriften der Zensur innegehalten und der damalige hohe Auftrag nicht erwähnt würde. Sie können sich denken, daß ich sehr erschüttert war, weniger wegen des Inhalts des Bescheids, den ich schließlich nicht mehr anders erwartet hatte, als wegen der eigenartigen Weise, mit der diese Angelegenheit und wir auch persönlich behandelt worden sind. Ich bemühe mich, sine ira et studio folgendes festzustellen: 1). Der Entwurf ist, nachdem er ziemlich lang im Nachlaß von R[osa] gelegen hatte, entweder überhaupt nicht Fisch[er] sen. vorgelegt worden oder erst zu einer Zeit, wo – im Unterschied zum Spätsommer und Frühherbst 1938 – eine Behandlung der Angelegenheit wegen des Gesundheitszustandes physisch einfach nicht mehr möglich war. 2). Eine Vorlage bei F[isch] jun. ist wohl überhaupt nicht mehr erfolgt, sondern die Angelegenheit dürfte mehr oder weniger im Vorbeigehen bei einer Unterredung zwischen dem höchsten Herrn und Pat.[36] begraben worden sein; Gründe: zu delikate Sachen, um gleich den Anfang des neuen Herrn zu belasten, der sowieso schon durch möglichstes Schweigen und Schonen in den ersten Wochen abtasten wollte, ob von der anderen Seite Entgegenkommen gezeigt würde. Ich füge hinzu, daß dieser Versuch negativ verlaufen zu sein scheint und daß man dies wohl auch jetzt hier festgestellt hat. Unsere Sache jedenfalls ist einstweilen den Weg alles Irdischen gegangen, was ja wohl auch von Anfang an mehr den Ansichten und Absichten von Pat.[37] entsprach.

Mir selbst bleibt nur übrig, Ihnen nochmals von Herzen zu danken, daß Sie freigebig die Gelegenheit boten, die betreffenden Probleme einmal gründlich und im Zusammenhang durchzudenken und bei dieser Gelegenheit die schöne Stadt an der S[eine] zwar nicht kennen zu lernen, aber doch wenigstens zu sehen. Was nun die weitere Verwendung der Ausarbeitung angeht, so stimme ich Ihnen durchaus bei und bin der Meinung, einstweilen *keinen* Gebrauch zu machen. Die Hoffnung, die Sie äußern, daß man nämlich von oben her gelegentlich darauf zurückgreifen werde, ist zwar zur Zeit sehr schmal, aber sie ist immerhin vorhanden und nicht völlig unbegründet. Und so wollen wir einstweilen von irgendwelcher Veröffentlichung Abstand nehmen. Fiat.

Die allgemeinen Dinge scheinen von Fisch[er]'s her einen Kurs zu nehmen, der mehr diplomatisch bestimmt ist. Dies war zu erwarten. Ob freilich der Erfolg entsprechend sein wird, steht dahin. Heute, wo der Status Propagandisticus zum Typus zu werden scheint, scheint weniger die diplomatische, stille Arbeit als die Bearbeitung der öffentlichen Meinung vordringlich zu sein. Dies scheint mir auch der entscheidende Wert des Schritts zu sein, den neulich Ihr hoher Herr dort unternahm[38]; unabhängig vom unmittelbaren sachlichen Erfolg bleibt immer wichtig, die öffentliche Meinung dauernd zu beschäftigen und dieses Geschäft nicht ausschließlich den bekannten zwei ›starken Männern‹ zu überlassen. – Im Augenblick, wo das Weichselland[39] bedroht ist und wo das Gespenst einer Allianz B[er]l[i]n – Mosk[au] von nicht wenigen bereits gesehen wird, stürzen natürlich bei unserem unmittelbaren hiesigen Chef ganze Himmel ein. Denn wegen der bisherigen Freundschaft zwischen Spree[40] und Weichsel hatte man ja den Antibolschewismus B[er]l[in]s ernst genommen und den Kampf gegen Kirche und Christentum nur für eine ›Episode‹ gehalten und mit stillem Wohlwollen teils mehr teils weniger übersehen. Auch hatte man immer noch im stillen gehofft, durch den eigenen Antikommunismus den Autoritären und Totalen sich irgendwie als Bundesgenossen empfehlen zu können. Waren schon alle diese Auffassungen und Hoffnungen von jeher für den Sachkundigen in sich falsch, so fällt natürlich jetzt durch die praktische Entwicklung jener angeblich ›rein religiöse‹ und im Grunde doch politisch gemeinte Antikommunismus in sich zusammen. Hinzu kommt, daß durch die sozialen und wirtschaftlichen Begleiterscheinungen aut[oritärer] und total[itärer] Staaten die kommun[istische] Gefahr nicht nur nicht geschwächt, sondern in den ausgeplünderten und entrechteten Massen erst recht heraufbeschworen wird.

Es gibt eben keinen ›rein religiösen‹ Antikommunismus. Ohne ein auf den Prinzipien des Naturrechts und der Offenbarung aufbauendes gesellschaftspolitisches Programm von Richtlinien, das natürlich nicht in allen Ländern gleich sein kann, ist ein Antikommunismus von uns aus wirkungslos. Wer ein solches Programm als ›Politik‹ ablehnt, ist entweder unkatholischer, geradezu protestantisierender Idealist und Spiritualist oder eben seinerseits versteckter ›Politiker‹, weil er bestimmten Kreisen kein Christentum des Opfers zumuten oder herrschenden Systemen gefallen will. Noch schlimmer ist, daß ein solcher ›Rein-religiöser‹ kathol[ischen] Radikalisten wie dem bekannten dortigen Radioprediger in die Hände arbeitet, weil die ›Rein-religiösen‹

dem kathol[ischen] Radikalismus nichts Positives entgegenzustellen haben.

Deshalb muß man ein soziales Programm von wenigstens einigen Richtlinien haben, das auf Grund der naturrechtlichen und offenbarten Grundsätze aus den dortigen Verhältnissen heraus sich ergibt. Ohne mir auch nur entfernt eine Kenntnis dieser Verhältnisse anmaßen zu wollen, müßte nach meiner Meinung der Hauptgesichtspunkt lauten: Sicherung und Förderung des sogenannten *Mittelstandes* und dies bedeutet: Sicherung und Förderung vor allem jenes *Eigentums*, das *persönlicher Arbeit* verdankt wird und die *wirtschaftliche Einheit der Familie* stützt. Im Unterschied zu den europäischen Industrieländern scheint mir eine christliche Sozialreform *dort* auch heute noch weniger auf die Existenzsicherung des Lohnarbeiters als Lohnarbeiter ausgerichtet werden zu müssen als auf den Mittelstand. Also: Pflege des Eigentums aus persönlicher Arbeit zur Stützung der wirtschaftlichen Einheit der Familie! Negativ schließt dies ein, daß man die Staatsintervention in gesellschafts- und wirtschaftspolitischen Fragen nicht nur grundsätzlich, sondern auch praktisch bejaht und nicht sofort alle derartigen Maßnahmen als ›Sozialismus‹ ablehnt. Freilich würde eine vom Staat her betriebene Sozial- und Gesellschaftspolitik notwendig die föderalistische Struktur der Verein[igten] Staaten von der Wirtschaftsseite her antasten, was sich dann vielleicht für die übrigen Kulturgebiete, vor allem für das Erziehungs- und Schulwesen, ungünstig auswirken könnte. Aber ich sehe nicht, wie man diesem vielleicht anderweitig zu mildernden Risiko ausweichen kann, denn das einzige, sonst noch anwendbare Mittel zur angeregten Sozialreform scheint mir dort zur Zeit nicht möglich. Dieses Mittel wäre nämlich die Verlagerung der Sozialreform auf die autonomen Berufsstände – Korporationen – als Träger der entsprechenden Gesetzgebung; dafür aber scheinen mir heute noch in den USA die soziologischen Vorbedingungen zu fehlen, sowohl von den Menschen wie von den Sachen her. – Negativ wäre weiterhin zu sagen, daß unsere antikommunistische Bewegung dort die Worte und Propagandaformeln der Kommunisten nicht lediglich christlich umprägen darf; etwa statt ›Weltrevolution des Proletariats‹ formulieren: ›Weltrevolution für Christus‹. Das ist doch als Methode zu einfach, stößt außerdem unnötig andere Kreise von der Mitarbeit ab und ist leider nur geeignet, den Mangel eigener positiver Sozialideen zu verdecken.

Warum ich wohl diese Ausführungen im Zusammenhang mit unserer verunglückten Aktion vom vorigen Sommer mache? Weil die

Lücke, die damals ausgefüllt werden sollte, nun leider bleibt, aber jetzt unbedingt in den einzelnen Ländern selbst ausgefüllt werden muß. Und die Gefahr scheint groß – übrigens noch mehr als in den USA in Südamerika –, daß auch bei den Katholiken sich der Gedanke festsetzt: *entweder* Kommunismus *oder* nationaler Totalismus. Das muß in jeder Weise vermieden werden. Dafür muß man ein passendes und richtiges Sozialprogramm haben. Denn weder die ›Reinreligiösen‹ noch die kath. Radikalisten werden der Kirche in den kommenden, schweren Auseinandersetzungen einen festen Standpunkt geben können. Beide werden nämlich zu einer Situation mitbeitragen helfen, wo ›das Kapital‹, um sich vor dem ›Sozialismus‹ der Massen zu retten, nach europäischen Mustern zu einem amerikanisch-nationalen Totalismus seine Zuflucht nimmt. Dann aber kann man nur noch für die Kirche dort beten. Denn sie wird einem solchen nationalen Totalismus noch mehr als zu bekämpfender Fremdkörper erscheinen als etwa dem deutschen Totalismus. Oder aber es kommt zu gefährlichen, kommunistisch-revolutionären Explosionen, die dann auch auf die Einheit der dortigen Gläubigen von innen her verheerend wirken werden. Dann aber werden die ›Reinreligiösen‹ mangels eines Sozialprogramms niemandem von den kämpfenden Gruppen etwas Reales zu sagen haben, und die Radikalen unter den Katholiken werden selber entweder rechts oder links stehen und so oder so das Feuer mitschüren. Die Kirche dort wird somit das Bild großer Orientierungslosigkeit bieten.

Diese sozialen Gefahren werden sicherlich wachsen, denn sie sind schon da. Auch die bloße Tatsache eines Sozialprogramms wird die Kirche nicht aus dem Spannungsfeld herausheben. Aber sie wird für ihre Gläubigen Leuchtturm und Halt sein. Freilich muß das Sozialprogramm in einer hohen geistigen Kultur und vor allem in den Gnadenkräften des Glaubens und der Hoffnung lebendig in den Seelen werden. Mir scheint, daß da die Geschichte unserem im übrigen so elenden Europa eine bessere Position beschieden hat. Denn seine Kultursubstanz ist trotz allem immer noch christlich. Wo eben einmal mit allem Ernst Ketzer verbrannt und Religionskriege geführt wurden, ist die *Absolutheit* des Christentums erlebt worden und wirkt nach. Dort aber hat es viel zu früh gleich mit objektiver Toleranz und mit der Anerkennung von Spaltungen angefangen, die man ähnlich hinnahm, wie es auch in anderen Dingen Angebote von verschiedenen ›Waren‹ gibt. Mir scheint also die besondere, geschichtliche Erschwerung der katholischen Position dort darin zu liegen, daß das Christentum nicht in der gleichen Weise – sagen wir sogar: Tiefe – Substanz der Kultur ist. Mit dieser Situation, die natürlich auch ihre guten Seiten hat, muß man rechnen. Bei einer kommenden Gesamtkrise, die eben eine totale Kulturkrise sein wird, dürfte sich eben vornehmlich die negative Seite der dortigen, besonderen geschichtlichen Entwicklung auswirken.

Und nun, hochwürdiger, lb. P., mache ich mit meiner Aussprache Schluß, die mich an so manchen fruchtbaren Gedankenaustausch im vorigen Sommer erinnert. Ich danke Ihnen wieder für die zugesagte Gebetshilfe, an der es auch meinerseits nicht fehlen soll.

Mit herzlichem Gruß Ihr in Christus ergebener – G.«[41]

Die Ereignisse, die Gundlach in diesem Brief mit großer Sorge vorhersah – das »Gespenst einer Allianz B[er]l[i]n – Mosk[au]«, die Bedrohungen, die auf dem »Weichselland« lasten –, werden am Ende des Sommers eintreten. Auf die Unterzeichnung des Deutsch-Sowjetischen Nichtangriffspakts am 23. August folgt der Einmarsch deutscher Truppen in Polen am 1. September.[42] Am 3. erklären Frankreich und England Deutschland den Krieg. Der Zweite Weltkrieg hat begonnen.

Am 20. Oktober 1939 erscheint »Summi pontificatus«, die erste Enzyklika Pius' XII. Sieben Tage später meldet die »New York Times«, daß »nach Quellen aus höchsten Kreisen im Vatikan das Thema der Enzyklika, insbesondere bezüglich der totalitären Staaten, auf eine unveröffentlichte Ansprache zurückgehe, die Pius XI., der Vorgänger des gegenwärtigen Pontifex, kurz vor seinem Tod verfaßt habe«.[43] Ebenso schrieb der Rektor der päpstlichen Universität Gregoriana, Pater Vincent McCormick, mit Datum vom 31. Oktober an LaFarge, daß »das Weltrundschreiben praktisch fertig [war], als ich ankam. Sie haben es gelesen und zweifellos bestimmte Passagen wiedererkannt.«[44] Wie dem auch sei, McCormick teilt LaFarge vor allem mit, daß das Projekt endgültig ad acta gelegt worden sei:

»Lieber Pater LaFarge, Ihr Dokument hat uns ohne Schwierigkeiten erreicht und ruht in unserem Archiv. Das Weltrundschreiben war praktisch fertig, als ich ankam. Sie haben es gelesen und zweifellos bestimmte Passagen wiedererkannt. Es scheint, daß es im Ausland gut aufgenommen wurde. Ein anderes Schreiben sollte, kurz nachdem Sie dieses hier erhalten haben, veröffentlicht werden, und ich hoffe, daß es für Sie ein Trost und eine Hilfe in Ihrem Apostolat außerhalb der Redaktionsstube sein möge. Bei derlei Gelegenheiten gibt es nicht viel zu sagen; aber verwenden Sie, was Sie können, und Sie werden mit Seinem Willen übereinstimmen.

Am Sonntag wurde der erste echte schwarze Bischof geweiht
[...].«[45]

Schließlich teilt Gundlach LaFarge am 30. Mai 1940 mit, daß er sein Manuskript an einen sicheren Ort gebracht habe, daß er sich dessen aber von neuem bedienen könnte, um eine Enzyklika zu verfassen, zu der ihm Pius XII. den Auftrag gegeben habe, um den fünfzigsten Jahrestag von »Rerum novarum« zu begehen:

»Hochwürdiger, lieber P.! Die günstige Gelegenheit der Reise unseres Bibliothekars benütze ich, um Ihnen nach langer Zeit meine herzlichen Grüße zu senden. Nun sind es schon zwei Jahre seit Ihrer Anwesenheit hier und fast zwei Jahre seit unserer gemeinsamen Arbeit in Paris. Mein Manuskript aus diesen Tagen habe ich jetzt an einen sicheren Ort gebracht; man befürchtet nämlich hier, daß, *wenn* in kurzer Zeit der hiesige Herr ebenfalls in den Krieg gehen sollte, die Polizei des nordischen Herrn mehr oder weniger große Vollmachten in der Ewigen Stadt bekommen könnte. Meiner Meinung nach sind diese Befürchtungen übertrieben, weil die Deutschen hierzulande sowieso schon beim Volke sehr unbeliebt sind, nicht zuletzt wegen ihrer starken Beeinflussung der Ministerien, der Presse und auch der Polizei. Der hiesige Herr wird also sehr vorsichtig sein müssen, zumal wenn er dem Volke das ganz und gar unpopuläre onus des Krieges an der Seite des Herrn im Norden auflegen sollte. Übrigens ist der Kriegseintritt an zwei Bedingungen geknüpft, die sich aus der Situation des hiesigen Landes ergeben: 1) Der Partner, dem man sich anschließt, muß mit Sicherheit der Sieger sein. 2) das Kriegsabenteuer darf nicht lang dauern. – Allerdings könnte der hiesige Herr auch zwangsläufig in den Krieg hineingeraten, dann nämlich, wenn die Sowjets, bei denen der Affront gegen D. dauernd wächst, die Führung der Slawen in einem Aufstand und Widerstand gegen D. übernehmen sollten. Dann käme nicht nur die tschechische und polnische, sondern auch die ganze Balkanbevölkerung in Bewegung, was den hiesigen Herrn nicht gleichgültig lassen könnte. Jedenfalls stehen wir noch nicht am Ende aller möglichen Entwicklungen, und ich möchte meinen, daß die Suprematie des nordischen Herrn umso gefährdeter wird, je mehr sie sich, was die Westmächte angeht, der Verwirklichung zu nähern scheint.
Die Lage im Westen ist in der Tat sehr ernst. Der mit unerhörten Opfern an Menschen und Material vorgetragene Blitz- und Stoßkrieg D.s könnte m. E. immer noch ernsthaft gefährdet werden, wenn es Frank-

reich gelänge, den Blitz- und Stoßkrieg der Deutschen durch mehrwöchigen Widerstand in ein langsames oder gar stagnierendes Stadium zu bringen. Dann dürfte die Schwäche des nordischen Herrn, nämlich, daß er wegen der wachsenden Opposition im Lande, wegen der finanziellen und rohstofflichen Schwierigkeiten zum Krieg, und zwar zum schnellen und erfolgreichen Krieg *gezwungen* war, voll zur Auswirkung kommen. Aber vielleicht ist es dafür schon zu spät. Die Westmächte haben den Diktator nicht genug ernst genommen. Zuerst haben sie nach dem Weltkrieg durch eine intransigente und wenig entgegenkommende Außenpolitik dem nationalistischen Diktator in D. den Weg bereitet; dann haben sie nach 1933 seine Stellung durch Entgegenkommen und Nachgiebigkeit gestärkt und ihm eine ganze Reihe außenpolitischer Erfolge ermöglicht. Diese Grundsatzlosigkeit, diese praktisch bewiesene Gleichgültigkeit gegen dem durch den Diktator tausendfach verletzten Naturrecht und Gottesrecht rächt sich jetzt furchtbar an den Westmächten. Der Diktator hat eben keine Hemmungen, weder religiös-sittliche noch rechtliche. Die Gegner, die dies nicht wissen oder nicht wissen wollen, stellen sich nicht richtig ein; sie bereiten nicht mit voller Kraft die voll wirkenden Mittel der Abwehr; sie kommen politisch und militärisch in eine Praxis der Halbheiten und werden eines Tages von dem Diktator überrannt. So ist es in der *inneren* Politik D.s gegangen, so ist es nunmehr auch in der Außenpolitik gegangen, und dies trotz aller Warnungen durch die bösen Erfahrungen der letzten Jahre. Das Entscheidende aber ist, daß man gegenüber dem an sich hemmungslosen Diktator noch zu anständig war, um ihn ebenfalls entsprechend zu behandeln, daß man aber anderseits doch wieder nicht anständig *genug* war, um ihn rechtzeitig und vollständig abzulehnen. Wie gesagt, so war es seinerzeit in der inneren Politik D.s, so ists jetzt auch in der Außenpolitik gegangen. Aber im letzteren Fall ist es noch weniger verzeihlich, weil allmählich alle wissen konnten, was die Ziele des Diktators sind und welche Methoden er anwendet. Kurz und gut: wir haben die Situation, daß die vexilla Luciferi[46] aufgerichtet ist mit allem, was darüber im Exerzitienbuch gesagt ist. Wir haben aber auch die Niederlage derjenigen, die gegenüber einer solchen Fahne nur ›Halbheiten‹ anwenden. Ich erinnere mich, daß Sie mir seinerzeit in Paris sagten, man müsse in dem bekannten Dokument auch die Rolle des Teufels stark unterstreichen. Sie haben immer mehr Recht bekommen. Und vielleicht ist es das eigentliche Unglück der Staatsmänner, die gegenüber der Verletzung der göttlichen Sittenordnung, zumal des Naturrechts im öffentlichen Leben, blind oder gleichgültig geworden sind, daß sie die Macht des Gegenspielers Gottes, des Teufels, nicht mehr kennen oder wenigstens nicht rechtzeitig erkennen, und deshalb auch nicht richtig abschätzen, was ein vom Teufel gerittener und besessener Kriegsgegner mit den Mitteln der modernen Technik und Organisationskunst anfangen kann. Er leistet in der Tat Erstaunliches und fast Übermenschliches. Ich tröste mich nur mit dem Gedanken, daß der abgrundtiefe Sturz des überheblichen Luzifer sich nochmals wiederholen kann, wenn es Gott gefällt, die gerechte Zuchtrute von den Völkern Europas zu nehmen.

Der Hl. Vater ist somit in eine schwierige Lage geraten. Seine bekannten drei Telegramme waren gut und heilsam. Aber nunmehr kommen die ewig lebendigen Opportunisten und Erfolgsanbeter und mahnen zum Schweigen. Nunmehr kommen die ewig Unbelehrbaren und sagen: der Diktator wird, wenn er siegreichen Frieden diktiert hat, milde und weise herrschen und sich mit der Kirche verständigen. Die ewigen Torheiten, die unter den Katholiken aller Länder schon so viel Unheil und Verwirrung angestiftet haben! Alles, was wir konkret über die Absichten des Diktators hier wissen, deutet auf das Gegenteil: *er will Kirche und Christentum vernichten und zum mindesten aussterben lassen*! Immerhin muß jetzt auch der Hl. Vater mit dem Sieg des Diktators als einer Möglichkeit rechnen, denn in dem dann kommenden Imperium wohnen Millionen und Millionen von Katholiken, in D. selbst, in der Tschechei, in Polen, in Österreich, in der Schweiz (?), in Belgien, Holland und auch in Dänemark und Norwegen, ganz abgesehen von den gerade jetzt so blühenden Missionen im Kongo-Gebiet.

Und nun noch eins: im April ließ mir Herr Fischer sagen, ich möchte für das fünfzigjährige Jubiläum von Rerum Novarum ein Dokument vorbereiten über und gegen den Kollektivismus – *confidentiell!* –. Somit wird unsere Arbeit in Paris wieder zu Ehren kommen.

Sehr empfehle ich mich in Ihr Memento, damit der Geist des unbedingten Vertrauens auf die Göttl. Vorsehung mich aufrechterhalte und damit ich nie der scheußlichen Erfolgsanbetung verfalle.

In dieser Gesinnung verbleibe ich Ihr stets dankbarer Mitbr. – G.«[47]

Mit diesem Brief beenden wir die Veröffentlichung der Originaldokumente, die uns in Form von Mikrofilmen von Thomas Breslin zur Verfügung gestellt wurden – ausgenommen natürlich den vollständigen Text von »Humani generis unitas«, den der Leser am Ende des vorliegenden Buches finden wird.

An dieser Stelle ist es angebracht, etwas Distanz zu gewinnen und sich über die Unklarheiten und Lücken dieser Dokumentation Gedanken zu machen sowie über den Sinn der Geschichte, die wir mit ihrer Hilfe konstruieren können.

5
Zusätzliche, dem Dossier
»Humani generis unitas«
beigefügte Dokumente

Die in den vorangegangenen Kapiteln veröffentlichten Dokumente werfen viele Fragen auf, die den Auftrag, die Abfassung, den Inhalt und das spätere Schicksal von »Humani generis unitas« ebenso betreffen wie ihren Kontext – die dreißiger Jahre natürlich, vielleicht aber auch in einem weiteren Sinne die »Modernismuskrise« der katholischen Kirche, die ungefähr im letzten Drittel des 19. Jahrhunderts begann.

Wenn man die Prozedur in Betracht zieht, nach der (wie zu Beginn des 3. Kapitels dargestellt) bei der Entstehung von »Quadragesimo anno« und »Divini Redemptoris« oder von »Mit brennender Sorge« (von der in einigen Seiten die Rede sein wird) vorgegangen wurde, dann scheint es, daß Pius XI. im Falle von »Humani generis unitas« mit den römischen Gepflogenheiten sehr frei umging. Nicht nur, weil er ein solches Vorhaben LaFarge anvertraut hatte, einem »einfachen Pilger auf Durchreise«, der nicht einmal über die erforderliche Legitimität verfügte, sondern auch deswegen, weil er durch sein impulsives Handeln, wie von einem starken Gefühl der Dringlichkeit geleitet, die Hierarchie der Jesuiten kurzgeschlossen hatte – Ledóchowski wurde erst *im nachhinein* in Kenntnis gesetzt. Welche Gründe haben den Papst zu dieser Vorgehensweise bewogen?

Und: Wie genau lautete nun sein Auftrag? »Der Papst [beauftragte mich]«, schrieb LaFarge, »den Text für eine Enzyklika für die Weltkirche zu schreiben, über das Thema, das er im Augenblick für das dringlichste hält [...]. Sagen Sie einfach, was Sie sagen würden, wenn Sie selbst der Papst wären. [...] Er legte mir sodann in groben Zügen das Thema, die Methode seiner Behandlung sowie die zu beachtenden Prinzipien dar.« Damit ist nicht allzuviel gesagt.

Und außerdem: Entsprachen die dem Papst übermittelten Vorentwürfe seiner Erwartung? Hat Pius XI. diese Enzyklika einzig und allein deshalb nicht veröffentlicht, weil ihn die Krankheit und dann der Tod so schnell ereilten? Ließe sich nicht auch denken, daß er den vorgelegten Entwurf für unzureichend oder ungeeignet hielt?

Wenden wir uns erneut dem Ordensgeneral der Jesuiten zu. In seinen Briefen an LaFarge, die im 4. Kapitel zitiert wurden, belastet Gundlach Ledóchowski mit schwerwiegenden »Sabotage«-Vermutungen und entwirft folgendes Szenario: In seinem Denken ganz und gar von der kommunistischen Gefahr beherrscht und – gegen jeden Augenschein – darauf hoffend, daß die Kirche und die deutsche Regierung schließlich einen Modus vivendi finden würden, konnte Ledóchowski die Vorbereitung einer Enzyklika, die dem Nazismus gegenüber noch strenger ausfallen würde als »Mit brennender Sorge«, nicht mit Wohlwollen betrachten. Pius XI. wäre also angesichts der Auffassungen des Jesuitengenerals auf der Suche nach einem Verfasser gewesen, der die Ansichten Ledóchowskis nicht geteilt hätte – und hat er nicht selbst die Anwesenheit LaFarges in Rom als »von Gott gesandt« bezeichnet? Durch die Eigeninitiative Pius' XI. der Kontrolle über die Wahl der Verfasser und somit über den Inhalt des vorzubereitenden Dokuments beraubt, hätte Ledóchowski den Lauf der Dinge nach und nach in eine andere Richtung gelenkt, wobei er die Prozedur vor allem dadurch in die Länge gezogen hätte, daß er Pater Rosa um eine Expertise über die Vorentwürfe bat. Nachdem sich LaFarge auf den Rat Gundlachs hin mit einem Brief direkt an den Pontifex gewandt hatte, mußte sich Ledóchowski der Aufforderung, dem Papst die Dokumente zu übergeben, schließlich fügen. Aber er hatte genügend Zeit gewonnen, und der Tod Pius' XI. bedeutete den Schlußpunkt und Sieg seiner Verschleppungstaktik mit Hilfe der Bürokratie. Dieses Szenario, das den Vorteil hat, eine kohärente Erklärung zu bieten, setzt eine tatsächliche Autonomie der jesuitischen Hierarchie innerhalb der Institution des Vatikans sowie die Existenz tiefgreifender politischer Divergenzen zwischen Pius XI. und Ledóchowski voraus. In dieser Hinsicht ist es bemerkenswert, daß die Briefe Gundlachs auf die antikommunistische Obsession Ledóchowskis, seine Sorge, vor allem den Konkordatsfrieden zu erhalten, sowie seinen taktischen Opportunismus, dem es »an einer grundsätzlichen und vor allem naturrechtlich unterbauten Einstellung« fehle, besonders nachdrücklich eingehen, auf die »Judenfrage« hingegen und die Haltung, die gegenüber dem staatlichen Antisemitismus in Italien wie in Deutschland einzunehmen sei, nur in kurzen Anspielungen. Wie dem auch sei – wenn dieses Szenario kohärent ist, entspricht es damit wirklich schon der Realität?

Und schließlich: Ist es wahrscheinlich, daß Kardinal Pacelli nichts von diesem Projekt gewußt haben sollte, wie Gundlach noch behauptet? Und falls die Antwort auf diese Frage negativ ausfällt, warum hat er, nun seinerseits als Pius XII. Papst geworden, das Projekt, das seinem Vorgänger so am Herzen lag, nicht zu Ende geführt?

Wenn wir das ganze Drumherum beiseite lassen und uns dem Inhalt von »Humani generis unitas« zuwenden, wie sollen wir ihn bewerten, ohne ihn mit einer Vielzahl anderer Dokumente zu vergleichen: mit den von Pius XI. und Pius XII. veröffentlichten Enzykliken; mit den Verlautbarungen der kirchlichen Lehre und den zahlreichen Stellungnahmen im Zentrum der katholischen Welt von damals, zu Fragen wie der katholischen Kritik der modernen Welt, des Laizismus, des Etatismus, Nationalismus, Liberalismus oder Sozialismus; mit den Soziallehren Leos XIII., Benedikts XV. oder Pius' XI.; mit den Bewegungen der Katholischen Aktion usw.?

Auf diese Weise eröffnet sich vor unseren Augen ein weites Feld, dessen vollständige Erforschung wir uns gar nicht zur Aufgabe machen können. Dies gilt selbst dann noch, wenn wir uns darauf beschränken, was von Anfang an im engeren Sinne Gegenstand unseres Interesses war: die Einstellung der katholischen Welt gegenüber den Juden und dem Antisemitismus am Vorabend des Zweiten Weltkriegs.

In diesem letzten Kapitel werden wir uns gleichwohl bemühen, die Entwicklung des Denkens und der Haltung Pius' XI. in bezug auf Rassismus und Antisemitismus während der letzten beiden Jahre seines Lebens zu erfassen. Zu diesem Zweck werden wir verschiedene in der damaligen Presse veröffentlichte, im übrigen den Fachleuten allgemein bekannte Erklärungen untersuchen, die wir zum einen mit den Ereignissen, die vermutlich den Anstoß gegeben hatten, und zum anderen mit dem Inhalt von »Humani generis unitas« in Beziehung setzen. Da eine solche Untersuchung hier nur auf vorläufige Ergebnisse begrenzt sein kann, werden wir eine ausführliche und systematische Beantwortung derselben Fragen anderweitig wiederaufnehmen.

Wir werden mit zwei häufig erwähnten und in Auszügen, wenn auch meist vage oder gar sinnwidrig zitierten Dokumenten beginnen: als erstes mit dem Dekret des Heiligen Offiziums über die Auflösung des »Opus sacerdotale Amici Israel« vom 25. März 1928; anschließend folgt die Enzyklika »Mit brennender Sorge« vom 14. März 1937.

Die Auflösung der »Freunde Israels«

Am 25. März 1928 verfügte das Heilige Offizium, nachdem es die Zustimmung Papst Pius' XI. erhalten hatte, die Auflösung des »Opus sacerdotale Amici Israel«, des Priesterwerks der Freunde Israels. Seither haben sich zahlreiche Autoren dieses Dekrets bedient, um zu betonen, daß die Kirche »ganz besonders den Haß gegen das einst auserwählte Volk Gottes, nämlich jenen Haß, den man heute gewöhnlich ›Antisemitismus‹ nennt« stets verurteilt habe. Das traf im übrigen auch für Gustav Gundlach in seinem mit »Antisemitismus« betitelten Lexikonartikel sowie für den Abschnitt 144 des Entwurfs »Humani generis unitas« zu. Eine solche Verwendungsweise läßt jedoch die Gründe im dunkeln, aus denen dieses Werk als einziges von all jenen, die sich der Bekehrung der Juden widmeten[1], in den Augen des Heiligen Offiziums und des Papstes keine Gnade fand. Werfen wir also einen kurzen Blick darauf.

Das Werk der Freunde Israels war im Jahre 1925 auf der Bildfläche erschienen und hatte sich am 24. Februar 1926 endgültig konstituiert.[2] Sein hauptsächlicher Begründer, Pater Anton van Asseldonck, Generalprokurator der »Pères croisiers«, hatte die Unterstützung Kardinal van Rossums, des Präfekten der Heiligen Propagandakongregation, erhalten. Das Werk, dessen Programm in diversen in lateinischer Sprache verfaßten Schriften dargelegt war[3], wandte sich an Priester und forderte sie, ohne irgendeinen finanziellen Beitrag zu erheben, auf, sich auf schriftlichem Wege anzuschließen, täglich für die Bekehrung der Juden zu beten, in ihren Predigten und Schriften die Katholiken zum Zwecke der Bekämpfung feindseliger Vorurteile über Israel aufzuklären und den Juden gegenüber Wohlwollen und zugleich ernsten apostolischen Eifer an den Tag zu legen. Ende 1927 wurden 19 Kardinäle, 278 Bischöfe und Erzbischöfe und 3000 Priester als Mitglieder dieser Vereinigung erwähnt. Eine derartige Sympathiebekundung sollte ein schlagendes Argument dafür sein, den Juden zu beweisen, wie sehr der wahrhaft katholische Geist dem Antisemitismus entgegengesetzt sei. Dennoch dekretierte das Heilige Offizium am 25. März 1928 die Auflösung des Werks:

»Nachdem Wesen und Zielsetzung dieser ›Freunde Israels‹ genannten Vereinigung sowie eine kürzlich von den Leitern herausgegebene und großzügig verteilte Schrift mit dem Titel ›Pax super Israel‹, die ihren Charakter und ihre Methoden verständlich machen sollte, dem Urteil der Kongregation des Heiligen Offiziums unterbreitet worden waren, haben die Ehrwürdigen Väter, dazu berufen, über den Glauben und die Sitten zu wachen, zunächst die lobenswerte Seite dieser Vereinigung anerkannt, die darin besteht, die Gläubigen zum Gebet zu Gott anzuhalten und sich für die Bekehrung der Israeliten zur Herrschaft Christi einzusetzen. Es verwundert nicht, daß diese Vereinigung, die nur dieses eine Ziel verfolgt, in ihren Anfängen nicht nur viele Gläubige und Priester, sondern auch eine ganze Reihe von Bischöfen zu ihren Anhängern zählte.

Denn die katholische Kirche hat für das jüdische Volk, das der Hüter der göttlichen Verheißung bis Jesus Christus gewesen ist, trotz der späteren Verblendung, ja gerade wegen dieser Verblendung, stets gebetet. In seiner Liebe hat der Apostolische Stuhl dieses Volk gegen ungerechte Verfolgung beschützt, und wie er allen Haß und alle Feindschaft unter den Völkern verwirft, so verurteilt er ganz besonders den Haß gegen das einst auserwählte Volk Gottes, nämlich jenen Haß, den man heute gewöhnlich ›Antisemitismus‹ nennt.

Nachdem sie festgestellt hatten, daß die Vereinigung der ›Freunde Israels‹ in der Folge eine Handlungs- und Denkweise angenommen hat, die zu Sinn und Geist der Kirche, zum Denken der Heiligen Väter und zur Liturgie im Gegensatz steht, haben die Ehrwürdigen Väter gleichwohl nach Empfang der Voten der Konsultatoren der Plenarversammlung vom 21. März 1928 beschlossen, daß die Vereinigung der ›Freunde Israels‹ aufzulösen sei.

Sie haben sie de facto für aufgelöst erklärt und ordneten an, daß zukünftig niemandem gestattet sei, Bücher oder Schriften zu verfassen oder herauszugeben, die auf irgendeine Weise ähnlich falsche Initiativen fördern könnten.

Am darauffolgenden Donnerstag, dem 22. selbigen Monats und Jahres, billigte der Heilige Vater Pius XI., Papst durch göttliche Vorsehung, in einer dem Assessor des Heiligen Offiziums gewährten Audienz den Beschluß der Ehrwürdigen Väter und ordnete seine Veröffentlichung an.

Gegeben zu Rom, im Palast des Heiligen Offiziums, am 25. März 1928.« [4]

Was war geschehen? Wenngleich das zitierte Dekret dem Leser mitteilt, daß »die Vereinigung [...] in der Folge eine Handlungs- und Denkweise angenommen hat, die zu Sinn und Geist der Kirche, zum Denken der Heiligen Väter und zur Liturgie im Gegensatz steht«, so hütet es sich dennoch, diese Anschuldigung näher zu begründen. Man ist also gezwungen, auf die Kommentare zurückzugreifen, die bald darauf in renommierten und gut informierten Zeitschriften veröffentlicht wurden. So in der »Nouvelle Revue théologique«, die in einem von Pater Jean Levie SJ unterzeichneten Beitrag zunächst einmal »den wesentlichen Teil« des Programms des Werkes in Erinnerung rief, wobei sie präzisierte, daß letzteres »eindeutig lobenswert« sei und »nur dem katholischen Ideal absolut Konformes« zum Inhalt habe:

»Man solle, heißt es dort, unterlassen, von folgendem zu sprechen: 1) vom Volk der *Gottesmörder*; 2) von der Stadt der *Gottesmörder*; 3) von der *Bekehrung* der Juden; vielmehr spreche man von: *Rückkehr* oder *Übergang*; 4) von der *Unbekehrbarkeit* der Juden; 5) von den unglaublichen Dingen, die man sich über die Juden erzählt, besonders vom ›Ritualmord‹; 6) ohne Respekt vor ihren Zeremonien; 7) in übertreibender oder einen Einzelfall verallgemeinernder Weise; 8) in antisemitischen Begriffen.

Sondern man solle, ausgehend von der Schrift, folgendes betonen: 1) ein Vorrecht der göttlichen Liebe zum Volk Israel; 2) das erhabene Zeichen dieser Liebe in der Menschwerdung Christi und seiner Mission; 3) das Fortdauern dieser Liebe; mehr noch, ihre Steigerung in der Tatsache des Todes Christi; 4) und das Zeugnis, den Beweis dieser Liebe im Verhalten der Apostel.«

Doch dann stellt der Kommentator die »Ausdrucksweise« der Initiatoren des Werkes in Frage: »Wenn es auch lobenswert ist, Wahrheit und Gerechtigkeit gegenüber den Juden einzufordern (5 bis 8) und niemals an der Gnade Gottes zu zweifeln (4), ist es aber legitim, die Rolle zu verbergen, die Israel Christus gegenüber spielte (1, 2)? Niemand denkt daran, aus dem ›Gottesmord‹ eine Art ›Erbsünde‹ jedes einzelnen Juden von heute zu konstruieren, doch man kann die Untreue Israels seiner Mission gegenüber [...], seinen Anteil am Tode Christi nicht mit Schweigen übergehen. [...] Noch bedauerlicher wäre es, im Zusammenhang mit den Juden den Ausdruck Bekehrung systematisch zu unterlassen, wenn man an die göttlichen Strafen des Untergangs Jerusalems, an die langen Jahre des Unglaubens denkt.« – »Ein

Pater Levie beanstandete noch einen weiteren Abschnitt der Broschüre, auf den das Dekret zweifellos zielte: »Es ergab sich ausgehend von den Büchern und Diskussionen der Kirchenväter ›gegen die Juden‹ eine gewisse Verhärtung und Entfernung der Herzen voneinander. An dieser Entwicklung festzuhalten würde niemandem nützen.« – »Ein derartiger Satz«, meinte Pater Levie, »scheint eine generelle Ablehnung der Einstellung der Kirchenväter zu den Juden vorauszusetzen.«

Schließlich streicht Pater Levie heraus, was ihm ein »methodischer Fehler« in der von den Freunden Israels empfohlenen »Taktik« zu sein schien: »Ist es nicht ebenso übertrieben wie unpräzise, das Judentum derart zu preisen, daß man der *jüdischen Rasse* als solcher heute eine Art Ehrenplatz im gegenwärtigen Christentum einräumt, einen Platz, der ihm reserviert und bis zu seiner Ankunft leer geblieben sei? [... Es liegt da] ein methodischer Fehler [vor]. Sicher, man muß den Juden zeigen, daß ihre Rasse kein Gegenstand der Verachtung oder der Voreingenommenheit unsererseits ist, doch muß man, um Bekehrungen zu erleichtern, die Rasse als solche verherrlichen und dadurch bei den Konvertiten von morgen eine Art dunklen und stolzen ›Separatismus‹ erzeugen, der eine mögliche Quelle für Enttäuschungen und vielleicht für Rückzugstendenzen wäre? Um mit ganzem Herzen in die ›Katholizität‹ der Kirche einzutreten, braucht es geistige Größe, die durch bewußte Exklusivität der Rasse oder des religiösen Bekenntnisses kaum begünstigt wird. Man bereitet die Juden nicht für die Bekehrung vor, indem man bei ihnen, die schon so stark nationalistisch gesinnt sind, eine ›antikatholische‹ Gesinnung verstärkt, deren Lücken und Mängel der heilige Paulus in bewundernswerter Weise benannt hat.«

Aus alldem geht hervor, daß das Werk der Freunde Israels wahrscheinlich deshalb aufgelöst wurde, weil man ihm vorwarf, innerhalb der Kirche selbst ein bestimmtes Traditionsverständnis, eine Sprache und gewisse Vorurteile in Frage zu stellen, die eine in Kreisen, die sich nicht unbedingt zum Christentum bekannten, an den Tag gelegte Verachtung der Juden und den Haß auf sie nur verstärken konnten.

Tatsache bleibt aber ebenso, daß das Heilige Offizium 1928 in der Tat »eine der explizitesten Verurteilungen des Antisemitismus« vorgenommen hat, »die Rom bisher ausgesprochen hatte«.[5] Das wird bei der Enzyklika »Mit brennender Sorge« im Jahre 1937 nicht der Fall sein.

Erneute Lektüre von »Mit brennender Sorge«[6]

Im März 1937 erläßt Pius XI. nacheinander zwei Enzykliken, »Mit brennender Sorge« am 14. und »Divini Redemptoris« am 19., die das Neuheidentum der Nazis und den atheistischen Kommunismus Schlag auf Schlag verurteilen. Von der zweiten war bereits im 3. Kapitel die Rede. Was erstere betrifft, die allgemein als feierlicher Protest Pius' XI. gegen den Nationalsozialismus präsentiert wird – manchmal fügt man aber noch den Antisemitismus hinzu –, so werden wir uns hier darauf beschränken, ihre reale Tragweite herauszustellen, um dem Leser Anhaltspunkte für einen Vergleich mit dem Entwurf zu »Humani generis unitas« an die Hand zu geben.

»Mit brennender Sorge« kommt nach vier Jahren des Zurückweichens, der taktischen Konzessionen in strategischen Kompromissen mit der Nazimacht, und zwar von seiten der Kirche in Deutschland wie seitens des Vatikans selbst.[7] In gemäßigtem Ton richtet die Enzyklika in indirekter Weise an den Vertragspartner des Konkordats von 1933 Beschwerden, die ausschließlich die alarmierende Situation der Kirche in Deutschland betreffen. Damit man eine Vorstellung davon hat: massenhafte Entlassungen und Verhaftungen katholischer Beamter, Abschaffung der Bekenntnisschulen, Auflösung der sozialen Organisationen und der Jugendbewegungen, Verhaftungen von Priestern, Angriff gegen religiöse Orden durch Anordnung von Strafverfolgungen wegen Devisenhandels oder sexueller Perversionen, Gründung einer deutschen Nationalkirche, das Vordringen einer neuheidnischen und rassistischen Ideologie usw. Doch die Liste hätte noch länger ausfallen können, wenn sich Rom auch für andere Opfergruppen interessiert hätte. Zum Beispiel: Abschaffung aller politischen Parteien, darunter der großen katholischen Zentrumspartei[8], die Einrichtung von Konzentrationslagern, antisemitische Propaganda und Gesetzgebung usw.[9] In den vorangegangenen Jahren hatte es der Heilige Stuhl nicht versäumt, zahlreiche Protestnoten an die deutschen Behörden zu richten. Allerdings hatte der mäßigende Einfluß Kardinal Pacellis bis dahin den Papst daran gehindert, öffentlich das Wort zu ergreifen.

Dennoch wird der Text dieser neuen Enzyklika unter der persönlichen Leitung Kardinal Pacellis vorbereitet werden.[10] Nach Deutschland eingeschmuggelt, dort heimlich gedruckt und von Boten innerhalb weniger Tage unter dem Klerus des ganzen Landes verteilt, wurde sie am Palmsonntag, dem 21. März, in allen katholischen Kirchen des Reichs von den Kanzeln verlesen.[11]

»Mit brennender Sorge[12] und steigendem Befremden«, begann Pius XI., indem er sich an seine »Ehrwürdigen Brüder« des deutschen Episkopats wandte, »beobachten wir seit geraumer Zeit den Leidensweg der Kirche, die wachsende Bedrängnis der ihr in Gesinnung und Tat treubleibenden Bekenner und Bekennerinnen [...].«[13] Doch dem Ausdruck dieser ersten Sorge folgt sehr schnell eine weitere, die ohne Umschweife vom zweiten Abschnitt an formuliert wird:

»Der Unserem verantwortungsvollen apostolischen Amt ziemende Freimut und Wille, Euch und der gesamten christlichen Welt die Wirklichkeit in ihrer ganzen Schwere vor Augen zu stellen, fordern von Uns aber auch, daß Wir hinzufügen: Eine größere Sorge, ein herberes Hirtenleid haben Wir nicht, als wenn Wir hören: viele verlassen den Weg der Wahrheit (vgl. 2 Petr 2, 2).«[14]

Das sind nämlich die beiden Hauptachsen von »Mit brennender Sorge«: zum einen der Protest gegen eine »Geisteshaltung [...], die verbrieftes Recht durch offene oder verhüllte Gewalt zu erdrosseln sucht«[15], gegen »Machenschaften, die von Anfang an kein anderes Ziel kannten als den Vernichtungskampf [...] mit allen Mitteln [...] gegen Christus und seine Kirche«[16]; zum anderen eine Ermahnung derjenigen, »die Wege des Irrtums und des Fremdseins wandeln«, namentlich indem sie, sich »den Gepflogenheiten ihrer neuen Umgebung anpassen[d], für das verlassene Vaterhaus und den Vater selbst nur Worte der Untreue, des Undanks oder gar der Unbill haben [...]«.[17]

Im ersten Teil bekräftigt der Papst in einem häufig an Maßregelung grenzenden Ton die Bedeutung der Glaubensartikel, zu denen die nationalsozialistische Ideologie im Gewissen der Gläubigen in Konkurrenz tritt; zuallererst den Glauben an Gott, der mit einer Vergöttlichung von Werten der menschlichen Gesellschaft unvereinbar ist:

»Habet acht, Ehrwürdige Brüder, daß vor allem der Gottesglaube, die erste und unersetzbare Grundlage jeder Religion, in deutschen Landen rein und unverfälscht erhalten bleibe. Gottgläubig ist nicht, [...] wer in pantheistischer Verschwommenheit Gott mit dem Weltall gleichsetzt, [...] wer nach angeblich altgermanisch-vorchristlicher Vorstellung das düstere unpersönliche Schicksal an die Stelle des persönlichen Gottes rückt, [...] wer die Rasse, oder das Volk, oder den Staat, oder die Staatsform, die Träger der Staatsgewalt oder andere Grundwerte menschlicher Gemeinschaftsgestaltung [...] aus dieser ihrer irdischen Wertskala herauslöst [...] und sie mit Götzenkult vergöttert [...].

Habet acht, Ehrwürdige Brüder, [...]. Wirkt unter Euren Gläubigen dahin, daß sie solcher Verirrung mit der wachsamen Ablehnung begegnen, die sie verdient [...]. Die Bischöfe der Kirche Christi [...] müssen darüber wachen, daß solche verderblichen Irrtümer, denen noch verderblichere Praktiken auf dem Fuße zu folgen pflegen, innerhalb der Gläubigen nicht Boden fassen. Ihre heilige Amtspflicht ist es [...], alles zu tun, damit die Gebote Gottes als verpflichtende Grundlage des sittlich geordneten privaten und öffentlichen Lebens geachtet und befolgt werden [...].«[18]

Der Glaube an Christus, unvereinbar mit der Vergötterung eines Führers:

»[...] seitdem ist kein anderer Name unter dem Himmel den Menschen gegeben, durch den sie selig werden können, als der Name Jesus (Apg 4, 12). Kein Mensch, möge auch alles Wissen, alles Können, alle äußerliche Macht der Erde in ihm verkörpert sein, kann einen anderen Grund legen als den, der in Christus bereits gelegt ist (1 Kor 3, 11). Wer in sakrilegischer Verkennung der zwischen Gott und Geschöpf, zwischen dem Gottmenschen und den Menschenkindern klaffenden Wesensunterschiede irgendeinen Sterblichen, und wäre er der Größte aller Zeiten, neben Christus zu stellen wagt, oder gar über und gegen Ihn, der muß sich sagen lassen, daß er ein Wahnprophet ist, auf den das Schriftwort erschütternde Antwort findet: ›Der im Himmel wohnt, lachet ihrer‹ (Ps. 2, 4).«[19]

Der Glaube an die eine und unteilbare Kirche:

»Die von dem Erlöser gestiftete Kirche ist eine – für alle Völker und Nationen. Unter ihrem Kuppelbau, der wie Gottes Firmament die ganze Erde überwölbt, ist Platz und Heimat für alle Völker und Sprachen, ist Raum für die Entfaltung aller von Gott dem Schöpfer und Erlöser in die Einzelnen und in die Volksgemeinschaften hineingelegten besonderen Eigenschaften, Vorzüge, Aufgaben und Berufungen. [...] Wer an diese Einheit und Untrennbarkeit rührt, nimmt der Braut Christi eines der Diademe, mit denen Gott selbst sie gekrönt hat. Er unterwirft ihren auf ewigen Fundamenten ruhenden Gottesbau der Überprüfung und Umgestaltung durch Baumeister, denen der Vater im Himmel keine Bauvollmacht erteilt hat.«[20]

Der Glaube an die Vorrangstellung des Bischofs von Rom, die insbesondere mit dem Bestreben nach der Errichtung einer deutschen Nationalkirche unvereinbar ist:

»[Echte und legale Autorität ist überall ... eine Bürgschaft der Zukunft; im höchsten und hehrsten Sinne da, wo], wie einzig bei der Kirche, solcher Autorität die Gnadenführung des Heiligen Geistes, Sein unüberwinlicher Beistand verheißen ist. Wenn Leute, die nicht einmal im Glauben an Christus einig sind, Euch das Wunsch- und Lockbild einer deutschen Nationalkirche vorhalten, so wisset: Sie ist nichts als eine Verneinung der einen Kirche Christi, ein offenkundiger Abfall von dem an die ganze Welt gerichteten Missionsbefehl, dem nur eine Weltkirche genügen und nachleben kann.«[21]

Eine ausführliche Diskussion der Grundlagen des positiven Rechts eröffnet sodann den zweiten Teil der Enzyklika. Wir zitieren sie in voller Länge, da sie uns für die Beurteilung der in der Folge zitierten Erklärungen wichtig zu sein scheint:

»An den Geboten dieses Naturrechts kann jedes positive Recht, von welchem Gesetzgeber es auch kommen mag, auf seinen sittlichen Gehalt, damit auf seine sittliche Befehlsmacht und Gewissensverpflichtung nachgeprüft werden. Menschliche Gesetze, die mit dem Naturrecht in unlösbarem Widerspruch stehen, kranken an einem Geburtsfehler, den kein Zwangsmittel, keine äußere Machtentfaltung sanieren kann. Mit diesem Maßstab muß auch der Grundsatz: ›Recht ist, was dem Volke nützt‹, gemessen werden. Zwar kann dem Satz ein rechter Sinn gegeben werden, wenn man unterstellt, daß sittlich Unerlaubtes nie dem wahren Wohle des Volkes zu dienen vermag. Indes hat schon das alte Heidentum erkannt, daß der Satz, um völlig richtig zu sein, eigentlich umgekehrt werden und lauten muß: ›Nie ist etwas nützlich, wenn es nicht gleichzeitig sittlich gut ist. Und nicht weil nützlich, ist es sittlich gut, sondern weil sittlich gut, ist es auch nützlich‹ (Cicero, De officiis, 3, 30). Von dieser Sittenregel losgelöst, würde jener Grundsatz im zwischenstaatlichen Leben den ewigen Kriegszustand zwischen den verschiedenen Nationen bedeuten. Im innerstaatlichen Leben verkennt er, Nützlichkeits- und Rechtserwägungen miteinander verquickend, die grundlegende Tatsache, daß der Mensch als Persönlichkeit gottgegebene Rechte besitzt, die jedem auf ihre Leugnung, Aufhebung oder Brachlegung abzielenden Eingriff vonseiten der Gemeinschaft entzogen bleiben müssen. Die Mißachtung dieser Wahrheit übersieht, daß das wahre Gemeinwohl letztlich bestimmt und erkannt wird aus der Natur des Menschen mit ihrem harmonischen Ausgleich zwischen persönlichem Recht und sozialer Bindung, sowie aus dem

durch die gleiche Menschennatur bestimmten Zweck der Gemeinschaft. [...]

Der gläubige Mensch hat ein unverlierbares Recht, seinen Glauben
zu bekennen und in den ihm gemäßen Formen zu betätigen. Gesetze,
die das Bekenntnis und die Betätigung dieses Glaubens unterdrücken
oder erschweren, stehen im Widerspruch mit einem Naturgesetz.

Gewissenhafte, ihrer erzieherischen Pflicht bewußte Eltern haben
ein erstes und ursprüngliches Recht, die Erziehung der ihnen von Gott
geschenkten Kinder im Geiste des wahren Glaubens und in Übereinstimmung mit seinen Grundsätzen und Vorschriften zu bestimmen.
[...] Die Kirche, die berufene Hüterin und Auslegerin des göttlichen
Naturrechts, kann daher gar nicht anders, als die im Zustand notori-
scher Unfreiheit erfolgten Schuleinschreibungen der jüngsten Vergangenheit als ein Zwangsprodukt zu erklären, dem jeglicher Rechtscha-
rakter abgeht.«[22]

Erinnern wir uns, daß praktisch zur gleichen Zeit in den Vereinigten
Staaten John LaFarge in »Interracial Justice« fast gleichlautende Passagen über das Verhältnis von Naturrecht und positivem Recht schrieb.
Diese seit Augustinus in der christlichen Tradition – und darüber hinaus im gesamten abendländischen Rechtsdenken – tiefverwurzelte
Konzeption wird sich natürlich in »Humani generis unitas« wiederfin-
den.

An zwei weiteren Stellen von »Mit brennender Sorge« kommt der
Papst mit Nachdruck auf die Rechte der Erziehung und der katholischen Jugendbewegungen zu sprechen, Fragen, denen während seines
ganzen Pontifikats seine besondere Sorge galt. Zunächst zu den Rechten der Jugend:

Wenn der Staat eine Staatsjugend gründet, die Pflichtorganisation für
alle sein soll, dann ist es, unbeschadet der Rechte der kirchlichen
Vereinigungen, selbstverständlicher und unveräußerlicher Rechtsan-
spruch der Jungmannen selbst und ihrer für sie vor Gott verantwortlichen Eltern, zu fordern, daß diese Pflichtorganisation von all den
Betätigungen christentums- und kirchenfeindlichen Geistes gesäubert
werde, die bis in die jüngste Vergangenheit, ja bis in die Gegenwart
hinein die gläubigen Eltern in unlösbare Gewissenskonflikte zwingen,
da sie dem Staat nicht geben können, was im Namen des Staates verlangt wird, ohne Gott zu rauben, was Gottes ist.

[...] Wogegen Wir Uns wenden und Uns wenden müssen, ist der gewollte und planmäßig geschürte Gegensatz, den man zwischen diesen Erziehungszielen und den religiösen aufreißt. [...] Wer das Lied der Treue zum irdischen Vaterland singt, darf nicht in Untreue an seinem Gott, an seiner Kirche, an seinem ewigen Vaterland zum Überläufer und Verräter werden.«[23]

Sodann zu den Rechten und Pflichten katholischer Eltern:

»Ihre gottgegebenen Erzieherrechte und Erzieherpflichten stehen gerade im gegenwärtigen Augenblick im Mittelpunkt eines Kampfes, wie er schicksalsvoller kaum gedacht werden kann. Die Kirche Christi kann nicht erst anfangen zu trauern und zu klagen, wenn die Altäre verwüstet werden, wenn sakrilegische Hände die Gotteshäuser in Rauch und Flammen aufgehen lassen. Wenn man versucht, den Tabernakel der durch die Taufe geweihten Kinderseele durch eine christusfeindliche Erziehung zu entweihen [...], dann wird es für jeden bekennenden Christen Pflicht, seine Verantwortung vor der Gegenseite klar zu scheiden, sein Gewissen von jeder schuldhaften Mitwirkung an solchem Verhängnis und Verderbnis freizuhalten. [...] Die formelle Aufrechterhaltung eines zudem von Unberufenen kontrollierten und gefesselten Religionsunterrichts im Rahmen einer Schule, die in andern Gesinnungsfächern planmäßig und gehässig derselben Religion entgegenarbeitet, kann niemals einen Rechtfertigungsgrund abgeben, um einer solchen, religiös zersetzenden Schulart die freiwillige Billigung eines gläubigen Christen einzutragen.«[24]

Diese Ermahnung, dem Druck zu widerstehen, wird auf alle Gläubigen ausgeweitet, insbesondere auf »gewisse Klassen katholischer Beamter«:

»In Euren Gegenden, Ehrwürdige Brüder, werden in immer stärkerem Chor Stimmen laut, die zum Austritt aus der Kirche aufrufen [... und] den Eindruck zu erwecken suchen, als ob dieser Kirchenaustritt und die damit verbundene Treulosigkeit gegen Christus den König eine besonders überzeugende und verdienstvolle Form des Treuebekenntnisses zu dem gegenwärtigen Staate darstelle. Mit verhüllten und sichtbaren Zwangsmaßnamen, Einschüchterungen, Inaussichtstellung wirtschaftlicher, beruflicher, bürgerlicher und sonstiger Nachteile wird die Glaubenstreue der Katholiken und insbesondere gewisser Klassen katholischer Beamter unter einen Druck gesetzt, der ebenso rechtswidrig wie menschlich unwürdig ist. Unser ganzes väterliches Mitgefühl und tiefstes Mitleid begleitet diejenigen, die ihre Treue zu Christus und Kirche um so hohen Preis bezahlen müssen. Aber – hier ist der Punkt erreicht, wo es um Letztes und Höchstes, um Rettung oder Untergang geht, und wo infolgedessen den Gläubigen der Weg heldenmütigen Starkmutes der einzige Weg des Heiles ist [...] auch um den Preis schwerer irdischer Opfer.«[25]

Von Priestern und Ordensleuten fordert Pius XI. schließlich »verstehende Liebe zu den Irrenden, ja selbst zu den Schmähenden«. Das soll aber nicht »irgendwelchen Verzicht [bedeuten] auf die Verkündigung, die Geltendmachung, die mutige Verteidigung der Wahrheit und ihre freimütige Anwendung auf die euch umgebende Wirklichkeit. Die erste, die selbstverständlichste Liebesgabe des Priesters an seine Umwelt ist der Dienst an der Wahrheit, und zwar der ganzen Wahrheit, die Entlarvung und Widerlegung des Irrtums, gleich in welcher Form, in welcher Verkleidung, in welcher Schminke er einherschreiten mag. Der Verzicht hierauf wäre nicht nur ein Verrat an Gott und eurem heiligen Beruf; er wäre auch eine Sünde an der wahren Wohlfahrt eures Volkes und Vaterlandes.«[26]

Insgesamt gesehen war »Mit brennender Sorge« weder eine Verurteilung des Nationalsozialismus in seiner Gesamtheit noch der Ausdruck einer sich auf die Gesamtheit seiner Opfer erstreckenden Solidarität; diese Enzyklika sucht mit den Worten Guenter Lewys nur »die Überspanntheiten der deutschen Nazi-Lehre heraus [...], um sie in einer Art zu verdammen, die nicht die Verdammung des politisch und sozial totalitären Staates nach sich zieht«.[27] Sie war auch kein Protest gegen den Antisemitismus und die Judenverfolgung in Deutschland, die der Text mit keinem Wort erwähnt. Doch müssen wir in dieser Hinsicht der Vollständigkeit halber jene Stelle zitieren, an der all die verurteilt werden, die »die biblische Geschichte und die Lehrweisheit des Alten Bundes aus Kirche und Schule« verbannen wollen, um das Christentum in seinen Fundamenten zu erschüttern:

»In Jesus Christus, dem menschgewordenen Gottessohn, ist die Fülle der göttlichen Offenbarung erschienen. ›Auf vielerlei Art und in verschiedenen Formen hat Gott einst zu den Vätern durch die Propheten gesprochen. In der Fülle der Zeiten hat er zu uns durch den Sohn geredet‹ (Hebr 1,1 f.). Die heiligen Bücher des Alten Bundes sind ganz Gottes Wort, ein organischer Teil seiner Offenbarung. Der stufenweisen Entfaltung der Offenbarung entsprechend liegt auf ihnen noch der Dämmer der Vorbereitungszeit auf den vollen Sonnentag der Erlösung. Wie es bei Geschichts- und Gesetzbüchern nicht anders sein kann, sind sie in manchen Einzelheiten ein Spiegelbild menschlicher Unvollkommenheit, Schwäche und Sünde. Neben unendlich vielem Hohen und Edlen erzählen sie auch von der Veräußerlichung und Verweltlichung, die in dem die Offenbarung und die Verheißung Gottes tragenden alttestamentlichen Bundesvolk immer wieder hervorbrachen. Für jedes nicht durch Vorurteil und Leidenschaft geblendete Auge leuchtet jedoch aus dem menschlichen Versagen, von dem die biblische Geschichte berichtet, um so strahlender das Gotteslicht der über alle Fehler und Sünde letztlich triumphierenden Heilsführung hervor. Gerade auf solchem, oft düsterem Hintergrund wächst die Heilspädagogik des Ewigen in Perspektiven hinein, die wegweisend, warnend, erschütternd, erhebend und beglückend zugleich sind. Nur Blindheit und Hochmut können ihr Auge vor den heilserzieherischen Schätzen verschließen, die das Alte Testament birgt. Wer die biblische Geschichte und die Lehrweisheit des Alten Testaments aus Kirche und Schule verbannt sehen will, lästert das Wort Gottes, lästert den Heilsplan des Allmächtigen, macht enges und beschränktes Menschendenken zum Richter über göttliche Geschichtsplanung. Er verneint den Glauben an den wirklichen, im Fleische erschienenen Christus, der die menschliche Natur aus dem Volke annahm, das ihn ans Kreuz schlagen sollte. Er steht verständnislos vor dem Weltdrama des Menschensohnes, welcher der Meintat seiner Kreuziger die hohepriesterliche Gottestat des Erlösertodes entgegensetzte und damit den Alten Bund im Neuen Bunde seine Erfüllung, sein Ende und seine Überhöhung finden ließ.«[28]

Weit davon entfernt, den Antisemitismus explizit zu verurteilen oder auch nur ein Wort des Mitleids mit den verfolgten Juden in Deutschland zu verlieren, erinnert diese Passage zwei Jahre nach der Verkündung der Nürnberger Rassengesetze im Gegenteil an die Untreue, die »Veräußerlichung und Verweltlichung, die in dem [...] die Verheißung Gottes tragenden Volk immer wieder hervorbrach«, »das ihn [Christus] ans Kreuz schlagen sollte«. In dieser Hinsicht sieht man sich zu der Feststellung veranlaßt, daß »Mit brennender Sorge« gegenüber dem weiter oben zitierten Dekret des Heiligen Offiziums einen Rückschritt bedeutet. Und das in einem Kontext, in dem eine solche Verurteilung noch notwendiger gewesen wäre als 1928.

Ein Jahr nach Erlaß dieser Enzyklika wird der Rassismus der Nazis auch Italien überschwemmen und den Papst vor den Toren des Vatikans selbst herausfordern. Würde Pius XI. nun die Unzulänglichkeiten von »Mit brennender Sorge« korrigieren?

Im Angesicht des Rassismus (Sommer 1938)

Genau an dem Tag, als John LaFarge von Plymouth abfuhr, am 2. Mai 1938, begann Hitler einen siebentägigen Staatsbesuch in der italienischen Hauptstadt. Dieser Besuch sollte für Italien vor allem einen entscheidenden Wendepunkt darstellen, hin zu einer offiziellen Propagierung des Rassismus als einer Staatsideologie und der Verkündung antisemitischer Gesetze im Laufe des folgenden Herbstes und Winters. Dieser Kontext wirkt sich stark auf die Abfassung von »Humani generis unitas« aus; man sieht es dem Text an mehr als einer Stelle an, und die Korrespondez, aus der wir in den vorangegangenen Kapiteln zitiert haben, nimmt mehr als einmal darauf Bezug. Doch die volle Bedeutung dieses kontextuellen Elements kommt erst dann voll zum Tragen, wenn es mit einer in unserem Zusammenhang mindestens ebenso wichtigen Tatsache kombiniert wird, und zwar mit der Entrüstung des Heiligen Stuhls angesichts der wiederholten Verletzungen des Konkordats mit Italien aus dem Jahre 1929.

Rufen wir uns anhand eines Artikels von Yves de La Brière SJ, der anläßlich des zehnten Jahrestages dieses Konkordats in den »Études« erschien[29], in Erinnerung, daß am 11. Februar 1929 im Lateranpalast zwischen dem italienischen Staat und dem Vatikan ein diplomatisches Abkommen und ein politisch-religiöses Konkordat abgeschlossen worden waren. Ersteres brachte einen unabhängigen päpstlichen Zwergstaat hervor, den Vatikanstaat; das zweite regelte die öffentlich-rechtliche Stellung der katholischen Institutionen in Italien »auf eine völlig dem kanonischen Recht der Kirche angeglichene Weise«.[30] Nach einem halben Jahrhundert angespannter Konfrontation zwischen der geistlichen und der weltlichen Macht in Italien schien die Stunde der *Conciliazione* gekommen. Zehn Jahre später zog Pater La Brière eine mehr oder weniger gedämpfte Bilanz aus dem italienischen Konkordat. Auf der positiven Seite verzeichnet er die Respektierung des internationalen Status des Vatikanstaats und »die Beachtung des ganzen administrativen Teils des italienischen Konkordats: die gesetzliche

Stellung der Diözesen, Pfarreien, Gemeinschaften, Schuleinrichtungen, des Kirchenbesitzes und der Kongregationen«. Auf der negativen Seite beobachtet er eine sich immer mehr verschärfende Streitfrage auf einem Gebiet, »dessen praktische Bedeutung beträchtlich war: die Frage der Katholischen Aktion und der Jugendwerke. Die totalitäre Ausrichtung des Regimes fand sich ungern mit der freien Existenz einer ganzen Reihe von Institutionen ab, die auf ihre eigenen Mitglieder in einem Bereich von Aktivitäten beträchtlichen moralischen und psychologischen Einfluß ausübten, in dem das Regime lieber seine souveräne Macht über das Volk, die Elite, die Jugend, die Volksseele ausüben wollte.«

Deshalb hatte Pius XI. am 29. Juni 1931 die Enzyklika »Non abbiamo bisogno« erlassen, »gegen die *totalitäre* Konzeption des Rechts und der Rolle des Staates. Jene vom Faschismus propagierte, aber keineswegs erfundene Konzeption, die er nicht nur mit dem deutschen Nationalsozialismus (der in Deutschland noch nicht an der Macht war) gemein hatte, sondern auch mit dem Bolschewismus, dem Jakobinismus und allen anderen *staatsvergötzenden* Ideologien.«

Am 3. September 1931 folgte eine »gütliche Einigung mit dem Heiligen Stuhl über die Auslegung des Artikels 43 des Laterankonkordats und die Präzisierung der rechtlichen Stellung der italienischen Organe der Katholischen Aktion«.

Doch im Jahre 1938 trat eine neue Komplikation auf:

»Die Politik der Achse Rom – Berlin hatte die deutsche rassistische Propaganda auch südlich des Brenners verbreitet und führte in Italien dazu, daß eine etwas gemäßigte Version der Rassenideologie Hitler-Deutschlands als offizielle Doktrin angenommen wurde.

Man kann sich vorstellen, wie die gegenüber der neuen Staatsdoktrin einzunehmende Haltung in Italien das Problem der Katholischen Aktion und der Rolle der katholischen Jugendwerke wiederaufleben ließ. Welch neuer Vorwand für die Eiferer des garibaldischen Antiklerikalismus, um neue heikle Streitigkeiten, Anklagen wegen Antipatriotismus und plumpe Demonstrationen des Pöbels auszulösen [...].

Die Rassenfrage wird darüber hinaus kompliziert durch die Frage des Antisemitismus und das noch nie dagewesene Eindringen arischer (oder antijüdischer) Forderungen in die faschistische Gesetzgebung des Königreichs Italien von heute [...].«[31]

Halten wir fest, daß Pius XI. der Kritik an »staatsvergötzenden Ideo-logien« – eines der Hauptthemen des ersten Teils von »Humani generis unitas« – bereits im Jahre 1931 eine Enzyklika widmete, und stellen wir mit Yves de La Brière fest, daß die Einführung eines staatlichen Rassismus in Italien die Vereinbarungen des Konkordats von 1929 ver-letzte, eine Situation, der gegenüber der Vatikan nicht gleichgültig bleiben konnte. Um diese neue Konfliktsituation näher zu untersu-chen, verfolgen wir noch einmal den Gang der Ereignisse ab dem Zeit-punkt von Hitlers Staatsbesuch in Rom, vom 2. bis 9. Mai 1938.

»Während der Führer* seinen Einzug in Rom hielt, das der Papst soeben verlassen hatte«[32], so liest man in »La Croix« vom 6. Mai, »wurde bekannt, daß ein wichtiges Dokument des Heiligen Stuhls ge-gen den Rassismus veröffentlicht werden sollte.«[33] Und tatsächlich er-schien am 3. Mai auf der ersten Seite des »Osservatore Romano« ein Brief der Heiligen Kongregation der Seminare und Universitäten, des-sen Präfekt Pius XI. selbst war. Mit Datum vom 13. April war dieser Brief an die Rektoren aller katholischen Universitäten der Welt gerich-tet. Im folgenden nun der vollständige Text:

»Eminenz, am Vorabend des Festes der Geburt unseres Herrn sprach im vorigen Jahr der glücklich regierende erhabene Pontifex in seiner An-sprache an Ihre Eminenzen die Kardinäle und die Prälaten der römi-schen Kurie voller Betrübnis über die schlimme Verfolgung, der, wie je-dermann weiß, die katholische Kirche in Deutschland ausgesetzt ist.

Den größten Kummer aber bereitet dem Heiligen Vater die Tatsache, daß zur Entschuldigung dieses Unrechts unverschämte Verleumdun-gen vorgebracht und höchst verderbliche Lehrmeinungen und Be-griffsverwirrungen weit verbreitet werden, um die Geister irrezuführen und dadurch die wahre Religion auszurotten.

Angesichts dieser Situation weist die Heilige Kongregation der Stu-dien die Universitäten und katholischen Fakultäten an, alle Sorge und Mühe aufzuwenden, um gegen diese grassierenden Irrtümer die Wahr-heit zu verteidigen.

Deshalb sollen die Hochschullehrer sich mit den einschlägigen Ar-gumenten aus Biologie, Geschichte, Philosophie, Apologetik, Rechts- und Sittenlehre eifrig darum bemühen, die ganz abwegigen Lehrsätze, die hier folgen, gründlich und überzeugend zu widerlegen:

1. Die Menschenrassen unterscheiden sich durch ihre natürlichen und unveränderlichen Anlagen so sehr voneinander, daß die unterste Men-schenrasse von der höchsten weiter absteht als von der höchsten Tierart.

138

2. Die Lebenskraft der Rasse und die Reinheit des Blutes müssen auf jede Weise bewahrt und gepflegt werden. Was zu diesem Zwecke geschieht, ist ohne weiteres sittlich erlaubt.

3. Aus dem Blute, in dem die Rassenanlagen enthalten sind, gehen alle geistigen und sittlichen Eigenschaften als aus ihrer hauptsächlichen Quelle hervor.

4. Hauptzweck der Erziehung ist die Entwicklung der Rassenanlage und Weckung der Liebe zur eigenen Rasse, weil sie den höchsten Wert darstellt.

5. Die Religion untersteht dem Gesetz der Rasse und ist ihr anzupassen.

6. Die erste Quelle und höchste Regel der gesamten Rechtsordnung ist der Rasseninstinkt.

7. Das einzig lebende Wesen, das existiert, ist der Kosmos oder das Weltall. Alle Dinge, der Mensch selbst eingeschlossen, sind nichts anderes als verschiedene Erscheinungsformen des lebendigen Weltalls, die sich im Laufe langer Zeiträume entwickeln.

8. Die einzelnen Menschen existieren nur durch den Staat und um des Staates willen. Alles Recht, das sie besitzen, haben sie nur auf Grund einer Verleihung durch den Staat.

Diesen höchst gefährlichen Lehrsätzen kann man leicht weitere hinzufügen.

Der Heilige Vater, als Präfekt dieser Kongregation, zweifelt nicht, Hochwürdigster Herr, daß Sie alles tun werden, um den Anforderungen dieses Reskripts volle Wirkung zu sichern.

Indem ich meiner Pflicht nachkomme, Ihnen dies mitzuteilen, grüße ich Sie hochachtungsvoll und küsse demütig den geweihten Purpur.

Eurer ehrwürdigsten Eminenz demütiger Diener in Christo, Ernest Ruffini, Sekretär.«[34]

Dieser Brief, in dem die katholische Presse Frankreichs alsbald einen »Syllabus gegen den Rassismus«[35] sah, verurteilte letzteren noch als Instrument der »gegen die Kirche in Deutschland gerichteten harten Verfolgung« und in dem Maße, wie er in den Köpfen der Gläubigen mit der »wahren Religion« in Konkurrenz trat und Teil einer totalitären Staatskonzeption war. Die zahlreichen Reaktionen, die er im Laufe der folgenden Monate auslöste, sowohl seitens der katholischen Universitäten als auch seitens erstrangiger Vertreter der Kirche, blieben im allgemeinen innerhalb derselben Grenzen, wobei sie die Unvereinbarkeit des Rassismus mit der modernen Wissenschaft, der Moral und dem Naturrecht betonten und seine vor allem gegen das Christentum gerichteten »religiösen« und politischen Angriffe verurteilten, ohne aber den Antisemitismus zum Gegenstand einer gesonderten Reflexion zu machen.[36]

Drei Wochen nach Hitlers Besuch in Rom bezog eine Kommission der Rassenpolizei der NSDAP heimlich in Mailand Stellung, um die italienischen Faschisten bei der Vorbereitung der Rassengesetze zu unterstützen, die im darauffolgenden Herbst verkündet werden sollten.[37] Höchstwahrscheinlich ist dies ein Grund dafür, daß der Einführung einer Gesetzgebung unter dem Motto »zum Schutze der italienischen Rasse« wie drei Jahre zuvor in Deutschland ein intensiver Propagandafeldzug vorausging. Dieser erlebte am 14. Juli 1938 einen ersten Höhepunkt, als die faschistischen Universitätsprofessoren unter der Schirmherrschaft des Ministers für Volkskultur eine lange »Dichiarazione della Razza« veröffentlichten. Dieser Text, den Mussolini eigenhändig geprüft haben soll, faßt die neue Position des italienischen Faschismus hinsichtlich der Rassenproblematik in zehn Punkten zusammen. Im folgenden nun Auszüge daraus:

»1. Es gibt Rassen.

Die Existenz von Menschenrassen entspricht einer phänomenalen, materiellen, sinnlich wahrnehmbaren Realität [...].

2. Es gibt große und kleine Rassen.

[Neben den] systemisch höheren Gruppen, die gemeinhin Rassen genannt werden und die nur durch einige Eigenschaften individualisiert sind, muß man die Existenz von systemisch niederen Gruppen zugeben (zum Beispiel nordische, mediterrane, dinarische usw.), die durch eine größere Zahl gemeinsamer Eigenschaften individualisiert sind. Diese Gruppen stellen aus biologischer Sicht die eigentlichen Rassen dar, deren Existenz eine evidente Wahrheit ist.

3. Der Begriff der Rasse ist ein rein biologischer Begriff.

Er basiert infolgedessen auf anderen Aspekten als die Begriffe des Volks und der Nation, die im wesentlichen auf historischen, sprachlichen und religiösen Aspekten beruhen. Allerdings finden sich am Ursprung der Verschiedenheit der Völker und Nationen die rassischen Verschiedenheiten. Wenn sich die Italiener von den Franzosen, den Deutschen, den Türken, den Griechen usw. unterscheiden, so nicht nur deswegen, weil sie eine andere Sprache und Geschichte haben, sondern weil die rassische Konstitution dieser Völker unterschiedlich ist [...].

4. Die Bevölkerung des heutigen Italiens ist arischen Ursprungs, und seine Zivilisation ist arisch.

Diese Bevölkerung arischer Zivilisation bewohnt unsere Halbinsel seit mehreren Jahrtausenden [...]. Die Herkunft der Italiener von heute nimmt wesentlich von Elementen jener Rassen ihren Ausgang, die das ewig lebendige Gewebe Europas darstellen und dargestellt haben.

5. Es ist eine Legende, daß es in historischen Zeiten eine Einwanderung einer bedeutenden Zahl von Menschen gegeben habe.

Seit der Invasion der Lombarden gab es in Italien keine weiteren nennenswerten Völkerbewegungen mehr, die die rassische Physiognomie der Nation hätten beeinflussen können. [...]

Die 44 Millionen Italiener von heute stammen also in ihrer absoluten Mehrheit von Familien ab, die seit mindestens einem Jahrtausend in Italien leben.

6. Es existiert also eine reine »italienische Rasse«.

Diese Feststellung [gründet sich] auf die sehr reine Blutsverwandtschaft, die die Italiener von heute mit den Generationen, die seit Jahrtausenden Italien bevölkern, vereint [...].

7. Es ist Zeit, daß sich die Italiener offen als Rassisten bekennen.

Das gesamte bisher vom Regime in Italien verwirklichte Werk ist im Grunde Rassismus [...].

Die Frage des Rassismus in Italien muß von einem rein biologischen Standpunkt aus behandelt werden, ohne philosophische oder religiöse Intentionen.

Die Konzeption des Rassismus in Italien muß wesentlich italienisch und seine Ausrichtung muß arisch-nordisch sein. Das bedeutet jedoch nicht, in Italien die Theorien des deutschen Rassismus als solche einzuführen oder zu behaupten, Italiener und Skandinavier seien dasselbe. Sondern man möchte den Italienern einfach ein physisches und vor allem psychologisches Modell der menschlichen Rasse zeigen, das sich durch seine rein europäischen Eigenschaften von allen außereuropäischen Rassen vollständig abhebt [...].

8. Es ist notwendig, zwischen den Mediterranen Europas (den ›occidentali‹) einerseits und den Orientalen und Afrikanern andererseits deutlich zu unterscheiden.

Daher ist es an der Zeit, jene Theorien als gefährlich zu betrachten, die den afrikanischen Ursprung bestimmter europäischer Völker behaupten und auch die semitischen und chamitischen Bevölkerungen in eine gemeinsame mediterrane Rasse mit hineinnehmen, wobei sie absolut unannehmbare Beziehungen und ideologische Sympathien herstellen.

9. Die Juden gehören nicht zur italienischen Rasse.

Von den Semiten, die sich im Laufe der Jahrhunderte auf dem geheiligten Boden unseres Vaterlandes angesiedelt haben, ist im allgemeinen nichts übriggeblieben. Ebenso hat die arabische Okkupation Siziliens außer der Erinnerung einiger Namen nichts hinterlassen; und darüber hinaus ist der Prozeß der Assimilierung in Italien sehr schnell verlaufen.

Die Juden sind die einzige Bevölkerungsgruppe, die sich in Italien niemals assimiliert hat, da sie sich aus nichteuropäischen rassischen Elementen zusammensetzte, die von jenen Elementen, die am Ursprung der Italiener standen, absolut verschieden sind.

10. Die rein europäischen physischen und psychologischen Eigenschaften der Italiener dürfen in keiner Weise verändert werden.

Die Ehe ist allein im Kreise der europäischen Rassen zulässig, in welchem Falle man nicht von wirklicher Mischung im eigentlichen Sinne sprechen soll, da diese Rassen zu einem gemeinsamen Stamm gehören und sich nur durch einige Züge unterscheiden, während sie sich in vielen anderen gleichen.

Der rein europäische Charakter der Italiener wird durch die Kreuzung mit jeder außereuropäischen Rasse verändert, die Trägerin einer von der jahrtausendealten Zivilisation der Arier verschiedenen Zivilisation ist.«[38]

In allen italienischen Tageszeitungen auf der ersten Seite ihrer Ausgabe vom 15. Juli 1938[39] abgedruckt, erregt diese »Rassen-Erklärung« großes Aufsehen und löst in Italien wie im Ausland sofortige und öffentliche Reaktionen der Kirche aus. Wir werden weiter unten sehen, daß nicht alle Reaktionen von gleicher Entschiedenheit sind und daß sie in der Mehrzahl darin fortfahren, den Rassismus im allgemeinen zu behandeln, obwohl die italienische »Rassen-Erklärung« ganz explizit auf die Juden zielte.

Der Papst kontert am 15. Juli im Laufe einer Audienz, die er dem Generalkapitel der Schwestern von Notre-Dame-du-Cénacle in Anwesenheit Kardinal Pacellis und des Weihbischofs von Paris, Mgr. Beaussart, gewährte. Rufen wir uns in diesem Zusammenhang kurz in Erinnerung, daß es diese Rede ist, die Pater Ledóchowski meint, als er am 17. Juli an LaFarge schreibt: »Sie haben sicherlich gesehen, daß der Heilige Vater in seiner Ansprache an die ›Dames du Cénacle‹ (›L'Osservatore Romano‹, 17. VII.) bereits auf die Sache angespielt hat [...].«[40] Zitieren wir: »Der Heilige Vater wollte noch eine dritte Sache ansprechen, was man als eine erste Probe aus einem ›Ineditum‹ bezeichnen könnte [...]. Sie bezog sich auf das große Problem, das die Welt im Augenblick unter dem Namen eines auf so vielfältige Weise übertriebenen Nationalismus bewegt, eines falsch verstandenen Nationalismus, den der Pontifex Maximus schon einmal schmerzlichen Anlaß hatte als irrig und gefährlich zu verurteilen [...]. Jenen übertriebenen Nationalismus, der dem Seelenheil im Wege steht, der Schranken zwischen den Völkern errichtet, der im Gegensatz steht nicht nur zum göttlichen Gesetz, sondern auch zum Glauben, zum Credo selbst [...]. Die Worte des Credos sind die ersten, die vom Apostelkollegium ausgingen, die ersten Formeln der Lehre des Evangeliums, verkündet durch die Worte Jesu: *Docete omnes gentes.*[41] Und diese Worte sagen: *Credo sanctam catholicam Ecclesiam.*[42] Doch ›katholisch‹ bedeutet ›allumfassend‹. Eine andere Möglichkeit der Übersetzung gibt es nicht [...]. Nun ist der Unterschied zwischen dem übertriebenen Nationalismus und der katholischen Lehre also offensichtlich: der Geist des Nationalismus steht im Gegensatz zum Credo und zum Glauben.

Der Pontifex Maximus fügte hinzu, daß er über diese Dinge bisher noch nicht mit solcher Präzision nachgedacht habe, mit solcher Absolutheit, wie man beinahe sagen müßte, mit so großer Kompromißlosigkeit in der Formulierung.«

Auf die am selben Morgen veröffentlichte rassistische »Erklärung« anspielend, sagte der Papst weiter, »daß er gerade an diesem Tag etwas Schwerwiegendes erfahren habe: es handelt sich von nun an um eine regelrechte Form der Apostasie. Es handelt sich nicht mehr nur um die eine oder andere falsche Idee, sondern der ganze Geist dieser Lehre steht im Gegensatz zum Glauben an Christus.

Credo sanctam catholicam Ecclesiam, das heißt an alles, was die Erlösung und das Heil der Welt bedeutet, während jene andere Lehre genau das Gegenteil davon bedeutet.«[43]

Am 21. Juli kommt Pius XI. in einer Ansprache an hundertfünfzig geistliche Assistenten der Jugend der Katholischen Aktion Italiens auf die gleiche Thematik zu sprechen. Vor allem erklärt er ihnen:

»[...] Katholisch heißt allumfassend, und nicht rassistisch, nationalistisch, separatistisch. Und so muß auch die Katholische Aktion sein, sie muß von diesem Geist inspiriert sein, da es etwas gibt, von dem man sagen könnte, daß es mehr und besser sei als der Glauben selbst:

143

der Geist des Glaubens; ebenso gibt es leider etwas, das noch viel schlimmer als jene andere Formel des Rassismus und Nationalismus ist: der Geist, der sie diktiert. Man muß nämlich sagen, daß es etwas besonders Verachtenswertes gibt, und das ist dieser Geist der Trennung, des übertriebenen Nationalismus, der, gerade weil er weder christlich noch religiös ist, schließlich sogar unmenschlich ist [...].«[44]

Und ein weiteres Mal, ausführlicher, am 28. Juli in einer Rede vor zweihundert Seminaristen des römischen päpstlichen Kollegiums »Propaganda Fide«, die er in Castel Gandolfo empfing:

»[...] Der Papst hat bereits mehrfach wiederholt [...]: katholisch bedeutet allumfassend, und nicht rassistisch, nicht nationalistisch im separatistischen Sinne dieser beiden Begriffe [...]. Die Katholische Aktion muß von diesem Geist und diesen Prinzipien inspiriert sein: darüber gibt es keine Diskussion, denn Katholische Aktion bedeutet katholisches Leben, und die Katholische Aktion ist gerade aus diesem Grunde wie der Augapfel des Pontifex Maximus [...]. Die Katholische Aktion ist, ebenso wie die katholische Kirche, katholisch [...], das heißt allumfassend. [...] In der Welt steht es sehr schlecht, weil viel zu viele Individuen nichts von den universellen Dingen wissen.

Man vergißt, daß das Menschengeschlecht, das gesamte Menschengeschlecht, eine einzige große allumfassende Rasse ist. [...] Man muß sagen, daß die Menschen vor allem eine große und einzige Gattung sind, eine große und einzige Familie von gezeugten und zeugenden Lebewesen. Auf diese Weise ist das Menschengeschlecht eine einzige, allumfassende, ›katholische‹ Rasse [...]. Im Menschengeschlecht existiert eine einzige große, menschliche, allumfassende, katholische Rasse, eine einzige große und allumfassende Menschenfamilie, und mit ihr, innerhalb ihrer, gibt es verschiedene Varianten.

Man kann sich also fragen, wie es kommt, daß Italien leider die Notwendigkeit verspürt, Deutschland nachzuahmen [...]. Wer die Katholische Aktion schlägt, trifft die Kirche, da er das katholische Leben schlägt. Der Zusammenhang ist also einfach: Wer die Katholische Aktion schlägt, trifft den Papst. Und so sagt der Papst also: Paßt gut auf; ich empfehle es euch, ich bitte euch zu eurem eigenen Wohle darum, denn wer die Katholische Aktion schlägt, trifft den Papst, und wer den Papst schlägt, geht daran zugrunde. *Qui mange du Pape en meurt.*[45] Das ist die Wahrheit, und die Geschichte ist der Beweis für diese Wahrheit [...].

Was tut der Papst bei der Propaganda, das heißt dort, wo sich Schüler aus siebenunddreißig Nationen zusammenfinden? Es ist offensichtlich: sie sind alle Söhne derselben Mutter, derselben Familie; allesamt geliebt und am gemeinsamen Tisch derselben Wahrheit und gleicher Güter erzogen. Propaganda ist die wahre, gerechte und gesunde Praktik eines Rassismus, der der Würde und Wirklichkeit des Menschen entspricht; denn die menschliche Wirklichkeit besteht darin, Menschen zu sein und nicht wilde Tiere oder beliebige Wesen; die Menschenwürde besteht darin, eine einzige große Familie zu sein, das Menschengeschlecht, die menschliche Rasse. [...] Das also ist für die Kirche der wahre Rassismus, der eigentliche Rassismus, der gesunde Rassismus, jedes einzelnen aus der großen Gesamtheit der Menschen würdig. Allen gilt dieselbe Mutterliebe, alle sind zum selben Licht der Wahrheit, des Guten, der christlichen Barmherzigkeit berufen; berufen, alle in ihrem eigenen Land, in den verschiedenen Nationen eines jeden, in den einzelnen Rassen Propagatoren dieser so großen und herrlichen mütterlichen, menschlichen, und sodann erst christlichen Idee zu sein [...].[46]

Vorgetragen genau zu der Zeit, da die Patres LaFarge, Gundlach und Desbuquois in Paris ans Werk gehen, kommt in diesen Ansprachen auf eine redundante Weise, die ihre Bedeutung für den Papst unterstreicht, zum Ausdruck, was eine der zentralen Ideen von »Humani generis unitas« sein wird: die Universalität des Christentums reißt im Geiste und in der Realität die Schranken ein, die zwischen Völkern, Nationen und Rassen errichtet wurden; »das Menschengeschlecht ist eine einzige große, allumfassende menschliche Rasse, mit verschiedenen Varianten innerhalb ihrer«. Doch ist weder von den Juden noch vom Antisemitismus die Rede.

Diese Reaktionen Pius' XI. wurden im »Osservatore Romano« veröffentlicht. Desgleichen erschienen sie in der »Civiltà Cattolica«, die in ihrer Ausgabe vom 29. Juli auch die rassistische »Erklärung« vom 14. Juli in voller Länge abdruckte und ihren Lesern folgenden Kommentar unterbreitete:

»Wer die Thesen des deutschen Rassismus gegenwärtig hat, von denen wir kürzlich sprachen[47], wird rasch den beachtlichen Unterschied entdecken, der zwischen diesen und jenen, wie sie die ›Gruppe faschistischer Gelehrter‹ Italiens aufstellte, besteht. Diese bekräftigte wohl erneut, daß der italienische Faschismus sich mit dem deutschen, im

Innersten und explizit materialistischen und antichristlichen Nationalsozialismus oder Rassismus nicht gleichsetzen wolle. Ein wichtiger Punkt, den wir weder herabmindern oder verbergen können noch dürfen, ist der, an dem die ›Wissenschaftler‹ sagen, daß ›die Rassismusfrage in Italien [...] ohne philosophische oder religiöse Intentionen behandelt werden‹ müsse und ohne ›in Italien die Lehren des deutschen Rassismus einzuführen‹. Wenn dieser Punkt auch wichtig ist, so ist er dennoch negativ und reicht allein nicht aus, die Gefahr von falschen Schlüssen und Aktionen auszuschalten, die allzu oberflächliche oder vermessene Anhänger aus diesen Prinzipien ableiten könnten, wie es gewöhnlich geschieht.

Es handelt sich dabei also um Thesen, die, weil sie eine bekannte Tendenz berühren, die Gefahr in sich bergen, ihrer Spur zu folgen. Deshalb haben sie bei konform gehenden und um die Zukunft besorgten Leuten berechtigte Befürchtungen ausgelöst, obwohl man sich in diesen Thesen gegenwärtig nicht zum Irrtum des deutschen Rassismus mit seinen historischen, philosophischen und vor allem religiösen und moralischen Verirrungen bekennt, ja ihn sogar explizit ausschließt. Das Terrain ist derart glatt, daß dies durch das ganze Dokument hindurchscheint, das wir in voller Länge veröffentlichten. Und obgleich man den Willen bekräftigt, den Rassismus ›von einem rein biologischen Standpunkt aus‹ zu behandeln, spricht man dennoch von einem ›physischen und vor allem psychologischen Modell der menschlichen Rasse‹ und mißbilligt die ›Kreuzung mit jeder außereuropäischen Rasse [...], die Trägerin einer von der jahrtausendealten Zivilisation der Arier verschiedenen Zivilisation ist‹. Doch das ›psychologische‹ Element und die ›Zivilisation‹, die wie eine Ableitung davon erscheint, verlassen den ›rein biologischen‹ Bereich und gehören in ›philosophische und religiöse‹ Gebiete, in denen der Mangel an Präzision in den Konzepten und an Genauigkeit in der Terminologie Interpretationen und Anwendungen Raum gibt, die letzten Endes dem deutschen Rassismus entsprechen könnten, dessen Theorien in Italien einführen zu wollen man verneint. Man versteht also den ganzen Ernst der warnenden Worte des Heiligen Vaters, die wir oben zitierten.«[48]

Einerseits hebt sich der zurückhaltende Ton dieses Kommentars von den leidenschaftlichen Akzenten in den Worten Pius’ XI. ab, auf die der Kommentator am Schluß seines Artikels verweist. Andererseits aber steht sein Inhalt im Widerspruch zu den antijüdischen Schmähungen, für die »La Civiltà Cattolica« bis dahin bekannt war; mit solchen Äußerungen wird die Zeitschrift der italienischen Jesuiten jedoch von der folgenden Nummer, Mitte Juli 1938 an, zurückhaltender sein.[49]

Die »Civiltà Cattolica«, die Juden und der Antisemitismus

Es gehört heutzutage zum guten Ton, zu unterstreichen, daß der von der christlichen Tradition seit den Tagen der Kirchenväter mitgeschleppte theologische Antijudaismus mit dem Antisemitismus nichts gemein habe. Diese Unterscheidung dient in der Regel dazu, die der Kirche als Institution angelasteten episodischen Exzesse gegen die Juden auf den Status einfacher konvulsiver Entladungen eines uralten Streits zu reduzieren.

Auf theoretischer Ebene ist diese Unterscheidung völlig gerechtfertigt. Sobald man sich aber konkreter mit dieser oder jener historischen Situation befaßt, muß man dennoch ihre Stichhaltigkeit in Frage stellen. Besonders wenn man sich mit der Geschichte der »Civiltà Cattolica« vor dem Zweiten Weltkrieg beschäftigt, verwischen sich die Grenzen zwischen dem »durchschnittlichen« Antisemitismus jener Zeit auf der einen Seite und dem Antijudaismus, den die Redakteure dieser Zeitschrift an den Tag legten, wenn sie ihren Dauerkrieg gegen alles führten, was sie für die politischen Ausprägungen der Moderne hielten: Liberalismus, Garibaldismus, Republikanismus, Freimaurerei, Sozialismus, Bolschewismus usw., auf der anderen Seite. Hier nun einige auf die Zwischenkriegszeit beschränkte Beispiele, die uns zu jenem Pater Enrico Rosa führen werden, den der Jesuitengeneral um eine Expertise zum Entwurf von »Humani generis unitas« gebeten hatte. Am 12. Oktober 1922 stellte ein anonymer Verfasser zum Thema »Weltrevolution und die Juden« folgende Diagnose seiner Epoche:

»Die Welt ist krank [...]. Überall werden die Völker von unerklärlichen Krämpfen geschüttelt [...], und der Abschaum, der der Arbeit ebenso abgeneigt ist, wie er auf Gewinn und Genuß ohne Ende aus ist, scheint sich an einem frenetischen und tragischen Wirbeltanz des Tumults und Streits zu ergötzen, in der Erwartung, morgen die kommunistische Republik auszurufen, während die Politiker, die Weisen der

Nationen, kopflos geworden sind und fieberhaft nach einem Frieden suchen, der nichts als eine fortdauernde Enttäuschung ist. Wohin gehen wir? [...] Wer führt uns? [...] Wer steht hinter dieser Niedertracht der Parteien, Verschwörungen und Logen und hat diese universelle Revolution angezettelt, die der menschlichen Gesellschaft von einem Ende der Welt zum anderen den Kopf verdreht? [...]«

Wer? Die Synagoge, antwortete der Autor, nachdem er »bewiesen« hatte, daß sich in Rußland, dem Zentrum der weltweiten Subversion, und in der kommunistischen Internationale alle Schalthebel der Macht in den Händen »jüdischer Eindringlinge« befänden.[50] Im gleichen Geiste stellte ein weiterer anonymer Autor am 25. September 1936 mit folgenden Worten die »Judenfrage«[51]:

»Zwei einander scheinbar widersprechende Tatsachen erweisen sich als wahr, wenn man die über die ganze Welt verstreuten Juden zusammennimmt: ihre Herrschaft über das Geld und ihre beherrschende Position im Sozialismus und Kommunismus, [die] für die Gesellschaft eine ernste und andauernde Gefahr darstellen.«

Zur Erläuterung dieser Verbindung von Geld und Revolution machte sich der Autor den Standpunkt des französischen antisemitischen Essayisten Léon de Poncins[52] zu eigen:

»Der Sozialismus ist nicht immer ein Ziel an sich; er kann eine Waffe und ein Zerstörungsmittel sein, das den Absichten des internationalen Finanzwesens entgegenkommt [...]. Das höchste jüdische Ideal strebt danach, die Welt in eine durch gleiches Handeln einheitliche anonyme Gesellschaft zu verwandeln; die ganze Erde soll zum Kapital dieser Gesellschaft werden, für die die Arbeit aller Geschöpfe Zinsen abwerfen soll; anschließend soll Israel, das von Anfang an von Marionetten unterstützt wurde, den diktatorischen Verwaltungsrat dieser Gesellschaft stellen. Die schnellste Methode, um ans Ziel zu gelangen, ist der brutale und diktatorische Kommunismus. Es handelt sich darum, dem noch begrenzten und relativ zerbrechlichen Kapitalismus Europas und Amerikas den weltumspannenden Pankapitalismus als absolute politische Macht gegenüberzustellen. Der Kommunismus ist der kürzeste Weg dorthin. Der sowjetische Terrorismus hat nämlich mit der Vergangenheit Tabula rasa gemacht, und der staatliche Pankapitalismus hat damit begonnen, mit dem ›Fünfjahresplan‹ auf freiem Gelände auf seine Weise wiederherzustellen, was ihn gerade mal einige Millionen Menschenleben gekostet hat.«

Was die Lösungsvorschläge betrifft, behauptete der jesuitische Verfasser, Léon de Poncins nicht bis zum Schluß folgen zu können, der drei Möglichkeiten sah – die Assimilierung, den Zionismus und das Ghetto:

»[...] Die erste wäre die beste. Sie ist unmöglich, da die Juden schon immer Juden waren, sind und bleiben werden [...]. Der Zionismus wäre eine befriedigende Lösung, aber sie scheint nicht dauerhaft zu sein, [besonders] weil die Juden, einzig und allein mit den Eigenschaften von Parasiten und Zerstörern versehen, manuelle Arbeit weder gewöhnt sind noch schätzen [...]. Bleibt die dritte Lösung: das Ghetto, das heißt eine rechtliche Sonderstellung für die Juden. Das ist die Lösung, die die christlichen Nationen vor der Französischen Revolution angewandt hatten [...].«

Eine zu vage Lösung für den Geschmack des Autors, der ihr eine andere vorzieht, die bereits Pater Joseph Bonsirven SJ[53] vorgeschlagen hat:

»Das Judentum, in seiner Gesamtheit betrachtet, entwickelt sich ohne Unterlaß und bedient sich ständig neuer Kräfte. Es hat allen Versuchen einer Absorption und allen Auflösungsfaktoren widerstanden und nimmt zahlenmäßig weiter zu: ein einzigartiges Beispiel in der Geschichte der Völker.

Diese Dauerhaftigkeit trotz feindlicher Bedingungen ist uns ein Beweis dafür, daß Israel das ewige Volk bleibt. Muß man nicht in dieser Dauerhaftigkeit und in dieser konstanten Entwicklung einen Willen und eine geheime Absicht der göttlichen Vorsehung erblicken? Was hat er noch vor mit diesem Volk, das er erwählt und mit seinen Gaben überhäuft hat? ›Die Erwählung und die göttlichen Gaben sind unwandelbar.‹ Welche Rolle hat er ihnen in der religiösen Geschichte der Welt zugedacht? Ein Geheimnis.

Doch hier das andere Geheimnis, eine höhere Wahrheit, die der heilige Paulus ankündigt, eine Prophezeiung voller Versprechen: ›Verstockung liegt auf einem Teil Israels, bis die Heiden in voller Zahl das Heil erlangt haben; dann wird ganz Israel gerettet werden [...]. Wenn aber schon durch ihr Versagen die Welt und durch ihr Verschulden die

Heiden reich werden, [...] wenn schon ihre Verwerfung für die Welt Versöhnung gebracht hat, dann wird ihre Annahme nichts anderes sein als Leben aus dem Tod!‹ (Röm 11, 25, 12 u. 15).«

Dasselbe Thema taucht im Mai 1937 mit praktisch gleichlautenden Formulierungen in einer Serie von drei Artikeln mit den Titeln »Die Judenfrage und der Zionismus«, »... und die Konversionen«, »... und das katholische Apostolat« noch einmal auf.[54] Im ersten der drei Artikel behauptete der anonyme Verfasser, der sich vor allem auf »die knappe und klare Darstellung des berühmten englischen katholischen Schriftstellers« Hilaire Belloc[55] stützte, gleich zu Anfang, es sei doch »eine offensichtliche Tatsache, daß die Juden aufgrund ihres Herrschaftsgeistes und ihrer revolutionären Übermacht ein störendes Element sind. Das Judentum ist [...] ein Fremdkörper, ein Entzündungsherd, der Reaktionen jenes Organismus hervorruft, den er befallen hat.

Die ganze Frage besteht darin, die passendste Art zu finden, sich von der Irritation zu befreien und das Gleichgewicht und die Ruhe des sozialen Organismus dauerhaft wiederherzustellen. Es gibt nur zwei mögliche Lösungen: Eliminierung oder Absonderung. Die Eliminierung kann auf dreierlei Art geschehen: drastisch feindselig durch Vernichtung; feindselig, doch weniger grausam, durch Vertreibung; auf freundliche und sanfte Weise durch Absorption. Die ersten beiden stehen im Gegensatz zur christlichen Nächstenliebe und zum Naturrecht. Die dritte hat sich historisch als unmöglich erwiesen. Die Absonderung kann auf feindliche oder auf freundliche Art geschehen. Auf feindliche Art, wenn nicht auch das fremde Element, sondern nur der befallene Organismus und seine Interessen berücksichtigt werden. Diese Art widerspricht der Nächstenliebe und merzt im übrigen die Reibungen nicht aus, die die Irritation hervorrufen. Die freundliche Lösung trägt dem abgesonderten Element und dem absondernden Organismus voll und ganz Rechnung, indem sie so gut wie möglich auf die Interessen beider Parteien achtet. Den Ausdruck ›Absonderung‹, dessen Bedeutung er als entwürdigend ansieht (wie das alte Wort ›Ghetto‹ es war), möchte Belloc durch den Ausdruck ›Anerkennung‹ ersetzen, um auf ein ziviles und barmherziges Arrangement zu verweisen [...], und meint, daß dies das einzige praktikable und wirksame Mittel zur Lösung der Judenfrage sei.«

Diese »Absonderung oder Unterscheidung«, präzisiert derselbe Verfasser einen Monat später in seinem dritten Artikel, müsse »unserer Zeit angepaßt [sein ... und soll] nicht durch eine offizielle Gesetzgebung vollzogen werden, die sich in der Praxis als falsch erweisen könnte, sondern aus der Gewohnheit des Zusammenlebens heraus, die in der Folge zu einer klugen, auf Erfahrung beruhenden Gesetzgebung führen könnte [...]. Eine rein politische, das heißt auf den weltlichen Interessen dieser oder jener Nation beruhende Lösung läßt sich nicht finden, da diese unweigerlich entweder dem je nach den verschiedenen Interessen der einzelnen Nationen mehr oder weniger gewalttätigen Antisemitismus oder aber der Unruhe stiftenden Übermacht des Judentums Raum gibt. Es bleibt also nur die christliche Lösung, die auf zwei Kardinaltugenden beruht: der Barmherzigkeit und der Bedachtsamkeit.

Wenn man sich der Bekehrung durch das Gebet oder das Apostolat in den geeignetsten modernen Formen widmet, sorgt die Barmherzigkeit für eine Annäherung und eine Verständigung, die einem zivilisierten Zusammenleben von Christen und Juden sowie einer steigenden Zahl von Bekehrungen den Weg ebnet. Zu gleicher Zeit mäßigt die Bedachtsamkeit diese Beziehungen in der Weise, daß sie jede Gefahr für die Christen ausschaltet und die beiden störenden jüdischen Vormachtstellungen, die Vorherrschaft auf materiell-finanziellem sowie auf revolutionärem Gebiet, einschränkt, ohne auf den Antisemitismus zurückzugreifen. Jede Form des Antisemitismus wird von der Kirche verurteilt, und man muß erkennen, daß er von der Mehrzahl der zivilisierten Nationen nicht akzeptiert wird, die, noch selbst wenn sie es nicht ausdrücklich sagen, über viele der von den vorangegangenen Generationen ererbten Prinzipien christlicher Zivilisation verfügen. Die Politik wird die Judenfrage um so rascher, umfassender und dauerhafter einer wenn nicht endgültigen, so doch zumindest vorläufigen Lösung zuführen können, je mehr sie sich von der christlichen Barmherzigkeit und Bedachtsamkeit leiten läßt.«[56]

Am 24. Juni 1938 erinnerte ein Autor in einer dem Buch eines in die Schweiz geflüchteten »nichtkatholischen Deutschen« gewidmeten Presseschau an die »anhaltenden Verfolgungen der Christen, insbesondere der katholischen Kirche, durch die Juden und an ihre Allianz mit den Freimaurern, den Sozialisten und anderen antichristlichen Parteien«[57], ein Mahnruf, der am 8. Juli – eine Woche vor der Veröffentlichung der bereits erwähnten »Dichiarazione della razza« – in einer der »Frage der Juden in Ungarn« gewidmeten umfangreichen Studie auf besondere Weise illustriert wurde. Diesmal ging es nicht mehr darum, eine »Absonderungs«-Theorie vorzuschlagen, sondern um deren konkrete Anwendung in einem Land, das als »solideste und unzerstörbarste Festung der Christenheit« dargestellt wurde, in dem die »Vormachtstellung« der Juden »für das religiöse, sittliche und soziale Leben des ungarischen Volkes [besonders] unheilvoll [geworden sei, weil] alle oder fast alle Juden der intellektuellen und führenden Kreise ungläubig sind, Freidenker oder Revolutionäre oder gar Freimaurer und Organisatoren der Freimaurerei. Als Antichristen im sittlichen und intellektuellen und als Kapitalisten im Wirtschaftsleben sind sie Sozialisten oder Philosozialisten im gesellschaftlichen Leben und verbünden sich mit den sozialistischen Gewerkschaften und deren Führern. Mit einem Wort, ihre Lebensregel (oder eher ihr praktisches Sittengesetz) ist der Erfolg in der Welt mit allen Mitteln.«

Wenn es auch stimme, daß der »Geburtenrückgang unter ihnen (Frucht ihres niedrigen sittlichen Niveaus)« die Hoffnung erlaube, daß ihre Zahl in den kommenden Jahren beträchtlich abnehmen werde, »so bleiben die Juden bis auf den heutigen Tag die Herren Ungarns«. Die Lösung? Antisemitismus, wenngleich »der Antisemitismus der ungarischen Katholiken weder ein vulgärer und fanatischer noch ein rassistischer Antisemitismus [ist]; er ist eine Bewegung zur Verteidigung nationaler Traditionen, der wirklichen Freiheit und Unabhängigkeit des Magyarenvolkes. Im von der Katholischen Aktion (in der 250 000 Menschen organisiert sind) vorgeschlagenen ungarischen Programm für die soziale Bewegung heißt es in Punkt IX über die ›Lösung der Judenfrage gemäß den Interessen der ungarischen Nation‹: ›Die Juden, die die ideelle historische Konzeption der ungarischen Nation bis auf den heutigen Tag nicht akzeptiert haben, haben kein Recht auf Einfluß auf das intellektuelle Leben des Landes, weder in der Presse noch in der Literatur, noch im Kunstleben; dasselbe Prinzip soll gegen alle Ungarn angewandt werden, die sich mit den Juden solidarisieren. Wir müssen den Liberalismus, der unser Wirtschaftsleben zerstört, mit Hilfe eines korporativen Systems zerschlagen, das den Kapitalismus den allgemeinen Interessen der Nation unterordnet. Wir fordern von der Regierung, daß sie Ausländern (Juden) den Zutritt ins Land verwehrt, da wir keine neuen Leute aufnehmen können, während unsere Mitbürger nichts zu essen haben. Wir fordern des weiteren, daß all diejenigen entfernt werden, die ohne Erlaubnis eingereist sind (den Juden war die Einreise durch unzulässige Begünstigungen gelungen), sowie die Bestrafung der Beamten, die ihnen geholfen haben, das Gesetz zu brechen.‹

Kurz gesagt, wir wollen die Verteidigung der Nation gegen die Gefahr einer größeren jüdischen Einwanderung aus Deutschland, Österreich und Rumänien sowie gegen den mit dem Judentum verbündeten Liberalismus und seine unheilvolle Vorherrschaft, und zwar ohne Verfolgung, doch mit energischen und wirksamen Mitteln.

Bislang war das einzige Gesetz zur Verteidigung der Numerus clausus, der 1922 verabschiedet wurde und den Zutritt zu den Universitäten für Juden auf eine Zahl begrenzt, die einen Anteil von 5 Prozent an der Gesamtbevölkerung nicht überschreiten darf.

Seither wurde ein Gesetz vorbereitet, das den Numerus clausus im Wirtschaftsleben einführt, und ein weiteres, das sich in besonderer Weise auf das Pressewesen bezieht, wo Juden nicht mehr als 20 Prozent ausmachen dürfen, ebenso wie in den freien Berufen, den Banken, der Industrie, dem Handel etc., kurz, im wirtschaftlichen, intellektuellen und sittlichen Leben der Nation. Offen gesagt, diese Zahl ist gar nicht so gering, verglichen mit den 5 Prozent Anteil der Juden an der Gesamtbevölkerung; doch will man zur Zeit schrittweise, ohne Verfolgung vorgehen, indem man die friedliche Abwanderung der Juden aus Ungarn fördert, dem sie böse mitgespielt haben, damit sich schließlich die Hoffnung Dantes in bezug auf sie erfüllen sollte: ›Heil Ungarn, daß es keinen bösen Herrn mehr dulde‹ (Par. 19, 142–143). Wir werden auf diese Gesetzesvorschläge nicht im Detail eingehen, sondern merken nur an, daß sie den Geist der edlen magyarischen Traditionen ritterlicher und loyaler Gastfreundschaft atmen und sich auf das absolut Notwendige beschränken, was viele hingegen für ungenügend halten.

Ein Detail verdient besonders hervorgehoben zu werden: das Gesetz betrachtet auch diejenigen als Juden, die nach dem 14. August 1919 getauft worden sind, mit Ausnahme der ehemaligen Kriegsteilnehmer. Dieses Datum erlaubt es, diejenigen Konversionen herauszustellen, die nicht ernsthaft, sondern in der Zeit der ungarischen nationalen Reaktion als einer Folge der bolschewistischen Revolution und des Falls Béla Kuns[58] opportun waren (man zählt ungefähr 16000). Diese Bestimmung stößt bei einigen Katholiken auf Ablehnung, denn sie scheint einer ganzen Reihe ernsthafter Konversionen hinderlich zu sein; andere antworten, daß sie im Gegenteil dazu angetan sei, die Ernsthaftigkeit der Konversionen zu fördern. Wir halten uns nicht für berechtigt, unsere Meinung zu diesem Problem zu äußern. Es kann nur im Einklang mit den christlichen und ritterlichen Traditionen einer Nation gelöst werden, die zur Zeit von einem Mann von höchster Qualität regiert wird, dem Ministerpräsidenten Béla Imrédy, einem eifrigen Katholiken und besonnenen und standhaften Politiker.«[59]

Die soeben zitierten Artikel blieben den Nazipropagandisten des

»Stürmer« oder ihren italienischen Kollegen vom »Regime fascista« nicht verborgen, die sie, nicht ohne Boshaftigkeit, wiederholt auszuschlachten wußten. »Wir müssen zugeben, daß der Faschismus sowohl in der Planung als auch in der Durchführung noch weit von der Rigorosität der ›Civiltà Cattolica‹ entfernt ist«, bemerkte zum Beispiel »Il Regime fascista« am 30. August 1938 ironisch. Darüber hinaus verwies er auf eine im Jahre 1890 in der »Civiltà Cattolica« veröffentlichte Studie und stellte fest, daß »die modernen Staaten und Gesellschaften, einschließlich der gesündesten und mutigsten in Europa, Italien und Deutschland, von den Patres der Gesellschaft Jesu noch viel zu lernen haben«.[60]

An dieser Stelle treffen wir Pater Enrico Rosa SJ wieder, dem der Ordensgeneral der Jesuiten am 8. Oktober 1938 die französische »Kurzfassung« von »Humani generis unitas« mit der Bitte um ein Gutachten übergab. Im Laufe dieser spannungsgeladenen Jahre hatte Pater Rosa bereits mehrmals mit dem einen oder anderen nationalsozialistischen oder faschistischen Propagandisten die Klinge gekreuzt, der seiner Meinung nach die Ehre des Papstes und der »Civiltà Cattolica« in den Schmutz gezogen hatte.[61] Wir werden nur einen einzigen seiner Artikel zitieren: »Die Judenfrage und ›La Civiltà Cattolica‹«, erschienen in der Ausgabe vom 22. September 1938, das heißt drei Wochen nach der Verkündung der ersten antisemitischen Verordnung in Italien (Vertreibung der ausländischen Juden), zwei Wochen nach der berühmten Erklärung Pius’ XI., wonach »der Antisemitismus nicht vertretbar [ist]. Wir sind im geistlichen Sinne Semiten«, und auf ein oder zwei Tage genau in dem Augenblick, da John LaFarge in Rom den Entwurf zu »Humani generis unitas« ablieferte.

In dem erwähnten Artikel aus dem »Regime fascista« hatte der faschistische Journalist Artikel, die im letzten Drittel des Jahres 1890 in der »Civiltà Cattolica« erschienen waren, manipuliert und sie den jüngsten Erklärungen Pius’ XI. zum Rassismus gegenübergestellt. Pater Enrico Rosa schaltete sich nun ein, um die »Wahrheit« der Zitate und das »wirkliche Denken« des Autors aus dem Jahre 1890 aufzuzeigen.[62] Wollte er außerdem diese fünfzig Jahre alten Artikel seinerseits dazu benützen, auf diskrete Weise die rassistische Politik des Faschismus zu kritisieren? Wenn dies der Fall war, dann kann man die Ambivalenz seiner Methode ermessen, die ihn letzten Endes dazu brachte, eine segregationistische Lösung der »Judenfrage« zu vertreten. »Ebenso wie unseren Vorgängern«, schrieb er, »liegt uns daran, auch den Juden gegenüber Gerechtigkeit und Nächstenliebe zu üben, obwohl wir davon überzeugt sind, daß sie sie uns nicht erweisen, wie sie es ganz sicher bei den Verfolgungen der Kirche nicht getan haben, die sie in der Vergangenheit ausgelöst oder gefördert haben, im Einvernehmen mit den Freimaurern, denen sie umfassende Unterstützung zukommen ließen, sowie mit anderen subversiven und antichristlichen Parteien, besonders der ›großen‹ Französischen Revolution unserer Tage.

Das hat uns niemals veranlaßt und wird uns niemals veranlassen, es ihnen mit gleicher Münze heimzuzahlen, sondern nur dazu, sie daran zu hindern, weiteren Schaden anzurichten, und die anderen vor ihrer Allmacht zu schützen, und zwar vor allem zugunsten des sittlichen und religiösen Gemeinwohls sowie zum Wohle der Juden selbst.«

Während die Artikel von 1890 von den »Gründen«, »Auswirkungen« und »Mitteln gegen die moderne jüdische Invasion Europas« handelten, gerät Pater Rosa mit dem »Regime fascista« nur über die Mittel in eine Kontroverse. In seine Überlegungen zu einer Maßnahme, »die die radikalste wäre, aber im Gegensatz zur christlichen Gesinnung stünde: Einzug der Güter und Vertreibung der Personen«, schloß der Autor aus dem Jahre 1890 folgenden Kommentar ein:

»Um legitim zu sein, müßte die Beschlagnahmung durch denjenigen dekretiert werden, der in einer Nation normalerweise die öffentliche Autorität ausübt; und zweitens müßte sie im Einklang mit gewissen Normen der Gerechtigkeit und der christlichen Nächstenliebe stehen. [...] Nicht alle Juden sind Diebe, Unruhestifter, Betrüger, Wucherer, Freimaurer, Gauner und Sittenverderber. Überall findet man welche, die mit den Missetaten der anderen nichts zu tun haben. Warum sollte man diese Unschuldigen in die Strafen mit einbeziehen, die die Schuldigen verdienen? [...] Gerechtigkeit und Nächstenliebe können auf alle Fälle gute Gründe gegen die Grausamkeit dieser allzu drakonischen Verfügungen geltend machen.«

Der Autor aus dem Jahre 1890, fährt Pater Rosa fort, wies die ergänzende Maßnahme zum ersten Mittel ebenfalls zurück, das heißt »die allgemeine Vertreibung der Juden als Ausländer«. Aber wie Pater Rosa, der seinen Mitbruder von damals ausführlich zitiert, zugeben muß, räumte er folgendes ein:

»›Wenn die Juden sich auf unserem Boden befinden, so nicht ohne Schuld, sondern um ihn uns Christen wegzunehmen oder um sich gegen den Glauben zu verschwören‹, da es sich letzten Endes ›um einen

Feind handelt, dessen Ziel es ist, sich unser Land anzueignen und uns um den Himmel zu bringen‹. Doch eine solche Maßnahme wäre nicht möglich, vor allem wenn man sie in allen zivilisierten Ländern durchführen müßte; ›sie liefe im Gegenteil der Absicht Gottes zuwider‹, die die Erhaltung eines wenn auch verstreuten Israels als ein ›konkretes Argument für die Wahrhaftigkeit des Christentums‹ verlangt. Und ›selbst wenn diese Maßnahme umgesetzt werden könnte, würde sie der Sicht- und Handlungsweise der römischen Kirche widersprechen‹. In diesem Zusammenhang führt der Autor [von 1890] das Beispiel der Päpste und der katholischen Fürsten an und erwähnt das Zeugnis der Brüder Lemann, zweier konvertierter Juden. Diese wiesen darauf hin, daß ›die Päpste den Aufenthalt in ihrer Stadt stets mit Wohlwollen erlaubt haben und daß dieses umherirrende Volk immer gern dorthin kam, obwohl es ihm freistand, dort nicht hinzugehen, wobei es Rom selbst aus Dankbarkeit als das Paradies der Juden bezeichnete‹. Wenn dies geschehen konnte, so deshalb, weil jene Juden, die mehr Verstand besaßen als die modernen Juden, erkannten, daß die im Hinblick auf sie eingeführten Absonderungs- und ›Verbots‹-Gesetze ebensosehr zu ihrer Verteidigung wie zum Schutz der Christen da waren, indem sie jeglichen Übergriff und jede gegenseitige Verletzung der jeweiligen Rechte verhinderten.

Vor allem diesen letzten Punkt unterstrich unsere Zeitschrift im Jahre 1890, als sie ihn dem Verhalten des Liberalismus und der Freimaurerei, das damals gerade triumphierte, gegenüberstellte, um ›das einzige Mittel zu finden, das den Aufenthalt der Juden mit dem Recht der Christen in Einklang bringen kann‹. Dieses Mittel bestünde nach unserer Zeitschrift darin, ›den Aufenthalt Gesetzen zu unterwerfen, die gleichzeitig die Juden hindern würden, die Güter der Christen, und die Christen hindern würden, die Güter der Juden anzutasten‹. Es würde sich also nicht um vom Haß diktierte, sondern um gerechte Gesetze handeln, nicht um Verfolgungsgesetze, sondern um Gesetze zum beiderseitigen Vorteil, wie man seinerzeit betonte.

Es stimmt, daß dies jener vollen ›bürgerlichen Freiheit‹ zu widersprechen scheint, die den Juden ohne jede Beschränkung zuzuerkennen der Liberalismus sich brüstet. Unser Streiter [von 1890] sieht das ein. Doch gegenüber den Argumenten der eingefleischten Liberalen beruft er sich auf das Denken Pascals, eines der antiliberalsten Autoren der Vergangenheit, dem die Tatsache, ›unter unterschiedlichen sozialen Bedingungen ein für alle gleiches Recht etablieren zu wollen, [so vorkam], als wenn man die unterschiedlichen Körper- und Kleidergrößen durch ein einheitliches Maß nivellieren wolle. Was hingegen angemessen und notwendig ist, ist der gleiche Respekt gegenüber all den unterschiedlichen Rechten‹, was zwischen In- und Ausländern einen Unterschied macht. Und zu den letzteren muß man nach ihrer eigenen Aussage die Juden rechnen, da ›der Kosmopolitismus ihrer Rasse von den Juden selbst zugegeben wird‹.

Unser Vorgänger aus dem vorigen Jahrhundert glaubt also, daß die den Juden vom Liberalismus gewährte völlige bürgerliche Gleichheit, die sie mit den Freimaurern verband, ihnen angesichts dessen, daß sie kein Recht darauf hatten, nicht nur nicht gebührt, sondern ›sogar schädlich ist, sowohl für die Juden als auch für die Christen‹. Er ist also der Meinung, daß ›man früher oder später, mit Liebe oder mit Gewalt, wird wiederherstellen müssen, was man vor hundert Jahren in den alten Rechtssystemen aus Liebe zu einer angeblichen neuen Freiheit oder zu einem falschen Fortschritt aufgehoben hat. Und vielleicht werden sogar die Juden selbst gezwungen sein, darum zu bitten, daß man wiederherstelle, was man aufgehoben hat.‹ Nun, die Wohlgegründetheit dieser Vorhersage liegt uns klar vor Augen. Denn gerade heute ›reißt die Allmacht, zu der sie das revolutionäre Recht erhoben hat, einen Abgrund zu ihren Füßen auf, dessen Tiefe der Höhe der Gipfel vergleichbar ist, die sie erreicht haben‹.

Man muß feststellen, wieviel von dem, was 1890 angeprangert worden war, der Realität entspricht und von der Erfahrung eines halben Jahrhunderts bestätigt wird, zum Beispiel daß ›die Gleichheit, die die antichristlichen Sektierer den Juden gewährten, überall dort, wo die Regierung der Völker usurpiert wurde, zur Folge hatte, daß sich Judentum und Freimaurerei bei der Verfolgung der katholischen Kirche zusammenschlossen und die jüdische Rasse sowohl, was die verborgene Macht angeht, als auch in ihrem offensichtlichen Reichtum über die Christen erhoben‹.

Und dennoch haben trotz ihrer Allmacht weder die Kirche noch irgendein katholischer Volksführer oder eine katholische Regierung – das heißt diejenigen, die am meisten unter den Vergehen der Juden zu leiden hatten – gegenwärtig oder im Laufe der letzten fünfzig Jahre zu gewaltsamen Mitteln oder Repressalien gegen die Juden gegriffen. Solche gewaltsamen Maßnahmen waren in jüngster Zeit im protestantischen und nationalsozialistischen Deutschland Wirklichkeit geworden, zuvor schon im zaristischen Rußland sowie später im kommunistischen und internationalistischen Rußland, das, wie man weiß und wie unsere Zeitschrift nachgewiesen hat, den Juden dennoch für ihre Revolution zu Dank verpflichtet war.

Das bisher Gesagte zeigt mit aller Deutlichkeit, daß der Autor unserer Zeitschrift bei aller Besorgnis angesichts der religiösen Verfolgung – die damals in Italien wütete und weitgehend, wenn auch übertriebenermaßen, der engen Verbindung zwischen der Freimaurerei und dem antichristlichen Judentum zugeschrieben wurde – darum bemüht war, gegen die herrschenden Mißstände kein Mittel und keine Gegnerschaft vorzuschlagen, die mit den obersten Prinzipien der Gerechtigkeit und Nächstenliebe nicht völlig in Einklang stünden. Es ist also ganz offensichtlich, daß sein Denken nicht richtig verstanden wurde, ja mehr noch, daß es durch jene völlig verzerrt wurde, die seine Ideen als ein Programm der Rache und der Repressalien und sogar des erbarmungslosen Krieges darstellten, eine Interpretation, die völlig legitim wäre, wenn man es bei den rein menschlichen und interessegeleiteten Überlegungen der Politik bewenden ließe. Vielmehr handelt es sich jedoch um einen energischen und berechtigten Aufruf zur Wachsamkeit und zur wirksamen und zugleich friedlichen Verteidigung gegen die Gefahren und die sowohl bürgerliche wie auch religiöse und sittliche Unordnung, durch die das Judentum die moderne Gesellschaft bedroht.

Es läßt sich nicht leugnen, daß vielleicht mehr noch als der gedankliche Hintergrund Form und Stil beinahe fünfzig Jahre später eine gewisse Härte zu vermitteln scheinen, vor allem heutzutage, da der von Freimaurern wie Juden geführte Kampf sich zumindest in der Form, wenn nicht in der Substanz, ein wenig abgeschwächt zu haben scheint. Doch wie es auch um Mängel in Stil und Form bestellt sein mag, sie tun der Kraft des Gedankengangs und folglich auch dem Wert der Schlußfolgerungen keinen Abbruch.« [63]

Wir müssen nun unsererseits feststellen, daß diese verschiedenen Artikel über die Formfragen hinaus gleichen Geistes mit jenem »staatspolitischen« Antisemitismus sind, von dem Gustav Gundlach im Jahre 1930 sprach und der »erlaubt [ist], sobald [er] tatsächlich-schädlichen Einfluß des jüdischen Volksteils auf den Gebieten des Wirtschafts- und Parteiwesens, des Theaters, Kinos und der Presse, der Wissenschaft und Kunst [...] mit sittlichen und rechtlichen Mitteln bekämpft«.[64] Und vermutlich ist eine der Gundlachschen ähnliche Unterscheidung zwischen diesem »erlaubten« Antisemitismus und dem von der christlichen Lehre verurteilten rassischen Antisemitismus der Grund dafür, daß »La Civiltà Cattolica« sich auf diese Weise über die »Judenfrage« auslassen und gleichzeitig den Rassismus der Nazis und dann der Faschisten verurteilen konnte.

Die antisemitischen Gesetze (Herbst und Winter 1938)

Am 4. August hatten die italienischen Zeitungen angekündigt, daß mit Beginn des folgenden Schuljahres ausländische Schüler und Studenten »jüdischer Rasse« auf allen Ebenen an keiner Bildungseinrichtung mehr zugelassen seien. Am 1. September beschloß der italienische Ministerrat darüber hinaus, daß »nichtarische« Ausländer, die sich seit dem 1. Januar 1919 auf dem Gebiet des »Impero« und seiner kolonialen Besitztümer niedergelassen hatten, es binnen sechs Monaten zu verlassen hätten; all denjenigen, die nach diesem Stichtag die italienische Staatsbürgerschaft erlangt hatten, würde sie wieder aberkannt. Tags darauf beschloß der Ministerrat des weiteren, daß Lehrpersonal und Mitglieder von Instituten, Akademien etc., die »nicht arischer Rasse« seien, vom 16. Oktober an entlassen seien. Am 10. und 11. November rekapitulierte der Ministerrat die bereits eingeleiteten Maßnahmen und beschloß weitere: Eheschließungen zwischen Italienern und Ausländern sowie zwischen Italienern »arischer Rasse« und »nichtarischen« Italienern sind verboten oder, wenn sie bereits geschlossen sind, mit all ihren rechtlichen Folgen von Amts wegen annulliert und aus dem Personenstandsregister gestrichen; die »Zugehörigkeit zur jüdischen Rasse« italienischer Bürger muß im Personenstandsregister vermerkt werden; Juden werden vom Militärdienst ausgeschlossen; sie dürfen weder größere Flächen Land noch große Industriebetriebe besitzen; sie können keine Bediensteten »arischer Rasse« einstellen; jüdische Lehrer werden aus den Lehranstalten aller drei Ebenen des Bildungssystems, aus wissenschaftlichen Einrichtungen und Akademien sowie aus den Akademien der schönen und der bildenden Künste ausgeschlossen; die Einschreibung jüdischer Schüler und Studenten an von »arischen« italienischen Schülern besuchten Einrichtungen ist verboten – mit Ausnahme von Schülern »jüdischer Rasse, aber katholischer Konfession«, die abhängig von den kirchlichen Autoritäten weiterhin Grund- und Sekundarschulen besuchen dürfen; mit sofortiger Wirkung wurde die Vertreibung der ausländischen Juden aus dem »Impero« und seinen kolonialen Besitzungen angeordnet, die sich dort nach dem 1. Januar 1919 niedergelassen hatten, ungeachtet dessen, ob sie nach diesem Datum eingebürgert worden waren oder nicht. Im Laufe der folgenden Monate werden noch weitere Maßnahmen verkündet, die insbesondere die Juden verpflichten, den Großteil ihres Immobilien- und Geschäftsbesitzes »Ariern« zu überlassen, nach und nach »ihre Aktivität auf allen Gebieten des nationalen Lebens einzuschränken«, alle Testamentsklauseln für null und nichtig zu erklären, die ein Erbe oder Vermächtnis an die Zugehörigkeit des Erben zur jüdischen Religion binden, und die »Ariern« mit einem jüdisch klingenden Familiennamen erlauben, einen anderen Namen anzunehmen, etc.[65] Entgegen der Hoffnung, die der Redakteur der »Civiltà Cattolica« noch am 29. Juli desselben Jahres zum Ausdruck gebracht hatte, war das faschistische Italien auf dem Gebiet der antisemitischen Gesetzgebung Nazideutschland gefolgt.

Wie reagiert Pius XI.? Am 6. September improvisiert er eine Ansprache vor den Teilnehmern einer Wallfahrt des belgischen katholischen Radios. Von dieser Ansprache werden praktisch nie mehr als die letzten Worte wiedergegeben: »Wir sind im geistlichen Sinne Semiten.« Uns erscheint es jedoch notwendig, sie hier in extenso zu zitieren, so wie sie vor Ort von einem belgischen Prälaten, Mgr. Picard, aufgezeichnet wurde. Als er in einem Gebetbuch, das ihm zum Geschenk gemacht wurde, blätterte, hielt der Papst beim Kanongebet »Supra quae propitio . . .«[66] inne: »So beten wir nach der Wandlung, im feierlichsten Augenblick der heiligen Messe, wenn das göttliche Opfer wirklich dargebracht ist. Das Opfer Abels, das Opfer Abrahams, das Opfer Melchisedechs. In dieser Aufzählung ist die ganze Geschichte des Glaubens der Menschheit enthalten. Das Opfer Abels: die Zeit Adams. Das Opfer Abrahams: die Zeit des Glaubens und der wunderbaren Geschichte Israels. Das Opfer Melchisedechs: Ankündigung des christlichen Glaubens und der Zeit des Christentums. Welch großartige Worte! Sooft wir sie lesen, sind wir von ihnen ergriffen. Das Opfer unseres Patriarchen Abraham. Bedenkt, daß Abraham, unser Patriarch, unser Vorfahr genannt wird. Der Antisemitismus ist mit dem Geist und der erhabenen Wirklichkeit, die in diesen Worten zum Ausdruck kommen, nicht zu vereinbaren. Der Antisemitismus ist eine abstoßende Bewegung, an der wir Christen keinen Anteil haben können [. . .].«

»An dieser Stelle«, notiert der Prälat, »konnte der Papst seine Bewegtheit nicht mehr beherrschen. Und er hatte Tränen in den Augen, als er die Passagen aus dem Apostel Paulus zitierte, die unsere geistliche Abstammung von Abraham beleuchten: ›Abraham und seinem Nachkommen wurden die Heilsverheißungen zugesprochen.‹ Und Paulus bemerkt: ›Es heißt nicht: und den Nachkommen, als wären viele gemeint, sondern es wird nur von einem gesprochen: *und deinem Nachkommen*; das aber ist Christus.‹[67] Die Verheißung wird in Christus und durch Christus Wirklichkeit, in uns, die wir die Glieder seines mystischen Leibes sind. Durch Christus und in Christus sind wir geistliche Nachkommen Abrahams. Nein, es ist den Christen nicht möglich, am Antisemitismus teilzunehmen. Wir erkennen jedem das Recht zu, sich zu verteidigen und die geeigneten Mittel zu gebrauchen, um sich gegen alles, was die eigenen legitimen Interessen untergräbt, zur Wehr zu setzen. Der Antisemitismus ist nicht vertretbar. Wir sind im geistlichen Sinne Semiten.«[68]

Diese bewegten und bewegenden Worte sind deutlich: »Der Antisemitismus ist nicht vertretbar«, er ist eine »Bewegung, an der wir Christen keinen Anteil haben können«. Mit dieser Sichtweise knüpft Pius XI. an das Dekret des Heiligen Offiziums aus dem Jahre 1928 an. Doch ist es zum einen das letzte Mal, daß er in der Öffentlichkeit auf diese Weise spricht – und übrigens für lange Zeit das letzte Mal, daß ein Papst sich so äußert. Zum anderen blieb er auf dem Gebiet der Theologie und sprach nicht explizit über die neue diskriminierende Gesetzgebung. Schließlich wird diese Erklärung, da sie »keinerlei offiziellen Charakter besitzt«[69], in der italienischen katholischen Presse nicht zitiert.

Am 10. November 1938 kommt es im Abstand von wenigen Stunden zu zwei Ereignissen, die für uns besonders wichtige Bezugspunkte sind: die »Reichskristallnacht«, gefolgt von neuen antisemitischen Gesetzen in Deutschland, sowie die Verkündung einer weiteren Reihe antisemitischer Gesetze in Italien.

Das erste dieser Ereignisse[70] ruft in ganz Europa eine Welle der Empörung und des Protests hervor. Auch die katholische Welt bleibt nicht untätig, obgleich sie sich nicht immer von einer gewissen Ambivalenz frei macht.[71] Wenn seitens der Hierarchie die Episkopate »keine konkrete offizielle Position«[72] beziehen, so ergreifen die Kardinal-Erzbischöfe zahlreicher großer europäischer Städte dennoch das Wort und werden von der katholischen Presse zitiert. »La Documentation catholique« zum Beispiel veröffentlicht diese Erklärungen gesammelt, wodurch der Eindruck eines kollektiven Protests gegen den Rassismus verstärkt wird. Wenn man sie aufmerksam liest, entdeckt man gleichwohl beachtliche Unterschiede.[73]

In einer sehr langen Rede »an die Priester während der kirchlichen Exerzitien«[74] spricht der Erzbischof von Malines, Kardinal van Roey, das Thema unter dem Blickwinkel des »Mysteriums des Blutes in der Heilsordnung« an. Nachdem er Punkt für Punkt dem Brief der Heiligen Kongregation der Seminare und Universitäten vom 14. April desselben Jahres gefolgt war, stellt er der rassistischen Lehre von der Reinheit des Blutes eine »völlig andere, sehr wahre und wohlbegründete [Lehre entgegen], auf der als einem wesentlichen Element unsere Heilsordnung beruht«: die des erlösenden und vereinenden Blutes, das von Christus vergossen wurde. Im Einklang mit der Tradition sieht Kardinal van Roey die Wurzeln der »grundlegenden Einheit des Menschengeschlechts« zum einen in der Erbsünde Adams, des Urvaters, und zum anderen in der Vergebung dieser Schuld durch das »Blut des Bundes«, das vom neuen Adam, das heißt von Christus dem Erlöser, »im Übermaß« vergossen wurde. Durch »unsere mystische Verkörperung in Christus«, fährt er fort, sei die Einheit und Gleichheit aller Menschen verwirklicht worden. Und er schließt, indem er die Priester daran erinnert, daß »in der heutigen Zeit das Dogma vom erlösenden Blut Christi häufig Gegenstand des Religionsunterrichts und der Predigt sein sollte« und daß sie ihre Bemühungen verdoppeln sollten, damit »das gesamte Leben in der Pfarrei [darauf ausgerichtet sei], die Gläubigen so zahlreich und so oft wie möglich an die göttliche Eucharistie heranzuführen«.

Mit Datum vom 17. November schreibt Kardinal Verdier an Kardinal van Roey, um ihn voller Respekt zu beglückwünschen und ihn »um die Erlaubnis [zu bitten], diese so erhellenden Worte wiederzugeben«. Doch der Erzbischof von Paris bezieht sich konkreter auf das aktuelle Geschehen als sein Kollege aus Malines, wenn er voraussagt, daß »die Rassenunterschiede in der Welt und innerhalb eines Landes rechtliche Ungleichheiten zum alleinigen Vorteil des Stärksten hervorbringen werden. [...]

Diese Folge ist unglücklicherweise nicht nur theoretischer Natur. Die Ereignisse, deren Zeugen wir sind und die unser menschliches Empfinden so tief treffen und unseren Verstand erschüttern, schreien es heraus, daß Individuen und Völker bereits diesen befremdlichen Überzeugungen gehorchen!

In unmittelbarer Nähe werden Tausende und Abertausende von Menschen im Namen der Rechte der Rasse wie wilde Tiere gejagt, ihres Eigentums beraubt, regelrechte Parias, die im Schoße der Zivilisation vergeblich nach einer Zuflucht und einem Stück Brot suchen. Dies also ist das fatale Ergebnis der Rassentheorie.

Und wenn in letzter Zeit ein sicherlich sinnloses Verbrechen, das man nicht genug verdammen kann, die Leidenschaften eines ganzen Volkes entfesselt, dann ist es sicher, daß diese Gewaltbereitschaft vor allem auf die neue Philosophie zurückzuführen ist, die man propagiert und ausbeutet.«

In einer Ansprache vom 11. November im Dom zu Mailand, die in ganz Italien beachtlichen Widerhall findet, stellt der Erzbischof dieser Stadt, Kardinal Schuster, der für seine Sympathien mit dem Faschismus bekannt ist, das antike Römische Reich, wie er es sich vorstellt, demjenigen gegenüber, das man zu seiner Zeit zu errichten vorgab. »Heute belegt man im Namen dieses Mythos des 20. Jahrhunderts die Nachkommen Abrahams mit dem Reichs*-Bann, doch zugleich bekämpft man die einzige offenbarte Religion. Wird man nicht morgen das Massaker an den römischen Legionen im Teutoburger Wald nach denselben Prinzipien an den Nachfahren des Augustus und des Varus wiederholen wollen? [...]

Zahlreiche Kirchenväter haben im Römischen Reich den Auftrag der Vorsehung erkannt, die schrecklichen Zeiten des Kampfes zwischen den Nationen hinauszuzögern, die dem Ende der Welt vorausgehen sollten. Und in der Tat, wenn es jemals einen antirassistischen und daher wahrhaft universellen und kosmopolitischen Imperialismus gab, dann unter Augustus, dem Begründer des *Imperiums*. [...]

Das alte patrizische Konzept des *agro italico*, einfacher Landbesitz oder Patrimonium der Quiriten, wird durch ein anderes, vorwiegend politisches ersetzt: Rom dehnt seine Grenzen über den Mauerring des Servius Tullius hinaus aus, um den gewaltigen Erdkreis in einer *unica Polis* einzufrieden.

Wenn es also ein antiimperiales und antirömisches Konzept gibt, dann ist es zweifellos das des Rassenmythos des 20. Jahrhunderts; es dreht mit Gewalt zweitausend Jahre der Weltgeschichte zurück [...].«

Doch gegen Ende seiner Ansprache kehrt Kardinal Schuster plötzlich, nicht ohne Zweideutigkeit, zur italienischen Gegenwart zurück, wobei er es sogar – absichtlich? – unterläßt, in einem durchaus archetypischen Zitat aus dem heiligen Paulus die Juden zu erwähnen: »Als in der Kirche von Korinth mehrere Parteien um den Vorrang stritten, [...] schrieb ihnen der Lehrer der Heiden, empört über dieses Sektierertum: ›Vielleicht habt ihr Christus in Stücke geteilt?‹

Nationale Unterschiede in der Politik und im Handel zur rechten Zeit! Die Kirche betreibt weder Politik noch Sozialökonomie. Aber Rassenunterschiede in der christlichen Kirche, nein; denn Christus kann nicht geteilt werden.

In der Konstitution des mystischen Leibes Christi, den die Kirche darstellt, gibt es – und es ist Paulus, der das sagt – keine Griechen und keine Skythen[75] mehr, sondern den neuen Menschen, *nova creatura*, welcher der im Christen lebende Christus selbst ist [...].«

Der Patriarch von Lissabon, Kardinal Cerejeira, drückt sich noch zweideutiger aus; so betont er am 18. November in einer Rede, in der er das wahre Christentum ˋall denen gegenüberstellt, die die Kirche und die Katholische Aktion zugunsten totalitärer, etatistischer, rassistischer oder heidnisch-nationalistischer Weltanschauungen unterdrücken wollen und sich dabei manchmal ein christliches Deckmäntelchen umhängen: »[. . .] Im Traum derer, die das unter dem Zeichen des Schwertes verwirklichte irdische Königreich Christi erwarten, scheint sich uns eine Wiederbelebung des jüdischen Ideals eines nationalen Messias zu offenbaren, der durch den Sieg der Stärke allen Völkern seine Herrschaft auferlegt. [. . .]

Das heißt vor allem nicht, das Königreich Gottes zu suchen (wie es das Evangelium befiehlt). Dies bedeutet vielmehr, ähnlich wie bei den Juden, den Wunsch, daß das Königreich Gottes mit der weltlichen Herrschaft besonderer oder nationaler Interessen und individueller Vorstellungen zusammenfalle [. . .].«

Aber dennoch verkündet er, daß ein lebendiger Katholizismus »nicht umhinkann, den Irrtum des heidnischen Kults der Stärke, des Ehrgeizes, der Gewalt, der Härte, des Hasses (von dem der empörten Welt mit den schändlichen Judenverfolgungen gerade ein grausames Beispiel gegeben wurde) als dem Geiste Christi entgegengesetzt zu verurteilen [. . .]«.

Schließlich zitiert »La Documentation catholique« noch einen kurzen Auszug aus einer Rede, die Kardinal Faulhaber am 6. November im Münchner Dom gehalten hat; trotz seines Charakters als Protest gegen den Rassismus der Nazis schließen seine Worte diese Reihe von Zitaten mit einer seltsam mißtönenden Bemerkung ab:

»Das Volk Israel war durch die Mutter des Erlösers mit Christus blutsverwandt. Doch Blutsverwandtschaft allein genügt im Königreich Gottes nicht. Der Wegbereiter schrie seinen Zuhörern ins Gesicht: ›Und meint nicht, ihr könntet sagen: Wir haben ja Abraham zum Vater. Denn ich sage euch: Gott kann aus diesen Steinen Kinder Abrahams machen‹ (Mt. 3, 9). Dem Erlöser selbst kündigte man während einer seiner Predigten an: ›Deine Mutter und deine Brüder stehen draußen und möchten dich sehen.‹ Worauf er antwortete: ›Meine Mutter und meine Brüder sind die, die das Wort Gottes hören und danach handeln‹ (Luk. 8, 20–21). Christus setzt also die Verwandtschaft des Blutes zurück und fordert die Verwandtschaft im Glauben, die darin besteht, das Wort Gottes zu empfangen. [. . .] Die Frage lautet nicht: Ist

Christus jüdischer oder arischer Geburt? Sondern eher: Sind wir durch die Taufe und den Glauben Glieder Christi geworden? Der heilige Paulus sagt: ›Denn es kommt nicht darauf an, ob einer beschnitten oder unbeschnitten ist, sondern darauf, daß er neue Schöpfung ist‹ (Gal. 6, 15). Der alte Bund gründete sich auf die Verwandtschaft des Blutes, der neue Bund gründet sich auf die Verwandtschaft im Glauben; deshalb erweist sich die Sünde gegen den Glauben als viel schwerwiegender als die Sünde gegen das Blut.«

In Rom jedoch wiederholt Pius XI. im November und Dezember seine früheren klaren Worte des Protests nicht.[76] Der »Osservatore Romano« veröffentlicht täglich die Informationen, die ihn aus Deutschland erreichen, doch anstatt sie zu kommentieren, verschanzt er sich eher hinter den maßgeblichen Positionen der erwähnten Kardinal-Erzbischöfe.[77] »La Civiltà Cattolica« verfährt ebenso. In ihrer Ausgabe vom 25. November widmet die Jesuitenzeitschrift der »Reichskristallnacht« und den neuen Gesetzen, die die deutschen Juden endgültig vom nationalen Leben ausschließen, zwei Seiten ihrer »Chronik der Gegenwart«. Doch am Schluß des rein deskriptiven Artikels findet sich dieser nebulöse Kommentar:

»Dieses ganze Durcheinander zeigt die Gefahr eines Systems, das darauf abzielt, die Angehörigen einer Rasse oder alle Glaubensbrüder des Delinquenten für ein Delikt verantwortlich zu machen, sowie die nüchterne Mißbilligung von Exzessen *brevi manu* der Straße, von denen nur zu sagen ist, daß derartige Zerstörungen die erwarteten Vorteile der beabsichtigten Konfiskationen vermindert. Wenn man heute ›im Namen dieses Mythos des 20. Jahrhunderts die Nachkommen Abrahams mit dem Reichs*-Bann belegt und zugleich die einzige offenbarte Religion bekämpft, wird man dann nicht morgen das Massaker an den römischen Legionen im Teutoburger Wald nach denselben Prinzipien an den Nachfahren des Augustus und des Varus wiederholen wollen?‹«[78]

Ganz anders fallen da die katholischen Reaktionen auf die vom italienischen Ministerrat am 10. und 11. November 1938 verkündeten antisemitischen Gesetze aus. Obgleich er sich jeglicher öffentlichen Erklärung enthält, schreibt der Papst persönlich an den Regierungschef und an den König, und die katholische Presse Italiens verschafft diesen Briefen große Publizität. Doch wenn man ihr Glauben schenkt, betreffen diese energischen Proteste einzig und allein das Verbot von Eheschließungen zwischen »Ariern« und »Nichtariern«, eine Maßnahme, die gegen kanonisches Recht und demnach gegen das Laterankonkordat verstößt. Wir werden dazu einen Artikel des »Osservatore Romano« vom 14./15. November in voller Länge zitieren, der für die gesamte katholische Presse den Ton vorgibt.[79] Nach der Tageszeitung des Vatikans sind »die jüngsten gesetzlichen Bestimmungen über Eheschließungen« ein

»*vulnus*[80] des Laterankonkordats, das in Artikel 34 verfügte: ›Der italienische Staat [...] anerkennt die zivile Gültigkeit des durch das kanonische Recht geregelten Sakraments der Ehe [...].‹ Jedermann weiß, daß die Kirche Jesu Christi katholisch, das heißt allumfassend ist. Gemäß dem göttlichen Auftrag wurde die Botschaft des Evangeliums allen Völkern überbracht: *Euntes docete omnes gentes* [Geht und lehret alle Völker]. Alle, ganz gleich welcher Rasse, sind dazu berufen, Söhne Gottes zu sein, lebendige Glieder des lebendigen Christus, Bürger jenes Königreiches des göttlichen Erlösers, das die Kirche ist. Zwanzig Jahrhunderte Geschichte bezeugen diese großartige und wunderbare Universalität. Auf diese Weise stellte die Rasse unter gläubigen Katholiken noch nie ein Unterscheidungskriterium dar. Die Kirche wandte sich den Menschen aller Rassen zu: sie hat sie gelehrt, wenn sie unwissend waren; sie hat sie erzogen, wenn sie wild waren; sie hat sie vervollkommnet, wenn sie bereits zivilisiert waren. Um den Preis langwieriger, manchmal gefahrvoller und schwieriger Arbeit hat sich die Kirche stets bemüht, die Schranken niederzureißen, die die Menschheit im geistlichen Sinne trennen, und in jedem Menschen Gefühle der Brüderlichkeit und Liebe zu erwecken und zu entwickeln.

Doch gleichzeitig war die Kirche als Herrin und Hüterin des wahren Glaubens stets besorgt, die Gläubigen vor der Gefahr des Verlusts einer so unschätzbaren Gabe zu schützen. Und da zu den größten Gefahren, denen ein Gläubiger ausgesetzt ist, gerade die Ehe mit jemandem gehört, der sich nicht zum katholischen Glauben bekennt, ist die Kirche darum bemüht, so gefährliche Vereinigungen durch ihre weise Gesetzgebung zu verhindern. Seit Jahrhunderten gibt es genau zwei kanonische Ehehindernisse. Das eine untersagt die Eheschließung zwischen Katholiken und Ungetauften (Juden, Heiden etc.). Das andere untersagt Eheschließungen zwischen Katholiken und nichtkatholischen Getauften (Häretikern, Schismatikern[81]). Die Kirche weicht von diesen Einschränkungen nur ab, wenn gewichtige Gründe vorliegen

166

und wenn sie die Garantie hat, daß der Nichtkatholik dem Glauben seines katholischen Gatten nicht im Wege steht und ihre Kinder ausnahmslos im katholischen Glauben getauft und erzogen werden.

Die vom Ministerrat auf seiner Sitzung am 10. dieses Monats gebilligte Verordnung verbietet und annulliert jegliche Eheschließung zwischen einem italienischen Bürger arischer Rasse und Angehörigen anderer Rassen. Ausnahmen gibt es nicht; es ist kein Dispens vorgesehen. Damit ist der Widerspruch zwischen dem neuen italienischen Gesetz und dem kanonischen Recht offensichtlich. Ein Widerspruch, der sich schwerer zu erkennen gibt, wenn es sich um Ehen handelt, die bereits von Hindernissen betroffen waren, das heißt vom Verbot der Kirche, die, wie bereits gesagt, nur selten einem Katholiken erlaubt, eine Ehe mit einer ungetauften oder einer getauften, aber nichtkatholischen Person einzugehen.

Ganz anders liegt dagegen der Fall, wenn es sich um zwei Katholiken verschiedener Rasse handelt. Es ist wahr, daß die immer liebende Mutter Kirche gewöhnlich ihren Kindern rät, keine Ehe zu schließen, die die Gefahr einer degenerierten Nachkommenschaft birgt; in diesem Sinne ist sie bereit, innerhalb der Grenzen des göttlichen Rechts die Bemühungen der weltlichen Autorität, die auf die Verwirklichung eines der ehrbarsten Ziele ausgerichtet sind, zu unterstützen. Die sittlichen und sozialen Gründe einer solchen Haltung sind offensichtlich. Die Kirche aber schlägt vor, warnt, gibt Rat; weder zwingt sie, noch verbietet sie. Wenn zwei Gläubige verschiedener Rasse, die zur Heirat entschlossen sind, an sie herantreten, dann kann die Kirche ihnen aus der alleinigen Tatsache der Zugehörigkeit zu verschiedenen Rassen, ohne daß irgendein kanonischer Hinderungsgrund vorliegt, ihren Beistand nicht verweigern. So fordert es ihre heilige Mission; das fordern die Rechte, die Gott verliehen hat und die die Kirche unterschiedslos allen ihren Kindern zuerkennt. Daraus ergibt sich, daß in dieser Hinsicht ein generelles und absolutes Heiratsverbot zur Lehre und zu den Gesetzen der Kirche im Widerspruch steht.

Das ist noch nicht alles. Der italienische Staat schloß im Jahre 1929 ein Konkordat mit dem Heiligen Stuhl, durch das er sich im Artikel 34 verpflichtet, die kirchlich geschlossene Ehe zivilrechtlich anzuerkennen. Eine feierliche Verpflichtung: eine Verpflichtung, die akzeptiert, anerkannt und eingehalten wurde. Daher sind im Laufe der vergangenen zehn Jahre diese Ehen, die das neue Dekret verbietet, nach kanonischem Recht geschlossen und in allen Fällen ohne Schwierigkeiten ins Personenstandsregister übertragen worden. Heute hingegen bricht man einseitig, was Gegenstand einer bilateralen Vereinbarung war: das *vulnus* des Konkordats ist ohne Beispiel. Es ist um so schmerzlicher, als der Heilige Stuhl sich bereits verpflichtet sah, seine kritischen Beobachtungen zu gegebener Zeit vorzubringen, um sein möglichstes zu tun, die Sache zu verhindern. Die erhabene Person des Heiligen Vaters selbst hatte direkt interveniert, indem er zwei handgeschriebene väterliche Briefe sandte, den einen an den Regierungschef, den anderen an den König. Nichtsdestotrotz wurden die neuen gesetzlichen Bestimmungen ohne Abstimmung mit dem Heiligen Stuhl angenommen: dieser fühlte sich zu seinem großen Bedauern dazu verpflichtet zu protestieren, was er unseres Wissens bereits getan hat. Es stimmt, daß die neue Verordnung in Wirklichkeit nur einige Dutzend Eheschließungen jährlich betreffen wird, da auf dem Gebiet des Königreichs Italien, für das die Konkordatsbestimmungen gelten, kirchlich geschlossene Ehen zwischen Personen verschiedener Rasse äußerst selten sind, eine Seltenheit, die durch die bei Katholiken wie Israeliten fehlende Neigung, sich mit einer Person anderer Rasse zu vereinen, begünstigt wird. Es ist andererseits wahr, daß auch unter diesen neuen Normen in Italien weiterhin jedes Jahr mehr als dreihunderttausend Ehen nach kirchlichem Ritus und mit voller Anerkennung der zivilrechtlichen Folgen geschlossen werden: in der Tat ist dies, was für die Kirche einen wirklichen Trost darstellt, zum Wohle des Staates von höchstem Nutzen, der, indem er das Konkordat schloß, seinem weisen Willen Ausdruck gab, ›der Institution der Ehe, die die Grundlage der Familie bildet, eine den katholischen Traditionen seines Volkes entsprechende Würde wiederzugeben‹.

Doch all diese Überlegungen mildern nicht das schmerzliche Erstaunen, eine Konkordatsverpflichtung entkräftet zu sehen, selbst wenn es erlaubt ist zu hoffen, daß man sich verständigen könne, um eine Meinungsverschiedenheit aus dem Wege zu räumen, die, wie wir gezeigt haben, den Wert einer Prinzipienfrage auf einem Gebiet von höchster Wichtigkeit besitzt, obwohl sie nur eine begrenzte Zahl von Fällen betrifft.«

So scheint also vor allem das *vulnus* des Laterankonkordats die Aufmerksamkeit der Institution Kirche auf sich gezogen zu haben und weniger die Bedingungen, denen die italienischen Juden von nun an ausgesetzt sein werden. Nebenbei bemerkt handelte der Paragraph 130 des Entwurfs zu »Humani generis unitas« sowie bereits zuvor John LaFarge in »Interracial Justice«[82] Ehen zwischen Partnern verschiedener

Rasse mit praktisch den gleichen Worten ab wie der soeben zitierte Artikel.

Pius XI. reagiert darauf in seiner Ansprache vom 24. Dezember 1938 an die in Rom anwesenden Kardinäle und andere kirchliche Würdenträger, die – wie damals jedes Jahr – gekommen waren, um ihm ihre Weihnachts- und Neujahrswünsche zu überbringen:

»[...] Nun ist zum einen, zugleich mit dem Weihnachtsabend, ein weiteres Datum nähergerückt, zu dem Wir von mehreren Seiten gebeten wurden, Uns die notwendig scheinenden Gedanken zu machen und ein paar Worte zu sagen: es handelt sich um den Vorabend des 10. Jahrestages der *Conziliazione*. [...]

Leider müssen Wir aufgrund der Pflicht zur Offenheit und zur apostolischen Wahrheit sowie zur Belehrung, die Wir, auch Unseres Alters wegen, allen schuldig sind – leider müssen Wir sagen, daß Uns der herbeigesehnte Jahrestag angesichts der Art und Weise, wie er herannaht oder wie man ihn herannahen läßt, nicht die heitere Freude bereitet, der wir allein Raum geben möchten, sondern daß er Uns vielmehr wirkliche und schwere Sorgen sowie bittere Betrübnis bringt.

Bittere Betrübnis in der Tat, wenn es sich um regelrechte und ständige Schikanen [...] gegen die Katholische Aktion handelt, die wir, wie man weiß, wie unseren Augapfel hüten.[...] Wenn man den Eifer der niederen Ränge sieht, dann erscheint allzu klar: obwohl die Katholische Aktion in Unserer Vereinbarung unmißverständlich angesprochen wird, müssen von oben her deutliche – oder eher versteckte – Zeichen des Einverständnisses und der Ermutigung ausgehen, damit diese Schikanen an den verschiedenen Orten von einem Ende der Halbinsel zum anderen kein Ende nehmen. Und dies geschieht nicht nur in kleinen und unbedeutenden Orten.

Gestern nannte man Uns Turin, Venedig und Bergamo; heute ist es Mailand, und gerade in der Person seines Kardinal-Erzbischofs, der einer Rede und einer Unterweisung für schuldig befunden wird, die ganz seinen seelsorgerischen Pflichten entsprechen und die wir nur billigen können.[83]

Doch an dieser Stelle rufen Wir persönlich allen in Erinnerung, daß nur das wahrhaft und völlig menschlich ist, was christlich ist, und daß das, was antichristlich ist, unmenschlich ist; ob es sich um die gemeinsame Würde des Menschengeschlechts handelt oder um die Würde, die Freiheit, die Unantastbarkeit des Individuums. [...]

Und es geht hierbei nicht nur um die bittere Betrübnis, die das Herz des alten Vaters empfindet, der seine geliebte Katholische Aktion mißhandelt sieht; sondern dem ersten Mann des Katholizismus, dem Hüter der Sittlichkeit und der Wahrheit bereitete man durch den Verstoß, die Verletzung Unseres Konkordats ernsthafte, schwere Sorgen, vor allem in dem Punkt, wo die heilige Ehe angetastet wird, womit für einen Katholiken alles gesagt ist. [...]

Wenn Wir an die Huldigung denken, die erst kürzlich in diesem Unseren Rom einem dem Kreuz Christi feindlichen Kreuz[84] entgegengebracht wurde, an die Verletzung Unseres Konkordats und an all die anderen Dinge, die Wir bereits erwähnt haben – es erschien Uns nicht vermessen, zumindest auf Rücksicht auf Unser ergrautes Haar zu hoffen. Man wollte dies aber im Gegenteil rücksichtslos außer acht lassen [...].«[85]

Von diesem *vulnus* wird auch noch in der Predigt des Patriarchen von Venedig, Kardinal Adeodato Piazza, zum Dreikönigsfest am 6. Januar 1939 die Rede sein – einer im übrigen äußerst bezeichnenden Predigt, in der die Ablehnung des Rassismus und erzkonservative »antijudaistische« Darstellungen der Juden nebeneinanderstehen. Die Kirche, so betont Kardinal Piazza, seinerseits vom »Osservatore Romano« inspiriert, »ist betrübt über das *vulnus* dieses Monuments der Weisheit, welches das italienische Konkordat darstellt. Und wir wünschen aus Liebe zur Kirche und zum Vaterland, daß diese Vereinbarung bald und vollständig in allen ihren Punkten getreu wiederhergestellt werde, damit der Jahrestag eines historischen Ereignisses, das der Regierungschef selbst als von ›immenser Bedeutung‹ bezeichnet hat, mit ganzer Freude gefeiert werden kann [...].«

Doch der Erzbischof von Venedig verurteilt auch die »falschen Theorien von Rasse und Blut« sowie das kommunistische und das nationalsozialistische Neuheidentum, die er als »Irrwege der modernen Welt«, als »Verleugnung der katholischen Lehre«, als »krankhafte Erscheinungsformen eines pantheistischen Materialismus« und als »öffentlichen Affront gegenüber Verdiensten und Tugenden anderer Völker« bezeichnet. Anschließend fügt er hinzu: »So müssen der legitimen Sorge, die Reinheit des Erbguts der Nachkommen zu bewahren, notwendigerweise zwei Grenzen gesetzt werden: daß man den gemeinsamen Ursprung und das sittliche Band der großen Menschheitsfamilie nicht verleugnet; daß man die Bande der höheren Einheit in Christus weder ignoriert noch verletzt.«

Als er sodann auf die Kirche, die »Mutter der Heiligen«, zu sprechen kommt, erinnert er daran, »daß ihr immer nur die Erwählten unter den Völkern angehört haben und angehören, die im Stall von Bethlehem die Anfänge des Reiches Christi dargestellt hatten, während man die hebräische Führungsschicht, die auf dieser Bühne nicht vertreten war, auf dem Kalvarienberg in einer Haltung der Anklage und des Hasses findet«.

»Es war ein echter jüdischer Fischer, der Erste der Apostel«, so fuhr er fort, »der, als er einige Wochen nach dem *Gottesmord* vor dem Sanhedrin über Christus sprach, das Urteil über die Synagoge sprach: ›Er ist der Stein, der von euch Bauleuten verworfen wurde, der aber zum Eckstein geworden ist. Und in keinem anderen ist das Heil zu finden. Denn es ist uns Menschen kein anderer Name unter dem Himmel gegeben, durch den wir gerettet werden sollen‹ (Apg. 4, 11–12).

Nichtsdestotrotz befand es Petrus – wie seine Gefährten und die anderen bekehrten Juden, die die Säulen und den Urkeim der entstehenden Kirche bildeten – für ungut, den Mitbürgern, die am Tod des Meisters Schuld hatten, die Türen zu verschließen, denn er erinnerte an den Auftrag, den er ihnen hinterlassen hatte: ›Geht zu allen Völkern [...] und lehrt sie‹ (Mt. 28, 19); ›Geht hinaus in die ganze Welt, und verkündet das Evangelium allen Geschöpfen‹ (Mk. 16, 15).

Einfach zu sagen, daß die Kirche die Juden beschützt, heißt, etwas zu behaupten, was nicht wahr ist; denn die Kirche beschützt im göttlichen Auftrag genaugenommen nur die Freiheit ihrer allumfassenden Mission, die darin besteht, jedem ihre übernatürlichen Güter zu vermitteln. Zu sagen, daß die Kirche heute mit ihrer Vergangenheit bricht, ist ebenfalls eine unhistorische und willkürliche Behauptung: die Kirche hat weder jemals Rassenkämpfe geführt, noch hätte sie dies tun können, ohne ihre eigenen Ursprünge, ihr Ziel und ihre göttliche Mission zu verleugnen. Es ist wohl wahr, daß sie nicht selten mit den ihr zur Verfügung stehenden Mitteln sich selbst wie auch ihre Gläubigen gegen gefährliche Kontakte und das Vordringen der Juden verteidigen mußte, das tatsächlich die Erbeigenschaft dieses Volkes zu sein scheint. Wenn man nicht lügen will, muß man aber auch erkennen, daß man in den allzuoft von der jüdischen Arroganz provozierten Reaktionen seitens der Kirche Vorschläge und Beispiele für Ausgewogenheit, Mäßigung und christliche Nächstenliebe finden kann.

Die Kirche hat vor allen Dingen stets dafür gebetet, die endgültige Bekehrung der Juden voranzutreiben, und ihre Hoffnungen sind nicht verloren: es gibt Seelen, die von dieser Seite einer aufrichtigen Vereinigung mit Christus entgegengehen [...].«[86]

»Das mysteriöse Geheimnis der Rede Pius' XI.«

Soweit wir uns auf unser diesbezügliches Wissen verlassen können, knüpfen die letzten Aktivitäten Pius' XI. ein letztes Mal an einige der in »Humani generis unitas« entwickelten Hauptgedanken an.

Der alte Papst Ratti stirbt nach einem erneuten Herzanfall in der Nacht vom 9. auf den 10. Februar 1939. Erst einige Stunden nach seinem Tod, so wird später Kardinal Tisserant behaupten, fand man auf seinem Schreibtisch noch zwei Dokumente: zum einen den Entwurf zu »Humani generis unitas«; zum anderen die Rede, die der Papst am darauffolgenden Tag aus Anlaß des zehnten Jahrestages der Lateranverträge vor den italienischen Bischöfen halten wollte. Ebenfalls laut Kardinal Tisserant seien diese Dokumente beinahe auf der Stelle »verschwunden«.[87]

Diese Behauptungen wurden durch zwei sehr unterschiedliche Quellen zum Teil bestätigt. Die erste ist das Zeugnis, das Pater Walter Abbott SJ im Jahre 1972 dem »National Catholic Reporter« anvertraute. Danach befand sich bei dem Entwurf zu »Humani generis unitas«, der kurz nach dem Tod des Papstes auf seinem Schreibtisch gefunden wurde, eine Notiz Mgr. Domenico Tardinis.[88] Pius XI., gab Mgr. Tardini in dieser Notiz zu verstehen, habe verlangt, daß man ihm den Enzyklikaentwurf unverzüglich übergebe. Immer noch laut Abbott soll der Entwurf am 21. Januar 1939 beim Papst angekommen sein.[89]

Die zweite Quelle ist kein Geringerer als Papst Johannes XXIII., der Anfang Februar 1959 anläßlich des zwanzigsten Todestags Pius' XI. und des dreißigsten Jahrestags der Lateranverträge in einem Brief an die italienischen Bischöfe »lange Auszüge« aus der letzten Rede Pius' XI. bekanntgab.[90] »Als der Tod, unser Bruder, immer näher rückte«, schrieb Johannes XXIII., »war [Pius XI.] noch dabei, die Worte seiner Rede niederzuschreiben, mit denen er sich von den Bischöfen Italiens verabschieden wollte, Worte, die jene anschließend in ihren Diözesen verlesen sollten. Leider hielt seine müde Hand inne, regungslos, ohne zum Ende kommen zu können. [...] Um euch etwas von diesem Manuskript zu enthüllen, genügt Uns der Nachdruck, den er auf die höchste Verantwortlichkeit des Gewissens der Bischöfe legt, sowohl hinsichtlich der Seminare als auch des bischöflichen Wortes.«

In bezug auf die Seminare: »Unsere Absicht war es einzig und allein, euch, Unsere ehrwürdigen Brüder im Bischofsamt, von ganzem Herzen zu bitten, Uns stets zum besten Wohle der Diözesanseminare zu

172

Hilfe zu kommen [...], indem ihr sogar von Zeit zu Zeit großherzig und freiwillig, *corde magno et anima volenti*, irgendein für die Diözese wichtiges Thema opfert [...], indem ihr die Strenge der Rektoren bei der Zulassung und bei den Promotionen unterstützt, dessen eingedenk, daß auf ihnen eine besondere und furchtbare Verantwortung lastet [...].«

Man muß an dieser Stelle an den Schlußteil von »Humani generis unitas« denken sowie an das, was John LaFarge am 11. August 1938 an Pater Talbot schrieb, während er noch mit der Abfassung beschäftigt war: »Wenn der Entwurf durchkommt, wird er gegen Ende einen starken Akzent zugunsten der höheren katholischen Bildung enthalten.«[91]

In bezug auf das päpstliche und bischöfliche Wort in Zeiten des Faschismus heißt es: »Ihr wißt, liebe und ehrwürdige Brüder, wie man das päpstliche Wort oftmals behandelt. Man beschäftigt sich mit Uns, mit Unseren Ansprachen und Unseren Audienzen, und nicht nur in Italien, meist deshalb, um ihren Sinn zu entstellen und sie sogar von vorne bis hinten zu erfinden, um Uns Dummheiten und Absurditäten in den Mund zu legen. Es gibt eine Presse, die alles gegen Uns und Unsere Angelegenheiten sagen kann, indem sie sogar die nähere und fernere Geschichte der Kirche auf eine falsche und pervertierende Weise in Erinnerung ruft und interpretiert; das geht so weit, daß man schließlich jegliche Verfolgung in Deutschland beharrlich abstreitet, eine Leugnung, die mit einer falschen und verleumderischen politischen Anschuldigung einhergeht, wie ja auch die Verfolgung unter Nero von der Anklage wegen des Brandes von Roms begleitet wurde: und man läßt diese Reden zu, da unsere Presse nicht einmal widersprechen oder etwas richtigstellen kann.

Ihr könnt nicht damit rechnen, daß man mit eurem Wort besser umgeht. [...] Habet acht, liebe Brüder in Christo, und vergeßt nicht, daß es allzuoft Beobachter und Verräter gibt (sagt Spione, und ihr werdet die Wahrheit sagen), die aus Eifer oder weil sie damit beauftragt wurden, euch anhören, um euch zu denunzieren, ohne das geringste verstanden zu haben [...].«

»Nach diesen Worten«, teilte Johannes XXIII. 1959 mit, »löst sich das Manuskript des sterbenden Papstes in verworrene und zittrige Linien auf.« Und dennoch, Pius XI. »kommt auf das aktuelle Thema zurück, das der Anlaß für seine Aufzeichnungen war, das heißt auf den zehnten Jahrestag der durch die Lateranverträge etablierten *Conciliazione*«. Bevor wir daraus zitieren, muß man sich in Erinnerung rufen, daß diese Rede im Petersdom in Rom gehalten werden sollte, das heißt »auf dem jahrhundertealten und ruhmreichen Grabmal und auf den Spuren der Apostel des Herrn, die als erste das Evangelium nach Rom brachten und dort die Weltkirche gründeten« und die praktisch alle als Märtyrer starben: »[...] Frohlocket, ihr glorreichen Gebeine der Apostelfürsten, Schüler und Freunde Christi, prophezeit auch ihr Gebeine, heilig und glorreich wie die des Patriarchen Joseph. Prophezeit das Festhalten dieses Italiens an dem Glauben, den ihr gepredigt und mit eurem Blut besiegelt habt. Heilige Gebeine, prophezeit ein unbeugsames und geschlossenes Ausharren gegenüber allen Erschütterungen und allen Nachstellungen, die ihn von nah oder fern bedrohen und bekämpfen. Prophezeit das Wohl und die Ehre, vor allem die Ehre eines Volkes, das sich seiner Würde und seiner menschlichen und christlichen Verantwortung bewußt ist. Prophezeit, geliebte und verehrte Gebeine, das Kommen oder die Rückkehr zur Religion Christi aller Völker, aller Nationen, aller Rassen, die durch das gemeinsame Band der großen Menschheitsfamilie vereint und blutsverwandt sind. Prophezeit schließlich, Gebeine der Apostel, Ordnung, Ruhe und Frieden, Frieden, Frieden für diese ganze Welt, die, während sie vom Wahnsinn des Mordens und Selbstmordes mit der Waffe befallen scheint, um jeden Preis Frieden will und ihn gemeinsam mit Uns vom Gott des Friedens erbittet und darauf vertraut, ihn zu empfangen.«

6
Schluß

»In dem Bestreben, Klarheit in eine legendäre
Geschichtsschreibung zu bringen, sind wir an
einem Punkt angelangt, an dem alles in
Nebel und Schweigen gehüllt ist.«
Émile Poulat

Ist bei diesem Nichtereignis etwas geschehen, was unser heutiges Wissen über diese Zeit verändern oder uns auch nur zu neuen Fragen führen könnte? Ist etwas geschehen, was nicht all das bestätigen würde, was die Geschichtsschreibung bereits festgestellt hat?

In mehreren im Laufe der letzten beiden Jahre des Pontifikats Pius' XI. veröffentlichten Erklärungen bezeichneten die römischen Instanzen der katholischen Kirche den Rassismus als einen Unsinn vom Standpunkt der modernen Wissenschaft, als Apostasie oder religiöse Häresie vom Standpunkt der christlichen Lehre aus oder als Ausdruck einer totalitären Tendenz, die mit dem Naturrecht unvereinbar sei. Bei mehreren Gelegenheiten hatte Pius XI. selber betont, daß man »einer solchen Verirrung mit der wachsamen Ablehnung begegnen [müsse], die sie verdient« (»Mit brennender Sorge«, März 1937), daß »das Menschengeschlecht [...] eine einzige, große, universelle menschliche Rasse« sei (Ende Juli 1938), daß »die Rasse unter gläubigen Katholiken niemals ein Unterscheidungskriterium dargestellt« habe (Mitte November 1938) oder daß »nur das wahrhaft menschlich ist, was christlich ist, und daß das, was antichristlich ist, auch unmenschlich ist; ob es sich um die gemeinsame Würde des Menschengeschlechts handle oder um die Würde, die Freiheit und Integrität des Individuums« (Weihnachten 1938). Wenige Stunden vor seinem Tod prophezeite er noch die Vereinigung »aller Völker, aller Nationen, aller Rassen [...], die durch das gemeinsame Band der großen Menschheitsfamilie [...] blutsverwandt sind« (Februar 1939).

In fast allen dieser Erklärungen wird der Rassismus niemals isoliert betrachtet, sondern stets als ein Phänomen, das den Niedergang auf einer allgemeineren und schwerwiegenderen Ebene, den Niedergang der gegenwärtigen, vom Geist der Moderne geleiteten Welt widerspiegelt. Von seinen Vorgängern nämlich hatte Pius XI. eine für die Kirche schwierige und entscheidende Frage mit auf den Weg bekommen, das Problem der Modernität. Und sein Pontifikat war mehr als die ihren geprägt von einer starken Spannung zwischen dem Traum von einer Wiederherstellung der christlichen Ordnung und der Notwendigkeit, das Streben nach einer Verwirklichung dieses Traums in realistischer Weise den Bedingungen anzupassen, die eben die Moderne geschaffen hat. Alle bedeutenden Anstöße, die er der Kirche gegeben hat, kündeten von dieser »Notwendigkeit, sich genügend zu verändern – sich zu ›modernisieren‹ –, um [...] wenn möglich von neuem« nach einer vollkommen katholischen Gesellschaft zu streben.[1] So zum Beispiel seine Einstellung gegenüber dem Staat. Was die Lehre betrifft, so unterschied sie sich kaum von derjenigen Leos XIII., der realistischerweise die Zukunft der Kirche von »allen alten Legitimismen, wackligen Thronen, gestürzten Regimen und ihren Nachfolgern« getrennt betrachtet und versucht hatte, die Völker gegen den modernen Staat einzunehmen, ohne dabei aber auf die Wiederherstellung einer christlichen Gesellschaft, und das heißt, ohne auf die Wiederherstellung der weltlichen Macht des Papsttums, zu verzichten.[2] Pius XI. hatte dieser Tendenz Nachdruck verliehen, als er eine Politik der Konkordate mit den einzelnen Staaten begann, um die Bewegungsfreiheit der Katholischen Aktion zu sichern, den fortdauernden Einfluß des katholischen Erziehungswesens auf die Jugend zu bewahren und um die Arbeiterklasse in christlichen Organisationen zusammenzufassen, die in der Lage sein sollten, mit denen der sozialistischen oder kommunistischen Arbeiterbewegung zu konkurrieren. Darüber hinaus schlug er in der Absicht, der Tendenz zur Allmacht des modernen Staates Einhalt zu gebieten, ein Gesellschaftsmodell vor, dessen Grundlage vor allem der Schutz der Rechte der menschlichen Person und die Zusammenarbeit freier privatrechtlicher Korporationen bilden sollten (»Quadragesimo anno« und »Non abbiamo bisogno«, Mai und Juni 1931; »Divini Redemptoris«, März 1937). Außerdem setzte er von seiner ersten Enzyklika[3] an und über sein energisches Einschreiten gegen die »Action française« (1926–1927) bis hin zu den Erklärungen vom Juli 1938 den desintegrativen Auswirkungen des »ungezügelten Nationalismus« unentwegt die Einheit der von der Kirche unterwiesenen und geführten Menschheit entgegen. In den dreißiger Jahren erhob er seine Stimme ebenso und aus dem gleichen Grund gegen den Rassismus (»Mit brennender Sorge«, März 1937; Brief der Heiligen Kongregation der Universitäten und Seminare, April 1938; Erklärungen vom Juli 1938). Letztendlich sollte er sein ganzes Pontifikat hindurch ohne Unterlaß daran erinnern, daß die Übel der Gesellschaft im Vergessen Gottes und Jesu Christi, »der von der Gesetzgebung und den öffentlichen Dingen ausgeschlossen wird«, ihren Ursprung haben, wobei er die Einheit in Christus und die Wiederherstellung seiner Herrschaft[4] allem gegenüberstellt, was das Menschengeschlecht spaltet, was die Zwietracht in den sozialen Beziehungen, die Konflikte in den internationalen Beziehungen und die Zerrissenheit jedes einzelnen verstärkt. Der Leser wird feststellen können, daß alle diese Themen im Entwurf zu »Humani generis unitas« mehr oder weniger wiederzufinden sind.

Dabei drängt sich die Frage auf, ob nicht der Schutz der Institution Kirche und die Sicherung der Handlungsfreiheit der katholischen Organisationen das Hauptmotiv für die erwähnten Verurteilungen des Rassismus waren, die von ihren Autoren allerdings als etwas von universeller Tragweite präsentiert wurden. War es zum Beispiel in »Mit brennender Sorge« vom März 1937 nicht so, daß die deutschen Katholiken dazu ermahnt wurden, ihr »Gewissen von jeder schuldhaften Mitwirkung an solchem Verhängnis und Verderbnis freizuhalten« und sich ihnen mit »heldenmütigem Starkmut [...] auch um den Preis schwerer irdischer Opfer« entgegenzustellen, weil der Rassismus vor allem als Instrument eines »Vernichtungskampfs [...] gegen Christus und seine Kirche« dargestellt wurde? Wurden im April 1938 die katholischen Universitäten nicht aus dem Grunde von der Heiligen Kongregation für die Seminare und Universitäten dazu verpflichtet, »alle Sorge und Mühe aufzuwenden, um gegen diese grassierenden Irrtümer die Wahrheit zu verteidigen«, weil der Rassismus mit »der schweren Verfolgung [...] der Kirche in Deutschland« gleichgesetzt und als »schädliche Lehre« charakterisiert wurde, die darauf abziele, »die Geister irrezuführen und dadurch die wahre Religion auszurotten«? Und wurde schließlich von Mitte November desselben Jahres an die italienische Rassengesetzgebung mit ihrem Verbot von Ehen zwischen »Ariern« und »Nichtariern« nicht deshalb so stark kritisiert, weil sie vor allem ein »*vulnus* des Laterankonkordats« darstellte?

Man sieht sich zu noch mehr Fragen veranlaßt, wenn man feststellt, daß der in jenen Jahren in Rom proklamierte Antirassismus im Hinblick auf den Antisemitismus ein reales Defizit beinhaltet: *keine einzige* der weiter oben angesprochenen Erklärungen erwähnt die Juden oder macht den Antisemitismus zum Gegenstand der Überlegungen oder einer Verurteilung. Das war Sache einer gesonderten Erklärung, der im betrachteten Zeitraum *einzigen*, und zwar derjenigen, die Pius XI. am 6. September 1938 mit den Worten abschloß: »Der Antisemitismus ist nicht vertretbar. Wir sind im geistlichen Sinne Semiten.« Doch war das weder eine offizielle Erklärung, noch gab sie den Katholiken irgendwelche praktischen Ratschläge an die Hand. Ist es in dieser Hinsicht nicht bezeichnend, daß die Verfasser des Entwurfs zu »Humani generis unitas« sie mit keinem Wort erwähnten, während sie an die im März 1928 vom Heiligen Offizium ausgesprochene Verurteilung »jene[s] Hass[es], den man gewöhnlich ›Antisemitismus‹ nennt« sehr wohl erinnerten?

Doch hier taucht unvermeidlicherweise eine weitere Frage auf: Hat diese Erklärung von 1928 die Katholiken, Klerus wie Laien, zur Gewissensprüfung und zum Handeln verpflichtet, oder wurde sie nur als ein dem damaligen Anlaß, der Auflösung der Organisation »Freunde Israels«, strikt untergeordnetes Moment aufgenommen? Man ist ziemlich konsterniert, wenn man zum Beispiel an die Artikel über die »Judenfrage« denkt, die »La Civiltà Cattolica« während der darauffolgenden zehn Jahre weiterhin veröffentlichte. Natürlich war die Zeitschrift der Jesuiten stets bemüht, sich von bestimmten Erscheinungen des Rassismus und Antisemitismus abzugrenzen und klarzumachen, daß der Geist der Gerechtigkeit und Barmherzigkeit bei der Suche nach einer Lösung des »Judenproblems« die Oberhand behalten müsse. Doch die Erörterung selbst dieses »Problems« und der darauf zu gebenden Antworten läßt die Grenze zwischen Antisemitismus und dem dogmatischen Antijudaismus ziemlich verschwommen oder durchlässig erscheinen. Zumindest kann man annehmen, daß die Geisteshaltung der Katholiken von damals der von Gustav Gundlach in seinem Artikel von 1930 getroffenen Unterscheidung zwischen zwei Richtungen des Antisemitismus ziemlich getreu entsprach, zwischen einer »völkisch und rassenpolitisch [eingestellten]«, die er verwarf, und einer »staatspolitisch orientierten Richtung, [... die] erlaubt [ist], sobald sie tatsächlich-schädlichen Einfluß des jüdischen Volksteils auf den Gebieten des Wirtschafts- und Parteiwesens, des Theaters, Kinos und der Presse, der Wissenschaft und Kunst [...] mit sittlichen und rechtlichen Mitteln bekämpft«.

Kurzum, es scheint, daß es den römischen Instanzen der katholischen Kirche bis zum Vorabend des Zweiten Weltkriegs nicht gelungen ist, die Wirklichkeit des Antisemitismus zu fassen, höchstwahrscheinlich deshalb nicht, weil sie die Grenzen einer Geisteshaltung nicht überschreiten konnten, die sowohl durch die traditionelle Exegese der neutestamentlichen Schriften als auch durch eine Weltsicht festgelegt waren, in der Israel mit allen negativen Folgen der Moderne in Verbindung gebracht wurde. Haben diese Instanzen, besorgt vor allem um die Mission der Kirche, und das heißt um die Kirche selbst, nicht ihrerseits – jedenfalls im Hinblick auf die Juden – in genau der »Nützlichkeits- und Rechtserwägungen miteinander verquickend[en]« Weise gehandelt, die sie in »Mit brennender Sorge« der deutschen Regierung zum Vorwurf gemacht haben?

Daher drängt sich folgender Gedanke auf: Wenn Pius XI. im Juni 1938 den Entwurf einer Enzyklika in Auftrag gab, die eine Verurteilung von Rassismus und Antisemitismus zum Gegenstand hatte, so geschah dies womöglich deshalb, weil er sich der dringenden Notwendigkeit bewußt geworden war, das Defizit, von dem wir sprachen, zu beheben, und weil er zu der Überzeugung gelangt war, daß eine Unterscheidung »à la Gundlach« zwischen einem unzulässigen rassenpolitischen und einem erlaubten staatspolitischen Antisemitismus weder moralisch vertretbar noch stichhaltig sei oder daß die segregationistischen Lösungsvorschläge der »Judenfrage«, wie sie »La Civiltà Cattolica« vorgebracht hatte, für Katholiken nicht in Frage kommen. Ebenso naheliegend wäre der Gedanke, daß er sich vor allem deshalb an John LaFarge wandte, weil dieser sich in seinem Kampf gegen den Rassismus in den Vereinigten Staaten als Vertreter antisegregationistischer Lösungen erwiesen hatte. Eine aufmerksame Lektüre des Entwurfs zu »Humani generis unitas« – soweit dieser den Auftrag des Papstes getreu wiedergibt, was die uns zur Verfügung stehenden Dokumente nicht bestätigen können – und der letzten Erklärungen Pius' XI. erlaubt jedoch nicht, diese Hypothesen in Gewißheiten zu verwandeln.

Zu »Die Einheit des Menschengeschlechts«

Von den ersten Abschnitten an machen die Verfasser dieses Entwurfs den modernen Geist für die Wirren ihrer Zeit verantwortlich. Dieser habe den Menschen dessen beraubt, »was die ihm eigene Würde ausmacht, das heißt seiner geistigen Natur«, und vertrete eine rein mechanistische Konzeption der individuellen und kollektiven Beziehungen, die der Menschheit grenzenlosen Fortschritt garantieren solle. Doch unfähig, seine Versprechen hinsichtlich Wohlstand, Gleichheit, wirtschaftlicher Prosperität, Ordnung und Sicherheit einzulösen, hat er die »gespaltene und wie auseinandergerissene« Menschheit dahin gebracht, vom Staat zu verlangen, daß er ihre Einheit wiederherstelle. Doch der Staat hat seine Funktionen übermäßig ausgeweitet und seine Macht übertrieben gesteigert, wobei er eine »absolute Souveränität [anstrebt und] jegliche Unterordnung unter eine höhere Organisationsform der menschlichen Gemeinschaft«, das heißt die Kirche, »radikal zurückweist«. Die Menschheit hat sich nun, um ihre verlorene Einheit wiederherzustellen, jeweils um einen einzigen Faktor sozialen Zusammenhalts herum organisiert: die Nation, die Rasse, das Proletariat oder den Staat selbst, der wiederum, absolut gesetzt und allen auf mechanische Weise auferlegt, fatalerweise zu einem nivellierenden und uniformierenden Kollektivismus geführt hat. Mehr und mehr die Unabhängigkeit der einzelnen beeinträchtigend, zwang er sie in riesige Organisationen hinein, die aus dem Totalitarismus selbst hervorgingen, wo sie mit mäßigem Erfolg nach einer Vertretung ihrer Interessen und nach der Sicherheit ihrer Existenz suchten, deren sie entbehrten. Die staatliche Regulierung der Wirtschaft drohte den Mittelstand sowie die diversen »selbstverwalteten Berufsgemeinschaften« verschwinden zu lassen. Der Arbeiter, dessen »Arbeit nur mehr die Entfaltung des Triebs zum Erwerb materieller Güter darstellte«, wurde zu einer »Art Funktionär der Arbeit zugunsten eines rassischen, nationalistischen, staatlichen oder proletarischen Kollektivs«. Und was die Autorität angeht, nunmehr verstanden als einfache »Technik zur Willensbildung im Hinblick auf das gesellschaftliche Leben«, so wurde sie den Menschen mit dem doppelten Spiel aus legalem Zwang und der »Gleichschaltung der öffentlichen Meinung [...] mit allen Mitteln: in Wort und Schrift« einfach aufgezwungen. Auf diese Weise verstärkte sich »die grobe und monotone Uniformität« der Lebensbedingungen und der Grundlagen des Denkens noch mehr. Am Ende wird der »Durchschnittsmensch unserer Zeit«, in ein »gleichsam passives und träges Wesen« verwandelt, ohne eigene Ideen oder einen eigenen Willen und in Gefahr, »jeden Moment von blinden Massenbewegungen erfaßt und mitgerissen zu werden«, den »modernen Massenmenschen« hervorbringen. Kurzum, geführt vom gottlosen Geist der Moderne, wollten die Menschen unserer Zeit den Turm von Babel von neuem errichten, ohne sich darüber im klaren zu sein, daß ihnen das gleiche Schicksal wie ihren Vorgängern im Alten Testament drohte.

Dieser desintegrativen Bewegung, die neue Katastrophen in sich birgt, stellten die Verfasser ihre christliche Vision von der »Einheit der Menschheit in der Vielheit« entgegen. Was die Einheit betrifft, so gibt es mehrere Grundlagen, auf denen sie sie beruhen lassen: die »allen gemeinsame menschliche Natur«, das heißt ein »sowohl im geistigen Vermögen als auch in den physischen Eigenschaften spezifisch menschlicher Typus«; die Erbsünde, die nur deshalb alle Menschen aller Zeiten betreffen kann, weil die Menschheit in fundamentaler Weise eins ist, und die Erlösung durch das Opfer Christi, das alle Menschen rettet, da der Erlöser Menschengestalt angenommen hat; die Beziehungen aller Menschen zu Gott; das Leben auf dem Boden, »der uns alle trägt«; die Zeit; die Kirche, die das Wirken Christi in der »Zeitlichkeit des menschlichen Zusammenlebens« fortsetzt; das »Naturrecht, die äußeren Güter der Erde zu nutzen«; die Arbeit und die Notwendigkeit zu arbeiten; die Familie und der Staat, stabile und dauerhafte Institutionen, auf die wir überall stoßen. Was die Vielfalt der Menschheit betrifft, so manifestiert sie sich in den Augen der Verfasser in der Bildung zahlloser »Teilgruppen«, die durch die jeweiligen Orte, Lebensbedingungen, beruflichen Tätigkeiten oder die verschiedenen Interessen bestimmt werden.[5] Die Verfasser unterziehen vier Typen einer näheren Untersuchung: den Staat, das Volkstum, die Nation, die Rasse – doch wenn man ihren handschriftlichen Anmerkungen Glauben schenkt, so fügen sie einen fünften Typus hinzu: die Juden –, auf die sie verschiedene Kriterien anwenden, um zu entscheiden, ob sie zur inneren Einheit und zur Freiheit der menschlichen Person, zur Solidarität zwischen den Gruppen und zu den Zielen und Werten, die die innere Einheit der Menschheit ausmachen, beitragen oder nicht und ob sie mithelfen, »der Welt die Spur Gottes [...] tiefer ein[zuprägen]« und »in zunehmendem Maße den oder die Menschen [zu kennzeichnen], die nach dem Ebenbild Gottes handeln«.

Bis dahin ist der Enzyklikaentwurf von praktisch makelloser theoretischer und stilistischer Kohärenz. Dagegen geben in den nächsten beiden Abschnitten, die mit »Rasse und Rassismus« und »Die Juden und der Antisemitismus« überschrieben sind, diverse Brüche, das heißt widersprüchliche Aussagen, Anlaß zu der Vermutung, daß wahrscheinlich nicht nur der Hauptverfasser gewechselt hat, sondern daß die behandelten Themen die Verfasser in Verlegenheit brachten und vielleicht sogar zu Unstimmigkeiten zwischen ihnen führten. So scheinen die ersten vierzehn Paragraphen des Abschnitts »Rasse und Rassismus« nur eine erweiterte Ausführung und zuweilen eine einfache Wiedergabe des Briefes der Heiligen Kongregation der Seminare und Universitäten vom 13. April 1938 zu sein. Sodann wird in den

»vortrefflichen Paragraphen 126 bis 130«, auf die LaFarge besonderen Wert zu legen schien[6], das gleiche Thema auf viel konkretere und praktisch dem, was LaFarge in »Interracial Justice« geschrieben hatte, entsprechende Weise noch einmal aufgenommen. Und zwar wie folgt. Wenn es durch den Einfluß der Umwelt bedingte erkennbare Unterschiede gibt, dann »bilden sie dennoch keine Grundlage, aus der wesentliche Unterschiede zwischen den einzelnen Rassen hervorgehen würden, was ihre Disposition für ein religiöses, sittliches und kulturelles Leben angeht. [...] Logischerweise impliziert also die Existenz mehr oder weniger entwickelter Rassen keine Rassenfrage, weder vom biologischen Standpunkt aus noch vom theologischen, wo sie eine göttliche Erwählung oder Ungnade bezeichnen würde.« Und der Text zieht daraus die Konsequenzen für das Verhalten der Kolonialmächte gegenüber den kolonialisierten Völkern sowie hinsichtlich gewisser von den Christen bestimmter Regionen des amerikanischen Kontinents künstlich aufrechterhaltener Vorurteile. Doch bleibt der Text vorsichtig; wenn er in Paragraph 130 den Wunsch zum Ausdruck bringt, daß »die Beziehungen zwischen den sozialen Gruppen ausschließlich von Gerechtigkeit und Nächstenliebe unter den Rassen bestimmt« sein sollten, so weist er zugleich darauf hin, daß es »unter den gegenwärtigen Umständen [...] nichtkodifizierte Ehehindernisse« gebe, hinsichtlich deren die Rassen »gut daran [tun], sie in ihrem eigenen Interesse zu berücksichtigen«.[7]

Zu den Juden und zum Antisemitismus

Der darauffolgende Abschnitt »Die Juden und der Antisemitismus« weist noch offensichtlichere Brüche auf. Gleich zu Beginn verlassen die Verfasser plötzlich den Bereich historischer, soziologischer, ökonomischer oder politischer Analyse, in dem sie sich zunächst bewegt hatten, um in den Bereich der Theologie hinüberzuwechseln und des langen und breiten die traditionellen Leitgedanken der Apologetik und der paulinischen Erzählung abzuhandeln. Sodann lassen sie individuelle Kategorien wie die »menschliche Person« oder die »Persönlichkeit«, denen sie in ihrer Kritik des totalitären Staates viel Aufmerksamkeit gewidmet hatten, gänzlich beiseite, um nur mehr ein undifferenziertes Kollektiv ins Spiel zu bringen: »Israel«, das »jüdische Volk«, die »Lehren des Judentums« usw. Schließlich muß man feststellen, daß die Ratschläge dieses Abschnitts, falls er überhaupt jemals dazu bestimmt war, Ratschläge für konkretes soziales Handeln zu geben, aufgrund ihrer Inkohärenz praktisch wirkungslos waren.

Nachdem sie aufgezeigt haben, daß »der Kampf für die Reinheit der Rasse schließlich einzig zu einem Kampf gegen die Juden wird«, daß »Millionen von Menschen« aus diesem Grunde »auf dem Boden ihres eigenen Vaterlandes der elementarsten Bürgerrechte und -privilegien« sowie des »Schutz[es] des Gesetzes« beraubt sind, was eine »eklatante Verweigerung elementarer Rechte gegenüber den Juden« darstellt, betonen die Verfasser, daß »diese ungerechte, erbarmungslose Kampagne gegen die Juden« zumindest den Vorteil biete, »daß sie die wahre Natur, die eigentliche Grundlage der gesellschaftlichen Sonderstellung der Juden gegenüber der übrigen Menschheit in Erinnerung ruft. [...] die sogenannte Judenfrage ist ihrem Wesen nach weder eine Frage der Rasse noch der Nation, noch des Volkstums oder des Staatsbürgerrechts. Es handelt sich um eine Frage der Religion und seit der Menschwerdung Christi um eine Frage des Christentums.« Dieser Behauptung folgt eine ausführliche Darlegung der traditionellen Lehre der Kirche über die Juden. Wir werden an dieser Stelle weder eine Kritik dieser Darlegung vornehmen noch den systematischen Nachweis zahlreicher Formulierungen erbringen, die später Jules Isaac[8] dazu veranlassen werden, diese traditionelle Lehre als »Lehre der Verachtung« zu bezeichnen. Wir wollen allerdings dennoch festhalten, daß sie zu der Überzeugung führt, daß »die Juden, durch den Traum von weltlichem Gewinn und materiellem Erfolg verblendet, das verloren, wonach sie selbst gesucht hatten«, daß »dieses unglückliche Volk [...] sich selbst ins Unglück stürzte« und daß dieser nicht zu unterdrückende zerstörerische und selbstzerstörerische Trieb die Juden wie ein göttlicher Fluch verfolgt habe, den sie selbst weit vor den neutestamentlichen Zeiten auf ihre Häupter herabbeschworen hätten. Das scheint übrigens auch die Überzeugung der Verfasser gewesen zu sein, wenn sie die traditionelle Lehre verlassen und zu den »Realitäten der Geschichte« zurückkehren, um darin den Auswirkungen der »beständige[n] Feindschaft [des jüdischen Volkes] gegenüber dem Christentum« nachzugehen.

Doch an dieser Stelle zieht der Text den konsternierten Leser in ein Hin und Her paradoxer, wenn nicht widersprüchlicher Aussagen hinein. Zunächst behauptet er, daß die Kirche im Bewußtsein der »Gefahren [...], denen der Kontakt mit den Juden die Seelen aussetzen kann« schon immer »energische Maßnahmen zur Bewahrung des Glaubens und der Sitten ihrer Gläubigen zu ergreifen und die Gesellschaft selbst vor den schädlichen Einflüssen des Irrtums zu schützen« wußte, eine Aufgabe, die »heute sicher nicht weniger dringlich [ist] als in der Vergangenheit«. Sodann betont er, daß sich die Kirche für die »rein profanen Probleme, in die sich das jüdische Volk verwickelt sehen mag«, nicht interessiere und »die Lösung dieser Probleme den betreffenden Mächten [überläßt], wobei sie nur darauf besteht, daß keine Lösung eine wirkliche Lösung ist, wenn sie den äußerst anspruchsvollen Gesetzen der Gerechtigkeit und Nächstenliebe widerspricht«. Das ist sicherlich der Grund dafür, daß der Text die antisemitisch motivierten Maßnahmen zurückweist. Der Antisemitismus wird darüber hinaus klar und deutlich abgelehnt, und zwar aus dogmatischen Gründen – das Dekret des Heiligen Offiziums vom 28. März 1928 wurde bereits zitiert –, aber auch deshalb, weil er ohnmächtig und uneffektiv sei (»Verfolgungen, weit davon entfernt, die unsozialen oder schädlichen Eigenschaften einer unterdrückten Gruppe auszuschalten oder zu vermindern, [verschärfen] nur die Tendenzen, die diese aufkommen ließen«) und weil er letzten Endes nur als Vorwand diene, »um einen Krieg gegen das Christentum« vom Zaun zu brechen und »der Kirche Schwierigkeiten aller Art zu bereiten«. Nach einem versteckten Aufruf zur individuellen Bekehrung der Juden und der Aufforderung, dafür zu beten, daß »Juden und Heiden im Hause des gemeinsamen Vaters vereint sein werden«, endet dieser Abschnitt mit einer Ermahnung, die »Rechte des Individuums und der Familie« zu verteidigen, »die Unglücklichen zu unterstützen, die der Hilfe und des Erbarmens bedürfen«, den »Antisemitismus und Rassismus energisch zu verurteilen« und »die groben Irrtümer des Materialismus von ganzem Herzen« zurückzuweisen.

Mit anderen Worten: es sei nicht Sache der Kirche, wenn die Staaten in Anlehnung an ihre Haltung in der Vergangenheit energische Maßnahmen ergreifen, um das Individuum und die Gesellschaft vor den Gefahren zu schützen, denen sie der Kontakt mit den Juden aussetzen könnte, vorausgesetzt, diese Maßnahmen stehen nicht im Gegensatz zur Gerechtigkeit, zu den Rechten des Individuums und der Familie und zur Nächstenliebe, und vorausgesetzt, sie sind nicht von einem rassischen Antisemitismus inspiriert.

Das sind nicht die Ideen, die John LaFarge 1937 in seinem Buch »Interracial Justice« im Hinblick auf die Schwarzen Amerikas vertreten hatte, sondern diejenigen, die Gundlach in seinem Artikel über den Antisemitismus aus dem Jahre 1930 dargelegt hatte und die hier in kaum veränderter Reihenfolge aufgeführt werden und jene inneren

Widersprüche enthalten, auf die wir bereits im 3. Kapitel hingewiesen haben. Ob dies alles nun dem Auftrag Pius' XI. getreu entspricht oder nicht, wir jedenfalls müssen feststellen, daß es sich dabei um nichts wesentlich Neues handelt.

Wenn wir annehmen, Pius XI. hätte den Enzyklikaentwurf erhalten und er hätte auch die Zeit gehabt, ihn aufmerksam zu lesen, er wäre aber nicht nach seinem Geschmack gewesen, so hat er dennoch, zumindest soweit wir wissen, von Oktober 1938 bis Februar 1939 in der Öffentlichkeit nichts gesagt, was neue Perspektiven im Hinblick auf die Juden und den Antisemitismus eröffnet hätte. Nichts, als die italienischen antisemitischen Gesetze verkündet wurden, nichts, als in Deutschland die »Reichskristallnacht« stattfand, nichts in seiner Weihnachtsansprache von 1938, nichts in den erhaltenen Aufzeichnungen dazu, was seine letzte Botschaft an die italienischen Bischöfe hätte werden sollen. Das ist vermutlich der Grund, warum Gordon Zahn 1974 im »National Catholic Reporter« vorschlug, nicht »allzusehr auf der ›Intrige‹ zu beharren, die die Veröffentlichung [dieses Dokuments] verzögert und schließlich verhindert habe«.[9]

Schließlich soll, wie man versicherte, Pius XII. Teile von »Humani generis unitas« in seine erste Enzyklika »Summi pontificatus« (20. Oktober 1939) aufgenommen haben. Tatsächlich findet man dort praktisch unverändert die Aufzählung der Grundlagen der Einheit der Menschheit. Man liest dort auch von zahlreichen Sorgen – um die Rechte aller Menschen, die Bedeutung der religiösen Erziehung usw. –, die die beiden Päpste gleichermaßen beschäftigten, so daß sie dem Entwurf zu »Humani generis unitas« vermutlich nichts verdankten. Was jedoch völlig fehlt, ist auch nur die geringste explizite Bezugnahme auf den Rassismus oder gar auf den Antisemitismus. Doch an diesem Punkt beginnt die Diskussion über das »Schweigen« Pius' XII., und es war nicht unser Ziel, sie weiterzuführen.

Fassen wir zusammen. Am Vorabend des Zweiten Weltkriegs behielt der auf der kirchlichen Dogmatik beruhende Antijudaismus seine volle normative Kraft. Er fand sich sogar durch Zeitumstände ganz und gar säkularer Natur bestärkt. Infolge des im Laufe des 19. Jahrhunderts eingetretenen Zerfalls einer ganzen Welt, als deren Prinzip sich die Kirche ebenso verstand wie als Trägerin einer ideologischen und politischen Einheit, wurde die Institution angesichts des Modernismus und der Moderne, in denen sie stets ein in erster Linie von den Juden angezetteltes Komplott zur Untergrabung der christlichen Ordnung der internationalen Gemeinschaft sah, in den höchsten Alarmzustand versetzt.

Daher waren die Katholiken auf einen fundierten und wirkungsvollen Widerstand gegen den Antisemitismus, von welcher Seite auch immer er kam, kaum vorbereitet.

In diesem Kontext erscheint die ab Juni 1938 in Angriff genommene Vorbereitung einer Enzyklika, die vor allem den Rassismus und Antisemitismus verurteilt, an sich schon als bedeutendes Ereignis. Nicht daß eine Schrift, und sei es auch eine Enzyklika, genügt hätte, die Geisteshaltung und das Verhalten der Gläubigen, des Klerus oder gar der kirchlichen Hierarchie grundlegend zu verändern. Angenommen, ein Papst, in diesem Falle Pius XI. oder Pius XII., hätte plötzlich die Kirche zu einem Kreuzzug aufgerufen, um den Gefahren zu begegnen, die den Juden damals drohten, so sei die Frage erlaubt, wer ihnen überhaupt gefolgt wäre. Wäre diese Kehrtwendung nicht zu plötzlich gekommen, wäre sie nicht zu radikal oder unvermittelt gewesen, um auch nur verstanden zu werden? Damit eine derartige Veränderung angebahnt werden konnte, wird es eben des von den Nationalsozialisten begangenen Genozids, der Initiativen Jules Isaacs, der Inspiration Johannes' XXIII., des Zweiten Vatikanischen Konzils und noch unzähliger weiterer Kraftakte bedürfen, die die Kirche im Laufe jenes halben Jahrhunderts erschütterten, das uns vom Tod Pius' XI. trennt.

Ansonsten enthielt das fragliche Dokument »Humani generis unitas« zumindest in der uns vorliegenden Form im Hinblick auf die Juden keine revolutionären Neuerungen – weit gefehlt. Nichtsdestoweniger bestätigte es aber die Unvereinbarkeit des Christentums mit Rassismus und Antisemitismus und verurteilte im besonderen die Verletzungen der natürlichen Rechte der Juden. Und sei es nur aus diesem einen Grund, ist es jedenfalls bedauerlich, daß dieses Enzyklikaprojekt nicht zur Vollendung gelangt ist.

Humani generis unitas

Der vollständige Text

Zur Textgestalt

In seinem Brief an Talbot vom 18. September 1938 gibt LaFarge an, daß er hoffe, Paris am 20. September in Richtung Rom zu verlassen »und das vollendete Werk mit[zu]nehmen. Leider muß es noch einmal mit der Maschine geschrieben werden, damit es vorzeigbar ist.« Aus den Unterlagen, die wir besitzen oder einsehen konnten, geht hervor, daß LaFarge Paris mit verschiedenen Arbeitsexemplaren verlassen hat, die in Englisch, Französisch und Deutsch abgefaßt und voller Streichungen und Anmerkungen waren.[1] In Rom brachte LaFarge dieses Konvolut in eine »vorzeigbare« Form und erstellte so eine »gekürzte« französische Fassung. Deren erste Seite trägt folgende handschriftliche Anmerkung John LaFarges:

HUMANI GENERIS UNITAS
Pope Pius XI – The *Ineditum*
(cf. declaration in his address quoted by
Osservatore Romano, August, 1938)
Authentic and complete (french) text.[2]

Aus diesem Grund haben wir uns entschieden, diese Fassung zu veröffentlichen. Zuvor jedoch müssen wir versuchen, so genau wie möglich den Beitrag eines jeden der drei Verfasser zur gemeinsamen Arbeit festzustellen. Zu diesem Zweck kommen wir zunächst noch einmal auf die Dokumente zurück, über die wir verfügen. Das heißt:
– eine englische, von handschriftlichen Anmerkungen, Streichungen, Überklebungen, Verweisen, in eckige Klammern gesetzten Passagen sowie von Zusätzen, die wir LaFarge zuschreiben, übersäte Fassung;
– eine kürzere englische Fassung, die exakt dem entspricht, was von der ersten übrigbleibt, wenn man sie von den Korrekturen, von denen sie übervoll ist, befreit; diese ist wohl eine Reinschrift jener ersten Fassung;
– eine französische Fassung, die der englischen »Kurz«-Fassung genau entspricht, wobei die eine – aber welche? – offensichtlich die Übersetzung der anderen ist.
Verglichen mit den beiden anderen ist der erste englische Text offen-

bar eine Arbeitsvorlage. Man erkennt deutlich drei unterschiedliche Einzelteile, wobei die ersten beiden mit einer anderen Maschine getippt sind als jener, die für die Abschrift des dritten verwendet wurde:

– der erste Teil (55 von 1 bis 55 durchnumerierte Seiten) geht von Abschnitt 1 bis zu Abschnitt 70. Auf das Vorsatzblatt schrieb LaFarge mit der Hand: »Translation not yet made of paragraphs *77 to 110 inclusive*. NB

– 1) Translate ›Nationalité Terrienne‹ by *territorial nationality* – when word first appears, add word *people* in parenthesis 2) Extensive *totality* – or *totality of extension* is preferable to extensive *totalitarianism*, etc.«[3];

– der zweite Teil (9 von 1 bis 9 durchnumerierte Seiten), der mit dem Untertitel »Race and Racialism« beginnt, geht von Abschnitt 111 bis zu Abschnitt 130;

– der dritte Teil, der von Abschnitt 131 bis zum Schluß (Abschnitt 179) geht, ist um vieles chaotischer; die Paginierung ändert sich mehrfach, es wimmelt von Streichungen, Korrekturen, Überklebungen, Verweisen und hand- oder maschinenschriftlichen Zusätzen.

Wenn man die über diesen Text verstreuten Anmerkungen untersucht, scheint es, daß der erste Teil die Übersetzung eines anderen, früheren und wahrscheinlich auf französisch (oder deutsch?) verfaßten Textes ist. Die Richtung der Übersetzung scheint sich dagegen umzukehren, wenn man zu den letzten beiden Teilen übergeht: zunächst auf englisch abgefaßt, sind sie wohl anschließend ins Französische übersetzt worden.

Vergleichen wir nun unsere eigenen Ergebnisse mit den Schlußfolgerungen Edward S. Stantons und Johannes Schwartes in ihren jeweiligen Doktorarbeiten. Obwohl Stanton die deutsche Fassung nicht vor Augen hatte, schloß er am Ende einer minutiösen Analyse der drei Exemplare, die ihm zur Verfügung standen[4], auf die Existenz von zwei deutlich voneinander unterschiedenen Teilen der Endfassung: »Die ersten 75 Seiten der englischen Endfassung (bis zur Behandlung der Rasse und des ›racialism‹) sind das Werk des Spezialisten Pater Gundlach; die restlichen fünfzig Seiten sind das Werk Pater LaFarges; Pater LaFarge korrigierte verschiedene Passagen der Arbeit des Autors des ersten Teils des Dokuments – ein Vergleich der französischen Fassung mit den beiden englischen Fassungen zeigt, daß die im ersten Teil vorgeschlagenen Änderungen tatsächlich in die französische und die englische Endfassung aufgenommen wurden; gewiß folgt daraus nicht notwendig, daß diese Änderungen nur auf LaFarge zurückgehen, auch nicht auf LaFarge und Gundlach. Das dritte Mitglied der Gruppe spielte eine gleichberechtigte Rolle, [obwohl] nichts gestattet, einen deutlich unterscheidbaren Beitrag Desbuquois' zu bestimmen.«[5]

Nach Johannes Schwarte soll übrigens die deutsche Fassung mit dem Titel »Societatis unio« die Endfassung sein. Sie würde sich allerdings von den beiden anderen, der englischen und der französischen Fassung, nur in den dem Rassismus und dem Antisemitismus gewidmeten Passagen unterscheiden. Daraus schließt dieser Autor: Gundlach habe einen ersten von LaFarge erstellten Text überarbeitet, indem er in den Abschnitten über Rassismus und Antisemitismus jene Gedanken wiederaufnahm, die er bereits 1930 im »Lexikon für Theologie und Kirche« dargelegt hatte.[6] Schwarte gründet diese Hypothese auf die Untersuchung jener Dokumente, zu denen er Zugang hatte, sowie auf Zeugenaussagen, die er während der Arbeit an seiner Dissertation einholte. So sagte Heinrich Bacht zum Beispiel: »Nach meiner Erinnerung hat die ganze Verfasserarbeit bei P. Gundlach gelegen, schon deshalb, weil der gute P. LaFarge absolut kein ›Intellektueller‹ war, dem solch eine Arbeit lag. Das war ja auch der Grund gewesen, weshalb er nach Erhalt des für ihn völlig unerwarteten Auftrages zum Pater General Ledóchowski ging und ihm seine schwierige Situation darlegte. P. LaFarge war natürlich bei unseren ›Redaktionsbesprechungen‹ dabei. Aber seine wichtigste Aufgabe war, wenn ich mich recht erinnere, für das rechte Arbeitsklima zu sorgen, etwa dadurch, daß er P. Gundlach und mich gelegentlich ausführte. Damit soll nicht bestritten werden, daß er aus seiner Sozialarbeit unter den Farbigen in den USA wertvolle Sachinformationen beisteuerte. Aber die sozialphilosophischen Höhenflüge von P. Gundlach waren nicht ›seine Sache‹.«[7]

Da ist des weiteren die Aussage Anton Rauschers, dem Gundlach anvertraut haben soll, daß er einen ersten Entwurf John LaFarges, der »zu pragmatisch, zu wenig prinzipiell« gewesen sei, überarbeitet habe.[8]

Nach einem dritten Autor, Paul Droulers, der sich auf die Erinnerungen der Pariser Jesuiten Desbuquois und Barde stützt, »richtete sich LaFarge in Paris bei den ›Études‹ ein und kam von dort, um sich lange mit Desbuquois zu unterhalten, so daß sich zwischen den beiden eine regelrechte Freundschaft entwickelte und jener voller Bewunderung sagte, daß LaFarge ›eine gigantische Arbeit‹ vollbringe. Gundlach stieß dazu und überarbeitete den Plan nach seiner Art. Mit Arbeit überlastet, hatte Desbuquois Barde, der sich für internationale Fragen und die Beziehungen zwischen den Rassen interessierte, um tatkräftige Unterstützung gebeten, doch nahm Barde, der ziemlich eigenwillig war, nur ein- oder zweimal an den Redaktionsbesprechungen teil: er fand die philosophischen Überlegungen Gundlachs zu abstrakt und seiner Meinung nach dem Thema unangemessen [...].«[9]

Fügen wir noch zwei weitere Details an. E. Stanton behauptet in seiner Dissertation, auf indirektem Wege von Pater Anton Rauscher folgende die »Papiere Gundlachs« betreffenden Angaben erhalten zu haben. Diese setzten sich zusammen aus: »1) Einer handgeschriebenen Rohfassung, die ungefähr die Hälfte der geplanten Enzyklika abdeckte; 2) einer maschinengeschriebenen Kopie des gesamten Textes, mit einem kompletten Inhaltsverzeichnis; 3) einigen maschinengeschriebenen, oft mit vielen Korrekturen versehenen Seiten eines französischen Textes ohne Autorenangabe; 4) drei maschinengeschriebenen Seiten eines Manuskripts [?] von P. Gundlach, das den Entwurf einer Einführung in den Text und einige Kommentare ›zu einem Auftrag des Papstes, eine Enzyklika über den Nationalismus und die Rasse zu verfassen‹, enthielt.«[10]

Halten wir schließlich fest, daß die deutsche Fassung, die wir in Mönchengladbach einsehen durften, wie ein vollständiger, von Korrekturen freier Text erschien und daß sie uns der weiter oben erwähnten »langen« englischen Fassung genau zu entsprechen schien.

Insgesamt scheint uns, daß die französische »Kurz«-Fassung bis zum Abschnitt 76 von Gundlach beeinflußt ist. Das Folgende ist höchstwahrscheinlich das Ergebnis von Diskussionen und Kompromissen zwischen den drei Verfassern, wenngleich wir nicht in der Lage sind, zu bestimmen, worin der Beitrag Desbuquois' bestand.

Hier nun [die Übersetzung] diese[r] französischen »Kurz«-Fassung des Entwurfs mit dem Titel »Humani generis unitas«.

HUMANI GENERIS UNITAS

1 DIE EINHEIT DES MENSCHENGESCHLECHTS ist gewissermaßen aus dem Blick geraten, und zwar aufgrund der auf die äußerste Spitze getriebenen Unordnung, die in allem, was in unserer gegenwärtigen Welt das Leben in der Gesellschaft betrifft, zu bemerken ist, seien es nun die Beziehungen zwischen den einzelnen oder die Beziehungen zwischen Gruppen und Völkern. Diese Unordnung läßt sich nicht nur auf der Ebene der Tatsachen beobachten, sie tritt auf noch krassere Weise in den Köpfen in Erscheinung. Die Vielzahl der zur Heilung dieses Übels vorgeschlagenen Mittel ist ein deutlicher Beleg dafür.

Hier rufen unbeugsame Ideologen die Einheit der Nation zum höchsten Wert aus; dort erhebt ein Volksführer die Seelen durch den berauschenden Appell an die Einheit der Rasse: während der Osten unseres Europa der ganzen Welt das von einem Nimbus von Blut und Schrecken umgebene Versprechen einer neuen Menschheit in der Einheit des Proletariats macht.

Zu den oftmals miteinander nicht zu vereinbarenden Forderungen dieser verschiedenen Kollektive Nation, Rasse, Klasse kommen die Verpflichtungen hinzu, die die eigentliche politische Gesellschaft im Namen der Einheit des Staates auferlegt.

Mitspracherecht der Kirche aufgrund ihres seelsorgerischen Auftrags

2 Zu dieser Stunde, da so viele widersprüchliche Theorien darauf abzielen, das Leben des Menschen in der Gesellschaft mehr und mehr in Unordnung zu bringen, ist es die Pflicht der Kirche, zur Welt zu sprechen. Sie hat es im Laufe des letzten Jahrhunderts bereits oft genug getan; heute wie damals versteht sie es, einer Weisheit, die rein menschlich bleiben will und die in die Irre geht, die Lehren der Weisheit Gottes in Erinnerung zu rufen, jener Weisheit, aus der der Geist der Wahrheit und der Ordnung spricht, der allein die legitime Grundlage der Prinzipien unseres gesellschaftlichen Lebens darstellt.

3 Indem sie dies tut, betritt die Kirche kein ihr fremdes Gebiet; sie weigert sich, »Politik« zu machen; sie verfolgt keinerlei persönliches Interesse; sie erfüllt ihren seelsorgerischen Lehrauftrag, den ihr ihr göttlicher Gründer anvertraut hat. Dieser Lehrauftrag erstreckt sich nicht nur auf den unmittelbaren oder mittelbaren Inhalt der christlichen Offenbarung, sondern auch auf alles, was unerläßlich ist, um das Gewissen der Menschen in den konkreten Umständen des Alltagslebens zu erleuchten und zu führen. In dem Maße nämlich, wie die Handlungen und Absichten der Menschen sittlichen Wert besitzen und sich in ihnen die Herrlichkeit unseres Schöpfers und das Heil seiner Geschöpfe zeigt, können sie keine andere Norm haben als die Normen des Evangeliums selbst, dessen Verwahrerin und Vermittlerin die Kirche ist. Aus diesem Grunde spricht die Kirche bei Fragestellungen, die das gesellschaftliche Leben betreffen, regelmäßig mit. Sie erfüllt damit nur eine heilige Pflicht.

Durch ihre Geschichte erworbenes Mitspracherecht

4 Doch es ist angebracht, dies zu bemerken; indem die Kirche in diesen Fragen Position bezieht, kann sie noch einen anderen Titel geltend machen, den sie sich im Laufe der Geschichte erworben hat. Als übernatürliche Gesellschaft der Seelen gibt die Kirche der Welt das Beispiel einer einzigartigen Gemeinschaft: die einigste, umfassendste und dauerhafteste soziale Wirklichkeit, die es unter dem Himmel gibt. In der Tat hat die Kirche jahrhundertelang großen und bedeutenden Teilen der Menschheit zur Einheit verholfen. Und wenn es auch wahr ist, daß ihr wohltätiges Wirken in unserer modernen, säkularisierten Gesellschaft viel weniger spürbar ist, wer würde dennoch zu behaupten wagen, daß das, was bei den Völkern, die sich ihrer Pflicht zur Einheit bewußt sind, an Streben nach Einheit noch vorhanden ist, nicht ihrer mütterlichen Erziehung von ehedem zu verdanken ist?[1]

5 Ob sie sich dessen bewußt sind oder nicht, die zivilisierten Völker des Westens leben noch heute von der Unterweisung und den Prinzipien, mit denen die Kirche sie in der Vergangenheit in mütterlicher Liebe reich beschenkt hat, eine Unterweisung und Prinzipien, die sie ihrerseits an die anderen Völker der Erde weitergegeben haben. Es geschieht also mit gutem Recht, wenn die Kirche nicht nur aufgrund ihres Wesens und ihrer eigenen Funktion,

sondern auch aufgrund ihres Wirkens in der Geschichte als das wahre Lebensprinzip der menschlichen Gesellschaft bezeichnet wird; mit gutem Recht prangert sie im unheilvollen Prozeß der Säkularisierung der Gesellschaft eine Verletzung der göttlichen Ordnung an; zu Recht stellt sie ihn vor allem heute, wo es mit der Unordnung und der Zerrissenheit unter den Menschen schon so weit gekommen ist, vor aller Welt deutlich als einen verbrecherischen Anschlag auf die Einheit und das Glück des Menschengeschlechts heraus.

6 Sie wird jedoch zunächst die Sprache einer liebenden Mutter wählen, die alle Völker, ihre Söhne, dazu einlädt, den Kontakt mit der geistigen Sphäre der Vorväter wiederaufzunehmen, von der die Blindheit ihrer Führer, Philosophen und Staatschefs sie abgebracht hat. Sie mögen erkennen, daß sie, indem sie ihn aufgaben, jede Hoffnung auf eine wahre Einheit unter dem so leichten Joch Christi – obgleich dieses Joch für Individuen wie für Völker durch das Kreuz beschwert werden kann – verloren haben. Sie mögen dagegen sehen, welch niederdrückendes Joch auf ihnen lastet, Ideen, Gesellschaftssysteme, die nicht selten unglücklicherweise völlig außerhalb der wahren göttlichen Ordnung stehen.

A – Erster Teil: Historische Darstellung der Ursprünge der Unordnung, an der die gegenwärtige Gesellschaft leidet

7 Vor diesem Hintergrund wird die Kirche sprechen, und um sich zunächst ein genaues Bild von der Wirklichkeit zu machen, wird sie sich zuallererst fragen: woher kommt es, daß unsere gegenwärtige Welt bis hin zu ihrer völligen Lähmung an einem derartigen Mangel an Einheit, einem derartigen Fehlen einer sicheren Richtung leidet, wenn es darum geht, im Leben der Menschheit und der Völker die Ordnung wiederherzustellen?

I. Mechanistisch-atomistische Konzeption der menschlichen Gesellschaft

Wenn man zu den Anfängen der gegenwärtigen Epoche zurückgeht und ihre schrittweise Entwicklung bis auf den heutigen Tag verfolgt, wo sie ihren Höhepunkt erreicht, so stellt man am Anfang eine Geisteshaltung fest, die der heutigen völlig entgegengesetzt ist. Damals war sich die Vernunft ihrer selbst sicher, in einem Maße, daß sie sich fast vor jeglichem Irrtum geschützt glaubte; sie behauptete, die wahren Prinzipien jeglicher Wissenschaft gefunden zu haben; mit ihnen, richtig angewandt, wollte sie eine dauerhafte Ordnung des Lebens in der Gesellschaft gründen, deren Gesetz sich ununterbrochen fortentwickeln würde, um zum allgemeinen Wohl in einem endgültig gesicherten Frieden zu führen. Indem er nun dank seiner Erfindungen die gewaltigen Kräfte des Dampfdrucks und der Elektrizität, die seine Technik weise zu nutzen wußte, immer fester in Händen hält, bildet sich der Mensch ein, das universale Geheimnis der Herrschaft, der Ordnung, der Effizienz in allen Dingen entdeckt zu haben. Und er wandte unüberlegterweise die Methode und die Maximen seiner Technik auf die Probleme des gesellschaftlichen Lebens an. Gemäß dieser Methode dachte er, daß es, wenn diese Fragen erst einmal in ihre Grundbestandteile zerlegt und die Beziehungen dieser verschiedenen Elemente sowie die Gesetze ihrer Interaktion im Detail bekannt seien, genügen würde, den sozialen Organismus, der ebenfalls vom Determinismus beherrscht sei, mechanisch agieren zu lassen. Darüber hinaus sollte das immer weiter vorangetriebene Studium der physischen Beschaffenheit der Gesellschaft es gestatten, die Institutionen und Einrichtungen des kollektiven Lebens nach den wechselnden Bedürfnissen des Ortes und der Zeit im gegebenen Moment entweder zu zerstören, umzuwandeln oder nach Belieben neu aufzubauen.

Falsche Vorstellung vom Menschen und von der Wirklichkeit

8 Zwei Bedingungen mußten erfüllt sein, oder genauer gesagt, zwei Hindernisse waren zu überwinden, bevor man sich voller Gewißheit an dieses Werk der Neuordnung und Rekonstruktion des gesellschaftlichen Lebens machen konnte. Man mußte sich zunächst eine neue Konzeption der Natur des Menschen und all dessen aneignen, was sein Wesen ausmacht; sodann mußte man

sich durch eine exakte und vollständige Analyse vor allem über den Inhalt dessen Klarheit verschaffen, was man die Realität, das grundlegende Wesen der Dinge selbst nennt. In Wirklichkeit verzichtete man zunächst darauf, in der menschlichen Natur eine innere, unteilbare, vom Geist durchdrungene lebendige Einheit zu sehen, durch die alle ihre verschiedenen Grundelemente koordiniert und miteinander verbunden sind; man reduzierte diese Natur auf ein einziges Element oder allerhöchstens auf eine rein äußerliche Kombination mehrerer Elemente. Und hinsichtlich ihrer wesentlichen Wirklichkeit wollte man nur ihre äußere Gestalt oder ihren äußeren Aspekt berücksichtigen, was darauf hinauslief zu behaupten, daß sie einfach dies oder das, einmal jenes und dann wieder etwas anderes, darüber hinaus stets in fortwährender Veränderung begriffen sei.

Es ging nicht mehr darum, in ihre innere Struktur einzudringen und darin jene wesentlichen, unveränderlichen und folglich unantastbaren Relationen und Beziehungen des Seins, der Zweckbestimmung und also des Wertes zu erfassen. Mit der Folge, daß man, wenn es um jene besondere Wirklichkeit des Lebens des Menschen in der Gesellschaft ging, wie es aus der geschichtlichen Entwicklung hervorgegangen war, den Fehler machte, darin nur eine Art kollektives, gänzlich äußerliches und nach Ort und Zeit veränderliches Phänomen zu sehen; man verstand es nicht, darin die innere Kraft zu entdecken, die die lebendige Einheit aufrechterhält und die einzelnen Äußerungen in die seiner Natur und seiner Zweckbestimmung eigentümliche Richtung lenkt.

Leugnung der Geistseele

9 Um heute die gemeinsame Wurzel dieser beiden falschen Voraussetzungen ans Licht zu bringen, genügt es, auf der Grundlage der Schlußfolgerungen einer gesunden Philosophie und der Weisungen der christlichen Offenbarung klar und deutlich diesen Punkt der Lehre herauszustellen, den diejenigen leugnen oder zumindest verkennen, die sich von den irrigen Thesen der materialistischen oder positivistischen Philosophie mitreißen lassen: was den Menschen kennzeichnet und unterscheidet, ist der Geist oder die Geistseele. Von dieser geistigen Natur rührt das aktive Streben des Menschen nach Einheit und Ordnung in seinem Leben her. Deshalb verfügt die menschliche Natur auch tatsächlich über eine unauflösbare Einheit inneren Lebens, die die geordnete Hierar-

chie der Grundelemente seines Wesens einschließt; ebenfalls deswegen kann und darf das menschliche Handeln sowohl auf dem Gebiet des Wissens als auch auf dem des Wollens nicht bei der Oberfläche und der Vielfalt der Dinge stehenbleiben, sondern ist dazu angehalten, ins Innerste der Wirklichkeit vorzudringen. Daraus folgt des weiteren, daß die Menschen nicht wie Tiere in Raum und Zeit zusammenleben; sondern als Menschen, die dafür bestimmt sind, in enger Bindung etwas ganz anderes als ein einfaches Konglomerat zu bilden, das heißt eine wirkliche Lebensgemeinschaft, in der die Bedürfnisse ihres Wesens befriedigt und die Werte ihrer Natur zur Geltung gebracht werden.

Folgen für die Gesellschaft und die Würde der menschlichen Person

10 Daraus geht hervor, daß es ein gefährlicher, wenngleich verführerischer Irrtum jener beschriebenen Denkrichtung war, von diesen falschen Voraussetzungen auszugehen und die wahre Natur des Menschen zu verkennen. Der Weg schien geebnet für die Errichtung neuer politischer und gesellschaftlicher Gebilde, in denen ausschließlich völlig äußerliche Bedürfnisse und keinerlei aus den Tiefen der Vergangenheit kommende historische Elemente Berücksichtigung fanden.

11 Daraus würde logischerweise folgen, daß man den Menschen dessen berauben würde, was die ihm eigene Würde ausmacht, das heißt seiner geistigen Natur. Und in der Tat ließ man das wesentliche Streben des Menschen nach der Einheit seines Lebens, nach der Entwicklung seiner Persönlichkeit und nach Eigenverantwortung völlig außer Betracht. Das einzige, was auf diesen Ruinen stehenblieb, war die Fähigkeit, die phänomenale Erscheinung der Dinge und des Werdens mitsamt dem Determinismus ihrer sogenannt rein mechanischen Gesetze wahrzunehmen, sowie als einzige Möglichkeit der Reaktion die Wahl der Mittel und äußeren Zwecke. Welch eine Mystifikation, diese einfache Fähigkeit mit dem edlen Namen »Intellekt« zu zieren! Vom Wesentlichen des menschlichen Geistes, dieses nach dem Ebenbild Gottes, also ihm ähnlich geschaffenen Geistes, war nichts mehr übriggeblieben. Infolge dieses grundlegenden Irrtums war die Soziologie von da an unfähig, für den Menschen zu einer unanfechtbaren, normativen Wissenschaft zu werden.

Scheitern der mechanistisch-atomistischen Konzeption

12 Welche Zeit aber hätte sichere Lenker dringender nötig gehabt als unsere, um die gesellschaftliche Entwicklung zu steuern? Denn wie man bereits bemerkte, kennt unsere Zeit eine außerordentliche Mobilität, eine unaufhörliche Veränderlichkeit der Lebensbedingungen. Die Industrialisierung der alten Länder, die sich bis dato ausschließlich der Landwirtschaft gewidmet hatten, die Kolonisierung unermeßlich großer neuer Gebiete haben gewaltige Menschenmassen dem Boden ihrer Vorväter oder ihrem traditionellen Umfeld entrissen; sie werfen diese Entwurzelten in den Wirbel eines Wanderlebens, in dem sie aufs Geratewohl Arbeit annehmen, ohne es wirklich bis zum Rang eines Fachmanns bringen zu können. Die Bindung an den Boden der Geburt, die Bindung an über eine lange Reihe von Generationen ererbte Familientraditionen wurden als Faktoren angesehen, die für die gesellschaftliche Ordnung keinerlei Bedeutung besitzen.

Enttäuschende Versprechungen materiellen Wohlstands

13 Und hat sich nicht in der Tat offensichtlich alles mit dem Ziel verschworen, diese Handlungsweise zu rechtfertigen? Unermeßliche ökonomische und technische Perspektiven taten sich vor unseren Augen auf, die in der Lage seien, der gesamten Menschheit in ihrer großen Zahl zu gleichen Formen des Wohlstands zu verhelfen. Deutete nun nicht alles darauf hin, die dem Wesen der menschlichen Person eigenen charakteristischen Unterschiede hinter sich zu lassen, in den Menschen nur Zustände von Atomen zu sehen, gleich denen, die die unorganische Materie bilden, oder Träger elementarer Triebe, die bei allen gleich sind, insbesondere des Erwerbstriebs? Die Tatsachen schienen dieser Sichtweise recht zu geben: die neuen Möglichkeiten auf dem Gebiet des Verkehrs, des Warenaustauschs, der Kreditvergabe, der Nachrichtenübermittlung hatten sich ungemein entwickelt; der Raum spielte beim Funktionieren der menschlichen Gesellschaften gewissermaßen keine Rolle mehr. War das unaufhaltsame Streben nach Fortschritt nicht alles in allem jeder Diskussion enthoben, so daß die Bindung an die Vergangenheit, an die Tradition, nur als ein Hindernis auf dem Weg in eine Zukunft mit unbegrenzten Möglichkeiten erschien? Schien es nicht auch eine in der Organisation des gesellschaftlichen Lebens überflüssige Sorge zu sein, die Langsamkeit

der Zeit, der Aufeinanderfolge der Generationen zu berücksichtigen, da nun [?] überall ein jeder von diesem neuen Bedürfnis besessen war, schnell zu leben?

14 Heute wissen wir, daß diesem Babylonischen Turm unserer Zeit dasselbe Schicksal wie dem der Bibel beschieden war. Wir werden uns hier nicht lange darüber ausbreiten, um zu zeigen, wie trügerisch diese Hypothese des spontan entstehenden automatischen Gleichgewichts im gesellschaftlichen Leben war. Dies nämlich trat Uns heute zwangsläufig vor Augen: anstelle dieses Gleichgewichts hat sich eine Menschheit herausgebildet, die sich von Jahrzehnt zu Jahrzehnt gerade dadurch, daß sie beabsichtigte, den Willen und die Macht der Individuen unkontrolliert sich selbst zu überlassen, immer schneller und auf allen Gebieten in unzählige Gruppen aufgespalten hat, die untereinander darum kämpfen, wer der Stärkste sei; was diese Menschheit als treibende Kraft par excellence ihrer Organisation bezeichnete, führte aufgrund der Tatsache, daß sie nur von außen und an der Oberfläche eingesetzt wurde, nur entweder zu einem instabilen Zustand des gesellschaftlichen Gleichgewichts oder zu einem System bewaffneten Friedens.

Scheitern der Gleichheit

15 Heute wissen wir darüber hinaus, wie trügerisch die Hypothese der vollkommenen Gleichheit untereinander austauschbarer Menschen sogar innerhalb ihres neuen Gesellschaftssystems war. Denn wenn früher die geistigen und sittlichen Qualitäten, das berufliche Wissen, der gesellschaftliche Wert des Ganzen herangezogen wurden, um die Menschen zum Nutzen der gesellschaftlichen Ordnung zu unterscheiden und einzuteilen, so richtet sich diese Einteilung heutzutage dagegen mehr und mehr einzig nach der Menge des Kapitals, das sie besitzen: ein ganz und gar oberflächliches Klassifizierungsprinzip und eher eine simple Tatsache, die zumeist auf zufällige Umstände zurückzuführen ist.

16 Schließlich erscheint Uns die Hypothese einer blühenden Wirtschaft, die allein durch das mechanische Funktionieren ihrer Abläufe in beständiger Entwicklung begriffen sei, als ebenso trügerisch. Während nämlich die Menschheit in einem noch niemals erreichten Ausmaß Zugang zu den Rohstoffen hatte, während

eine Unmenge Produkte hergestellt wurde, während die Menschen Hoffnung auf einen immer besseren Lebensstandard hegen konnten, wuchs zugleich die Zahl der Menschen, die an diesem materiellen Fortschritt keinen oder nur einen relativ bescheidenen Anteil hatten und die trotz ihrer völlig legitimen Wünsche zur Arbeitslosigkeit verdammt blieben, sich ihren berechtigten Wunsch nicht erfüllen konnten, jedes Mittels beraubt, um irgend etwas erwerben zu können.

Verlust der inneren Einheit

17 Doch all dies ist allgemein bekannt und von Uns in den letzten Jahren bereits mehrere Male dargelegt worden. Worauf Wir hier besonderen Nachdruck legen wollen, ist die unleugbare Tatsache, daß die menschliche Gesellschaft infolge der Veränderungen, von denen wir sprachen, nach und nach jegliche innere Festigkeit, jeglichen inneren Zusammenhalt verloren hat. Wo auch hätte sie diese konstitutive Einheit in der Verbindung aller ihrer Elemente finden können? Sie zielte nur auf allgemeinen materiellen Wohlstand ab. Schon allein dadurch, daß dieses Ziel in seiner materiellen Ausrichtung nur ein rein äußerliches Glück beinhaltete, war es ungeeignet, die Menschen in der Tiefe ihrer Seele zu vereinen; doch darüber hinaus verlor sich dieses Ziel im Laufe der Zeit in immer weiterer Ferne.

Trennung der Menschen durch den Erwerbstrieb
18 Man feierte unverhohlen den Nutzen eines reinen Erwerbstriebs, eines Triebs niederer Ordnung, für das gesellschaftliche Leben; welcher übrigens – weit davon entfernt, die Grundlage der menschlichen Natur darzustellen – eigentlich nur eine spezielle Erscheinungsform dieser Natur oder, genauer gesagt, dieser verstümmelten Natur ist. Wenn aber dieser Trieb nicht in die geistige Natur des Menschen integriert und von ihr beherrscht wurde, so konnte er, weit davon entfernt, ein Bindeglied zwischen den Menschen zu sein, sie im Gegenteil nur auf brutale Weise voneinander trennen, sie in einem schonungslosen Existenzkampf gegeneinander aufbringen, wobei die Seele der Sieger hart wurde und die Wut der Besiegten immer mehr wuchs.

19 Die Arbeit war nicht mehr wie früher eine echte, im gemeinsamen guten Willen und durch ein gemeinsames Berufsethos im Gefühl gleicher Würde gefestigte berufliche Verbindung. Auf diese Gemeinschaft der Seelen folgte, wie bereits gesagt, die einfache Gegenüberstellung der Besitzenden und der Nichtbesitzenden, eine Folge jenes sich ungezügelt ausbreitenden Erwerbstriebs.

Auch durch das Privateigentum

20 Die Institution des Privateigentums selbst, die von ihrem Wesen her ursprünglich dazu bestimmt war, den Menschen zu einer besseren Nutzung der irdischen Güter zu verhelfen und die Einheit innerhalb der menschlichen Gesellschaft zu fördern, diese Institution ist in bisher ungekanntem Maße zu einer Quelle der Zwietracht, des Neids, oftmals unüberwindlicher Hindernisse für den Aufstieg der Besten sowie des Auseinanderbrechens und der Auflösung sozialer Beziehungen geworden.

21 Raum und Zeit schließlich, die nunmehr, wie es schien, aufgrund des technischen und ökonomischen Fortschritts ihre Fähigkeit verloren hatten, die Menschen weiterhin voneinander zu trennen, haben ihre Abgrenzungsfähigkeit wiedererlangt und sogar Kämpfe von bisher ungekannter Gewalt um den Besitz von Territorien oder Wirtschaftsmärkten ausgelöst, während sie parallel dazu zwischen der gegenwärtigen und der vorhergehenden Generation eine früher nicht für möglich gehaltene Rivalität sowie gegenseitiges Unverständnis hervorgerufen haben.

Rückgriff auf den Staat

22 Nach dem bisher Gesagten wird es nicht verwundern, daß die arme Menschheit im Gefühl, durch diese in alle Richtungen zugleich strebenden Tendenzen gespalten und wie auseinandergerissen zu sein, in der Institution des Staates eine Stütze suchte; dieser ist nämlich diejenige Institution, die im Hinblick auf die Ordnung an sich am handlungsfähigsten ist, indem sie auf äußeren Zwang zurückgreift, der im übrigen den geistigen und sittlichen Charakter, den er von Gott hat, unbeschadet läßt. Doch daß sie auf diese Weise vor allem beim Staat Hilfe gesucht hat, noch dazu bei einem als rein materielle Macht konzipierten Staat, hat der Menschheit in bezug auf ihre Beziehungen zum Staat sicherlich nichts Gutes eingebracht und dem Staat selbst genausowenig.

Einigende Funktion des Staates

23 Denn der Staat hat von seinem Wesen und seiner eigentlichen Funktion her den alleinigen Zweck, das Gemeinwohl seiner Angehörigen zu garantieren. Doch heute verlangt man vom Staat, mittels bestimmter, mehr oder weniger falscher, angeblich sozial-moralischer Prinzipien selbst die Grundlage der Einheit zu schaffen, während die Masse der Bürger unter Instabilität und innerer Auflösung leidet. Diese Forderung beinhaltet an sich bereits eine praktisch undurchführbare, darüber hinaus aber widernatürliche Ausweitung der staatlichen Funktionen.

Übertriebene Zunahme der Macht des Staates

24 Man mußte also damit rechnen, daß die Staaten, auf diese Weise verleitet, ihre Funktionen mißbräuchlich auszudehnen, und gerade weil sie dabei auf immer größere Schwierigkeiten und Mißerfolge stießen, sich zur Ablenkung nach außen wandten und Erfolge auf einer anderen Ebene suchten, um ihr Prestige zu retten und ihre eigene Existenz zu sichern.

Dadurch wurde natürlich die Versuchung stärker, der bereits alle Machthabenden unterliegen, nämlich ihre Macht in übertriebener Weise auszudehnen; mit der für die Beziehungen zwischen den modernen Staaten so charakteristischen Folge einer starken und beständigen Spannung, eines unzulässigen und dennoch energisch vorgetragenen Anspruchs auf absolute Souveränität des Staates, der jegliche Unterordnung unter eine höhere Organisationsform der menschlichen Gemeinschaft radikal zurückweist. Und das hat wiederum zur Folge, daß die Aufteilung der Menschheit in einzelne Staaten, die – die natürliche Neigung des Menschen, sich auf diese Weise zusammenzuschließen, um so sein geistiges und sittliches Leben zu vervollkommnen, vorausgesetzt – im göttlichen Plan ein Mittel darstellt, das Leben des Ganzen durch Differenzierung weiterzuentwickeln, daß diese Aufteilung selbst zu einem neuen und hoffnungslosen Faktor der Zersplitterung unter ihnen wird.

25 Das ist noch nicht alles. Die Beziehungen der einzelnen und der Gruppen zum Staat scheiterten in gleicher Weise. Wie bereits gesagt wurde, sah man den Staat, und den Staat allein, als oberste Hilfsinstanz an; man übertrug ihm also immer mehr die Aufgabe,

in eigener Kompetenz für die Interessen der einzelnen und der Gruppen zu sorgen. Der Staat wurde in dieser Hinsicht als einfaches Instrument für Dienstleistungen zugunsten der einzelnen angesehen. So wurde der Staat zu einem Gehege individueller oder kollektiver Egoismen, die sich die Macht im Staate heftig streitig machen. Infolgedessen wurde die Natur der Beziehungen zwischen den Bürgern und dem Staat vollkommen verdorben: erster Zweck und moralisches Ziel des Staates ist es, für das Gemeinwohl zu sorgen, ohne Unterschied den Interessen aller zu dienen und gerade dadurch die Einheit aller herzustellen; doch angesichts der geschilderten Lage der Dinge wurde die spontane, natürliche Neigung der Menschen, sich in einem Staat zusammenzuschließen, entgegen ihrer eigenen Bestimmung selbst zu einem Prinzip tiefgehender Entzweiung.

Resümee des Scheiterns

26 Wenn man all diese traurigen Feststellungen nun einmal zusammennimmt, wird außer Zweifel stehen, daß sich in unserer gegenwärtigen Zeit die Geschichte vom Turmbau zu Babel wiederholt. Mit Hilfe der Mittel der modernen Technik und Ökonomie hat sich der Erwerbstrieb eines großen Teils der Menschheit bemächtigt; er hat in einem gigantischen Pyramidenbau die Hoffnungen eines jeden auf den Genuß, auf einen immer anspruchsvolleren Lebensstandard hin ausgerichtet; überall, ohne räumliche oder zeitliche Begrenzung, unabhängig von Beruf oder Nationalität, wird die eine Sprache derselben Begierden gesprochen ... Welch trügerische Einheit! Denn schließlich müssen alle zugeben: das stolze Gebäude wird genauso wie damals nicht zur Vollendung gelangen, und zwar aus demselben Grund wie damals, nämlich bezeichnenderweise genau deswegen nicht, weil sich die Baumeister untereinander nicht verstehen. Diese Unmöglichkeit gegenseitigen Verstehens – die in Babel von der Verschiedenheit der Sprachen herrührte – bedeutet für uns wie für die Völker von damals, daß die Gemeinschaft der Menschen ihre wahre Einheit im Geiste verloren hat, daß die weiter oben beschriebenen aktiven Elemente der Unordnung unter den Mitgliedern der menschlichen Gesellschaft mächtige Barrieren errichtet, tiefe Gräben gegraben, kurz Spaltung und Entzweiung geschaffen haben. Auch bei uns war man bestrebt, mit möglichst viel Material ein Gebäude von erdrückender Höhe zu erbauen; wie damals ist man

auch bei uns in Wirklichkeit tief gesunken, da man in beleidigender Weise den Geist geleugnet hat, und sogar den Geist Gottes, jenes Gebäude, das in anderer Weise von kapitalem Wert ist, das heißt das lebendige Gebäude einer in ihrer gemeinsamen Seele vereinten Menschheit. Denn es kann nur dann eine wirklich einige, eine wirklich wahre Menschheit geben, wenn sie vom Geist durchdrungen ist oder, besser gesagt, vom Geist Gottes; und diese Menschheit kann nur so lange einig fortbestehen, wie sie von diesem Geist beseelt, durch seine Gesetze bestimmt ist und die Ziele ihres Tuns sowie die Hierarchie ihrer Werte ihm gemäß definiert.

Folgen für die menschliche Persönlichkeit

27 Darüber hinaus ist nicht nur die Einheit des gesellschaftlichen Ziels in Vergessenheit geraten, sondern auch die Persönlichkeit des Menschen selbst, der Sinn für die Rechte, die Würde, den Wert der Person. Der Auflösung der Gesellschaft entspricht eine gleichzeitige Zerrüttung der einzeln für sich betrachteten Mitglieder der Gesellschaft; indem sie ihren hohen Wert als Person verloren haben, sind sie nämlich auf das niedrige Niveau eines bloßen Teils eines Ganzen, einer schlichten Nummer in endlosen Reihen ähnlicher Nummern abgesunken.

28 Darüber braucht man sich nach all dem, was wir weiter oben aufgezeigt haben, nicht wundern. Es konnte nicht ausbleiben, daß dieselben Faktoren, die ihrer Natur gemäß im gesellschaftlichen Leben verbinden, strukturieren, Einheit herstellen sollten, die aber aus den angezeigten Gründen zu einem völlig entgegengesetzten Ergebnis geführt haben, ihren unheilvollen Einfluß auch auf die Persönlichkeit ausübten. Da wirkten sie wiederum entgegen ihrer wahren Aufgabe, den Reichtum an Wert und Würde der menschlichen Persönlichkeit zu sichern und zu mehren. Und diese Verstümmelung, diese Eliminierung der Persönlichkeit waren in dem Maße unvermeidbar, wie die Arbeit nur mehr die Entfaltung des Triebs zum Erwerb materieller Güter darstellte; wie beinahe ausschließlich die Menge der von einem Menschen besessenen Reichtümer bestimmte, welche Wertschätzung man ihm entgegenbrachte und welche Bedeutung man ihm zumaß. Eine Verstümmelung und Eliminierung der Persönlichkeit, die um so unvermeidlicher war, als parallel dazu die Menschen im gesell-

schaftlichen Leben einander gewissermaßen immer fremder und
gegensätzlicher wurden, verbissen darum bemüht, die kollektive
oder die persönliche Entwicklung des anderen zu verhindern
oder wenigstens einzuschränken; gleichzeitig beraubte die Entwurzelung so vieler Menschen, die ihrem traditionellen Umfeld
entrissen wurden, wie man im Falle unzähliger Bauern feststellt
und beklagt, diese der natürlichen Bedingungen für Fortentwick-
lung und Aufstieg. Während er diesen unheilvollen Niedergang
der Persönlichkeit verstärkt, beeinträchtigt der Staat mehr und
mehr die Unabhängigkeit der einzelnen und zwingt sie, sich riesigen, unablässig wachsenden Organisationen einzugliedern, um
dort mehr oder weniger jene Sicherheit für ihr Leben zu finden,
die sie ansonsten entbehren, wobei das Individuum ausgelöscht
wird, seine normalen Möglichkeiten der persönlichen Entwicklung reduziert werden.

*Einschränkung der Persönlichkeit durch die gesellschaftlichen
Kräfte*

29 Und dennoch hätte die in einem regulären Beruf vollbrachte Arbeit einen jeden bis auf den Grund seines Wesens hinein mit
einem ihm eigentümlichen Charakter versehen müssen; das Eigentum hätte dem Leben eines jeden völlige Sicherheit garantieren müssen; die Verwurzelung in einem bestimmten Umfeld, in
der Bindung an die Tradition durch Vaterlandsliebe und nationale Gesinnung hätte, genährt von der Geschichte, zum wahren
Orientierungspunkt seines Denkens, Wollens und Fühlens werden müssen; in einem jeden hätte seine Eigenschaft als Bürger das
Bewußtsein für seine Verantwortung schärfen müssen; mehr
noch, sie hätte es ihn als Glück empfinden lassen müssen, sich
verantwortlich zu fühlen; der Eifer, sich zu organisieren, hätte
nur der Ausdruck eines entschlossenen Willens sein dürfen, durch
diesen selbst sich gegenseitig zu unterstützen, und nicht ein
schlecht kaschiertes Eingeständnis von Faulheit und Angst. Wenn
dies so geschehen wäre, hätte nun jeder Mensch den grundsätzlichen Reichtum seines Wesens vermehrt, hätte an Wert zuge-
nommen; er hätte im vollsten Sinne eine Person werden können,
einer rechten Autonomie würdig und fähig.

30 Doch leider ist es anders gekommen. Wir haben es gesehen, die in
der menschlichen Gesellschaft wirkenden Kräfte haben, weit da-

von entfernt, ihre konstitutiven Elemente aufeinander abzustimmen und sie von innen her abzustützen und so ein an Stärke beständig zunehmendes organisches Ganzes zu schaffen, die gesellschaftlichen Elemente im Gegenteil aufgelöst und voneinander getrennt. Doch im Hinblick auf die menschliche Person haben sie den gleichen Frevel begangen. Und was vom Menschen übrigblieb, nachdem man dergestalt gegen ihn gewütet hatte, war ein völlig geschwächtes Wesen, das der Fähigkeit, sich zu entscheiden und sich selbst zu lenken, entsagt hat und sich willig von den Ereignissen herumstoßen und fortreißen läßt, ein gleichsam passives und träges Wesen, ein in der Masse eines Körpers verlorenes einfaches Molekül, kurz, ein schwankes Schilfrohr im Winde, wie die Schrift sagt.

Durch die Uniformierung des menschlichen Lebens
31 Das ist nicht alles. Um das Unglück des Menschen zu vollenden, kam eine andere desintegrative Kraft zu Hilfe; wir wollen von dem sprechen, was man die Uniformierung der Lebensbedingungen nennt. Die Städte haben sich mit ihren Siedlungen bis in vormals rein agrarische Gebiete hinein ausgedehnt; die in Serienfabrikation hergestellten Industrieprodukte wurden standardisiert und setzten sich in dieser festgelegten Form beim Verbraucher durch; und die gleiche Standardisierung stellte sich auch im Bereich der Erholung und der Unterhaltung ein, kurz, die Uniformität der Lebensweisen hat heutzutage, begünstigt durch die vervielfachten Kontakte und Beziehungen mit der Stadt, bis in alle ländlichen Gebiete hinein gesiegt. Diese Situation mit ihrer groben und monotonen Uniformität hätte nicht eintreten können, wenn die laufende Entwicklung nicht jene von uns beklagte Entpersönlichung des Menschen mit sich gebracht hätte. Aus all den Gründen stehen wir heute vor diesem erschreckenden Phänomen: der Durchschnittsmensch unserer Zeit droht jeden Moment von blinden Massenbewegungen erfaßt und mitgerissen zu werden; ohne eigene Ideen, ohne eigenen Willen schließt er sich bald der Masse an, teilt deren Leidenschaften, beteiligt sich an ihren Taten, mit der Folge, daß von irgendwoher, durch die Presse, das Radio, das Kino, öffentliche Versammlungen, eine unablässige, hartnäckige Propaganda auf ihn einredet, um ihn für eine Sache oder einen Menschen zu begeistern oder ihn umgekehrt gegen jemanden oder gegen etwas einzunehmen. Das ist, nehmen wir das

zur Kenntnis, ein bedauerliches Anzeichen für das Fehlen von Persönlichkeit und Unabhängigkeit, vor allem wenn man an all die Aktivität und die materiellen Mittel denkt, die man heute beinahe überall für die Bildung der Jugendlichen und der Erwachsenen verausgabt, um aus ihnen Menschen zu machen, die dieses Namens würdig sind.

32 Darüber braucht man sich aber nicht zu wundern. Auch die hochentwickeltsten und einfallsreichsten pädagogischen Methoden könnten dem Menschen nicht geben, was die Entwicklung unserer Zeit unaufhörlich bestrebt ist, ihm zu rauben: nämlich die Festigkeit, den Reichtum einer starken Persönlichkeit, das persönliche Urteil, den Sinn für Selbstbestimmung, alle grundlegenden Eigenschaften, die es dem Menschen nicht nur erlauben, in angemessener Weise für Ideen und Einflüsse von außen offenzubleiben, sondern vor allem in sich den Willen zu entwickeln, diese selbst zu beurteilen und eher aus eigenem Antrieb zu handeln, als sich von anderen manipulieren zu lassen.

Der wahre Christ
33 Aufrecht und stark wie ein Turm, so tritt der wahre Christ unserer Welt gegenüber. Mag er aufgrund der Umstände auch den sicherlich nicht geringzuachtenden Vorteil einer erweiterten Bildung entbehrt haben, so ragt er dennoch mit seiner ganzen Größe aus der öden Masse der allen äußerlichen Launen ausgelieferten Menschen hervor. Sein Glauben, seine Verbindung mit Gott im Geist der Wahrheit und der Ordnung haben diesem Christen die tiefe Einheit seines Lebens gegeben, Charakterfestigkeit, sichere Seelenruhe, all die Dinge, die Früchte des Geistes sind. Wenn die bereits wiederholt angesprochenen Entwicklungsfaktoren zusammengespielt hätten, um ein der gesunden Entwicklung des Menschen günstiges Umfeld zu schaffen, dann hätte jetzt jedermann Anteil an jenen Werten, die wir bei dem allzu seltenen Menschen mit einem einfachen christlichen Sinn bewundern – nämlich Persönlichkeit und Charakter –, damit sich sein Wesen und seine Persönlichkeit entfalten.

II. Folgen der mechanistisch-totalitären Konzeption für die menschliche Gesellschaft

34 Niemand wird, so glauben Wir, wenn er wirklich auf dem laufenden ist, gegen die Richtigkeit Unserer Darstellung der gegenwärtigen Entwicklung Einspruch erheben können. Diese Entwicklung ist zugleich geprägt von einer unaufhaltsamen Verschiebung von der inneren Einheit und Verbindung der menschlichen Gesellschaft hin zu innerer Spaltung sowie einer ähnlichen Verschiebung vom Individuum hin zur Masse, die es verschluckt. Wenn daran noch jemand gezweifelt hat, so wird ihm alles klarwerden, wenn er die verzweifelten, um nicht zu sagen verbissenen, Bemühungen sieht, die man mehr und mehr unternimmt, um irgendeine Einheit, egal welche, wiederherzustellen. Man konnte diese Bemühungen ganz besonders am Vorabend des Ersten Weltkriegs bemerken; damals ertönten, wie wir bereits zu Beginn angedeutet hatten, die unterschiedlichsten Parolen im Sinne der Suche nach einer Einheit: Einheit der Nation, Einheit des Volkstums, Einheit der Rasse, Einheit des Proletariats und, um dem Ganzen die Krone aufzusetzen: Einheit des Staates.

35 Lassen wir für einen Augenblick jene damals unbemerkt gebliebene Folge beiseite, daß nämlich schon allein die Vielzahl und die Gegensätzlichkeit dieser Parolen, und insbesondere die verschiedenen Versuche ihrer Umsetzung, damals die Spaltung der Menschen untereinander und innerhalb der Menschheit zunächst auf fatale Weise vorantrieben; gehen wir nicht näher darauf ein, daß sie die Menschen in der Tat in verschiedene, einander heftig entgegengesetzte Lager warfen. Hier kommt es vielmehr darauf an zu entscheiden, ob all diese Parolen geeignet sind, die drohende Katastrophe von uns abzuwenden, die Einheit des Menschengeschlechts und den Wert der menschlichen Person wirklich und gesichert wiederherzustellen. Doch leider geben die bereits gemachten Erfahrungen zu Hoffnung keinerlei Anlaß.

a) Folgen des totalitären Systems für die menschliche Einheit

36 Zunächst einmal springt ins Auge, daß man sich unter dem Einfluß einiger dieser Parolen angewöhnt hat zu leugnen, daß die konkrete Menschheit eine wirkliche Einheit darstellt; oder zumindest diese Einheit herunterzuspielen, indem man ihr andere konkrete Realitäten entgegensetzt, wie zum Beispiel die Rasse, die Nation oder die Klasse; man behauptet nunmehr, daß jeder, der noch von der Einheit des Menschengeschlechts spricht, nichts als ein Schwärmer sei, ein Intellektueller, der im Abstrakten lebe. Es braucht an dieser Stelle nur an das erinnert zu werden, was Wir später noch näher darlegen werden: daß wir nämlich um die Einheit des Menschengeschlechts sowohl durch die Vernunft als auch durch die göttliche Offenbarung wissen. Schon unser Wissen von der Natur kann entdecken, daß es eine für alle Menschen zu allen Zeiten identische menschliche Natur gibt; diese Einheit, wie sie von der Tatsache der Erbsünde vorausgesetzt wird, gründet auch in der übernatürlichen Wahrheit der Erlösung, und sie findet sich in der übernatürlichen Beziehung aller Menschen zu ihrem Erlöser Jesus Christus.

Gefahren für die menschliche Einheit durch die äußeren Beziehungen der totalitären Staaten

37 Wenn schon diese ersten Feststellungen sehr desillusionierend sind, so wird die, wenngleich summarische Betrachtung der Folgen, die sie bereits zeitigten, jeglichen Optimismus vollends zunichte machen. Überall, wo diese Parolen auf gesellschaftlichem Gebiet bereits Anwendung finden konnten, stellt man fest, daß sie für die jeweils zugrundeliegenden Ideen absoluten Vorrang und höchste Bedeutung reklamieren, ein uneingeschränktes Vorrecht in allen Lebensbereichen, um die Menschen nach ihren Vorstellungen zu formen. Überall sieht man sie außerhalb ihres eigenen Territoriums, also im ganzen Rest der Welt, am Werk, um dort den Sinn der großen menschlichen Gemeinschaft, ihre Ziele, ihre für das Gesellschaftsleben unerläßlichen Institutionen geschickt zu untergraben, wenn nicht direkt anzugreifen. Allenfalls lassen sie bestimmte Arten von Vereinigungen in Ruhe, die ihre Gunst verdienen, weil sie in ihnen bereits eine gewisse Tendenz entdecken, die ihnen entgegenkommt: nationale, proletarische, rassische oder andere.

38 Wenn man einmal davon absieht, was eine solche Wahl für diese Parolen an Inkonsequenz hinsichtlich ihres eigenen Grundprinzips bedeutet, und auch davon, welche interessegeleiteten und opportunistischen Überlegungen sie voraussetzt, dann muß man klar sagen, daß jener so stark betonte Wille, zunächst man selbst zu sein, ohne im geringsten auf andere Rücksicht zu nehmen, seinerseits in jener großen sozialen Gruppe, die unter seinem Einfluß steht, eine Dynamik erzeugen wird, die auf den Rest der Menschheit wie Separatismus wirkt. Denn es muß deutlich gemacht werden, daß diese Dynamik danach strebt, sich mit allen geeigneten Mitteln moralisch Gruppen anzuschließen, die anderen Staaten angehören, die sie jedoch als von gleichem Geiste oder als geistesverwandt erachtet; von da an ist es leicht, die unmittelbaren Folgen vorherzusehen, die sich daraus ergeben müssen. Wir sehen uns so, je nach dem Einzelfall, Formen eines Imperialismus gegenüber. Es kommt gar nicht auf den einzelnen Typ an: stets endet es nämlich damit, daß diese Bestrebungen hin zu einer derartigen Einheit die Entwicklung der Menschheit in Richtung auf eine Trennung beschleunigen, weit davon entfernt, die Vereinigung der Menschen in ihr zu fördern.

Die Aussage, die soeben über die Anziehungskraft hinsichtlich ausländischer Gruppen gemacht wurde, kann auch auf die innere Struktur und Aktivität von Staaten bezogen werden, die in der oben beschriebenen Weise ausschließlich auf einige oder einzelne der erwähnten Prinzipien oder Werte gegründet sind.

Bedrohung der inneren Einheit der auf den Totalitarismus gegründeten Staaten

39 Wie steht es nun gegenwärtig in dieser Hinsicht um den *Rest* der inneren Struktur der Systeme, die wir untersuchen wollen? Diese Systeme tendieren allesamt dazu, auf diese entscheidende Frage nach der Einheit, auf eine Frage, die sehr viel Umsicht erfordert, eine um so mechanistischere Antwort zu geben, je mehr sie der soliden gemeinschaftlichen sozialen Organisation eine eigene und natürliche Funktion bei der Schaffung der Einheit, und somit das Recht, überhaupt zu ihr beizutragen, kategorisch verweigern; jedes setzt zu Beginn eine Grundidee für absolut, von der sich, wie behauptet wird, die gesamte Lebensform und das gesamte Recht ableiten lassen. Selbst wenn wir die mehr als diskussionswürdige Frage nach der Legitimität dieser Konzeption vor-

erst beiseite lassen, können wir an dieser Stelle folgendes betonen: die auf diese Weise angestrebte Einheit kommt der rein mechanischen Einheit einer Maschine gleich oder im Höchstfalle der Einheit eines pflanzlichen oder tierischen Organismus; sie ist keine echte Einheit, sie verdient es nicht, im wahrsten Sinne des Wortes eine menschliche soziale Einheit genannt zu werden. Deren tatsächliche Existenz erfordert nämlich Einheit in der Vielheit, das heißt, sie erfordert, daß die Einheit des Ganzen, Antriebskraft und Garantie des geistigen und sittlichen Wohles des Ganzen, unter den verschiedenen konstituierenden Elementen unablässig als einigende und organisierende Kraft wirkt und sie ständig beeinflußt, damit sie zu ihr beitragen.

Es ist also falsch, mit dem Namen der gesellschaftlichen Einheit eine Einheit zu bezeichnen, von der man nicht nur behauptet, daß die inneren gesellschaftlichen Faktoren im Prinzip wie in der Praxis keinen eigenen Anteil an ihrer Schaffung haben können, da sie von Natur aus nicht zu diesem Zweck bestimmt seien; sondern von der man dagegen behauptet, daß Form und Inhalt des Lebens dieser Faktoren ausschließlich von der Grundidee eines jeden Systems bestimmt werden, welches als etwas Absolutes betrachtet wird, das sich alleingültig setzt und das gesamte gesellschaftliche Leben prägt.[2]

Tendenz zu einem ökonomischen Kollektivismus

40 Doch nun entsteht auf der konkreten Ebene der Dinge eine ernste Gefahr: daß nämlich diese extensive Totalität mit ihrer falschen Konzeption der gesellschaftlichen Einheit auf fatale Weise zu einem nivellierenden und uniformierenden Kollektivismus neigt.

Darüber hinaus ist die wirtschaftliche Aktivität innerhalb der politischen Grenzen dieser Staaten ausschließlich, wie im Sinne eines obersten und ausreichenden Prinzips, dazu bestimmt, für die materielle Lebenssicherung der jeweiligen Gemeinschaft zu sorgen und sie zu gewährleisten; die Moral kann, unter Berufung auf die natürliche Ordnung der Dinge und die Hierarchie der Werte, noch so sehr predigen, daß das oberste Ziel der wirtschaftlichen Aktivität in einem bestimmten Staat das materielle Wohl der Familien im Einklang mit dem insgesamten Wohlstand der Staaten sein muß und daß darauf sogar die Entwicklung jeder Zivilisation beruht; man behandelt ihre Lehren als platten und vulgären Sozialeudämonismus; man verwirft sie mit größter Geringschätzung.

41 Darüber hinaus ist es offensichtlich, daß in jenen Gesellschaften, in denen die Einheit die Form dieses mißbräuchlichen Totalitarismus angenommen hat, die verschiedenen selbstverwalteten Berufsgemeinschaften und ihre Zusammenarbeit untereinander im Prinzip als eine Form eines schädlichen Pluralismus angesehen werden, dessen Existenz völlig unerwünscht ist; in der Praxis greift man, nach vielerlei anderweitigen Versuchen, wenn es darum geht, Arbeitskonflikte zu bereinigen oder deren Bedingungen im Hinblick auf die gesellschaftliche Ordnung zu regeln, auf den Staat zurück. Dieser entscheidet unmittelbar. Sicherlich steht diese direkte Intervention des Staates auf sozialem Gebiet in bestimmten Fällen und unter bestimmten Bedingungen mit den Prinzipien göttlichen Rechts an sich in Einklang; manchmal stellt sie das einzige Mittel dar, Ordnung zu schaffen oder wiederherzustellen. Dennoch drängen sich in zweierlei Hinsicht Zweifel auf: opfert man die auf der Natur gründenden privaten Verbände und Organisationen nicht zu Unrecht, wenn man ihre Rolle zunichte macht? Weiter, und dies ist noch schwerwiegender: bewahrt ein Gesellschaftsverband der beschriebenen totalitären Art im Begriff des »Gemeinwohls« jenen objektiven Sinn, den ihm das Naturrecht zuschreibt?

Reduktion des Staates

42 Diese Frage des Gemeinwohls bringt es mit sich, einen weiteren, noch wichtigeren Faktor des gesellschaftlichen Lebens zu betrachten: den Staat. Die Existenzberechtigung des Staates besteht in Übereinstimmung mit seiner natürlichen Bestimmung darin, das Gemeinwohl dauerhaft zu gewährleisten. Nun bergen aber soziale Einheiten dieser Art, also Staaten, die nach einer unbestimmten totalen Ausdehnung streben, die Gefahr in sich, daß der Staat in ihnen seiner wesentlichen Attribute und seiner souveränen Macht vollständig beraubt wird. Der Staat hat sich nun in ein völlig mechanistisches, administrativ-bürokratisches System verwandelt, in ein einfaches Instrument der betreffenden rassischen oder nationalen Kollektive. Dadurch ist das eigentliche Wesen des Staates als Staat in seinem Kern getroffen, im Gegensatz zu den Forderungen des Naturrechts; darüber hinaus ergibt sich

in bezug auf die Konzeption des Gemeinwohls ein innerer, in jeder Hinsicht erkennbarer Widerspruch zwischen dieser Konzeption und der eigentlichen Aktivität des Staates, zum Beispiel auf dem Gebiet der Gesetzgebung, der Festlegung von Rechten, der Administration: in diesem Falle wird nämlich die weiter oben definierte, dem Staat eigentümliche Verpflichtung, das Wohl aller seiner Bürger insgesamt als objektive Norm seines Tuns zu betrachten, völlig vernachlässigt und gänzlich den Interessen des Kollektivs untergeordnet. Das hat zur Folge, daß eine wesentliche, aus seiner eigenen Natur sich ableitende Pflicht des Staates, nämlich ohne Unterschied allen seinen Bürgern die gleichen Rechte zu gewährleisten, nun überhaupt nicht mehr erfüllt werden kann, selbst in reduziertester Form nicht.

43 Hier nun eine Zusammenfassung dessen, was sich aus diesen Feststellungen ergibt: auf der einen Seite die sich in der Praxis manifestierende Tendenz zu einem nivellierenden, uniformisierenden Kollektivismus; auf der anderen Seite, im gesellschaftlichen Leben selbst, die grundsätzliche Unfähigkeit, die gesellschaftliche Einheit in einer authentischen und legitimen Vielheit zu verwirklichen. Dies alles erzeugt einen Zustand derartiger Spannung, verbunden mit der überhitzten Dynamik einer Expansion nach außen hin, daß die Einheit des gesellschaftlichen Lebens des Menschengeschlechts in Gefahr ist.

Proletarische Staaten

44 Dasselbe gilt im wesentlichen für jene gesellschaftlichen Einheiten oder Staaten, die ihre totalitäre Ausdehnung von der »Einheit des Staates« oder der »Einheit des Proletariats« ableiten. Mit der Besonderheit, daß im ersten Falle, das heißt beim auf die Einheit des Staates gegründeten Totalitarismus, ein völliges Mißverstehen der inneren sittlichen Natur des Staates vorliegt. Im zweiten Falle stellt man sich zu Recht die Frage, was diese »Einheit des Proletariats« eigentlich bedeuten könnte, die Ursprung und Grundlage des gesellschaftlichen Totalitarismus sein soll. Handelt es sich dabei vor allem um einen psychologischen Komplex, entstanden aus all der Vernachlässigung, Entwurzelung, all der Unsicherheit der Existenz? Nun, man sieht sich allenfalls einer tiefen Verzweiflung gegenüber, die die Massen zu heftigen Reaktionen verleitet; ein deutlicher und tragischer Beweis für die Un-

ordnung. Handelt es sich dagegen aber, im Sinne der Ziele des marxistischen Sozialismus, um die endlich errungene Souveränität einer Klasse, so wird einem in diesem Falle nicht klarer, wie das Prinzip des Klassenkampfs und der Diktatur der Macht, das die Grundlage dieses Systems bildet, zu einem Prinzip innerer Ordnung und harmonischer Einheit in einer menschlichen Gesellschaft werden könnte. In dem von Uns zu diesem Thema bereits Gesagten oder Geschriebenen, namentlich in Unseren Enzykliken »Quadragesimo anno« und »Divini Redemptoris« haben Wir mehrfach die Art und Weise in Erinnerung gerufen, in der der Marxismus die Menschheit ihrer Freiheit beraubt, jede Würde der menschlichen Person zerstört und sich als grundsätzlich unfähig erweist, irgendeine Art menschlicher Einheit zu begründen.

45 Schließen wir also daraus, daß keine dieser in unseren Tagen proklamierten Einheits-Parolen den inneren Zusammenhang der Menschheit stärken wird, sondern daß sie auf direktem Wege in eine schreckliche Katastrophe führen werden; sie beschleunigen sogar die Katastrophe. Eine weitere Frage stellt sich gegenwärtig: Wie steht es um dieses andere Gut, von dem wir behaupteten, daß es mit der Einheit der Menschheit eng verbunden sei, und das also denselben Gefahren ausgesetzt ist wie diese – gemeint ist die Persönlichkeit; wie steht es um die Bewahrung ihres Wertes?

b) Folgen des totalitären Systems für die Persönlichkeit

46 Auch hier wird unsere Erwartung, wie im Zusammenhang mit der Menschheit und ihrer Einheit, notwendig von vornherein enttäuscht. Denn was stellen wir hier ohne den Hauch eines Zweifels fest? Parallel zu den Gesellschaftssystemen des extensiven Totalitarismus und in Verbindung mit ihnen stößt man ziemlich häufig auf eine gewisse systematische Geringschätzung der Persönlichkeit des Menschen, auf ein ihr in Wort und Schrift entgegengebrachtes Mißtrauen. So ist es leider. Man verbreitet die Ansicht, daß man, um den Wert der Persönlichkeit und ihrer Freiheit zu stärken, dem Liberalismus folgen solle, einer Lehre, von der man weiß, daß sie jeglichen Gemeinschaftssinns entbehrt; einem reinen Individualismus.

47 Wir werden diese Ideen hier keiner Analyse und Kritik im Lichte der Lehren unseres Glaubens und einer gesunden Philosophie unterziehen, wie wir sie bereits in bezug auf die übrigen unternommen haben; überlassen wir dies den Spezialisten. Was aber die christliche Position zu diesem Thema betrifft, so ist klar, und jeder Katholik sollte dies von seinem Katechismusunterricht behalten haben, daß die Bejahung der menschlichen Persönlichkeit und des ihr eigentümlichen Wertes so alt ist wie die Schöpfung des Menschen selbst, so alt wie das erhabene Geheimnis des Erlösungsopfers auf Golgatha, so alt wie das übernatürliche Band, das seither die menschliche Persönlichkeit durch das Sakrament der Taufe mit dem einen Gott in drei Personen vereint.

48 Wie sollte es da erstaunen, wenn sich infolge solcher Tendenzen, den Wert der Persönlichkeit grundsätzlich zu verkennen, deren Schicksal inmitten gesellschaftlicher Einheiten mit totalitärer Expansion im Vergleich zu ihrem früheren Los zu verschlimmern scheint? Dies um so mehr, als wir in dieser Konzeption analog dazu und völlig folgerichtig eine Geringschätzung des Wertes der menschlichen Arbeit feststellen, sowohl unter ihrem individuellen als auch ihrem gesellschaftlichen Aspekt betrachtet. In jenen Ländern nämlich, die in bezug auf die Einheit des gesellschaftlichen Lebens dem Einfluß entweder von kollektiven Doktrinen oder von Konzeptionen des extensiven Totalitarismus unterliegen, wird der Mensch in erster Linie als Arbeiter betrachtet und mehr noch ausschließlich als eine Art Funktionär der Arbeit zugunsten eines rassischen, nationalistischen, staatlichen oder proletarischen Kollektivs. Und die großen Fragen, deren Lösung an sich schon so schwierig ist, nämlich die Fragen der Berufswahl, der Ausbildung, der selbständigen Berufsführung, der Freiheit der beruflichen Niederlassung, des sozialen Aufstiegs, laufen so Gefahr, zum Nachteil für die Sittlichkeit und die menschliche Würde auf seltsame Weise vereinfacht zu werden, wenn irgendein Totalitarismus die monströse Konstruktion der kollektiven Arbeit eingeführt hat.

Schicksal des Privateigentums

49 Halten wir fest: wer die weitreichenden Konsequenzen dieser Systeme voraussehen möchte, braucht nur daran zu denken, was in dieser Situation mit dem Privateigentum geschehen würde,

einer Institution, die doch eine unbestreitbare Gegebenheit des Naturrechts ist. Durch seine Dynamik tendiert der extensive Totalitarismus dazu, vielfältige Maßnahmen zu ergreifen, die in Wirklichkeit zu einer umfassenden Vergesellschaftung der Produktionsmittel führen werden, selbst wenn diese Vergesellschaftung de jure nicht zugegeben wird.

Was folgt daraus? Für das Privateigentum die Gefahr, unterdrückt zu werden, im Widerspruch zu den formalen Ansprüchen der Moral und des Naturrechts auf diesem Gebiet, ob man es für sich betrachtet oder als eine der gesellschaftlichen Institutionen, und dies in dem Maße, in dem das Privateigentum die materielle Grundlage sein soll, auf der sich auf dem ganzen Gebiet der menschlichen Zivilisation die Aktivität der einzelnen Personen und Familien entwickelt und friedlich und frei entfaltet.

Schicksal des Mittelstands

50 Das ist noch nicht alles. Es besteht des weiteren und vor allem Gefahr für jene breite Schicht des unabhängigen Mittelstands, der aus den ökonomisch aktiven Familien sowohl der Bauern und Handwerker wie auch der Unternehmer und Händler besteht; nun lehrt uns aber die Geschichte, daß dieser Mittelstand die natürliche Stütze der inneren Stabilität des Staates darstellt; die Quelle einer gesunden Entwicklung, eines gesunden Wachstums der geistigen und materiellen Kräfte; der fruchtbare Boden, auf dem Eliten aller Art, die sich in ihren persönlichen Gaben und ihrer Handlungsfähigkeit unterscheiden, auf völlig natürliche Weise entstehen, ohne daß es künstlicher oder rein politischer Maßnahmen von außen bedürfte. Und schließlich kommt es zu jener traurigen Lage, daß eine ständig wachsende Zahl von Menschen, die am Ende zu einer Mehrheit geworden sind, direkt oder indirekt in ihrer Existenz vom Kollektiv als solchem abhängen. Dies ist eine Situation, in der die Dynamik des extensiven Totalitarismus eine Einschränkung der Freiheit mit sich bringen kann und leider schon mit sich bringt, welche die Persönlichkeit in ihrem tiefsten Inneren trifft und darüber hinaus dem Gewissen, das mit den moralischen Pflichten in Ehe und Familie, die ihnen ihr christlicher Glaube vorschreibt, im Widerstreit liegt, eine schwere Last auferlegt.

Unterdrückung des Rechts auf Vereinigungsfreiheit

51 Angesichts solcher Tatsachen muß man ein klares Urteil fällen. Die extensiv totalitären Gesellschaften sind weit davon entfernt, das von uns weiter oben beklagte Abgleiten des heutigen Menschen in eine Massenexistenz, in der jegliche Persönlichkeit verlorengeht, aufzuhalten. In einer solchen Gesellschaft sucht der Mensch den Schwächen seiner individuellen Existenz nämlich nicht mehr dadurch zu begegnen, daß er sich auf mächtige private Organisationen stützt; er kann es nicht: in denselben gesellschaftlichen Einheiten wird aufgrund kollektivierender Institutionen, die strengstens gegen jede Art der Autonomie von Individuen und Gruppen gerichtet sind, ein der Persönlichkeit innewohnendes Naturrecht, wir meinen das Recht auf Vereinigungsfreiheit, zumeist nicht anerkannt oder zumindest seiner Wirksamkeit beraubt. Daher ist man gezwungen, die Vertretung der eigenen Interessen in starken Organisationen zu suchen, die aus dem Totalitarismus selbst hervorgehen und in dessen Rahmen verbleiben, Organisationen, die kaum mehr sind als die über die Masse ausgebreiteten Arme des Totalitarismus, der es versteht, absolut alles zu beurteilen, zu regeln, zu lenken.

Manipulation der öffentlichen Meinung

52 Dazu kommt noch, was sich bereits in der bisherigen Entwicklung zeigte, nun aber in vollem Umfang zutage tritt: die Gleichschaltung der öffentlichen Meinung. Und dies mit allen Mitteln: in Wort und Schrift, durch die Presse und das Theater, durch das Kino und das Radio, durch die Kunst und sogar durch die Wissenschaft, durch die Schule und das Berufsleben und schließlich, ein verachtenswerter Zug, durch Druck auf die Armen vermittels der Hilfswerke. Und dies ist das beklagenswerte Ergebnis all dessen: der moderne Massenmensch. Dieser hat keine eigene Meinung, keinen eigenen Willen mehr; er ist nur ein passives Werkzeug in den Händen des Führers. Es ist ihm unmöglich, irgendeine Initiative zu ergreifen, und sei sie auch noch so unbedeutend; und dennoch ist es dem Menschen ohne diesen Initiativgeist unmöglich, sich jene persönliche Kultur anzueignen, die ein Lebenselement der menschlichen Gemeinschaft darstellt.

Zerstörung des wahren Autoritätsbegriffs

53 Das führt uns zur Behandlung eines der besonders wichtigen

Punkte des modernen Gesellschaftslebens: der Autorität. In der bisherigen Entwicklung unserer Zeit wurde diese Frage sichtlich vernachlässigt; in einem Maße, daß die gegenwärtigen Konstrukteure neuer gesellschaftlicher Einheiten es wagen, ihre Überlegenheit der Geltendmachung des mit dem totalitären Prinzip verbundenen Autoritätsprinzips zuzuschreiben. Doch wir haben es wohl bemerkt: der Totalitarismus ist unfähig, eine wirkliche Einheit des gesellschaftlichen Lebens der Menschen zu begründen. Ebenso führt ein rein negativer Begriff von Autorität bei den neuen Autoritätskonstrukteuren von der wirklichen Einheit weg und ist weit davon entfernt, uns ihr näherzubringen. Nun ist ihr Autoritätsbegriff in der Tat rein negativ. Er besteht nämlich aus folgender These: die Willensbildung in einer dieser gesellschaftlichen Einheiten schließt ohne Ausnahme jegliche persönliche Kooperation der Glieder aus; mehr noch, die Bildung selbst dieses Willens muß so vonstatten gehen, daß er nicht auf einem positiv und frei von den einzelnen Gliedern geäußerten Willen beruht; für die Mitwirkung daran, an die Glieder insgesamt gerichtet, heißt das auf jeden Fall, daß jeder eigene Vorstoß, jegliche Initiative ihrerseits ausgeschlossen ist.

Irreführende Bezeichnung als »autoritär«

54 Es ist heute üblich, diese Methoden der Willensbildung in den gesellschaftlichen Einheiten als »autoritär« zu bezeichnen. Eine irreführende Bezeichnung, und dies um so mehr, je wörtlicher man sie nimmt. Denn sie vermittelt den Eindruck, diese »autoritären« Konstruktionen seien auf das Autoritätsprinzip im gesellschaftlichen Leben besonders bedacht. In Wirklichkeit handelt es sich hier unmittelbar um eine zur Willensbildung im Hinblick auf das gesellschaftliche Leben bestimmte Technik und überhaupt nicht um die Autorität selbst in ihrem eigentlichen Wesen.

55 In den als »autoritär« bezeichneten Gesellschaften geht es also nicht um Autorität, die als solche aufrechtzuerhalten wäre, sondern im gegebenen Fall vielmehr um die Bildung *eines* Willens zugunsten der jeweiligen gesellschaftlichen Einheit, mit voller Garantie auf Erfolg; und dies mit einem Minimum an Reibungsverlusten bei größtmöglicher Geschwindigkeit. Dieses zweifache Ergebnis, und besonders das erstere, nämlich die Bildung eines einheitlichen Willens im Staat, unterlag im Laufe der von Uns be-

schriebenen gegenwärtigen Entwicklung Gefahren unterschiedlicher Art. Wenn man die Sozialgeschichte unserer Zeit betrachtet, kann man stets an die Prüfungen und Gefahren erinnert werden, denen die demokratisch genannten Regime und Institutionen in ihren Versuchen, einen einheitlichen Willen zu bilden, ausgesetzt waren.

56 Die Methode, mit einem Minimum an Reibungsverlusten bei größtmöglicher Geschwindigkeit vorzugehen, ist sicherlich ein entscheidender Faktor; doch es bleibt die Frage, ob es immer und unter allen Umständen angezeigt ist, so vorzugehen, und ob man, um den Erfolg auf diese Weise zu erzwingen, andere, wichtigere Elemente im Leben der Menschen oder das, was zumindest höchste Beachtung verdient, opfern soll. Um diese Vorgehensweise zu rechtfertigen, beruft man sich auf das Beispiel der Kriegsführung; man macht jenes Prinzip geltend, das dort angeblich absolut zwingend ist: daß es vor allem darum gehe zu agieren, daß es vorzuziehen sei, sich der Gefahr eines falschen Manövers auszusetzen, als überhaupt nichts zu tun. Doch wären hier schon im voraus ernsthafte Vorbehalte angebracht gegenüber dem Ansinnen, in dieser für das Volk an sich anormalen Situation, wie sie der Krieg schafft, das Modell für die Regierung eines Volkes oder Staates zu sehen.

Der Friedenszustand ist die normale Lebenssituation
57 Möge unser Schmerzensruf zum Gott des Friedens emporsteigen; gegenwärtig scheint man es nicht überall für anormal zu halten, das gesellschaftliche Leben sogar unter den Bedingungen des Kriegszustandes zu führen. Denn hier und da macht sich sogar in den Bildern, die man verwendet, sogar in den Ausdrücken, die man prägt, diese zu verurteilende Gewohnheit breit, dem zivilen Leben den Anschein des Lebens im Krieg zu geben, ganz so, als ob der Friedenszustand nichts anderes wäre als ein Moment der Vorbereitung auf den Krieg. Wer entschlossen daran festhält, daß der Friedenszustand der Normalzustand des gesellschaftlichen Lebens ist, wird anders urteilen: er wird sagen, daß mit Rücksicht auf die für dieses Leben notwendige Stabilität die Ausübung der Autorität bei der Gestaltung der Gesetze – solange das Für und Wider abgewogen und insbesondere die Kontinuität, die Verbindung der Gesetze untereinander gemäß den Eingebungen

der Vernunft gewahrt wird – das wirksamste Element bei der Bildung der Einheit des Willens im Staat darstellt.

Autorität für sich allein betrachtet ist kein Prinzip der Einheit

58 Dies führt uns nun natürlich zu einer weiteren Feststellung, daß nämlich die Untersuchung dieser als autoritär bezeichneten Methoden der Bildung eines Kollektivwillens nicht nur einen gewissen technischen Aspekt beinhaltet, sondern auch Fragen aufwirft, die den wesentlichen Grund und damit die Sittlichkeit des menschlichen Lebens in der Gesellschaft selbst berühren. Diese Regierungstypen beweisen, um es nochmals zu betonen, gerade dadurch, daß sie sich gegen die Diskussion sträuben und jeglichen Beitrag der öffentlichen Meinung ablehnen, ihre Geringschätzung der Persönlichkeit und ihrer Fähigkeiten. Diese Geisteshaltung treibt sie dazu, jede wirkliche Beteiligung der Staatsangehörigen an der Willensbildung noch mehr zu verachten und diese uneingeschränkt dem Träger der Autorität, und ihm allein, zu überlassen.

59 Dieser Gedankenkomplex und dieses tatsächliche Verhalten beruhen auf folgender falscher Vorstellung: das Autoritätsprinzip sei an und für sich das Prinzip der Einheit der Gesellschaftssysteme. Eine unannehmbare Vorstellung. Denn das Autoritätsprinzip ist nicht an und für sich das Prinzip der Einheit, sondern nur insofern, als es eng an jene Tatsache der natürlichen Einheit aller Glieder gekoppelt ist sowie an deren Verpflichtung, sich im Hinblick auf das dem Ganzen bestimmte Ziel zu vereinen. Daraus folgt, daß der Handlungsspielraum und die Macht der Autorität in jedem Falle durch die Qualität und das besondere Wesen dieses Zieles bestimmt, begründet und begrenzt werden. Daraus folgt weiter, daß das Autoritätsprinzip insofern, als es in seiner natürlichen Funktion die Einheit schafft, in jedem Falle die obligatorische Vereinigung der Glieder als solche im Hinblick auf das ihnen gesetzte gemeinsame Ziel zwingend voraussetzt. Gewiß, die eigentliche Funktion des Autoritätsprinzips, durch die es die Einheit gewährleistet, besteht in seiner Leitungsfunktion; man darf jedoch nicht vergessen, daß es noch eine andere schöpferische Einheitsfunktion gibt, die dauerhaft und grundlegend aus jenem obligatorisch verfolgten gemeinsamen Ziel hervorgeht: bei den Mitgliedern der Gemeinschaft den geistig-moralischen Sinn

für ihre Verantwortung ihr gegenüber zu fördern und zu pflegen. Wenn man dies vernachlässigt, dann wird die gesellschaftliche Einheit durch Zwang und Disziplin in ein simples Konglomerat ihrer Glieder verwandelt.

Die Autorität kommt von Gott

60 Diese enge Verbindung zwischen der Funktion des Autoritätsprinzips und der Würde der Mitglieder der Gemeinschaft als Personen tritt noch deutlicher zutage, wenn man die menschliche Autorität an sich betrachtet. Diese Autorität des Menschen an sich kommt von Gott.[3] Gerade indem man ihr eine so hohe Herkunft bescheinigt, wird die Würde der menschlichen Person besonders stark betont. Die Autorität des Menschen an sich umfaßt Beziehungen der Unterordnung eines Menschen unter einen anderen, geistige und sittliche Beziehungen, die die Menschen als Personen betreffen; doch diese Beziehungen sind in Anbetracht der Würde der Person und insbesondere in Anbetracht ihrer wesentlichen Unabhängigkeit etwas derart Besonderes, daß sie nicht eine Folge menschlichen Willens sein können, sei es nun ein einzelner oder ein kollektiver, und daß sie in ihrem eigentlichen Wesen nur als Ausübung der Autorität Gottes selbst verstanden werden können, die den Menschen von Gott übertragen wird.

Diese enge Verbindung zwischen dem Ursprung und dem Wesen der Autorität an sich und der Würde der menschlichen Person ist von höchster Bedeutung; sie bestimmt die Grenzen der den Gesellschaftssystemen als solchen eigentümlichen Autorität; sie führt die gedankenlosen Übertreibungen, die heutzutage im Umlauf sind und letztendlich der legitimen Autorität schaden, auf ein rechtes Maß zurück. Es genügt nicht, daß Maßnahmen für die Verwirklichung der kollektiven Werte eines Gesellschaftssystems nützlich und notwendig sind oder scheinen, damit die fragliche Autorität aus diesem alleinigen Grund unmittelbar befugt wäre, sie im Sinne dieses Ziels zu ergreifen. Denn selbst dann ist man gehalten, die innere Natur der Autorität, den Ursprung und das Wesen jener so eigentümlichen Beziehungen der Unterordnung zwischen Menschen, zu berücksichtigen.

Und dadurch setzt sie sich ihre eigenen Grenzen

61 Diese Beziehungen der Unterordnung können an sich betrachtet, wie wir bereits gesagt haben, weder eine Gegebenheit des Willens

individueller Menschen noch in einem gesellschaftlichen Ganzen zusammengeschlossener Menschen sein. Wenn dies anders wäre, dann würde die Berücksichtigung des vorgeblichen Gemeinwohls eines gegebenen Gesellschaftssystems nicht nur den Bereich der Ausübung der Autorität bestimmen, sondern ihr dazu noch volle und totale Souveränität verleihen. Mit anderen Worten: jede Maßnahme der Autorität, die sich tatsächlich oder vorgeblich von einer Berücksichtigung des sogenannten Allgemeinwohls des betreffenden Gesellschaftssystems ableitet, könnte daraus unmittelbar ihre sittliche Legitimation beziehen; ein Gemeinwohl wohlgemerkt, das nichts zu tun hat mit dem wahren *Bonum communis* einer wohlgeordneten Gesellschaft. Nun geht die menschliche Autorität für sich genommen nicht aus der Tatsache der gesellschaftlichen Verbindung hervor, wenn man von Gott absieht, der Gesellschaft und Autorität voneinander untrennbar eingesetzt hat; und dies deshalb, weil es die Würde der menschlichen Person nicht gestattet, für diese Beziehungen der Unterordnung von Menschen unter Menschen, die sich bei der Ausübung von Autorität herausbilden, nach einer anderen Grundlage zu suchen.

62 Daraus ergibt sich also, daß eine Maßnahme der menschlichen Autorität, die tatsächlich oder vorgeblich im Hinblick auf das Gemeinwohl getroffen wird, in dieser Tatsache allein noch keine unmittelbare sittliche Legitimation findet. Und zweifellos bezieht sich, wie übrigens aus dem bisher Gesagten logisch hervorgeht, diese Beschränkung der Souveränität der Autorität in den menschlichen Gesellschaftssystemen als solchen gerade auf all jene Maßnahmen, die unmittelbar die Person sowie ihre wesentlichen Pflichten und Rechte berühren. Die Legitimität oder Illegitimität dieser Maßnahmen darf nicht unmittelbar im Hinblick auf die Berücksichtigung des vorgeblichen Gemeinwohls des fraglichen Gesellschaftssystems festgestellt werden, sondern muß in gründlicher Weise auf ihrer völligen Übereinstimmung mit dem göttlichen Sittengesetz beruhen.

Praktische Folgen der falschen Lehre von der Autorität
63 Doch was müssen wir nun in der Praxis feststellen? Folgendes: daß es genügt, mit oder ohne Grund anzuerkennen, daß eine Maßnahme menschlicher Autorität für das sogenannte Gemeinwohl des Staates, des nationalen, rassischen oder proletarischen

Kollektivs nützlich oder notwendig ist, damit diese dadurch sittlich unmittelbar gerechtfertigt sei, und sei sie die härteste, träfe sie die Rechte der Person in ihrem Innersten. Auf dieser Grundlage legt man Hand an die Lebensrechte der menschlichen Person: man tötet die Person im Mutterleib, oder man betrachtet ihr Leben als ohne eigenen Wert; man verletzt sie in ihrer körperlichen Unversehrtheit; man setzt die Gesundheit der Seele und des Körpers ohne ausreichenden Grund großen Gefahren aus; man untermauert das Recht auf die Todesstrafe mit völlig unzureichenden Grundlagen, das heißt einzig mit der unmittelbaren Berücksichtigung des sogenannten Gemeinwohls des Staates oder jedes anderen Kollektivs, und man wendet sie allzu leichtfertig an, da man je nach den Umständen und aus identischen Gründen bald die Bestrafung eines Mörders für ungerechtfertigt hält und bald den Mörder als solchen ehrt.

64 Auf dieser Grundlage vergeht man sich auch noch an anderen Rechten der Person: ohne zu zögern, beraubt man die Menschen ganz einfach ihrer Freiheit, und ebenso ohne Zögern verletzt man die Unverletzlichkeit von Haus und Herd; man schränkt ohne jegliche Befugnis dazu und unmittelbar im Hinblick auf das nationale, rassische oder proletarische Kollektiv die Freiheit der Eheschließung, der Kindererziehung und sogar den Gebrauch der ehelichen Rechte ein. Und man möchte, und dies ist das schlimmste, den einzelnen das Recht streitig machen, nach ihrem Gewissen zu urteilen, selbst vor Gott zu entscheiden: man möchte, daß die Entscheidung der totalitär konzipierten Gesellschaft überlassen bleibe.

Verfall der Autorität selbst

65 In dieser Situation gelangt häufig folgende Klage des Menschen an Unser Ohr: es gibt keine Freiheit mehr.[4] Was Uns betrifft, so beklagen Wir uns ebenfalls und sagen: es gibt keine wahrhafte Autorität mehr. Und Wir laden dazu ein, sich daran zu erinnern, was klar und deutlich dargelegt wurde: daß nämlich in jener unwandelbaren Wahrheit, nach der jede menschliche Autorität von Gott kommt, die Würde der menschlichen Person bestätigt und unterstrichen wird. Man kann also das Bewußtsein des göttlichen Ursprungs der Autorität nicht aufrechterhalten, wenn man in besagter Weise die Würde der menschlichen Person verletzt.

66 Wir haben die traurigen Konsequenzen dieser Handlungsweise auf dem Gebiet der Erziehung bereits weiter oben dargelegt: wenn nämlich die Träger der Autorität jenem positiven Faktor des gesellschaftlichen Lebens, den die Verantwortung der Glieder bei der Verfolgung des gemeinsamen Ziels darstellt, keinerlei Beachtung schenken oder seine Hilfe nur nach eigenem Gutdünken zulassen.

Wenn sie, sich selber treu, gegenwärtig noch auf jede aktive Mitarbeit verzichten, die doch für das gesellschaftliche Leben als solches, für die personale Würde des Menschen, für seine geistige und sittliche Verantwortlichkeit so vorteilhaft ist, nun, selbst in diesem Fall könnte uns der äußere Anblick eines Kollektivs, das, durch strenge Disziplin vereint, in unvermittelten Handlungen reagiert, nicht denken lassen, daß über die Nichterfüllung hinaus diesen von Uns weiter oben aufgestellten und definierten Forderungen Genüge geleistet wird. Hinter dieser Fassade verborgen droht der endgültige Tod der Persönlichkeit sowie aufgrund des engen Zusammenhangs zwischen ihnen auch eine im Sinne einer geistigen und sittlichen Macht entartete Autorität, eine in brutale Gewalt verwandelte Autorität.

Gefahr einer vollkommenen Katastrophe durch den Verzicht auf den Geist

67 Unsere moderne Gesellschaft ist also krank; und die neuen Einheitsparolen, die neuen Formen der Einheit können sie, weit davon entfernt, sie zu heilen, nur noch kränker machen. Denn sie zersetzen mit dem Denken und dem Lebensideal, die selbst zu Auflösungsmechanismen geworden sind, den inneren Zusammenhalt des gesellschaftlichen Lebens des Menschen und ebenso die natürlichen Faktoren seiner Verfassung sowie seine natürliche Grundlage, die Einheit der menschlichen Persönlichkeit. Sie drohen letzten Endes die Menschheit durch ihre mechanistisch-atomistische Konzeption des Menschengeschlechts, durch den radikalen Verzicht auf den Geist, letzten Endes auf den Geist Gottes, in eine Katastrophe zu führen.

Es bedarf in diesem Sinne hinsichtlich der Formen der Einheit im extensiven Totalitarismus noch eines letzten Beweises. Das Denken mit seinen rein mechanischen Verfahren war fortan unfähig, weil entgeistet, die verschiedenen natürlichen Faktoren des Gesellschaftsgebäudes und ihre wesentlichen Wechselbeziehungen sowie die Einheit inmitten der Vielheit wahrzunehmen; es konnte nicht mehr zur wirklichen Einheit und Totalität eines umfassenden Weltsystems vorantreiben, das eine intensive Totalität mit sich bringen würde, das heißt eine authentische Einheit in authentischer Vielheit. Was sozusagen als einziges vom Geist übrigblieb, ist die Intelligenz, die, wie wir bereits gesehen haben, diesen Namen, wenn man ihn in seinem tiefen Sinne, das heißt im Sinne des Geistes, versteht, genaugenommen nicht mehr verdient, dafür aber in den letzten Jahren um so mehr darauf gefaßt sein mußte, daß man gegen sie ankämpfte.

68 Die Gesellschaftsformen extensiver Totalität verraten ihren Mangel an Geistigkeit dadurch, daß sie aus der Gruppe der natürlichen Faktoren des Gesellschaftsbaus einen einzigen Faktor herausstellen, die Rasse, die Nation, den Staat, das Proletariat, und ihm einen derart bestimmenden Vorrang einräumen, daß alle anderen Faktoren dabei jeden eigentümlichen Sinn und jeglichen Wert verlieren. Gewiß kommt dabei eine Einheit heraus, doch eine rein mechanische Einheit, die einzig und allein durch die Extension dieses einen Faktors erreicht wird: nun hat man gleichfalls nur eine simple mechanische extensive Totalität. Die wahre tiefe innere Einheit wurde zerstört und mit ihr das sichtbare Zeichen eines vom Geist durchdrungenen und von ihm geprägten Gesellschaftsgebäudes.

69 Dieser Mangel an Geistigkeit brachte die Zerstörung der inneren Einheit der menschlichen Person und der Persönlichkeit mit sich. Es ist also nicht verwunderlich, wenn der lebendige Mensch und insbesondere die Jugend sich gegen diese all ihrer objektiven Werte beraubten Realität auflehnen. Eine solche Realität kann nur in Mutlosigkeit versunkene, skeptische Menschen hervorbringen, die in dieser Leere und aufgrund dieser Leere alle wohldurchdachten gemeinsamen Überzeugungen, ja sogar leichten Herzens sämtliche spezifisch menschlichen Werte aufgeben.
In dieser Situation blieben und bleiben nur zwei Möglichkeiten: entweder die Rückkehr zum Geist oder aber das klare und offene Bekenntnis zu dem, was nicht Geist ist, nämlich: der Impuls des Temperaments und Instinkts, die gefühlsmäßige Sensibilität oder auch die energisch unternommene Tat als solche. Trifft man im zweiten Falle nicht die Grundlage des Lebens des

Menschen oder vielmehr gar jeglicher sozialen Wirklichkeit in ihrem Innersten?

Diese vom Geist geprägte Wirklichkeit, die die menschliche Person darstellt, die sich in der inneren Einheit ihrer verschiedenen Lebensäußerungen und ihrer verantwortlichen Freiheit zeigt und definiert und die sich darüber hinaus der Tendenz widersetzt, daß das Individuum als Glied eines Ganzen nur ein Glied und nichts mehr sei, diese Wirklichkeit zählt fortan nicht mehr; denn letzte und endgültige Einheit und Wirklichkeit soll nur die kollektive Konzentration eines materiell-sensitiven Lebensstroms sein.

Des weiteren ist die natürliche Soziabilität des Menschen selbst kein wesentlicher und damit notwendiger Ausdruck seiner vom Geist geprägten Person mehr, diese natürliche Geselligkeit ist zu etwas ganz anderem geworden: zu einem simplen mechanischen und organischen Prozeß nach Art der Pflanzen und der Tiere, in der Konzentration oder dem Wachstum der Individuen im ganzen nach einem allgemeinen Typus und einer allgemeinen Entwicklung. Der Geist ist dabei nun endgültig aufgegeben.

70 Weil sie sich vom Geist, und das heißt letzten Endes vom Geist Gottes, der Grundlage und Quelle aller Einheit und Ordnung, abgewandt haben, haben auch die Menschen unserer neuen Zeit seit mehr als einem Jahrhundert tatsächlich versucht, ihren Turm zu Babel zu errichten, und auch sie wohlgemerkt ohne Gott. »Wir wollen uns einen Namen machen«, sagten sich diese Baumeister der Gesellschaft. Und wie damals endete ihr Unternehmen mit ungeheurer Zwietracht und Zerrissenheit. Die Menschen verstehen sich gegenseitig nicht mehr. Damals wie heute stieg der Geist Gottes, der Ewige, zur Strafe zu den Menschen herab und sprach: »Ich werde ihre Sprache verwirren.«

B – ZWEITER TEIL:
DIE EINHEIT DES GESELLSCHAFTLICHEN LEBENS

71 Nach der soeben erfolgten Darlegung der Irrtümer, in die sich die menschliche Gesellschaft unserer gegenwärtigen Epoche verrannt hat, sind wir Christen um so mehr in unserer Überzeugung be-

stärkt, daß die wahre Einheit unter den Menschen nur vom Geist kommen kann, inspiriert vom ungeschaffenen Geist, der in »wundersamer Fülle« in seiner göttlichen Person »in unsere Herzen« gegossen wurde und der in den ersten Stunden nach der Geburt der Kirche aus allen Christen »ein Herz und eine Seele« gemacht hat, indem er dies Wunder vollbrachte, daß die Vertreter der verschiedensten Völker erneut eine einzige Sprache verstehen konnten. Dieser Geist ist der Geist der Einheit, weil Er die Fülle der Liebe des dreieinigen Gottes selbst ist. Da, wo Er sich ergießt, stiftet Er Einheit; da, wo Er die Freiheit hat, zu befruchten, entsteht innere Einheit. Erleuchtet von diesem ungeschaffenen Licht, welches »der Geist Gottes, der in uns wohnt« ist, bereichert durch das Geschenk seiner Gnade, die unseren Glauben stärkt, und mit Entschlossenheit die natürlichen Kräfte des geschaffenen Geistes gebrauchend, erkennen wir, daß die Menschheit in Wahrheit eine Einheit bildet. Sie ist gewiß keine Einheit nach Art eines menschlichen Individuums und noch weniger nach Art einer Maschine oder eines pflanzlichen oder tierischen Organismus. Sie ist etwas anderes: eine Einheit der Ordnung, das heißt die Einheit einer großen Zahl von Gliedern, die jedes für sich persönlich Verantwortung tragen, ihre eigene Bestimmung besitzen, doch alle zusammen innerlich auf gemeinsame Ziele ausgerichtet sind. Eine Einheit dieser Art ist ganz sicher nur mit Hilfe des Geistes möglich, der sie schafft. Diese Einheit in Vielheit, das ist die Menschheit. Betrachten wir sie nun also zunächst in ihrer Einheit und sodann in ihrer Vielheit.

I. Die Einheit der Menschheit

Natürliche Einheit

72 Die Einheit der Menschheit beruht in erster Linie auf einer Grundlage, die schon unsere natürliche Erkenntnis entdecken kann. Dieses Fundament, dieser feste Boden, der die gesamte Menschheit trägt, ist die allen gemeinsame menschliche Natur. Ganz sicherlich sind die Menschen und Menschengruppen nicht wie Atome untereinander austauschbar. Wir stellen im Gegenteil eine komplexe Mischung aus verschiedenen seelischen und körperlichen Merkmalen und Eigenschaften fest; sehr verschieden ist die Art, wie Individuen und Gruppen auf den sich verändernden

Ablauf der Ereignisse reagieren; insgesamt sehr verschieden ist ihre Art, sich die Dinge vorzustellen und sie zu behandeln; oft zögert der Mensch, sowohl als Individuum als auch in einer Gemeinschaft, zwischen zwei Extremen zu wählen. Doch stets stellen wir fest, daß es Denkweisen, Einstellungen und Optionen gibt, die in der Mitte liegen, und niemals absolute, starre Gegensätze. Es gibt eine gewisse allgemeine Norm des Denkens, eine gewisse Identität des Empfindens in den ersten Eindrücken und den Gefühlszuständen, eine gewisse Gemeinsamkeit des Wollens in den grundlegenden Bestrebungen und ihrer Ausrichtung. Wo auch immer und zu welcher Zeit auch immer wir den Menschen antreffen, sowohl in der heutigen Zeit als auch in der fernsten Vergangenheit, ob es sich um den modernen zivilisierten Menschen handelt oder um den sogenannten primitiven Menschen, stets haben wir es mit ein und derselben menschlichen Natur zu tun. Diejenigen, die sie leugnen, legen mit ihrer Ansicht selbst Zeugnis für diese Wahrheit ab; denn was wollen sie, indem sie sich darum bemühen, anderes erreichen, als das Leben dieser Seelen in seinem Innersten zu verstehen – in ihrem Sinne, der sich von dem unsrigen völlig unterscheidet! Nun ist dieser Versuch notwendigerweise zum Scheitern verurteilt, wenn man nicht zugibt, daß zwischen dem Leben jener Primitiven und dem unseren im Grunde doch eine Identität besteht. Der Gedanke einer allen Menschen gemeinsamen Natur drängt sich geradezu auf: ob man die verschiedenen gegenwärtig über den Erdball verstreuten Menschengruppen untersucht; ob man der menschlichen Evolution rückwärts folgend vom heutigen Menschen bis auf den primitiven Menschen zurückgeht, man entdeckt denselben, sowohl im geistigen Vermögen als auch in den physischen Eigenschaften spezifisch menschlichen Typus.

Zeugnis der Offenbarung: die Erbsünde und die menschliche Einheit

73 So scheint es also, daß durch die verschiedenen Ergebnisse der Wissenschaft die Wahrheit dessen bestätigt wird, was uns die Offenbarung des Alten und Neuen Testaments über die Einheit der menschlichen Rasse lehrt. Wer sich zum christlichen Glauben bekennt, kann nicht in Zweifel ziehen, daß die Heilige Schrift in ihrem Bericht von der Erschaffung des Menschen die Einheit der menschlichen Rasse lehrt. Man muß es betonen: dieser eine und

vereinigende Strom körperlichen Lebens – der Strom des Blutes, wie man sagt –, der von Gott in die Welt gesetzt wurde und in den alle Menschen eingetaucht sind, ist in solchem Maße einheitschaffend – wenn er dies auch nicht von sich aus tut, sondern aufgrund einer formalen Weisung Gottes –, daß es außerhalb seiner das allen Menschen gemeinsame traurige Erbe der Erbsünde, das auf jedem einzelnen lastet, nicht mehr geben könnte. Deshalb können die Eltern, und selbst die, welche die heiligende Gnade besitzen, jedesmal wenn sie ihre heilige Funktion als Erwecker neuen Lebens erfüllen, dies als Träger jenes Blutstroms nicht vollbringen, ohne dadurch dem Kind die Eigenschaft eines Mitglieds einer dem übernatürlichen Tod unterworfenen Gemeinschaft mitzugeben. Dieser Zustand des Todes muß auf alle Fälle und kann glücklicherweise so bald wie möglich vermittels der Taufe, deren Wasser uns zu neuem Leben erweckt, durch einen neuen Zustand göttlichen Lebens ersetzt werden.

Das einigende Werk der Erlösung

74 Mehr noch: dieselbe göttliche Weisung bewirkte, daß diese Befreiung von den Banden der Erbsünde nicht geschehe, ohne daß zuvor der Erlöser, der Gottmensch, Jesus Christus, selbst im Leib seiner gebenedeiten Mutter ein Teil dieses Blutstromes geworden wäre, von dem alle Menschen leben, ohne daß er zunächst »abgesehen von der Sünde wie einer von uns« geworden wäre. »Was er nicht auf sich genommen hat, ist nicht geheilt worden«, sagen folglich die Heiligen Kirchenväter, das heißt, die Menschheit wurde nur dadurch erlöst, daß die zweite Person der Heiligen Dreifaltigkeit in hypostatischer Union durch die wirkliche Mutterschaft Mariens wirkliche Menschennatur angenommen hat.

Mysterium des Blutes

75 Dies nun ist das wahre »Mysterium des Blutes«. Dies ist der Grund und die Art und Weise, wie Blut und Blutsverwandtschaft die Wirklichkeit der Gemeinschaft der Menschen begründen, »jene große Familie, die sich über die Grenzen aller Rassen und aller Länder hinaus erstreckt«[5], die alle Menschen in ihrem Tiefsten, nämlich ihrer Beziehung zu Gott, vereint. Es ist traurig festzustellen, daß es heutzutage Menschen gibt, die vielleicht noch Christen sein oder zumindest diesen Namen behalten wollen, die dieses Mysterium des Blutes nicht zugeben, welches doch in

Wahrheit eine der Grundlagen unseres christlichen Glaubens ist. Diese Menschen übertreiben maßlos den zufälligen, auf jeden Fall aber sehr oberflächlichen Anteil des Blutes und der Blutsverwandtschaft bei der Bildung größerer sozialer Einheiten als der Familie; und dies bis zu dem Punkt, daß sie, gegen alle Erfahrung und mehr noch gegen die Lehre unseres katholischen Glaubens, die Einheit der menschlichen Rasse absolut zurückweisen und bestrebt sind, unüberwindbare Barrieren zwischen den verschiedenen Bluts- und Rassengemeinschaften zu errichten. Sie gehen sogar so weit, folgende Aussage zu formulieren: die Menschenrassen unterscheiden sich durch ihre angeborenen, unveränderlichen Anlagen so sehr voneinander, daß die unterste Menschenrasse von der höchsten weiter entfernt ist als von der höchsten Tierart.

Die Menschen sind durch das Leben auf demselben Boden vereint

76 Die Einheit des Menschengeschlechts gründet sich nicht nur auf die Gemeinsamkeit der Natur: das Gesagte gilt ebenso für die notwendige doppelte Kraft, durch die sich das Leben des Menschen entfaltet und entwickelt, das heißt für Raum und Zeit. Bringt dieses Leben Seite an Seite auf demselben Boden, auf dem sich die Pilgerschaft aller Menschen aller Zeiten zu ihrer ewigen Bestimmung hin vollzieht, auf dem jene endlose »Karawane«, von der der heilige Augustinus[6] sprach, voranzieht, bringt dies alles nicht Einheit mit sich? Der immer gleiche Boden trägt allezeit Freuden und Leiden, Erfolge und Mißerfolge der Menschen; ohne Unterlaß liefert er dem aufkeimenden Leben seine materiellen Energien, und unentwegt nimmt er die Toten auf; auf ihm ruhen allezeit Haus und Herd der Menschen; er prägt durch die ihm eigentümliche und wohltuende Stabilität, die, wie eine Redewendung sagt, »an den Boden bindet«, die Seelen auf seine Weise bis in ihr Innerstes hinein; er verbindet die Menschen untereinander durch das Bewußtsein ihrer Nachbarschaft, die gemeinsame Liebe zum heimatlichen Boden, und läßt sie stets vom Ort ihrer Geburt angezogen sein, selbst wenn sie in der Ferne verstreut leben. Dieser Einfluß des räumlichen Aspekts des Lebens Seite an Seite auf demselben Boden ist überall und bei allen Menschen zu bemerken. Bildet dies nicht eine Grundlage für eine wahre Einheit, in der alle Menschen einander verstehen können?

Dies ist es, was alle Menschen aller Zeiten gegenüber dem Boden empfinden, der uns alle trägt. Deshalb pflanzen sie überall nach heiligem Brauch, den man nicht genug empfehlen kann, das Kreuz in den Boden, jenes Zeichen innigster Gemeinschaft; deshalb hat die Kirche im gleichen Bestreben niemals und nirgends aufgehört – oftmals mit uralten unveränderten Formeln –, den Boden zu segnen, auf dem die Menschheit lebt, jenen Boden, auf den der erste und der zweite Adam ihren Fuß gesetzt haben.

Die Vereinigung der Menschen durch die Zeit

77 Wir haben gerade gesehen, inwiefern der Raum durch das Seite an Seite geführte Leben einen Faktor der Einheit unter den Menschen darstellt; dasselbe gilt für die Zeit, die auf die Menschen einwirkt, um sie zu vereinen, und die jedem von ihnen eine Art Einheitssiegel aufprägt; Tradition entsteht, indem Leben auf Leben folgt: aus ihnen allen besteht die Geschichte. Nicht wenige sehen in dieser Verbindung durch die Zeit sogar den Ursprung dessen, was man Nation oder nationalen Zusammenhalt nennt.

Die historische Bedeutung der Kirche

78 Die Kirche ist sich der bedeutenden Rolle, die die Zeit bei der Vereinigung der Menschen spielt, der sozialen Wirksamkeit der Tradition und der Geschichte im Leben der Menschheit ganz besonders bewußt. Die Kirche ist nämlich gerade dank dem Göttlichen, dem ihr innewohnenden spirituellen Element, im Zeitlichen verwurzelt. Gott ist Mensch geworden, nicht zu einem beliebigen Moment der Geschichte, sondern in einem genau festgelegten Augenblick: »Als die Zeit erfüllt war.« Als die menschliche Geschichte diesen Moment erreicht hatte, trat Gott durch die Menschwerdung seines Sohnes in unsere Geschichte ein, fügte sich in den zeitlichen Rahmen des menschlichen Zusammenlebens ein, nicht als Fremder, sondern als Teil der Familie.

Historische Berufung einer katholischen Nation

79 Und infolgedessen wirkt er von nun an, indem er die aufbauende Aktivität der Tradition und der Einheit aufrechterhält, wobei sich sein Wirken, das Leben und Gnade spendet, durch die Kirche und in der Kirche fortsetzt, ein Wirken, das als solches den Gesetzen der Geschichte unterworfen ist. So besteht also in diesem Punkt eine Übereinstimmung zwischen der Kirche, ganz gleich

wie auch immer ihr besonderes Wesen aussehen mag, und allen anderen Formen von Gesellschaften, die alle ebenfalls von ihrem Wesen her in der Geschichte, der Tradition, der Zeitlichkeit unseres sozialen Lebens verwurzelt sind; sie stimmt darin ebenfalls auf eine innere und positive Weise mit den Nationen überein. Und wenn es Staatssysteme gibt, die sich katholisch nennen, weil sie sich um eine Dynastie oder eine Krone herum bilden, die von der Kirche gesalbt ist, dann kommt dies daher, daß es am Anfang einmal ein historisches Zusammentreffen mit der Kirche gegeben hat, wobei dieses Zusammentreffen nicht wie bei den anderen Nationen eine simple Gegebenheit darstellt, sondern zugleich eine religiöse Tatsache. Wenn diese Begegnung in der Geschichte stattgefunden hat, dann deshalb, weil die Geschichte im Bewußtsein der Kirche und dieser Staaten seit der Menschwerdung des Sohnes Gottes vor allem die Geschichte Gottes und des Werks seiner Gnade war und ist. Und welch wunderbare, tiefe und fruchtbringende Einheit konnte daraus erstehen! Doch welch bedauerlicher Niedergang, wenn sich dieses Bewußtsein durch den Mißbrauch oder die Verschwendung der für die Gemeinschaft verliehenen besonderen Gnaden auf seiten des Staates verflüchtigte und der Staatskatholizismus nichts mehr war als eine politische Parole der Regierenden.

Die Kirche ihrerseits verleiht jenem einigenden Wert, der dem menschlichen Leben aus der Tatsache erwächst, daß es in der Zeit geschieht, heiligen Charakter, wobei sie selbst diesem Wert im gesamten Verlauf ihres Ganges durch die Geschichte eine fortdauernde Erneuerung ihres Lebens verdankte. Darüber hinaus verhält sie sich zu allen Zeiten und gegenüber allen Generationen wie eine wahre Mutter. Sie behandelt, um mit den Worten des heiligen Augustinus zu sprechen, »kindlich [...] die Kinder; kräftiglich die Jünglinge; gemach die Greise«.[7]

Einigende Wirkung des Gebrauchs der äußeren Güter

80 Die Entwicklung dieser allen gemeinsamen menschlichen Natur vollzieht sich nicht nur im Raum und in der Zeit, sondern auch und gerade dadurch in Verbindung mit der Gesamtheit der äußeren Elemente unserer Welt. Betrachten wir diese, so erblicken wir einen weiteren, ebenfalls bedeutenden Faktor der Einheit unter den Menschen. Zu den Rechten, die die menschliche Person besitzt, gehört das Naturrecht, die äußeren Güter der Erde zu ge-

brauchen. Gewiß muß dieses Recht in seiner Ausübung durch die Institution des Privateigentums bestimmt werden, damit im gemeinsamen Leben Ordnung und Frieden herrschen; daraus folgt jedoch nicht, daß es aus diesem Grunde an sich und als solches verworfen oder abgeschafft werden solle; ganz im Gegenteil, es erfüllt eine bedeutende Funktion als Einheitsstifter unter den Menschen. Von diesem Recht, welches alle besitzen, leitet sich für alle – gerade in einem Gesellschaftssystem mit Privateigentum – die Pflicht ab, den wechselseitigen Austausch und den Verkehr der Produkte wie auch der Personen soweit wie möglich zu erleichtern. Abgesehen von den tiefverwurzelten Neigungen der menschlichen Natur zur Sozialität, bringt dieses allgemeine Recht auf den Gebrauch der Güter für alle Völker ebenfalls die prinzipielle Verpflichtung mit sich, den Verkehr der Personen und Güter auch über ihre Grenzen hinweg in beiden Richtungen zu erleichtern; ihn jedenfalls nicht systematisch zu behindern.

Die Verschwendung der Güter trifft die Familien

81 Fahren wir fort. Das allgemeine Recht auf den Gebrauch der Güter wird unter gegebenen Eigentumsverhältnissen um so besser verwirklicht, wenn die Güter der Erde gleichbleibend so geordnet werden, daß allen Individuen und mehr noch allen Familien der Menschheit die notwendige Sicherheit des Lebens garantiert wird. Eine massive Verschwendung dieser Güter steht also, selbst wenn dabei das Recht auf Privateigentum in keinster Weise verletzt wird, im Gegensatz zur natürlichen Ordnung, da sie weit davon entfernt ist, jenem Ziel zu dienen. Wir haben eine solche Verschwendung erlebt, als während dieses unheilvollen vierjährigen Weltkriegs unschätzbare Reichtümer verschleudert wurden. Wie soll es da verwundern, daß die Folgen dieses von allen Völkern gemeinsam geführten schwerwiegenden Angriffs auf die Lebensgrundlage der Familien unserer Welt bis heute nicht beseitigt werden konnten?

Verschwendung durch Krieg

82 Uns droht ein neuer Krieg, der eine noch beträchtlichere, massive Verschwendung materieller Güter mit sich bringen wird; eine Verschwendung, die aufgrund der Rüstungsausgaben bereits im Gange ist. Uns geht es an dieser Stelle nicht darum zu argumentieren, wie unrentabel ein Krieg für alle Beteiligten ohne Unterschied sei; denn dieser rein utilitaristische Gesichtspunkt ist kein

entscheidendes Argument gegen den Krieg. Sondern Wir wollen vielmehr im Namen von Millionen Familien auf der ganzen Welt und mit ihnen eng verbunden gegen den Krieg protestieren; denn was der Krieg notwendigerweise noch tiefgreifender, in seiner Grundlage selbst zerstört, ist die vom Schöpfer etablierte Einheit des physischen Lebens der Menschheit; denn der Krieg schränkt die wirkliche Anwendung des Naturrechts aller auf den Gebrauch der Güter dieser Welt noch weiter ein. Wir protestieren gegen den Krieg im Namen aller Menschen, in besonderer Weise im Namen so vieler Familienväter und -mütter, die bereits mit so schweren Sorgen geschlagen sind, die auf der ganzen Welt in allen Sprachen im Gebet versammelt sind und vor allem beim heiligen Meßopfer immer wieder die Bitte des Vaterunsers wiederholen: »Unser tägliches Brot gib uns heute.«

Einheit durch die Arbeit

83 Die Menschen wollen keinen, sie sollen keinen Krieg führen; sie wollen, sie sollen arbeiten. Diese Berufung zur Arbeit stellt ein weiteres Element ihrer Einheit dar, in dem sich alle treffen. Aufgrund der Gleichheit ihrer Natur ist ihre geistige und sittliche Entwicklung, ihre physische Weiterentwicklung bei uns mit der Arbeit verbunden; in der gegenwärtigen Lage, nach dem bedauerlichen Verlust der Seligkeit, die vor dem Sündenfall herrschte, ist diese natürliche Berufung zur Arbeit durch einen Auftrag Gottes bekräftigt worden: »Im Schweiße deines Angesichts sollst du dein Brot essen.« Infolgedessen ist die Berufung zur Arbeit in allererster Linie eine persönliche Pflicht eines jeden Menschen, eine Pflicht, die einen Faktor der Einheit darstellt, eine Pflicht, die in neuartiger und ganz besonderer Weise in der tatsächlichen Vaterschaft und in der Vorbereitung auf die Würde des Familienvaters Gestalt annimmt.

84 Infolgedessen ist die Verpflichtung zur Arbeit, wie bereits am Anfang Unseres Schreibens angedeutet, in erster Linie nicht die Erfüllung einer von einer beliebigen Autorität, einem Staat, einer Nation, einer Rassengemeinschaft, einem Menschen auferlegten Funktion: es handelt sich bei ihr ganz einfach um eine unmittelbar mit der Persönlichkeit verbundene Verpflichtung; sie formt also aus der Gesamtheit der Menschen aller Zeiten und aller Regionen eine große Gemeinschaft der Arbeitenden. Die Bedürf-

nisse der Gesellschaft verlangen nun nach einer Differenzierung der Berufe: auf sie aufgeteilt, beteiligen sich die Menschen, jeder an seinem Platz, an einem gemeinsamen Tun; die Arbeit der einen besteht in Leitung und Unterweisung, die der anderen in Ausführung und Ausbildung.

85 Wenn die Arbeit auf diese Weise im beruflichen Rahmen geschieht, ist sie von sich aus in der Lage, diejenigen, die sie ausführen, über das Herz und den Verstand zu einer echten Lebensgemeinschaft zu verbinden, die sich über Grenzen in Raum und Zeit sowie über Altersunterschiede hinweg zu erstrecken vermag. Früher, als alles noch nicht so eng durch den Staat reglementiert war, hatte man Zeiten gekannt, in denen die Arbeiter eines bestimmten Berufs wunderbar zu ihrem gegenseitigen Nutzen zusammenarbeiteten, ohne sich durch Unterschiede der Wohnorte oder der Nation aufhalten zu lassen. In der allgemeinen Verpflichtung zur Arbeit sahen sie einen Aufruf, das *Opus Dei* zu vollbringen, in *einem* Geiste die Schöpfung in allen ihren Zügen zu vollenden, zum Ruhm und zur Ehre des Schöpfers. Und während sich alle Berufsgenossen überall auf der ganzen Welt unter dem Schutz derselben himmlischen Patrone zu bestimmten Festen am Fuße des Altars zusammenfanden, um am heiligen Meßopfer teilzunehmen, war dies nicht nur eine zufällige fromme Zeremonie einer zufälligen Versammlung, sondern die Vereinigung aller in der Teilhabe am Opfer Christi; sie wußten, daß Christus, der Urheber unserer Erlösung, dadurch auf übernatürliche Weise alle Formen menschlicher Arbeit erhoben, alle Einzeltätigkeiten der Menschen erhöht und zu einem einzigen *Opus Dei* gemacht hatte. »Durch Ihn und mit Ihm und in Ihm ist Dir, Gott, allmächtiger Vater, in der Einheit des Heiligen Geistes alle Herrlichkeit und Ehre.« Deshalb gilt unsere ganze Sympathie den unzähligen katholischen Berufsverbänden, die in unserer Zeit gemäßen Formen diese wahrhaftige Einheit des Reichs der Arbeit mehr und mehr verwirklichen, um der Spaltung der Klassen und der Entzweiung unter den Berufen ein Ende zu machen.

Die Familie und der Staat: Faktoren der Einheit

86 Der Reichtum des menschlichen Lebens in all seinen unterschiedlichen Ausprägungen, der die Menschheit als Ganzes kennzeichnet und erhält, ist nicht auf jene bisher dargestellten Elemente der

Einheit beschränkt; er umfaßt darüber hinaus noch zwei weitere Einheitsstifter, die als Institutionen durch ihre Dauerhaftigkeit und ihre Beständigkeit dazu beitragen, die Einheit der Menschheit weiter zu stärken. Diese sozialen Organismen, die zugleich auch lebendige Gemeinschaftsformen darstellen, sind die Familie und der Staat. Wo auch immer wir, in gleich welcher Epoche, das geistige Leben des Menschen sich entfalten sehen, überall stoßen wir auf die Familie und den Staat; sie gehen aus der menschlichen Natur als solcher hervor, die als geistig und körperlich zugleich geschaffen ist; sie sind aus einer inneren, natürlichen Notwendigkeit heraus für die Menschheit unentbehrlich, damit sie ihrem geistigen und religiösen Ziel gemäß unaufhörlich neue, auf ihre Rolle gut vorbereitete Mitglieder versammle und in ihrer Lebens- und Arbeitsgemeinschaft eine stabile Ordnung schaffe.

Religiöser Charakter der Familie und des Staates

87 Von ihrem Ursprung her, da sie aus der allen Menschen gemeinsamen Natur, wie Gott sie geschaffen hat, hervorgehen; von ihrer inneren Bestimmung zur Einheit der Menschheit her, die ebenfalls vom Schöpfer zu seiner Herrlichkeit und Ehre gewollt ist, tragen diese beiden Gemeinschaftsformen, die Familie und der Staat, von jeher den Nimbus religiöser Weihe auf der Stirn. Für die Familie stellen wir dies schon im Paradies, jenem ersten Glückszustand, fest: die Ehe, die von nun an die Grundlage der Familie bildete, besaß dort den Charakter eines religiösen Bundes. Die Erinnerung daran hielt sich in unterschiedlichen Formen selbst bei den Heiden; als Christus kam, unser Herr, erhob er bekanntlich den Ehevertrag zwischen Mann und Frau zur Würde eines Sakraments. Durch diesen hohen Ursprung der ehelichen Gemeinschaft ist auch der Familienverband geheiligt, in den übrigens der Gottmensch selbst während seines Aufenthalts hier auf Erden eingebunden sein wollte. Auch er unterwarf sich nämlich diesem heiligen Joch der Autorität in der Familie, einer Autorität, die von Gott kommt, wobei »der Mann das Haupt der Familie und die Frau ihr Herz ist«. Durch sein Beispiel hat er die Pflicht, den Eltern zu gehorchen, zugleich bekräftigt und geadelt, eine Pflicht, in der ein ursprüngliches Gesetz der menschlichen Natur zum Ausdruck kommt, ein Gesetz, das der Schöpfer in die Herzen eingeschrieben hat.

88 Der religiöse Charakter des Staates resultiert in gleicher Weise aus der Tatsache, daß seine Autorität ebenfalls von Gott ausgeht und der Träger dieser Autorität in ihm als ein »Diener Gottes« handelt. Mehr noch: er resultiert darüber hinaus aus der Tatsache, daß die Organisation der Menschen in Staaten, wie bereits gesagt, eine notwendige Folge der menschlichen Natur ist, wie sie der Schöpfer eingerichtet hat, und dies unabhängig vom Sündenfall. Die Tatsache, Bürger eines Staates zu sein, beinhaltet im Grunde genommen für diesen Bürger eine religiöse Pflicht und verleiht ihm religiöse Würde. Die primitiv genannten Völker sind sich dessen noch dunkel bewußt: bei ihnen weihen beeindruckende Zeremonien den Eintritt der Jungen in den Stamm, der eine Art Embryo eines organisierten Staates darstellt. Bei den weiterentwickelten Heidenvölkern findet man ebenfalls verschiedene Zeugnisse dieses der Gemeinschaft des Staates zuerkannten religiösen Charakters. Es gereicht dem modernen Staat in einem christlichem Land also weder zur Ehre noch zu größerem Vorteil, und es ist selbstverständlich auch nicht Schuld der Kirche, wenn die Mehrzahl der heutigen Staaten so selten oder nie den religiösen Charakter des Staatswesens nach außen hin anerkennen wollen und sich ihm sogar völlig verweigern.

Wahrer Bedeutungsumfang des Begriffs der Familie

89 Nach dieser Darlegung der Bedeutung von Familie und Staat für die Einheit der Menschheit wird man ohne Mühe verstehen, daß sich die Menschen wirklich überall bewußt sind, daß die Grundlage ihres gemeinsamen Lebens selbst bedroht ist, sobald die Familie und der Staat angetastet werden. In der Tat wird in unserer Zeit die Familie als psychologische, rechtliche und ökonomische Einheit schwer in Mitleidenschaft gezogen, wie man in zahlreichen Passagen Unseres Schreibens sehen konnte. Wenn sich die Familie heute im sozialen Körper trotz allem noch als die widerstandsfähigste Zelle erweist, dann ist dies der Beweis dafür, daß sie sehr tief in der menschlichen Natur verwurzelt ist. Selbstverständlich ist die menschliche Natur hier in ihrem vollen Gehalt, in der inneren Einheit ihres körperlich-geistigen Lebens, zu verstehen; denn nur so, und nicht nur als eine gewisse Quelle jeweils für sich betrachteter physisch-organischer Eigenschaften verstanden, bildet sie die Wurzel der Familie. Weil sie die innere Einheit eines sowohl geistigen als auch körperlichen Lebens darstellt, bil-

det die menschliche Natur die Wurzel der Familie; der Familie, die man sich nunmehr als »geistigen Schoß« vorzustellen hat, in dem sich die menschliche Gesellschaft herausbildet. Die Familie liefert nämlich alle für das Leben des Menschen in der Gesellschaft notwendigen Elemente, alle nötigen sowohl den Körper als auch die Seele formenden Einflüsse. Insgesamt gesehen läuft dies alles auf folgendes hinaus: die Glieder einer sozialen Gemeinschaft sind das, was ihre Familien sind. Aus all dem Gesagten geht hervor, wie wichtig es ist, daß man für die Familie in ihrem wahren und vollen Bedeutungsumfang Sorge trägt. Trotz aller großen Worte völlig falsch ist hingegen jene Konzeption der Sorge um die Familie, die man aus folgender irrigen Aussage ableitet: »Aus dem Blute, in dem die Rassenanlagen enthalten sind, gehen alle geistigen und sittlichen Eigenschaften als aus ihrer hauptsächlichen Quelle hervor.« Hier betrachtet man die menschliche Natur, die Familie und natürlich auch die Ehe im Widerspruch zu dem, was die katholische Kirche, die gesunde Philosophie und auch die Erfahrung lehren, einzig und allein unter ihrem körperlichen Aspekt. Daraus folgt, daß man mit einer solchen Auffassung von der Sorge um die Familie auf ein unheilvolles Ziel zusteuert und auf ebenso unheilvolle Mittel zurückgreift, die moralisch mitunter völlig skandalös sind.

Krankheit des Staates

90 Nicht nur diese tatsächlich zu beobachtende Entwicklung der Familie bereitet den heutigen Menschen große Sorgen; die des Staates tut dies in gleichem Maße. In dieser Entwicklung sieht man nämlich mit gutem Recht eine Gefahr für die Grundlage der menschlichen Gesellschaft und ihrer Einheit. Im ersten Teil Unseres Schreibens haben wir aufgezeigt, woran der moderne Staat krankt; seine Krankheit besteht darin, daß er zum Teil eine zu geringe und zum Teil eine viel zu große Rolle spielt; die Autorität des Staates wird an bestimmten Stellen zu weit getrieben und an anderen untergraben. Fügen wir noch hinzu, daß dem Staat, wenn keine energischen Maßnahmen ergriffen werden, bald die schrecklichste aller Krisen droht, eine Krise der Staatsidee selbst und schließlich eine regelrechte Krise des Lebens des Menschen in der Gesellschaft.

Wesentliches Heilmittel für den Staat

91 Was den Bereich staatlichen Handelns betrifft, so ist das Heil in folgender Richtung zu suchen: der Staat soll sich einzig auf seine eigentlichen Funktionen besinnen. Dadurch wird er jenen sozialen Organisationen eine glückliche Entwicklung ermöglichen, die sich auf der Grundlage der gemeinsamen Zugehörigkeit der Menschen zu einem bestimmten Ort oder einem Beruf konstituieren; Organisationen, die als natürliche, wenngleich nicht essentielle Gesellschaften des gemeinsamen Lebens im Prinzip ein eigenes, nicht vom Staat abgeleitetes Recht auf Selbstverwaltung besitzen und normalerweise den Charakter von Körperschaften öffentlichen Rechts erhalten. Auf diese Weise würde der Staat entlastet und die Entwicklung der natürlichen Lebensfähigkeiten der Menschen würde auf einer mittleren Ebene begünstigt; was ihnen erlauben würde, sich um die Bildung eines einheitlichen gesellschaftlichen Willens zu bemühen, ohne daß dem einzelnen etwas Widervernünftiges abverlangt würde.

Beziehungen zwischen den Staaten

92 Auch um die Beziehungen zwischen den Staaten steht es gegenwärtig sehr schlecht. Dazu haben Wir uns bereits im ersten Teil dieses Schreibens wiederholte Male erklärt. Wir haben einen sehr konkreten Grund dafür entdeckt, nämlich eine besondere Dynamik des modernen Staates. Diese Dynamik setzt dem ohnehin bereits sehr schwach gewordenen Band, welches die Staaten untereinander verbindet, unaufhörlich zu; sie droht es völlig zu zerreißen und dadurch jene Einheit der Menschenfamilie, die alle Menschen und alle Völker einschließt, eine familiäre Einheit, die Wir weiter oben besonders herausgestellt hatten, restlos zu zerstören. Wir, der Wir aufgrund Unserer von Gott empfangenen Funktion der gemeinsame Vater aller sind, wollen und dürfen dies nicht geschehen lassen. Denn auch die Völker sind untereinander Brüder in der Gerechtigkeit und Liebe, und dies nicht nur ihrer Natur nach – was zur Schande unserer heutigen Zivilisation selbst Heiden wie die Stoiker sehr wohl wußten –, sondern vor allem und mehr und tiefer noch sind sie Brüder im gemeinsamen Erlöser der Welt.

Gerichtshof

93 Dieser brüderlichen Einheit der Völker muß sichtbarer Ausdruck

verliehen werden: indem man auf geeignete Weise einen Gerichtshof einrichtet, der über alle Völker eine eigene Autorität besitzt. Dieser Gerichtshof wäre in der Lage, im Falle eines Konflikts zwischen Völkern diese von sich aus in seine Schranken zu rufen, um eine gerechte Untersuchung vorzunehmen oder seine Ansicht kundzutun und, falls nötig, einen Schiedsspruch zu fällen, dem sich alle zu unterwerfen hätten. Bedeutende Gelehrte der Kirche wie der heilige Augustinus, der heilige Thomas von Aquin, der heilige Robert Bellarmin, große Theologen wie Francisco de Vitoria und Francisco de Suárez haben die Prinzipien des internationalen Rechts dargelegt; ihre einmütige Lehre führt zu der Feststellung, daß die gesellige Natur des Menschen aufgrund ihrer Fähigkeit zu fortwährender Vervollkommnung von innen heraus eine solche Institution der Staatengemeinschaft verlangt; sie tut übrigens der wohlverstandenen Souveränität eines jeden einzelnen Staates keinerlei Abbruch.

Gewiß, diese Institution setzt bei allen – und dies wird an den bisher in dieser Richtung unternommenen Versuchen sichtbar – dieselbe seelische Disposition voraus. Diese kann nur in den Lehren des Christentums wurzeln, die das wahre Naturrecht einschließen, Lehren, als deren Trägerin und Verbreiterin die Kirche anerkannt werden muß, die die Rolle, die sie in dieser Friedensmission bereits so oft erfüllt hat, weiter erfüllen wird.

II. Die Vielheit der Menschheit

94 So bildet also die Menschheit aufgrund der übernatürlichen und natürlichen Prinzipien, auf denen sie gründet, eine wirkliche, vom Geist Gottes, dem Geist der Ordnung und der Liebe, gestiftete Einheit. Im Reich dieses Geistes auf unserer Erde »vereinigest [du] Bürger mit Bürgern, Völker mit Völkern, überhaupt Menschen mit Menschen im Andenken der ersten Eltern, vereinigest sie nicht nur in Gesellschaft, sondern auch in Verbrüderung«, um eine vortreffliche Formulierung des heiligen Augustinus zu verwenden.[8]

Falsche Internationalismen
Dadurch ist aber ausgeschlossen, daß Christen jener Art von humanitaristischem Kult anheimfallen, wie man ihn in allen mög-

lichen Formen eines Internationalismus feststellt, der alle Menschen und alle Dinge vermischt und durcheinanderbringt. Der Grund dafür ist, daß die Menschheit zwar gewiß eine wirkliche Einheit bildet, doch eine Einheit in einer wohlgeordneten Vielheit. Von daher zeigt sich auch, daß die Menschheit ihren Ursprung und ihre Entwicklungsweise aus dem Geist bezieht; und ganz zu Beginn aus dem Geiste Gottes, der dort, wo es weder Ordnung noch Einheit in der Vielheit gibt, Leben in einer Gesellschaft weder entstehen lassen noch gutheißen und heiligen kann. Es ist genau diese Geisteshaltung, die mit der größten Gleichgültigkeit alles vermischt und vermengt und einzig die absolute Eigenschaft des Menschseins in Betracht zieht, gegen die sich derselbe Kirchenvater, der heilige Augustinus, wendet. Er appelliert noch einmal an den Geist Gottes, um die Grundlage der Beziehungen innerhalb der Menschheit, zwischen den Personen wie zwischen den Gruppen, zu schaffen, und von diesem irdischen Reich des Geistes sprechend, ruft er aus: »[du zeigest], wie wir nicht allen alles schuldig sind, allen aber Liebe schuldig sind, und nicht einem Unrecht zu tun!«[9]

Vielheit als Tatsache

95 Wenn man einmal von den Personen und den Familien in ihrer Eigenschaft als konstitutive, unantastbare, ursprüngliche und stabile Grundelemente des gesellschaftlichen Lebens absieht, so zeigt sich die Vielheit der Menschheit in der Bildung unzähliger Teilgruppen. Wir haben uns hier nur mit denen beschäftigt, die unmittelbar mit der menschlichen Natur und der Entfaltung ihres Lebens zusammenhängen. Die Bildung solcher Teilgruppen hängt mit den gemeinsamen Merkmalen körperlicher oder geistiger Attribute des Menschen zusammen; sie kann auch mit bestimmten allgemeinen Bedingungen zusammenhängen, die aus der Existenz des Menschen in Raum und Zeit resultieren; darüber hinaus dient die Tatsache, sich gemeinsam und für längere Zeit derselben Arbeit zu widmen, sowie die Tatsache, gleichen ökonomischen und sozialen Bedingungen zu unterliegen, als Grundlage für die Bildung von Teilgruppen; mehr noch, die menschliche Natur gibt mit ihrer wesentlichen, unwiderstehlichen Disposition dazu, in Staaten leben zu wollen, den Anlaß und treibt dazu an, verschiedenste soziale Einheiten zu bilden; und schließlich steht durch eine Verfügung Gottes Christus

selbst, »jener Eckstein, den die Bauleute verwarfen«, am Ursprung des Aufbaus einer Gesellschaft. Diese Vielfalt von Teilgruppen, die sich darüber hinaus noch auf mehrfache Weise überschneiden, birgt durch die Verschiedenartigkeit so vieler beteiligter Interessen die Gefahr von Reibungen und Konflikten in sich. Doch wer auch immer die Einheit aller Menschen zunächst innerhalb der Menschheit und sodann im Geiste Gottes, dem Geist der wahren Ordnung und der Liebe, betrachtet, ist bereit, sicherlich nicht allen alles, wohl aber jedem das Seine zu geben, und wird dadurch dazu beitragen, die aufgezeigte Gefahr zu beseitigen.

Die Bildung separater Teilgruppen

96 Mit der Bildung dieser Teilgruppen vollzieht sich eine Bewegung der Partikularisierung, Separierung und Differenzierung. Doch muß man entschieden daran festhalten, daß es sich stets nur um einen Partikularismus *innerhalb der menschlichen Einheit, die jenen in sich einschließt*, handeln kann; schon allein die Vernunft legt dies nahe, und die christliche Offenbarung lehrt es mit Bestimmtheit, wie wir bereits wiederholt gezeigt haben. Daher ist es in bezug auf diesen Partikularismus, in Anbetracht seiner engen und notwendigen Beziehungen mit der Menschheit als Ganzem, angebracht, mit ganz allgemeinen Worten einige sowohl negative als auch positive Punkte der Lehre festzuhalten:

Drei Kriterien für die Falschheit einer menschlichen Teilgruppe
97 Zunächst die negativen. Sie leiten sich alle aus der Annahme ab, daß keine Teilgruppe, kein besonderer gesellschaftlicher Organismus eine echte menschliche Einheit darstellen kann, wenn er nicht mit der allgemeinen Einheit der Menschheit verbunden ist. Analysiert man diesen Grundsatz, so sind drei Kriterien oder Werturteile in ihm eingeschlossen. Das *erste* lautet wie folgt: eine Teilgruppe, die in der Art und Weise ihres Zustandekommens und der Verbindung ihrer Glieder untereinander die unverletzliche Quelle des Menschseins selbst, nämlich die innere Einheit und die Freiheit der menschlichen Person sowie die innere Einheit der Familie, unterdrückt und zerstört, diese Teilgruppe prägt sich selber das Mal innerer Falschheit und Wertlosigkeit auf. Das *zweite*: eine Teilgruppe, die sich aufgrund ihres eigenen Gesell-

schaftstyps Ziele gibt und Werte proklamiert, die zu den objektiven Zielen und Werten, die die innere Einheit der Menschheit bewirken, im Widerspruch stehen, diese Teilgruppe brandmarkt sich ebenfalls mit dem Zeichen innerer Falschheit und Wertlosigkeit. Das *dritte*: eine Teilgruppe, die zu ihren eigenen Gunsten eine extensive Totalität anstrebt, das heißt, die aufgrund des ihr eigentümlichen Ziels und des Werts, den sie sich selbst zuschreibt, alle anderen Ziele, alle anderen Werte des gesellschaftlichen Lebens in ihrem Gehalt bestimmen will, diese Teilgruppe mißachtet die grundlegende Struktur der Menschheit mit ihrer uralten Einheit in authentischer Vielheit; auch diese Teilgruppe versieht sich selbst mit dem Zeichen innerer Falschheit und Wertlosigkeit.

Drei Kriterien für die Legitimität einer Teilgruppe

98 Im folgenden nun die positiven Standpunkte der Lehre. Diese leiten sich von dem Satz ab, wonach jede Teilgruppe, jede besondere Gemeinschaft, wenn sie nur wirklich eine menschliche Einheit darstellt, für die Menschheit als Ganzes Früchte tragen wird. Dieser Satz läßt sich ebenfalls in drei Kriterien oder Werturteile aufgliedern. Das *erste* lautet wie folgt: die Fruchtbarkeit einer Teilgruppe zeigt sich in einer bestimmten charakteristischen Stärke, einer Quelle der Festigkeit und Beständigkeit, welche die Teilgruppe jenen Personen und Familien verleiht, die sie in sich vereint. Das *zweite*: das spezifische Wissen und Können, mit dem die Teilgruppe die allgemeinen, objektiven Ziele der Menschheit aufgreift und verwirklicht, bedeutet für die Menschheit bei der Verfolgung und Erreichung dieser Ziele und Werte eine Bereicherung. Das *dritte*: jede Teilgruppe unterstützt und belebt, wenn sie nur bis ins letzte ihrem eigenen Wesen gemäß lebt, den inneren Bau der Menschheit, das heißt ihre wahre Einheit in wirklicher Vielheit.

Ein Gesetz für alle

99 Es kann sein, daß ein bestimmtes Ziel für eine einzelne Teilgruppe manchmal wünschenswert und erreichbar ist; möglicherweise ist ein bestimmtes Mittel für jenen Zweck nützlich; doch in solch einem Fall stellt besagtes Ziel kein wirkliches Gut dar, wenn es nur dadurch erreicht werden kann, daß man die Ordnung der Gerechtigkeit und Liebe, die überall auf der Welt herr-

schen sollten, opfert. Das Grundprinzip bleibt mit den drei weiter oben in den negativen Lehrsätzen aufgeführten Kriterien stets und unter allen Umständen die erste Grundregel. Genausowenig, wie es für die größten Genies ein besonderes Moralgesetz gibt, gibt es auch weder für ein Volk, wie entwickelt oder vielleicht nur wie dünkelhaft es auch sein mag, noch für eine andere Teilgruppe besondere sittliche Regeln. Es wird hier also deutlich, daß die oben erwähnten negativen Sätze in ihrem Kern eine positive Wahrheit beinhalten, die keine Ausnahmen zuläßt; daß nämlich jede Wirkung, die, sei es durch aktives Tun oder durch Unterlassen, vom Menschen ausgeht, an folgendem Maßstab gemessen werden muß, damit sich ihr letztendlicher Wert feststellen läßt: prägt sie der Welt die Spur Gottes, des Gottes der Gerechtigkeit und der Liebe, tiefer ein? Kennzeichnet sie in zunehmenden Maße den oder die Menschen, die nach dem Ebenbild Gottes handeln? Ist dies nicht der Fall, dann können die Ergebnisse so nützlich und glänzend sein, wie sie wollen, sie werden, wenn sie erreicht werden, ihrem tatsächlichen Wert nichts unmittelbar hinzufügen, und folglich ist es Blasphemie, wenn Völker und ihre Führer in solchen Fällen ihre Erfolge viel höher bewerten, so als handle es sich um einen göttlichen Segen, um ein Zeichen besonderer Erwählung.

100 Das sind nun alle negativen wie positiven Lehrsätze, die man in allgemeiner Weise in bezug auf gesellschaftliche Partikularismen und einzelne Teilgruppen aufstellen kann. Es ging darum, die wechselseitigen Beziehungen dieser Gruppen zu bestimmen und sie in den Rahmen des allgemeinen Lebens der Menschheit einzupassen. Einige spezielle Punkte verlangen aber aufgrund der gegenwärtigen Lage dennoch, gesondert untersucht zu werden.

1. Der Staat: seine eigentliche Funktion

101 Als erstes nun, was den Staat betrifft. Er ist, nach der Familie, die wichtigste der besonderen Gemeinschaften des natürlichen sozialen Lebens. Seinem Ursprung und seinem Wesen nach soll er ein Organismus sein, der Ordnung schafft, um das Recht und das Wohl des menschlichen Lebens in der Gesellschaft zu schützen. Daraus ergibt sich, daß es zum Wesen des Staates selbst gehört,

allen seinen Angehörigen den gleichen Schutz durch das Recht zu gewähren, ohne daß er sie dessen berauben könnte. Und das Recht, das er wahren soll, kann keiner anderen Quelle entspringen als derjenigen, aus der auch der Staat hervorgeht, das heißt aus jener universellen und für alle geltenden sittlichen Ordnung, die das Naturrecht einschließt; dies ist die oberste Regel, die den Schutz des Rechts durch den Staat sichern wird. Diese Lehre gilt unter allen Umständen, gerade wenn der Staat, ein in unserer Zeit kaum möglicher Fall, nur Angehörige ein und derselben Rasse umfaßt. Wenn der Staat ein Staat im eigentlichen Sinne bleiben, wenn er sich in seiner natürlichen Funktion voll und ganz bestätigen soll, dann muß man folgenden Satz als absolut falsch zurückweisen: »Die erste Quelle und höchste Regel der gesamten Rechtsordnung ist der Rasseninstinkt.« Es versteht sich von selbst, daß dasselbe auch für den Fall gelten würde, wenn von irgendeinem Nationalinstinkt die Rede wäre.

Beschränkung der übertriebenen Aktivität des Staates

102 Auf alle Fälle würde diese allgemeine Besinnung des Staates auf seine wahre Rolle im Sinne einer Beschränkung seiner unmittelbaren Aktivität dazu führen, die Dynamik des modernen Staates zu bremsen, jene Dynamik, gegen die sich Widerstand regt und die in gleicher Weise im Inneren des Staates wie auch in seinen internationalen Beziehungen zutage tritt. Dadurch würde es leichter werden, verschiedene Staaten in einem tatsächlich wirksamen Einheitssystem zu organisieren, das auf dem internationalen Recht beruht, wodurch man die gemeinsame Errichtung größerer ökonomischer Einheiten durch einzelne Staaten fördern würde. Darüber hinaus würde durch die Abschwächung jener Dynamik des Staates das friedliche und fruchtbare Zusammenleben der verschiedenen nationalen oder rassischen Teilgruppen in einem einzigen Staatsgebilde erleichtert. Die übertriebene Aktivität des Staates, insbesondere auf dem Gebiet des geistigen Lebens, hat nämlich das bedauerliche aktuelle sogenannte Minderheiten- oder Volksgruppenproblem zweifellos verschärft, und zwar in stärkerem Maße, als es für die Herstellung der staatlichen Einheit, insoweit diese legitim ist, zweckmäßig wäre.

Wenn es dem Staat gelingt, indem er sein Leben auf diese Weise an seiner eigentlichen Funktion orientiert, im Bewußtsein der Glieder seiner Gemeinschaft die religiösen und sittlichen Prinzipien täglich mehr und mehr mit neuem Leben zu erfüllen, dann wird er es verdienen, Gegenstand der von der sittlichen Ordnung und von Gott geforderten Pflicht und Tugend, also des Patriotismus, zu sein.

2. Das Volkstum

103 Ein Wort muß noch gesagt werden zu dem, was man Einheit des Volkes oder die Vereinigung in ein und derselben Gemeinschaft nennt: sicherlich verwendet die Umgangssprache bei der Definition dieser Art von Teilgruppe, ebenso wie im Falle der Natur oder der Rasse, nicht überall die gleichen Begriffe; unter dieser Bezeichnung Volkstum kann man eine Gruppe von Menschen verstehen, die sich dessen, was ihr gemeinsam ist, mehr oder weniger bewußt ist, insofern und insoweit sie von demselben Boden abstammt und sich folglich dauerhaft durch dieselben persönlichen Merkmale auszeichnet.

Volkstum im Unterschied zum Staat
104 Solches Volkstum steht an und für sich mit der eigentlich politischen Errungenschaft, dem Staat, in keiner unmittelbaren Beziehung. Es wäre also falsch, die Tatsache, daß Gruppierungen von Menschen, die unterschiedlichen Volksgruppen angehören, sich als ein Staat konstituieren können oder daß dieselbe Volksgruppe in verschiedenen Staaten leben kann, von vornherein für widernatürlich zu erklären. Ebenso falsch wäre es zu behaupten, daß es für eine solche Gruppierung ein absolutes natürliches Recht oder eine absolute natürliche Pflicht gebe, die politische Einheit mit einem Staat zu suchen, in dem sie durch eine beträchtliche Mehrheit der Bürger repräsentiert ist. Ebenso falsch wäre auch das Bestreben eines solchen Staates, sich, auf welche Weise und unter welchem Vorwand auch immer, eine Art souveräne Macht über eine Gruppe anzumaßen, die zwar seiner eigenen Volksgruppe, aber einem anderen Staat angehört.

Volkstum im Ausland
105 Die Falschheit eines solchen Bestrebens geht auch noch aus der Tatsache hervor, daß es eine unerschöpfliche Quelle der Unruhe in der Welt wäre, daß es in politischer Hinsicht die Angehörigen

einer solchen Gemeinschaft überall auf der Welt verdächtig machen und den anderen Staaten legitimerweise Gelegenheit geben würde, sich mit allen Mitteln gegen sie zu verteidigen. Daher ist es um so mehr Pflicht einer Volksgruppe, deren Angehörige außerhalb ihres Heimatlandes verstreut leben, sich darauf zu beschränken, jene nicht zu vergessen, ihnen wenn nötig zu helfen und im übrigen darauf stolz zu sein, in hohem Maße zum Leben der Menschheit beizutragen, indem sie ihr wertvolle Menschen zur Verfügung stellt, die ihre heimatliche Abstammung geprägt hat. Es ist natürlich unvermeidlich, und es darf nicht einmal verhindert werden, daß das neue Land, in dem sich die Emigranten niederlassen, mit der Kraft der sozialen Prägung auf sie einzuwirken beginnt, mit der es auf alle Menschen einwirkt, die dort zusammenleben. Je weniger aber das Mutterland die Gabe seiner Kinder für sich beanspruchen wird, desto mehr wird es dafür in Notzeiten von ihnen erhalten. Eine ganze Reihe von Völkern der Alten Welt hat in letzter Zeit diese Erfahrung gemacht.

3. Die Nation

106 Unsere Lehre in bezug auf die Verbindung von Menschen in der Körperschaft der Nation ist jener ähnlich, die wir in bezug auf das Volkstum vermittelt haben. Die Nation hat nicht wie dieses in den Bedingungen des Zusammenlebens im Raum, sondern in der zeitlichen Dimension ihren Ursprung. Die Nation ist eine große Teilgruppe von Menschen, die gemeinsam dieselben Erinnerungen an die Vergangenheit bewahrt und die diese allen gemeinsame Tradition, insbesondere in bezug auf die Geisteskultur, geprägt hat und weiterhin prägt. Diese Verbindung in der Körperschaft der Nation gibt den Individuen und den Familien, wie auch den Volksgruppen, eine bestimmte Orientierung im Denken, Wollen und Fühlen, die den nationalen Verband konsolidiert; sie stimuliert und belebt das Streben der Menschheit als Ganzes, die allgemeinen Ziele zu erreichen und die dem Menschen zuerkannten Werte zu verwirklichen. Daher hat jeder Bürger in Ausübung der Tugend der Pietät die Pflicht, seiner Nation dankbar zu sein, sie liebzugewinnen, denn sie vor allem bewahrt die gemeinsamen Traditionen, und aus ihr geht er hervor, und aus ihr lebt er in jedem Augenblick.

Die Nation unterscheidet sich vom Staat

107 Doch ebenso wie in bezug auf das Volkstum und aus denselben
Gründen berechtigt diese Verbindung innerhalb eines nationalen
Verbands keineswegs zu dem unmittelbaren Schluß, wonach die
Zugehörigkeit zu einer Nation die Zugehörigkeit zu einem bestimmten Staat mit sich bringe. Die Zugehörigkeit zu einem Staat
und die Zugehörigkeit zu einer Nation sind an und für sich zwei
verschiedene Dinge. Die weitverbreitete gegenteilige Auffassung
rührt von einer mehr oder weniger künstlichen Idee der Nation
her, einer Vorstellung, die allzusehr auf der Sprachgemeinschaft
beruht; sie trägt jener gleichwohl wesentlichen Verbindung des
Nationalverbandes mit seiner kollektiven historischen Tradition
viel zuwenig Rechnung und meint schließlich viel weniger eine
Nation als einen auf der Gemeinsamkeit der Sprache gegründeten oder zu gründenden Staat. Wir haben diese Erfahrung selbst
gemacht. Denn die Lösung der sogenannten römischen Frage
wurde nur möglich durch den Verzicht auf diese falsche Idee der
Nation, die notwendigerweise die Bewahrung der Integrität des
Staates beinhaltet hätte, sowie durch die Rückbesinnung auf ihre
wahre Idee, die auf der Geschichte basiert.

Der Nationalismus

108 Dementsprechend treffen alle hinsichtlich der Beziehungen zum
Staat und zu den Staaten gezogenen Schlußfolgerungen auf das
Volkstum und die Nation ebenfalls zu. Die Nation hat das Recht,
sich in ihrem eigenen Wesen voll zu entfalten, das heißt, intensiv
totalitär zu sein; doch sie hat von sich aus kein Exklusivrecht auf
Reglementierung auf dem Gebiet der Rechtsordnung, des Staates
und noch weniger auf dem der Kirche; sie hat kein Recht, extensiv totalitär zu sein. Denn in diesem Falle hätte man es mit einem
Nationalismus zu tun. Nun weiß man aber, welch unangenehmen
Beigeschmack dieses Wort in vielen Sprachen hat. In ihm kommt
eine wahre Perversion des Geistes zum Ausdruck. Es ist mehr als
kriminell, die Menschen, und insbesondere die Heranwachsenden, mit Hilfe aller geeigneten Mittel dazu anzustacheln; um vieles krimineller als jene edlen Seelenregungen, die in jedem körperlich und geistig gesunden Menschen sowohl die Nation als
auch das Volkstum auslöst. Diese Regungen werden profanisiert
und zu Unrecht in den Dienst der Politik und ihrer machtpoliti-
schen Ziele gestellt.

Pflichten gegenüber der Nation

109 Wenn sich hingegen die Menschen, und insbesondere die Jugendlichen, mit Hingabe und in Treue daranmachen, gegenüber ihrer
Nation ihre ganze Pflicht zu erfüllen, dann tun sie damit ein gutes
Werk, ein Werk, durch das die Pflichten der göttlichen Sittenordnung und insbesondere des Naturrechts erfüllt werden; unser
Meister, der Gottmensch, hat sie selbst gegenüber dem Volk des
Alten Bundes erfüllt, dessen Erziehung er genoß; sie hat den Messias veranlaßt, Tränen über Jerusalem zu vergießen; sie steht in
vollem Einklang mit den Ansichten der Kirche, der es als sichtbarer historischer Gemeinschaft, wie bereits gesagt, unmöglich ist,
sich mit den Nationen nicht in einer positiven Weise auf dem Gebiet der Geschichte zu treffen.

Möglichkeit einer zweiten Heimat

110 Fügen wir noch folgendes hinzu: die Menschen können sich
tatsächlich eine zweite Heimat geben, sie können tatsächlich in
ein zweites Volkstum hineinwachsen; ebenso ist es ihnen aufgrund höherer Gegebenheiten möglich, schrittweise und ohne
Zwang in einen anderen Traditionskomplex, in eine andere
nationale Gesellschaft hineinzuwachsen. Dies zu leugnen hieße,
dem Zusammenleben der Menschen eine Starrheit zuzuschreiben, die es gerade dadurch, daß es sich in Raum und Zeit vollzieht, mit Sicherheit unmöglich besitzen kann. Andernfalls hätte
sich im übrigen keine der bestehenden Nationen jemals herausbilden können.

4. Rasse und Rassismus

111 Wenn wir nun zur Rassenfrage übergehen, so finden wir ein frap-
pierendes Beispiel für jenes Übel, das durch diese falsche, senti-
mentale und beinahe mystische Redeweise verursacht wurde, mit
der man von der Idee der Nation, des Volkes und des Staates
sprach. Sowohl im wissenschaftlichen als auch im gewöhnlichen
Sprachgebrauch herrscht ziemlich wenig Einigkeit über die Bedeutung dieser Begriffe: Rasse oder Verbundenheit in der Rasse,
diese Begriffe sehen wir heute – und früher noch mehr – einzig
in der Bedeutung von Nation und Volk verwendet. Darüber hinaus bezeichnet der Ausdruck Verbundenheit in der Rasse in der

modernen wissenschaftlichen Terminologie für gewöhnlich bestimmte, genau definierte, unveränderliche und einer Gruppe von Menschen gemeinsame physische Eigenschaften. In Verbindung mit der durch diese körperlichen Merkmale gekennzeichneten physischen Konstitution beobachtet man regelmäßig bestimmte geistige Eigenschaften. Wenn nur diese Offensichtlichkeiten – und sie allein – behauptet werden, wenn darüber hinaus die individuellen Rassenmerkmale für keinen allzu langen Zeitraum als konstant betrachtet werden, dann bleibt der Gebrauch des Wortes »Rasse« innerhalb der Grenzen dessen, was durch Beobachtung verifizierbar ist.

Leugnung der menschlichen Einheit

112 Was aber »Rassismus« genannt wird, will viel mehr sagen. Das Wort steht also zu den in diesem Schreiben bereits dargelegten und auf der Glaubenslehre, auf dem Zeugnis der Philosophie und anderer Wissenschaften sowie auf der Erfahrung basierenden negativen Schlußfolgerungen im Gegensatz. Es steht im Gegensatz zu ihnen, was die tatsächlich zu beobachtenden Trennungen im gesellschaftlichen Leben der Menschen angeht. Theoretisch und praktisch widerspricht es dem Grundsatz, wonach solche Kategorien, solche Trennungslinien keine wahrhaft menschlichen sein können, es sei denn, sie sind ein Teil dessen, was das allgemeine Menschheitsband der Menschheit ausmacht. Denn Theorie und Praxis des Rassismus mit ihrer Unterscheidung von höheren und niederen Rassen verkennen dieses einende Band, dessen Existenz durch die drei oben erwähnten Zeugnisse bewiesen ist, oder nehmen ihm zumindest jegliche praktische Bedeutung. Man muß sich wundern, daß es angesichts dieser Sachlage noch Leute gibt, die behaupten, Lehre und Praxis des Rassismus hätten nichts mit der katholischen Glaubens- und Sittenlehre, nichts mit Philosophie zu tun und blieben eine rein politische Fragestellung.

Leugnung der menschlichen Persönlichkeit

113 Das Erstaunen über dieses Mißverständnis wird noch größer, wenn die drei Kriterien, die vorgeschlagen wurden, um seine negativen Schlußfolgerungen stärker herauszustellen, auf den Rassismus angewandt werden. Das erste Kriterium zeigte, daß die innere Einheit und der freie Wille der menschlichen Person notwendige Bedingungen für die Gründung einer wahrhaft

menschlichen Gesellschaft sind. Wenn aber die Gemeinschaft der Rasse die Quelle aller anderen Gesellschaftsformen sein soll, dann müssen diese innere Einheit und dieser freie Wille gesichert werden. Nun billigt aber der Rassismus der menschlichen Person weder ihre Rechte noch ihre Bedeutung für die Bildung der Gesellschaft zu. Nach seinem Verständnis ist es ein identisches Blut, das die Individuen mit unwiderstehlicher Kraft zu einem einzigen Strom körperlicher und seelischer Eigenschaften verbindet. Bei jeder anderen Erklärung bleibt die völlig hoffnungslose Position, die er den von ihm so bezeichneten niederen Rassen zuteilt, ebenso unverständlich wie die unerschütterliche Bestätigung der sogenannten höheren Rassen. Keine andere Erklärung wird dem Mechanismus seiner Gesetzgebung gänzlich Rechnung tragen, die alle Individuen einer gegebenen Rasse nach derselben ethnischen Formel beurteilt.

114 Wie soll man diese Ansichten mit der Grundlage der Persönlichkeit, mit der besonderen körperlich-seelischen Einheit, die jedes Individuum darstellt, in Einklang bringen? Wie soll man sie mit den vielfältigen Einflüssen des materiellen und geistigen Umfelds in Einklang bringen? Denn allenfalls Neigungen können über das Blut vererbt werden, nicht aber definitive, schon ausgebildete Eigenschaften. Und die Entwicklung des Charakters wird – neben den möglichen Folgen, die auf den freien Willen des Menschen zurückzuführen sind – durch das Umfeld bestimmt, vor allem was die Erziehung betrifft, zumindest aber die seelischen Neigungen, die vom physischen Organismus abhängen.

115 Diese Hinweise genügen, um zu zeigen, daß hier viele der wesentlichen Lehren des katholischen Glaubens und der katholischen Moral verkannt werden. Erwähnen wir die Lehren von der menschlichen Person, vom freien Willen, von der Verbindung von Seele und Körper, schließlich von der göttlichen Gnade nicht nur hinsichtlich ihrer Wirkung, sondern auch hinsichtlich ihrer Vorgehensweise. Ebenso wird hier zahlreichen von der Philosophie und der modernen Wissenschaft bestätigten Wahrheiten widersprochen, die die Kirche weder ignorieren kann noch will.

Leugnung der wahren Werte der Moral und der Religion
116 Die gleiche enge Beziehung zu den Lehren des Glaubens, der Mo-

ral und der Wissenschaft tritt zutage, wenn man den Rassismus anhand des zweiten Kriteriums prüft, das wir aufgestellt hatten, als wir weiter oben die unleugbare Einheit der menschlichen Rasse behandelten. Wir sagten insbesondere, daß eine Gruppe, deren gesellschaftliche Verfassung Ziele und Werte bekräftigt, die zu den Zielen und Werten, die objektiv der Menschheit als Band dienen, im Gegensatz stehen, dadurch ihre innere Verlogenheit und ihre Armut verrät. Der Rassismus aber leugnet in der Praxis, wenn nicht in der Theorie, daß es Ziele und Werte gebe, die der ganzen Menschheit gemeinsam sind.

117 Untersuchen wir seine Sittenlehre, deren zentrale Aussage wir erst kürzlich verurteilen mußten. »Man muß mit allen Mitteln die Lebenskraft der Rasse und die Reinheit des Blutes erhalten und pflegen; alles, was zu diesem Zwecke geschieht, ist ohne weiteres sittlich erlaubt.« So lautet das Rassengesetz der Moral. Wir stellen die Frage: Läuft ein derartiges Prinzip nicht darauf hinaus, die Existenz einer objektiven, für alle Menschen und alle Zeiten gültigen sittlichen Ordnung zu leugnen? Überläßt es diese Ordnung nicht der Willkür, dem Instinkt einzelner Rassen?

118 Doch selbst die Heiden erkannten diese universelle Sittenordnung an, als sie ihren Ursprung in einem einheitlichen göttlichen Prinzip erkannten. Aristoteles stellte fest[10]: »Wer nun dem Gesetz die Herrschaft überträgt, der scheint zu gebieten, daß Gott und die Vernunft allein herrschen.« Ebenso Cicero.[11] Und bei den Christen sagt der heilige Hieronymus[12]: »Ein Gesetz, in unsere Herzen geschrieben, erstreckt sich auf alle Völker, und es gibt keinen Menschen, der dieses Gesetz nicht kennt.« Schließlich der heilige Augustinus[13]: »Es gibt keine zu vernünftigem Denken fähige Seele, der Gott nicht sein Gesetz verständlich machen würde.«

119 Jedenfalls lehrt die Heilige Schrift die Existenz eines natürlichen, vom Schöpfer geschriebenen Moralgesetzes, das alle Menschen in ihren Herzen tragen.[14] Daher befindet sich das Rassengesetz der Moral von neuem im Konflikt mit der katholischen Glaubens- und Sittenlehre. Es stellt darüber hinaus eine permanente Bedrohung der Sicherheit des öffentlichen und privaten Lebens sowie

jeder Form von Frieden und Ordnung in der Welt dar. Die Welt ist sich der Krise bereits bewußt geworden, in der sie sich befindet, die schon in der Vergangenheit nicht in erster Linie sozialer und ökonomischer Natur war und die sich unter dem Einfluß dieser zerstörerischen Lehre zu einer gewaltigen Krise der gesamten Moral entwickelt hat.

Die Religion unterliegt nicht der Rasse

120 Doch der Rassismus gibt sich nicht damit zufrieden, den Wert einer universellen sittlichen Ordnung als einer Wohltat zu leugnen, die das gesamte Menschengeschlecht vereint, er leugnet auch noch, daß die wesentlichen Werte auf dem Gebiet der Ökonomie, der Kunst, der Wissenschaft und vor allem der Religion von gleicher und allgemeiner Bedeutung wären. Er behauptet zum Beispiel, daß jede Rasse ihre eigene Wissenschaft haben müsse, die mit der Wissenschaft einer anderen Rasse nichts gemein habe, vor allem wenn es sich um eine niedere Rasse handle. Obwohl die Einheit der gesamten menschlichen Kultur für den katholischen Glauben und die Moral wichtig ist, wollen wir uns hier darauf beschränken, nur die Beziehungen zwischen Rasse und Religion ins Auge zu fassen. In bezug auf diese Verbindung haben wir erst kürzlich die Aufmerksamkeit auf jene falsche These des Rassismus gelenkt, die behauptet: »Die Religion untersteht dem Gesetze der Rasse und ist ihr anzupassen.« Berühmte Wissenschaftler haben in ihren Untersuchungen die verschiedenen Völker und auch die verschiedenen Entwicklungsstadien der einzelnen Völker miteinander verglichen. Sie haben erklärt, daß es keinen direkten Zusammenhang zwischen Rasse und Religion gibt: das Ergebnis ihrer Studien erlaubt uns vielmehr, auf die religiöse Einheit der Menschheit zu schließen.

121 Sobald es einer Philosophie gelingt, die wesentlichen Grundlagen der Religion zu erhellen, tritt jener absurde Widerspruch auf, der die Vorstellung impliziert, Religion könne jemals das Ergebnis rein menschlichen Strebens sein. Der Rassismus ist jedoch gezwungen, eine derartige Behauptung aufrechtzuerhalten. Im Gegensatz dazu gründet sich Religion auf die Beziehung des Menschen, der menschlichen Person, zu einem persönlichen, vom Menschen verschiedenen Wesen, von dem der Mensch vollkommen abhängig ist.

122 Vor allem lehrt uns unser katholischer Glaube als eine grundlegende Wahrheit, daß es für alle Menschen, für alle Rassen einen einzigen Gott gibt, den »Vater unseres Herrn Jesus Christus« (Eph. 1, 3). Die einzig wahre christliche Religion ist daher grundsätzlich allen Rassen angepaßt und aufgetragen. Wer auch immer dieser Wahrheit widerspricht, leugnet eine wesentliche, unantastbare Äußerung des Lebens der Kirche, die im übrigen im universellen Auftrag zum Ausdruck kommt, den ihr Gründer ihr anvertraut hat: »Mir ist alle Macht gegeben im Himmel und auf der Erde. Darum geht zu allen Völkern, und macht alle Menschen zu meinen Jüngern; tauft sie im Namen des Vaters und des Sohnes und des Heiligen Geistes, und lehrt sie, alles zu befolgen, was ich euch geboten habe« (*Euntes ergo, docete omnes gentes, baptizantes eos in nomine Patris, et Filii, et Spiritus Sancti, docentes eos servare omnia quaecumque mandavi vobis*) (Matth. 23, 19–20).

Die Haltung der Kirche, insofern sich in ihr das Leben Christi fortsetzt, der als Gottmensch wahrer Gott und wahrer Mensch zugleich ist, paßt sich allen authentisch menschlichen Bedingungen, allen legitimen historischen Entwicklungen der Völker und Gruppen genau und notwendigerweise an. Auf ein Volk oder eine Gruppe wird nie Zwang ausgeübt werden, um ihm oder ihr etwas aufzudrängen, was zu seiner oder ihrer wahren Natur im Gegensatz stünde. Niemand aber kann die christliche Religion anders empfangen denn als frei gewährten Gunstbeweis, als ein Geschenk, als göttliche Verpflichtung. Infolgedessen kann er sie in keiner Weise verändern, ansonsten bliebe sie nicht die christliche Religion. Und sicher würde der Verlust des objektiven und verpflichtenden Charakters der Religion den völligen Verlust ihres universellen Charakters nach sich ziehen.

Der Rassismus zerstört die Struktur der Gesellschaft

123 Schon die einfache Respektierung der Realität, so wie sie sich in ihrem Gehalt im Lichte der göttlichen Offenbarung, der vielfältigen Wissenschaften und der Erfahrung darstellt, erlaubt dem Katholiken nicht, dem Rassismus gegenüber still zu bleiben. Denn der Respekt davor, was ist, muß stets das wesentliche Merkmal des Katholiken sein. Wir müssen also wiederholen, daß der Rassismus die Prüfung anhand des dritten, bereits aufgestellten, Negativkriteriums nicht besteht. Jede Gruppe, die für sich eine ex-

tensive Totalität beansprucht, das heißt, die den Gehalt aller anderen Ziele, aller anderen Werte von ihrem eigenen Standpunkt und nach dem Maßstab jener Werte beurteilt, die sie selbst für grundlegend hält, zerstört nach diesem Kriterium die Grundstruktur, auf die sich die Menschheit stützt, um wirkliche Einheit in authentischer Vielheit zu verwirklichen. Gerade dadurch verrät sie ihre innere Falschheit und ihre Armut. Nun tut aber der Rassismus genau dies, sei es in der Theorie oder in der Praxis. Er stellt die Tatsache der rassischen Gemeinschaft dermaßen in den Mittelpunkt seines Systems, er mißt ihm eine derart exklusive Bedeutung, eine derartige Wirksamkeit zu, daß im Vergleich dazu alle anderen sozialen Bande, alle anderen Gemeinschaften keine relativ unabhängige eigenständige Individualität mehr besitzen und auch keinerlei rechtliche Grundlage für diese Individualität. Durch die übermäßige Extension der Werte der Rasse wird das gesamte Leben der Gesellschaft auf einen Komplex reduziert, dessen Einheit völlig mechanisch ist. Ihr ist genau die Form genommen, die ihr der Geist gab: wahre Einheit in wirklicher Vielheit.

124 Der exklusive, in den Mittelpunkt gerückte, im Übermaß vereinfachte Wert der Rasse entwertet und vermengt alle anderen Begriffe. Durch seine totalitäre Ausweitung bringt er einen Gesellschaftstyp hervor, der dem des Internationalismus gleicht, den der Rassismus zurückzuweisen verspricht und den Wir bekämpfen. Die Vorstellungen von der Welt sind zu vereinfachend, Einseitigkeit des Primitiven.
Die Jugend, die diesen Vorstellungen über die Welt ausgesetzt ist, wird fanatisch reagieren, wenn sie sie annimmt, und nihilistisch, wenn sie sie ablehnt. Beide Haltungen sind möglich, wenn Geist und Herz unfähig geworden sind, den vielfältigen Reichtum des Wahren und Guten zu schätzen, einen Reichtum, der in seiner Fülle und seiner Einheit allein das Erbe authentischen geistigen Lebens ist.

Verderbliche Einflüsse auf die Jugend und die Erziehung
125 Arme Jugend, arme Eltern, arme Lehrer, denen das Grundgesetz der rassistischen Erziehung keine anderen Perspektiven eröffnet als die des Fanatismus und des Nihilismus! Führen wir der ganzen Welt dieses schändliche Erziehungsprinzip vor Augen, dessen

Falschheit Wir erst kürzlich verurteilten: »Hauptzweck der Erziehung ist die Entwicklung der Rassenanlage und Weckung der Liebe zur eigenen Rasse, weil sie den höchsten Wert darstellt.« Für die Jugend, die durch eine solche Lehre von geistigem Verfall und Zerrüttung bedroht ist, können Wir nicht genug voller Inbrunst zu unserem göttlichen Meister beten, zu ihm, der in seiner eigenen Person ein vollkommenes Beispiel gegeben hat, indem er die Natur und das Übernatürliche in ihrer Ganzheit in unvergleichlichem Umfang und unvergleichlicher Größe vereint. Wir beten zu dem, der sagte: »Ich bin gekommen, damit sie das Leben haben und es in Fülle haben« (Joh. 10, 10).

Näheres zur Vielfalt der Rassen

126 Wenn sich die Welt doch nur von diesem irrigen und unheilvollen Rassismus befreien könnte, der rigide zwischen höheren, niederen, autochthonen Rassen trennt, der unveränderliche Unterschiede des Blutes unterstellt! Sicherlich existieren heute mehr oder weniger vollkommene oder mehr oder weniger entwickelte Rassen, wenn man sie nach den äußerlichen Manifestationen ihres kulturellen Lebens beurteilt. Doch die Unterschiede haben ihre Ursache in den Bedingungen der Umwelt. Das heißt, allein der Einfluß der Umwelt konnte – die Ergebnisse des Wirkens des souveränen freien Willens einmal beiseite gelassen – die Entwicklung der grundlegenden Tendenzen der Rasse in die eine oder in die andere Richtung auslösen, und er allein kann diese Entwicklung fortsetzen. Selbst wenn wir zugeben, daß diese anfänglichen Tendenzen oder diejenigen, die aufgrund der Rasse nachträglich entstehen, eine gewisse Richtung vorgeben und der Entwicklung sowie den auf die Umwelt zurückzuführenden Einflüssen sogar Grenzen setzen, so bilden sie dennoch keine Grundlage, aus der wesentliche Unterschiede zwischen den einzelnen Rassen hervorgehen würden, was ihre Disposition für ein religiöses, sittliches und kulturelles Leben angeht. Diese Wahrheit resultiert aus den Lehren, die uns die Offenbarung sowie die Philosophie und andere Wissenschaften erteilen.

Einfluß der Umwelt

127 Denn diese Lehren zeigen eher die ursprüngliche und wesentliche
Einheit der menschlichen Rasse auf und damit verbunden die Tatsache, daß die grundlegenden Tendenzen nicht auf ursprüngliche
Unterschiede des Blutes, sondern auf den Einfluß der Umwelt
einschließlich des geistigen Klimas zurückzuführen sind. Solchem
Einfluß waren bestimmte bedeutende, für sich isolierte Menschengruppen für eine lange Zeitdauer unterworfen. Darin verhalten
sich die unterschiedlichen rassischen Tendenzen in ihrer positiven
Entwicklung quer durch die verschiedenen Rassen genauso wie
die anderen Elemente, aus denen menschliche Gemeinschaften bestehen. Sie verleihen dem Ganzen eine starke Prägung individueller
Vitalität und bereichern das Leben der Menschheit in ihrer Gesamtheit. Einzig die günstige oder ungünstige Einstellung der
gestrigen oder heutigen Umwelt – die Wirkungskraft der menschlichen Freiheit immer noch ausgenommen – übt auf diese fruchtbare und positive Entwicklung der Verschiedenheit der Rassen in
der Gegenwart einen Einfluß aus.

Praktische Folgen für die Kolonisierung

128 Logischerweise impliziert also die Existenz mehr oder weniger
entwickelter Rassen keine Rassenfrage, weder vom biologischen
Standpunkt aus noch vom theologischen, wo sie eine göttliche
Erwählung oder Ungnade bezeichnen würde. In der Praxis läuft
die Sache in erster Linie auf einen Einfluß der Umwelt hinaus.
Wenn die kolonisierenden Nationen, getrieben von politischen
Ambitionen, von der Gier nach materiellem Gewinn, ihre Pflicht
vernachlässigen, mit Hilfe geeigneter politischer, sozialer und
wirtschaftlicher Maßnahmen das kulturelle Niveau bestimmter
Menschengruppen anzuheben, und es dabei versäumen, das beständige Beispiel der Kirche in ihrem Missionswerk nachzuahmen, wenn sie in gewissen Fällen die kolonisierten Völker sogar
auf ihrem niedrigen Niveau halten, dann verletzen sie zum schon
wiederholt ausgedrückten Leidwesen der Kirche die elementaren
Grundsätze der christlichen Moral und des Naturgesetzes. Diese
Prinzipien hinsichtlich der die Kolonisierung und die Eingebore-
nen betreffenden Rechte wurden im übrigen kurz nach der Entdeckung der Neuen Welt in der Kirche formuliert. Trotz der damals aus Habgier und aufgrund politischer Ambitionen allzu
häufig begangenen und nur zu bedauerlichen Verstöße gegen

diese Prinzipien beeindrucken sie noch immer. In einem Maße, daß sie, wie wir heute beobachten können, bei den stolzen, mächtigen und zukunftsträchtigen Völkern Südamerikas heimisch geworden sind. Der lebende Beweis, sagen wir es ruhig, für die Erfüllung der göttlichen Pläne in der Vielfalt und Mischung der Rassen. Wie hätte dagegen das Ergebnis ausgesehen, wenn der Rassismus bei der Kolonisierung dieser Regionen seinen zerstörerischen Einfluß hätte uneingeschränkt ausüben können? Höchstwahrscheinlich etwas Ähnliches, was wohl mit den europäischen Völker geschehen wäre, wenn ihre unterschiedlichen Elemente – selbst eine Mischung verschiedener Rassen – durch den Rassismus, wie man sagt, »gesäubert« worden wären.

129 Der Rassismus hat seinen schädlichen Einfluß lange Zeit auch in bestimmten Gebieten des amerikanischen Kontinents ausgeübt, von seinen jüngsten Bestrebungen ganz zu schweigen. Dort blieb der Gedanke einer starren Unterscheidung zwischen niederen und höheren Rassen weniger aufgrund der Umweltbedingungen lebendig als durch die künstliche Aufrechterhaltung bestimmter Vorurteile. Und seine praktische Umsetzung findet er in der Entfesselung der schändlichsten menschlichen Instinkte in der sogenannten Lynchjustiz. Er zeigt sich auch noch bei denen, die die Reben jenes Weinstocks, der Christus ist, sind und sein wollen, die die Glieder seines mystischen Leibs sind und sein wollen und dennoch im Prinzip und in der Praxis nicht zugeben, daß das Haus Gottes, das allen Rassen offensteht, der sichtbare Ausdruck ihrer Brüderlichkeit in Christus ist.

Ratschläge für die Beziehungen zwischen den Rassen
130 Deshalb sollten die Menschen guten Willens alle ihre Kräfte darauf verwenden, im öffentlichen Zusammenleben der Rassen alle Unterscheidungen verschwinden zu lassen, die nur als entehrend und ausschließend erscheinen können, damit die Beziehungen zwischen den gesellschaftlichen Gruppen ausschließlich von Gerechtigkeit und Nächstenliebe unter den Rassen bestimmt seien. Wahrscheinlich wird niemand diese wohlüberlegte Bemerkung auf jene sozialen Unterschiede und Abgrenzungen anwenden, die aus einem brüderlichen Gefühl heraus und aus Vorsicht unter den gegenwärtigen Umständen zum Vorteil der verschiedenen Rassen angeraten bleiben. Es gibt nichtkodifizierte Ehehinder-

nisse, die von Unterschieden im Alter, in der Erziehung, der gesellschaftlichen Stellung oder sogar von physischen Bedingungen herrühren. Die Vorsicht der Eltern, die Weisheit der unmittelbar Betroffenen, die erfahrene Führung eines Geistlichen haben sie gewöhnlich immer berücksichtigt. Es bestehen aktuelle Gegebenheiten dieser Art, ohne daß sie bei Verbindungen zwischen den Rassen ein unwandelbares und rigides Gesetz darstellen. Diese wiederum tun gut daran, sie in ihrem eigenen Interesse zu berücksichtigen, gemäß dem Wort des heiligen Augustinus: »[du zeigest], wie wir nicht allen alles schuldig sind, allen aber Liebe schuldig sind, und nicht einem Unrecht zu tun!«[15] Insgesamt gesehen sind diese ungeschriebenen Ehehindernisse zwischen den Rassen den kodifizierten vorzuziehen, vor allem wenn ein solcher Kodex in die Persönlichkeitsrechte der Individuen oder in die Natur der Ehe selbst eingreift, einer von Christus eingesetzten Institution, deren alleinige Hüterin die Kirche ist. Das ist Gerechtigkeit. Denn welch eine Beleidigung wird einer Rasse zugefügt, wie sehr wird die Menschenwürde verletzt, wenn die Heirat zweier Angehöriger verschiedener Rassen systematisch verboten wird, während im Gegensatz dazu an den illegitimen sexuellen Beziehungen zwischen Angehörigen innerhalb der betreffenden Gruppen niemand Anstoß nimmt.

5. Die Juden und der Antisemitismus (Religiöse Sonderstellung)

131 Diejenigen, die die Rasse zu Unrecht auf dieses Podest erhoben, haben der Menschheit einen schlechten Dienst erwiesen. Denn sie haben nichts getan, um der Einheit näher zu kommen, nach der die Menschheit strebt. Man fragt sich natürlich, ob dieses Ziel von vielen Befürwortern einer sogenannten Reinheit der Rasse redlich verfolgt wird oder ob ihre Absicht nicht eher dahin geht, eine raffinierte Parole auszugeben, um die Massen für ganz andere Ziele zu gewinnen. Der Verdacht erhärtet sich, wenn man beobachtet, in welchem Maße Untergruppen derselben Rasse zur selben Zeit von denselben Menschen völlig unterschiedlich beurteilt und behandelt werden. Er wird noch stärker, wenn klar wird, daß der Kampf für die Reinheit der Rasse schließlich einzig zu einem Kampf gegen die Juden wird, einem Kampf, der sich weder in sei-

nen wahren Motiven noch in seinen Methoden – mit Ausnahme seiner systematischen Grausamkeit – von den Verfolgungen unterscheidet, denen die Juden seit der Antike allerorten ausgesetzt waren. Diese Verfolgungen sind vom Heiligen Stuhl bei mehr als einer Gelegenheit verurteilt worden, vor allem wenn sie sich des Christentums als eines Deckmantels bedienten.

Die gegenwärtige Verfolgung der Juden

132 Ist die Verfolgung einmal in Gang gekommen, dann werden Millionen von Menschen auf dem Boden ihres eigenen Vaterlandes der elementarsten Bürgerrechte und -privilegien beraubt, man verweigert ihnen den Schutz des Gesetzes gegen Gewalt und Diebstahl, Beleidigung und Schmach harren ihrer, man geht sogar so weit, das Brandmal des Verbrechens Personen aufzudrücken, die das Gesetz ihres Landes bis dahin peinlich genau befolgt haben. Sogar jene, die tapfer für das Vaterland gekämpft haben, werden wie Verräter behandelt; die Kinder derer, die auf dem Schlachtfeld gefallen sind, werden aufgrund der alleinigen Tatsache, wer ihre Eltern sind, für außerhalb des Gesetzes stehend erklärt. Die patriotischen Werte, an die man zugunsten einer bestimmten Klasse von Bürgern so lauthals appelliert, werden der Lächerlichkeit preisgegeben, sobald man sich zugunsten jener Unglücklichen auf sie beruft, die ihre Rasse aus der Gemeinschaft ausschließt.

Diese eklatante Verweigerung elementarer Rechte gegenüber den Juden treibt Millionen völlig mittellos über diese Erde, den Unwägbarkeiten des Exils ausgesetzt. Von Land zu Land irrend, sind sie sich selbst und der Menschheit insgesamt eine Last.

Eine Frage nicht der Rasse, sondern der Religion

133 Und dennoch hat diese ungerechte, erbarmungslose Kampagne gegen die Juden unter dem Deckmäntelchen des Christentums, wenn man so sagen darf, zumindest den einen Vorteil gegenüber dem Rassenkampf, daß sie die wahre Natur, die eigentliche Grundlage der gesellschaftlichen Sonderstellung der Juden gegenüber der übrigen Menschheit in Erinnerung ruft. Diese Grundlage besitzt unmittelbar religiösen Charakter, die sogenannte Judenfrage ist ihrem Wesen nach weder eine Frage der Rasse noch der Nation, noch des Volkstums oder des Staatsbürgerrechts. Es handelt sich um eine Frage der Religion und seit der Menschwerdung Christi um eine Frage des Christentums.

Um den grundsätzlichen Irrtum dieser antisemitischen Politik, ihre Schädlichkeit und überdies ihre Wirkungslosigkeit gerade in bezug auf die Ergebnisse, die man erreichen möchte, klar zu begreifen, muß man sich auf die traditionelle Lehre der Kirche zu dieser Frage beziehen, auf ihre Haltung in der Praxis und auch auf die Lehren der Geschichte.

Position der Kirche gegenüber dem Judentum

Lehre der Offenbarung

134 Vom historischen Standpunkt aus stellt man fest, daß im Laufe der Entwicklung der Menschheit einem einzigen Volk eine *Berufung* im eigentlichen Sinne des Wortes zuteil wurde. Dies ist das jüdische Volk, vom Allmächtigen erwählt, um der Fleischwerdung seines einzigen Sohnes in dieser Welt den Weg zu bereiten: »... Sie sind Israeliten; damit haben sie die Sohnschaft, die Herrlichkeit, die Bundesordnungen, ihnen ist das Gesetz gegeben, der Gottesdienst und die Verheißungen, sie haben die Väter, und dem Fleisch nach entstammt ihnen der Christus ...« (Röm. 9, 4 und 5).

135 Die Berufung des Volkes Israel nahm im erhabensten Augenblick seiner Entwicklung in einem unerhörten und beispiellosen Ereignis Gestalt an, einem Ereignis, das den Lauf der Geschichte erschüttert und tiefgreifend verändert hat. In einem bestimmten Augenblick in der Zeit wurde an einem bestimmten Ort im Raum, in einem der Stämme Israels einem jüdischen Mädchen durch das Wirken des Heiligen Geistes derjenige geboren, den die Propheten Israels seit so vielen Jahrhunderten angekündigt und erwartet hatten: Jesus Christus. Seine Mission und seine Lehre sollten die Mission und die Lehre Israels vollenden. Seine Geburt, sein Leben, sein Leiden, sein Tod, seine Auferstehung waren die Erfüllung der Gestalten und Prophezeiungen, die ihn ankündigten. So außerordentlich dieses Ereignis war, es ist mit einer nicht weniger außerordentlichen Tatsache verbunden, die in der Geschichte ebenfalls ohne Beispiel ist. Der Erlöser, den Gott seinem erwählten Volk in Antwort auf jahrtausendlange Bitten und Gebete sandte, wurde von diesem Volk zurückgewiesen, gewaltsam verstoßen und von den höchsten Gerichten des Volkes im Einver-

ständnis mit der heidnischen Macht, die das jüdische Volk damals beherrschte, wie ein Verbrecher getötet.

Durch das Leiden und den Tod des Heilands wurde die ganze Menschheit erlöst; die Sünden der Welt wurden hinweggenommen; die Pforten des Himmels geöffnet. Dem Menschen wurden durch den zweiten Adam die Privilegien zurückgegeben, von denen ihn die Sünde seiner ersten Ahnen ausgeschlossen hatte, und das Königreich Christi im Geiste wurde für alle Ewigkeit begründet. Die Erlösung öffnete der ganzen Menschheit die Pforten des ewigen Heils; sie schuf ein universelles Reich, in dem es keine Unterscheidung zwischen Juden und Heiden, zwischen Griechen und Barbaren gibt. Sogar die Tat, mit der das jüdische Volk seinen Erlöser und König tötete, diente, um mit den energischen Worten des heiligen Paulus zu sprechen, dem Heil der Welt.

136 Andererseits haben die Juden, durch den Traum von weltlichem Gewinn und materiellem Erfolg verblendet, das verloren, wonach sie selbst gesucht hatten. Einige herausragende Seelen stellen eine Ausnahme von dieser Regel dar: die Jünger des Heilands, die ersten israelitischen Christen und durch die Jahrhunderte hindurch eine winzige Minderheit des jüdischen Volkes. Dadurch, daß sie die Lehre Christi angenommen haben und sich in seine Kirche eingliedern ließen, gelangten diese Seelen in den Besitz des christlichen Erbes, doch das sind damals wie heute Ausnahmen. »Was Israel erstrebt, hat nicht das ganze Volk, sondern nur der erwählte Rest erlangt; die übrigen wurden verstockt« (Röm. 9, 7). »Vielmehr kam durch ihr Versagen«, das heißt durch die Zurückweisung des Messisas durch die Juden, die der Grund für ihren weltlichen und geistlichen Ruin ist, »das Heil zu den Heiden«, wie der heilige Paulus sagt (Röm. 9, 11).

Darüber hinaus wurde dieses unglückliche Volk, das sich selbst ins Unglück stürzte, dessen verstockte Führer den göttlichen Fluch auf ihre eigenen Häupter herabbeschworen, das, wie es scheint, dazu verurteilt ist, ewig über die Erde zu irren, durch eine geheimnisvolle Vorsehung vor dem völligen Untergang bewahrt und erhielt sich durch die Jahrhunderte bis in unsere Tage hinein. Keine natürliche Erklärung scheint diese unbegrenzt fortdauernde Existenz und diesen unzerstörbaren Zusammenhalt des jüdischen Volkes auf eine befriedigende Weise zu erklären.

137 Der heilige Paulus weist gegenüber den Heiden auf den offensichtlichen Widerspruch zwischen dem Unglauben des jüdischen
Volkes einerseits und der ihm von der Vorsehung bestimmten
Rolle im Heilsplan der Menschheit andererseits mit Nachdruck
hin. Er geht aber weiter und deutet an, daß man wegen des Heils
Israels nicht zu verzweifeln brauche, daß die Erlösung, die sich
durch die Zurückweisung und den Tod des Erlösers vollzog, die
Früchte ihres Heils nicht nur auf die Heiden, sondern auch auf jenes Volk selbst erstrecke, das ihn zurückwies, unter der einzigen
Bedingung, daß es Reue zeige und Christus als seinen Erlöser an-
erkenne. »... So sind sie infolge des Erbarmens, das ihr gefunden
habt, ungehorsam geworden, damit jetzt auch sie Erbarmen finden« (Röm. 11, 31).

138 Obwohl die Heidenwelt in dem Maße, in dem sie sich zur Lehre
Christi bekehrt hat, an der Erfüllung der dem jüdischen Volk gemachten Verheißungen teilhat, hat sie dennoch keinen Grund,
sich dessen zu rühmen. Der heilige Paulus bringt seine Gedanken
in einer eindringlichen Metapher zum Ausdruck: das Volk Israel
ist ein edler Ölbaum, in den man die Zweige eines wilden Ölbaums eingepfropft hat (Röm. 11, 16–24). Die Wurzeln des Baumes – die Patriarchen des Alten Bundes – sind heilig, und die
Zweige sind es, zumindest ihrer ursprünglichen Bestimmung
nach, ebenfalls. Doch unter den Zweigen gibt es welche – die un-
gläubigen Juden –, die vom Baum herausgebrochen wurden und
zu Boden fielen. Die Zweige des wilden Ölbaums dagegen – die
Heiden – wurden in den edlen Ölbaum eingepfropft. Dennoch
sollten die Heidenchristen auch nach ihrer Bekehrung zum wahren Glauben und ihrer Aufnahme in die Kirche Christi drei Dinge
in Erinnerung behalten.
Die Wurzeln und der Saft des alten Baumes sind es, dank deren
sie das übernatürliche Leben genießen.
Die aus den Heidenvölkern hervorgegangenen Christen werden,
weit davon entfernt, die Wurzeln des Baumes zu tragen, von diesen getragen: das heißt, nicht Israel empfängt das Heil von den
Heiden, sondern vielmehr umgekehrt. Die Heidenchristen selbst
werden, wenn sie den Glauben an Christus verlieren und sich
hochmütiger Verstockung hingeben, zweifellos das unglückliche
Los der herausgebrochenen Zweige teilen. »Gewiß, sie wurden

herausgebrochen, weil sie nicht glaubten. Du aber stehst an ihrer Stelle, weil du glaubst. Sei daher nicht überheblich, sondern fürchte dich!«

139 Der heilige Paulus begnügt sich jedoch nur damit, die Heidenchristen vor übertriebener Zuversicht zu warnen. Er hält an der Möglichkeit des Heils für die Juden fest, vorausgesetzt, daß sie sich von ihrer Sünde abwenden und zu den geistigen Traditionen Israels zurückkehren, Traditionen, die aufgrund der Vergangenheit des jüdischen Volkes und seiner historischen Bestimmung wirklich die ihren sind, denn die Heiden werden nur infolge einer besonderen Gnade zu ihren Nutznießern. Wenn der Augenblick dieser Rückkehr gekommen ist – ob es sich nun um Individuen handelt (so war es in der Vergangenheit, und so ist es noch heute) oder um das jüdische Volk in seiner Gesamtheit –, dann sind diejenigen, die zu Christus zurückkehren, mehr als alle übrigen Völker der Welt voll und ganz zu Hause, wie im Hause der Familie.
Es gab zur Zeit des heiligen Paulus und in der Folge stets einen *Rest* von Erretteten. *Reliquiae salvae factae sunt* (Röm. 11, 5). So wendet sich der Apostel der Zukunft zu und deutet mit prophetischer Stimme die Bekehrung der Heiden als Vorzeichen, das die Rückkehr und die Bekehrung Israels, *ganz Israels, omnis Israel*, nicht nur der einzelnen, sondern des jüdischen Volkes in seiner Gesamtheit, ankündigt.

140 Israel hat den Zorn Gottes auf sich gezogen, weil es das Evangelium zurückgewiesen hat. Und dennoch hat es gerade dadurch die Evangelisierung der Welt vorangetrieben und in der Folge die Bekehrung der Heiden. Israel bleibt das ehemals erwählte Volk, denn Gott hat seine Wahl niemals widerrufen. Durch das unaussprechliche Erbarmen Gottes kann auch Israel von einer Erlösung profitieren, die es sozusagen dadurch, daß es ihre Annahme zurückwies, auf das ungläubige Heidentum ausgedehnt hat. »Denn Gott hat alle in den Ungehorsam eingeschlossen, um sich aller zu erbarmen.« (*Conclusit enim Deus omnia in incredulitate, ut omnium misereatur.*) »O Tiefe des Reichtums, der Weisheit und der Erkenntnis Gottes!« (*O altitudo divitiarum sapientiae et scientiae Dei!*)

Historische Folgen des Falls Israels

141 Wenn man aber von diesem unsichtbaren Plan des Übernatürlichen zu den Realitäten der Geschichte übergeht, konkretisiert sich dieses tiefe Paradox in klar umrissenen Situationen. Nach der Verstoßung des Messias durch sein eigenes Volk und der Annahme der christlichen Botschaft durch die Heidenwelt, die an den göttlichen Verheißungen keinen Anteil hatte, bemerken wir beim jüdischen Volk eine beständige Feindschaft gegenüber dem Christentum. Daraus ergibt sich eine fortwährende Spannung zwischen Juden und Christen, die eigentlich niemals wirklich nachließ, obschon ihre gelegentlichen Äußerungen recht harmlos wurden.

Vorbehalte der Kirche

142 Die hohe Würde, die die Kirche der historischen Mission des jüdischen Volkes zuerkennt, ihr brennender Wunsch nach seiner Bekehrung haben sie jedoch nicht für die spirituellen Gefahren blind gemacht, denen der Kontakt mit den Juden die Seelen aussetzen kann. Sie vergißt nicht, daß sie über die sittliche Sicherheit ihrer Kinder zu wachen hat. Und diese Aufgabe ist heute sicher nicht weniger dringlich als in der Vergangenheit. Solange der Unglaube des jüdischen Volkes andauert und seine Feindschaft gegenüber dem Christentum fortbesteht, muß die Kirche in ihren Bemühungen die Gefahren unterbinden, die dieser Unglauben und diese Feindschaft für den Glauben und die Moral ihrer Gläubigen darstellen könnten. Wenn die Kirche darüber hinaus entdeckt, daß der Haß gegen die christliche Religion – sei er nun jüdischen Ursprungs oder nicht – vom rechten Wege abgekommene Unglückliche dazu bringt, revolutionäre Bewegungen zu unterstützen und zu propagieren, die auf nichts anderes abzielen, als die gesellschaftliche Ordnung umzustürzen und den Seelen die Kenntnis, den Respekt und die Liebe Gottes zu entreißen, so ist es ihre Pflicht, ihre Kinder vor diesen Bewegungen zu warnen, die Tücken und Lügen ihrer Anführer zu entlarven und die von ihr als notwendig erachteten Maßnahmen zu ergreifen, um die Ihrigen zu schützen.

Die Geschichte zeigt uns, daß die Kirche diese Aufgabe, ihre Gläubigen vor den jüdischen Lehren zu warnen, wenn die darin enthaltenen Punkte den Glauben bedrohen, niemals vernachlässigt hat. Sie hat niemals die unglaubliche Heftigkeit der Vorwürfe unterschätzt, die der heilige Stephanus, der erste Märtyrer, den eigensinnigen Juden machte, die sich wissentlich dem Anruf der Gnade verweigerten: »Ihr Halsstarrigen ...« (Apg. 7, 51). Sie hat gleichfalls vor allzu leichtfertigen Beziehungen mit der jüdischen Gemeinschaft gewarnt, die in das christliche Leben Gebräuche und Sichtweisen einführen könnten, die mit seinem Ideal unvereinbar sind. Die kompromißlose Entschlossenheit und die stille Reserviertheit, die diese Warnungen und Maßnahmen zur Selbstverteidigung abwechselnd geprägt haben, entsprechen nicht etwa Veränderungen in der Lehre – die Lehre hat sich nie verändert –, sondern veränderten Umständen oder neuen Einstellungen bei den Juden selbst. Übrigens darf die Politik der Kirche auf diesem Gebiet nicht mit der Einstellung der einzelnen Individuen verwechselt werden. Diese Politik bestimmen der katholische Episkopat in seiner Gesamtheit, die Konzilien, vor allem wenn sie ökumenisch sind, und schließlich die Päpste.

143 Doch obwohl die Lehre der Kirche hinsichtlich der Beziehungen zwischen der jüdischen und der christlichen Gemeinschaft und ihre praktische Haltung gegenüber den aufgezeigten Problemen einerseits die Notwendigkeit deutlich machen, energische Maßnahmen zur Bewahrung des Glaubens und der Sitten ihrer Gläubigen zu ergreifen und die Gesellschaft selbst vor den schädlichen Einflüssen des Irrtums zu schützen, beweist die traditionelle Lehre der Kirche auf der anderen Seite nicht weniger klar das Unvermögen und die Wirkungslosigkeit des Antisemitismus als eines Mittels zur Erreichung dieses Ziels. Es hat sich herausgestellt, daß der Antisemitismus der Aufgabe, die er sich gestellt hat, keineswegs gewachsen ist und seinen eigenen Absichten entgegenwirkt, da er nur weitere und noch gefährlichere Hindernisse produziert.

Verurteilung des Antisemitismus

144 Daß die Verfolgungsmethoden des Antisemitismus mit dem wahren Geist der katholischen Kirche in keinster Weise in Einklang zu bringen sind, beweist endgültig ein Dekret des Heiligen Offiziums vom 25. März 1928: »Denn die katholische Kirche hat für das jüdische Volk, das der Verwahrer der göttlichen Verheißung bis Jesus Christus gewesen ist, trotz der späteren Verblendung, ja gerade wegen dieser Verblendung, stets gebetet. In dieser Liebe

hat der Apostolische Stuhl dieses Volk gegen ungerechte Verfolgung beschützt, und wie er allen Haß und alle Feindschaft unter den Völkern verwirft, so verurteilt er ganz besonders den Haß gegen das einst auserwählte Volk Gottes, nämlich jenen Haß, den man ›Antisemitismus‹ nennt« (»Acta Ap. Sedis«, XX, 1928). *Ecclesia enim catholica pro populo judaico, qui divinarum usque ad Iesum Christum promissionum depositarius fuit, non obstante subsequente eius obcaecatione, immo ipsius obcaecationis causa, semper orare consuevit. Qua caritate permota Apostolica Sedes eumdem populum contra injustas vexationes protexit, et quemadmodum omnes invidias ac simultates inter populos reprobat, ita vel maxime damnat odium nempe illud quod vulgo* antisemitismi *nomine nunc significari solet.*

Verfolgungen verstärken nur die Übel

145 Die Geschichte hat zum wiederholten Male gezeigt, daß Verfolgungen, weit davon entfernt, die unsozialen oder schädlichen Eigenschaften einer unterdrückten Gruppe auszuschalten oder zu vermindern, nur die Tendenzen verschärfen, die diese aufkommen ließen. Was zunächst nur wechselhafte Einstellungen und vage Tendenzen einzelner oder unbedeutender Gruppen waren, verfestigt sich unter der Wirkung der Verfolgung zu einem Ganzen mit markanten, klar definierten und verallgemeinerten Zügen. Der Widerstand wird sie nur noch weiter verstärken. Die Opfer der Verfolgung glauben in der Verfolgung und in der Unterdrückung selbst die Rechtfertigung für Verhaltensweisen zu finden, die man bei ihnen eigentlich unterdrücken will.

Auswirkungen der Verfolgung

146 Die schlimmen Gefahren, die seit der Zeit, da jene Worte ausgesprochen wurden, die Gesellschaft bedrohen und die das Ergebnis der Weigerung seitens der Führer dieser Welt sind, den Aufrufen des Stellvertreters Christi zu Frieden und Nächstenliebe Gehör zu schenken, diese Gefahren zeigen, mit welcher Leichtigkeit sich zerstörerische Ideologien in der Seele der bis zur Raserei von der Verfolgung besessenen Völker festsetzen können.
Die Opfer der Ungerechtigkeit werden oftmals ihrerseits zu Verfolgern. Die Erbitterung, die der Anblick ihrer unglücklichen Lage bei ihnen auslöst, läßt sie auf mögliche Vergeltung gegen

jedweden sinnen, der ihnen in einer glücklicheren Lage befindlich erscheint. So schenken die Verfolgten einer sozialen Klasse oder eines Volkes den Reden derer bereitwillig Gehör, die in den Herzen den Haß zwischen den Klassen oder zwischen Völkern entzünden wollen, um von diesem Ressentiment zu profitieren. Das so natürliche Ressentiment gegenüber jeder Form der Verfolgung, sei sie politischer, sozialer oder ökonomischer Natur, kann sich durch die modernen Methoden der Verbreitung von Ideen und der Manipulation der öffentlichen Meinung leicht fortentwickeln: es wird zu einem fruchtbaren Acker, bereit zur Aufnahme der zerstörerischsten Ideen. Die Wortführer dieser Gewalttheorien bilden jedoch in ihrem Haß eine gemeinsame Front gegen den christlichen Glauben.

Es ist offensichtlich, daß man den Haß mit Methoden des Hasses nicht wirkungsvoll bekämpfen wird: das hieße Öl ins Feuer gießen. Durch die Verbreitung von Irrtümern und Schmähungen wird dies nicht besser gelingen. Als Christus, unser Herr, durch die treulosen Pharisäer den Martern und dem Tod ausgeliefert wurde, forderte er seine Jünger dennoch nicht auf, mit den gleichen Waffen wie seine Verfolger, Schmähung, Haß und Hochmut, gegen das unglückliche, von den nämlichen Pharisäern getäuschte Volk vorzugehen.

Angriffe auf die Religion
147 Der Glaubenseifer gegen die Sünde verwandelte sich bald in eine Leidenschaft gegen den Sünder; doch dieser neue Eifer zeigt bald sein wahres Gesicht: unter dem Vorwand, die Gesellschaft vor einer bestimmten gesellschaftlichen Gruppe zu schützen, [ist er] ein Angriff auf die Grundlagen der Gesellschaft selbst, ein Aufruf zu niemals erlöschendem Haß, eine Aufforderung zu allen Formen der Gewalt, der Habsucht und der Unordnung, eine gegen die Religion gerichtete Kriegsmaschinerie.

Auf diese Weise liefert der Antisemitismus einen Vorwand, die heilige Person des Erlösers anzugreifen, weil dieser sich dafür entschieden hatte, der Sohn einer jüdischen Frau zu sein; er bricht einen Krieg gegen das Christentum, seine Lehre, seine Gebräuche und seine Institutionen vom Zaun; er bemüht sich, der Kirche Schwierigkeiten aller Art zu bereiten, indem er sie vor zwei Alternativen stellt: entweder den Katholizismus mit dem Antisemitismus in seiner radikalen Verachtung alles Jüdischen zu verbinden, woraus sich ergäbe, daß sich der Katholizismus an den gegen die Juden gerichteten Kampagnen des Hasses und der Erniedrigung beteiligen müßte, oder aber auf der anderen Seite die Kirche zu kompromittieren, indem er sie in die politischen Ränke und Kämpfe hineinzieht und indem er ihre – völlig legitime – Verteidigung der christlichen Prinzipien der Gerechtigkeit und der Menschlichkeit im Sinne rein menschengemachter Politik interpretiert. So verhalten sich jene seltsamen Kinder, von denen der Heiland spricht; diese Säer der Zwietracht haben stets etwas gegen die Braut Christi: »Mit wem soll ich also die Menschen dieser Generation vergleichen? Wem sind sie ähnlich? Sie sind wie Kinder, die auf dem Marktplatz sitzen und einander zurufen: Wir haben für euch auf der Flöte (Hochzeitslieder) gespielt, und ihr habt nicht getanzt; wir haben Klagelieder gesungen, und ihr habt nicht geweint« (Lk. 7, 32–33).

Antwort der Kirche auf den Antisemitismus

148 Die Antwort der Kirche auf den Antisemitismus ist klar und eindeutig. Ihre Antwort ist von keinem profanpolitischen Geist diktiert, sondern von der Treue zum kostbaren Vermächtnis der Wahrheit, das ihr göttlicher Gründer ihr anvertraut hat und das sie mit Hilfe des persönlichen Beistandes des Heiligen Geistes bis auf den heutigen Tag in seiner ursprünglichen Reinheit bewahren konnte. Die Wahrheit, die dem Menschen enthüllt, was seine Vernunft übersteigt, und die andererseits jene anderen natürlichen Wahrheiten bestätigt und ergänzt, die der freien und objektiven menschlichen Erkenntnis nicht unzugänglich sind. Die Kirche sucht keine politischen Siege oder Triumphe: nicht die Allianzen der Staaten oder die Machenschaften der Politik beschäftigen sie. Auch die rein profanen Probleme, in die sich das jüdische Volk verstrickt sehen kann, interessieren sie nicht. In Anerkennung der Tatsache, daß die sehr unterschiedliche Lage der Juden in den verschiedenen Ländern der Welt zu sehr unterschiedlichen Problemen praktischer Natur Anlaß geben kann, überläßt sie die Lösung dieser Probleme den betreffenden Mächten, wobei sie nur darauf besteht, daß keine Lösung eine wirkliche Lösung ist, wenn sie den äußerst anspruchsvollen Gesetzen der Gerechtigkeit und Nächstenliebe widerspricht. Ihre Sorgen sind ganz anderer Natur: das Vermächtnis der Wahrheit zu erhalten, das ihr anvertraut wurde, ihre Kinder vor dem Irrtum und dem Bösen zu schützen,

über die vollständige Umsetzung der Lebensgrundsätze ihres Erlösers zu wachen und schließlich durch ihren so wohltätigen Einfluß so viele Seelen wie möglich in ihre ewige Wohnung, den
Himmel, zu führen. Wie heißt es so treffend: »Tausenderlei ist
Gegenstand der Begehrlichkeit des Menschen, die Kirche hat nur
ein einziges Begehren: das Heil der Seelen« (E. Rodocanachi: »Le
Saint-Siège et les Juifs«).

Religiöse Fürsorge für die Juden

149 Auf dem weiten Feld dieser historischen Entwicklungen nimmt
das jüdische Volk einen einzigartigen und schmerzvollen Platz
ein. Es führt, wie wir gesehen haben, das seltsame Paradox vor
Augen, zugleich Gegenstand einer unleugbaren Fürsorge Gottes
zu sein und andererseits diese göttlichen Avancen zurückgewiesen zu haben. Es wurde dadurch zu einem Stein des Anstoßes für
alle übrigen Völker, während es seine Existenz durch eine er-
staunliche Fürsorge Gottes die ganze Zeit hindurch erhalten
konnte.

Die Heftigkeit, mit der das christliche Gewissen dem jüdischen
Volk regelmäßig vorwirft, Christus und seine Lehre verworfen zu
haben und in ewiger Feindschaft gegen das Christentum zu ver-
harren, die nicht minder tiefe Erbitterung, mit der die Juden ihre
Vorwürfe gegen die christliche Religion vorbringen, zeigen zur
Genüge, daß dieser Antagonismus ideologischer Natur ist, daß es
in diesem Konflikt weniger um materielle Güter als um geistige
Werte geht. Das bringt ein Bekenntnis mit sich, dessen Gültigkeit
von allen Beteiligten anerkannt wird: die edelsten menschlichen
Werte muß man auf dem Gebiet der Freiheit und der sittlichen
Verantwortung in bezug auf Gut und Böse suchen, denn nur ein
geistiges Ideal kann den menschlichen Werten als angemessener
Maßstab dienen. Von daher muß man auch zu dem Schluß gelangen, daß es unmöglich ist, einen derartigen Konflikt zu lösen, indem man sich auf eine materialistische, um nicht zu sagen physi-
kalische Philosophie des Lebens beruft. Der gesunde Menschen-
verstand und der Glaube fordern uns auf, von Lösungen mittels
Gewalt, Macht oder brutaler Zwangsmaßnahmen abzulassen,
zugunsten von Maßnahmen, die von einer gesunden Spiritualität
diktiert sind.

Bekehrung der Juden

150 Wie wird Israel zu seinem Gott zurückkehren? Wann wird es in der Kirche Jesu Christi das Haus des Vaters erkennen? Das ist Gottes Geheimnis. Was individuelle Bekehrungen angeht, so dürfen sie nicht in der Weise einer unverhohlenen Proselytenmacherei oder aus Beweggründen vollzogen werden, bei denen Opportunismus und die Hoffnung auf irgendeinen materiellen Gewinn nicht völlig ausgeschlossen sind. Sie sollen die natürliche Folge einer aus dem Studium gewonnenen, von der Reflexion kontrollierten und in einem Geist der Demut und des Opfers frei gebildeten Überzeugung sein. Als Christ könnte man keine andere mit der Lehre der Kirche in Einklang stehende Hypothese aufstellen. Jede andere Methode wäre ein Zugeständnis an die Heuchelei, die noch gefährlicher wäre als ein offener Widerstand der Juden gegen die christlichen Forderungen.

Aufruf zum Gebet

151 Unser christlicher Glaube fordert uns auf, den Moment herbeizusehnen, an dem Juden und Heiden im Haus des gemeinsamen Vaters vereint sein werden, und dafür zu beten, daß dieser Tag bald kommen möge. Wir wenden uns vor allem der allmächtigen Fürsprache der Gottesmutter zu, die selbst eine Tochter Israels ist, damit nach den Worten des den Vätern des Vatikanischen Konzils vorgelegten und von 570 von ihnen unterzeichneten Bittgesuchs die Wünsche ihres erhabenen Lobgesangs in Erfüllung gehen mögen: »Er nimmt sich seines Knechtes Israel an / und denkt an sein Erbarmen, das er unsern Vätern verheißen hat, / Abraham und seinen Nachkommen auf ewig.« *Suscepit Israel puerum suum, recordatus misericordiae suae: sicut locutus est ad patres nostros, Abraham et semini eius in saecula* (Lk. 1, 54–55).

Sich an die Wahrheit halten

152 Um nach Maßgabe unserer Kräfte zur Rückkehr Israels beizutragen, müssen wir in unserem Leben die christliche Praxis noch mehr leuchten lassen: dies ist unsere Pflicht. Wir werden ihr nachkommen, indem wir uns, *von der Liebe geleitet, an die Wahrheit halten, facientes veritatem in caritate* (Eph. 4, 15), mit Umsicht und in gewissenhafter Gerechtigkeit sowie mit überreichlicher Nächstenliebe. Fördern wir aus Liebe zur Wahrheit alles, was

dazu beiträgt, die Wahrheit zu verbreiten und Lüge, Schmähung und unberechtigten Groll zu vertreiben. Die moderne Zeit stellt uns unerhörte Möglichkeiten zur Verfügung, um die Sache der Gerechtigkeit und Nächstenliebe zu fördern. Nutzen wir sie für die Verteidigung der Rechte des Individuums und der Familie, um die Unglücklichen zu unterstützen, die der Hilfe und des Erbarmens bedürfen, um Antisemitismus und Rassismus energisch zu verurteilen, sobald diese schädlichen Irrtümer ihr Haupt erheben, und schließlich dazu, zum größten Wohle der Gemeinschaft mit allen Menschen guten Willens zusammenzuarbeiten, die die groben Irrtümer des Materialismus von ganzem Herzen zurückweisen.

C – DRITTER TEIL:
DAS WIRKEN DER KIRCHE ZUGUNSTEN DER EINHEIT
DES IRDISCHEN MENSCHLICHEN LEBENS

153 Zum Abschluß dieser langen Untersuchung, in der Wir die positiven und die negativen Folgen, die unsere Zeit aus der sozialen Natur des Menschen ableitete, aufgezeigt haben, können Wir nur noch einmal wiederholen: »Der Geist ist es, der lebendig macht.« *Spiritus est qui vivificat.* Einzig der Geist ist in der Lage, den vielfältigen Daseinsmöglichkeiten des Menschen die Form einer lebendigen Vielheit in lebendiger Einheit zu geben. So wird also das gesellschaftliche Leben des Menschen das Abbild seines göttlichen Vorbilds sein: »Alle sollen eins sein: Wie du, Vater, in mir bist und ich in dir bin, sollen auch sie in uns sein.« *Ut omnes sint unum, sicut tu Pater in me et ego in te, ut ipsi in nobis sint unum* (Joh. 17, 21).

Die Aufgabe der Kirche: den Weg zeigen

154 Wie aus dem bisher Gesagten klar hervorgeht, ist das Leben der Individuen ebenso wie das Leben der verschiedenen Menschengruppen eng in unzählige Beziehungen des gesellschaftlichen Lebens eingebunden. Nun können aber diese Beziehungen nicht in ihrem wahren Gehalt verstanden werden, solange man den Sinn jeder menschlichen Tätigkeit in ihrem Bezug zu Gott, dem Schöpfer und Erlöser des Menschen, aus dem Auge verliert, einen Sinn,

der sich aus dem unabänderlichen Plan der Erlösung, aus der unwandelbaren sittlichen Ordnung und ihrer Verwirklichung in jedem einzelnen menschlichen Gewissen ableitet. Es ist die Aufgabe und Pflicht der Kirche, die Würde und Verantwortung des Pontifex Maximus und seiner Brüder, der Oberhirten, die der Heilige Geist zur Leitung der Kirche Gottes bestimmt hat, dem Menschengeschlecht die ewige göttliche Ordnung, den wahren Weg zu zeigen, dem es unter den wechselnden Verhältnissen der verschiedenen Epochen zu folgen gilt.

Die katholische Lehre an den Universitäten

155 Bei der Erfüllung dieser Aufgabe zählt die Lehrautorität der Kirche auf die Unterstützung der *universitas litterarum*, jener durch ein enges Band vereinten Künste, Wissenschaften und Literaturen, um ein derart komplexes Thema wie das, worum es in diesem Schreiben geht, in all der Tiefgründigkeit und Kohärenz zu behandeln, die es verdient. Daher ist die Kirche über das Unheil tief betrübt, in dem in mehreren Ländern diese Idee versank, die im Zentrum der Einheit der westlichen Zivilisation selbst entstanden war. In den Ländern hingegen, in denen diese Idee noch Wirklichkeit werden kann und in denen kein besonderer Umstand ihre Entwicklung im Dienste des Katholizismus behindert, fordern Wir die Katholiken dazu auf, sich nach Kräften zu bemühen und kein Opfer zu scheuen, um die katholische *universitas litterarum*, die katholische Lehre an den Universitäten, der nötigen Unterstützung für ihre Vermittlung und umfassende Entwicklung zu versichern. Dadurch werden sie die Grundlage einer echten christlichen Führungselite schaffen, werden der Menschheit ein höchstes Gut schenken und der Kirche einen apostolischen Dienst erweisen.

156 Die katholische Lehre an den Universitäten ist in ihrer Fülle etwas Besonderes und Einzigartiges: sie umfaßt die gesamte Wahrheit und kann sich nicht mit irgendeinem Teil oder einer Aufsplitterung des Ganzen zufriedengeben. Die katholische Bildung ist kein reiner Informationsvorgang: sie ist etwas Lebendiges. Sie ist ein Spiegelbild der Kirche Christi und hat als solches Anteil an deren Einheit und Universalität. An ihrer Einheit, insofern als die katholische Bildung alle besonderen Wahrheiten in ihrem Bezug zur lebendigen Wahrheit betrachtet, die Christus ist, und aus jedem Ge-

genstand, den sie studiert, ein lebendiges Ganzes macht: aus dem sittlichen Leben, dem religiösen Sinn, dem Verstand, dem Gefühlsleben, der Vorstellungskraft, sogar aus der körperlichen Stärke und Gewandtheit. Die katholische Bildung hat auch an der Universalität der Kirche teil, denn wie die Kirche wendet sie sich an die gesamte Menschheit im Raum und in der Zeit. Auf ihre eigene Art ist sie ein wahres geistiges Gemeinwesen der Seelen.

In jener geistigen Gesamtheit, die die katholische universitäre Lehre darstellt, finden sich zwei tiefe Strömungen der menschlichen Entwicklung harmonisch miteinander verbunden: auf der einen Seite der Erwerb der Kultur: das Aufblühen des Verstandes und der Vorstellungskraft der menschlichen Person, die Teilhabe am Erbe der Vergangenheit, die Bereicherung dieses Erbes durch neues Forschen; auf der anderen Seite die Herausbildung des christlichen Charakters. Diese beiden Strömungen nähren, jede für ihren Teil, das Leben des christlichen Gemeinwesens. Deshalb leistet der katholische Gelehrte, der viele Jahre seines Lebens der wissenschaftlichen Arbeit in Labors oder Bibliotheken widmet, ohne von der Welt Lohn oder Ehre zu erwarten, einen wesentlichen und unschätzbaren Beitrag zum gesamten Leben der Kirche und folglich zur Einheit der Menschheit.

157 Wie gut ist es doch, im Hinblick auf diese von Gott gewollte und von den Menschen so mißachtete Einheit des Menschengeschlechts die Schönheit der Kirche in ihrer bewundernswerten Einheit und Vielfalt zu genießen: ein Prinzip der Einheit auch für das irdische Leben der Nationen und Rassen. Wir wollen an dieser Stelle eine einzige Sache in der Kirche betrachten, die Uns sehr am Herzen liegt: die Katholische Aktion, *Ausdruck und Prinzip der Einheit* im an Verschiedenheit so reichen Leben der Kirche; Prinzip der Einheit auch im irdischen Leben der Völker, Rassen und Staaten.

Die Katholische Aktion: Ausdruck und Prinzip der Einheit

158 Die Katholische Aktion strebt von ihrem Wesen her nach Einheit, weil sie Wahrheit und Leben bedeutet. Ihre sowohl aufgrund der Umstände, unter denen sie erfüllt werden, als auch aufgrund des

Charakters der ausführenden Personen so vielfältigen Aufgaben, ihre so unterschiedlichen Aktivitäten, sind allesamt daraufhin ausgerichtet, den mystischen Leib Christi in dieser Welt zu errichten, ganz so, wie die Glieder des menschlichen Körpers aufgrund des Lebens selbst, das sie durchfließt, jedes für seinen Teil, zur wunderbaren Einheit des Ganzen beitragen.

Die Person des Priesters

159 Die Katholische Aktion findet den ersten und wesentlichen Ausdruck ihrer Einheit in der Zusammenarbeit zwischen dem Klerus und den Laien, denn ihrem Wesen nach ist die Katholische Aktion die Unterstützung des hierarchischen Apostolats durch die Laien. Daraus ergeben sich für den Klerus ganz präzise Verpflichtungen, da es ja seine Bischöfe und Priester sind, bei denen die Laien Erleuchtung und Weisung suchen, um ihr Apostolat fruchtbringend zu erfüllen. Der in das Amt eingesetzte Priester selbst muß ein durch ein intensives inneres Leben mit Christus, unserem Herrn, verbundener Mensch sein, denn sein Beispiel und der Einfluß eines in seiner Fülle gelebten Priesterlebens sind es, wodurch er hoffen kann, seiner Gemeinde das Leben Christi zu vermitteln. Da er aufgrund seiner Funktion ein geistiger Führer und Ratgeber ist, muß der Priester ein Mann der Lehre sein, erfahren in den gottesdienstlichen Handlungen, sich zu einem Leben im Studium hingezogen fühlen und in der Lage sein, die Talente, die er von Gott erhalten hat, am wirkungsvollsten einzusetzen. Man begreift im Hinblick auf ein Apostolat der Katholischen Aktion die außerordentliche Bedeutung des Studiums, das den jungen Kleriker lehrt, die Lehren des Evangeliums auf das jeweilige Umfeld, in dem er arbeiten wird, zu übertragen. So sollte ein junger Priester, dessen Kindheit in der reinen und friedlichen Atmosphäre einer christlichen Familie verlief, vielleicht zunächst im komplexen, vom Klassenkampf erschütterten und entchristlichten Milieu einer Industrieregion beginnen. Ein anderer wiederum, der in der Stadt aufwuchs, sollte in einer ländlichen Pfarrei arbeiten, bei einer Bevölkerung, deren Interessen und Beschäftigungen ihm völlig unbekannt sind. Oder er wird sein Priesteramt bei Menschen anderer Nationalität oder Rasse ausüben, deren seelische Probleme über seine Erfahrung hinausgehen. Mit derartigen Situationen konfrontiert, wird sich der junge Priester daran erinnern, daß man die Seelen nicht im Abstrakten rettet, daß man

den vielfältigen unberechenbaren Faktoren des Raumes und der Zeit, an die sie notwendig gebunden sind, Rechnung tragen muß. Er wird die konkreten Umstände sorgfältig beobachten; er wird sich mit den materiellen Bedingungen der seiner Obhut anvertrauten Familien vertraut machen; er wird die gesellschaftlichen, die wirtschaftlichen und gesetzlichen Institutionen, die das geistige und materielle Wohlergehen der Bevölkerung bestimmen, die Absichten und die Mentalität derjenigen, die diese Institutionen leiten, studieren, er wird sich über die Orientierung, die der heranwachsenden Jugend gegeben werden soll, über die Zukunftsperspektiven, die sich ihr eröffnen, kundig machen. So viele Probleme, die ihrem Wesen nach weltlicher Natur sind, die aber in hohem Maße das Seelenheil betreffen. Schließlich macht die Unordnung der Gesellschaft eine Einführung des Priesters in die sogenannten Sozialwissenschaften erforderlich, damit er die unzähligen gesellschaftlichen Phänomene, die ihm vor Augen kommen, mehr als nur oberflächlich beurteilen, in die innersten Gründe ihrer Bedeutung eindringen und sich bemühen kann, die wirksamsten Mittel gegen das Übel zu finden.

160 Offen gestanden verlangen der Kampf gegen diese Übel und das Ausmaß und die Schwierigkeiten dieses Kampfes unbedingten Mut. Wenn ihn die Katholische Aktion vom Laien verlangt, mit welch größerem Recht muß er dann beim Priester zu finden sein, dessen eigentliche, vom Heiligen Geist empfangene Mission darin besteht, die Seelen zu unterrichten und sich um sie zu kümmern! Dort, wo sich die Religion relativer Freiheit erfreut, wo die gläubigen Katholiken zahlreich sind und sich großherzig dem Unterhalt und dem Ausbau der kirchlichen Werke widmen, ist für die Hirten die Versuchung groß, dem Gesetz der geringsten Mühe zu folgen, aufgrund irgendeines billigen Opportunismus die Augen vor den Ungerechtigkeiten und dem Mangel an Nächstenliebe bei den Personen zu verschließen, deren Gunst ihnen ihre Existenz erleichtert. Darüber hinaus rechtfertigen sie ihre Zaghaftigkeit mit Maximen einer falschen Vorsicht.

Die Katholische Aktion verlangt vom Priester außerdem Taktgefühl und Zurückhaltung. Der Sinn für das rechte Maß wird ihm verbieten, sich in vergeblichen und wirklichkeitsfernen Unternehmungen zu engagieren; das Taktgefühl wird vor dem natürlichen Bestreben, alles bestimmen zu wollen, warnen. Statt das Gute zu fördern, erstickt dieser Herrschaftsgeist nur die guten Initiativen; er ersetzt jene großmütige und spontane Zusammenarbeit, die allein das Reich Gottes näherbringt, durch den persönlichen Willen eines Individuums. Der Priester, der die Grenzen der Autorität, die durch seine Funktionen bestimmt sind, überschreitet, der seine persönlichen Ansichten als Unterweisung und offizielle Lehre der Kirche ausgibt, der die Laien als gefügige Werkzeuge zur Realisierung seiner eigenen Ziele betrachtet, mag von starkem Eifer und guten Absichten beseelt sein, seine Haltung jedoch läßt neben anderen beklagenswerten Folgen bei den Laien eine falsche Vorstellung von der Kirche aufkommen: sie wäre nicht mehr als eine riesige Organisation, in der der einfache Gläubige in Wirklichkeit wenig zählt, während sie doch ein lebendiger Körper und jeder Christ eine lebendige Zelle von ihm ist.

Die Aufgabe des geistigen Führers der Seelen besteht nicht darin, gefügige Diener hervorzubringen, sondern mutige Menschen zu formen, die voller Initiativgeist und sich ihrer geistigen Verantwortung zutiefst bewußt sind. Und je mehr Schwierigkeiten sich ergeben und sich der Erfüllung seiner Aufgabe entgegenstellen, desto mehr sollen sie seinem Eifer und seiner Tüchtigkeit als Ansporn dienen.

Universelles Amt des Klerus

161 Wenn auf der einen Seite der Priester die Gläubigen, die einer anderen Nation oder Rasse angehören, verstehen soll, dann ist auf der anderen Seite im Sinne der Sicherung der Existenz und der wesentlichen Entwicklung der Kirche nicht weniger wünschenswert, daß keiner nennenswerten Gruppe von Gläubigen der Dienst von Priestern der gleichen ethnischen Zugehörigkeit definitiv vorenthalten wird. Wir haben unsere Gedanken zu diesem Thema wiederholt dargelegt, nicht nur in unseren Reden, sondern auf viel wirkungsvollere Weise, indem wir überall zur Bildung eines einheimischen Klerus ermuntert haben, indem wir Priester, die aus diesen im Glauben noch jungen Völkern stammen, zur hohen Würde des Bischofsamt erhoben und ihnen die vollkommene Fülle der bischöflichen Rechtsprechung und Autorität gegeben haben. Damit alle Kollektive, die zusammen das Christenvolk bilden, einschließlich der Gruppen unterschiedlichen rassischen oder nationalen Ursprungs innerhalb derselben Nation, von einem Klerus geistlich versorgt werden können, der aus ihnen selbst her-

vorging, ist es unerläßlich, daß die Priesteramtskandidaten, welcher ethnischen Gruppe sie auch immer angehören, in allen Stadien ihrer Ausbildung, von den ersten Schuljahren an bis hin zu ihrem Theologiestudium, alle Vorzüge einer katholischen Bildung genießen können.

Gewissensbildung

162 Wir haben bereits mehrfach die Notwendigkeit betont, das Volk kompetent und klar über die kirchliche Soziallehre, das Prinzip wahrer gesellschaftlicher Einheit, zu unterrichten. Damit der Klerus seine Rolle, die Grundsätze des Glaubens und der christlichen Moral zu lehren, mit der gewünschten Kompetenz erfüllt, ist es sehr wünschenswert, daß die Probleme der Beziehungen zwischen den verschiedenen Gruppen innerhalb der Menschheit als Ganzem im Theologieunterricht und in den Lehrbüchern angemessen behandelt werden. Die Ausarbeitung dieser Lehre erfordert von seiten der katholischen Theologen ein sehr sorgfältiges Studium des Problems im Lichte der christlichen Wahrheit, der Vernunft und der Erfahrung. Wenn man nämlich das Gewissen wirklich bilden will, so muß man dem jeweiligen Verstand aller Christen, vom gebildetsten bis hin zum einfachsten, klare Vorstellungen vermitteln von der gegenseitigen Verantwortung der Menschen füreinander und von den Mitteln, wie man ihr entsprechend nachkommen kann. Ursprung und Existenz der Naturrechte, Gerechtigkeit und Nächstenliebe in den Beziehungen zwischen verschiedenen rassischen und nationalen Gruppen, die Würde der menschlichen Person, die geistige Einheit der menschlichen Rasse, so viele Begriffe, die alle Christen kennen sollten, und nicht nur eine kleine Gruppe der intellektuellen Elite.

Die Person des Laien

163 Wenn man die Vielzahl und die Vielfältigkeit der menschlichen Berufungen betrachtet, wird rasch deutlich, daß jede von ihnen auf die eine oder andere Weise zahlreiche Möglichkeiten bietet, die Einheit unter den Menschen zu fördern. Mit größter Genugtuung haben wir in den letzten Jahren die Bildung einer Vielzahl von gruppenspezifischen Zusammenschlüssen festgestellt, die die Menschen einander näherbringen und dank deren sich christliches Leben in den verschiedensten alters-, geschlechts- oder berufsspezifischen Milieus entfalten kann. Wir haben die Fort-

schritte dieser Verbände der Jugend beiderlei Geschlechts mit
dem lebhaftesten Interesse verfolgt und haben ihren grundlegenden Beitrag zum Werk der geistigen Erneuerung der Christenheit
bemerkt.

Gruppenspezifische Bewegungen

164 Es ist offensichtlich, daß es Menschengruppen und Milieus gibt,
denen die Praktizierung der christlichen Religion besondere Probleme bereitet, die durch individuelle Bemühungen der Christen
nicht adäquat gelöst werden können. Daher die Notwendigkeit
vereinter Bemühungen, den Wert christlichen Lebens in diesen
Milieus sichtbar zu machen. Auf diese Weise werden all diejenigen, die derselben Beschäftigung nachgehen, von der gemeinsamen Erfahrung profitieren, sich gegenseitig beraten und gemeinsame Mittel zur Erreichung gemeinsamer Ziele zur Verfügung
stellen und die Segnungen einer spezialisierten Leitung geistiger
Führer genießen können, die in der Lage sind, die Prinzipien,
nach denen sich ihr individuelles Tun richten sollte, kompetent
und klar auf ihre besondere Situation zu beziehen.

Bildung von Verbänden

165 So hat sich eine große Zahl von Verbänden unter dem Banner der
Katholischen Aktion zusammengeschlossen, wobei sich jeder von
ihnen um einen bestimmten Bereich des Laienapostolats küm-
mert. Dennoch lohnt es sich zu bemerken, daß es für das Konzept
der Katholischen Aktion wesentlich ist, daß der Verband dabei
stets nur ein Mittel ist, um das individuelle Tun der Mitglieder zu
unterstützen und zu vollenden. Die Stärke des individuellen Tuns
soll im Wert seiner Tätigkeit selbst, der Wirkung des Beispiels
und des persönlichen Einflusses liegen, und nicht in einer ima-
ginären, durch einfache Aneinanderreihung einer großen Zahl
von Individuen geschaffenen Macht.
Diese Bewegungen können zu großen und bedeutenden Organisationen werden, die Hunderttausende von Mitgliedern zählen
und deren überwältigende Kundgebungen den schönsten Eifer
spüren lassen; es bleibt aber nicht weniger wahr, daß das Geheimnis des apostolischen Erfolgs, den diese verschiedenen Organisationen anstreben, weiterhin im übernatürlichen Charakter
des individuellen Tuns eines jeden ihrer Mitglieder besteht.

Organischer Charakter der Verbände

166 Aber, so wird man fragen, verleiht nicht die große Zahl derer, die sie bilden, der christlichen Gemeinschaft besondere Schönheit und Macht? Ja, gewiß, doch das Schauspiel geistiger Vitalität, das die christliche Gemeinschaft bietet, besteht nicht darin, große Mengen in den Rahmen homogener Gruppen einzupassen. Eine Konzeption, die behauptet, das Zeichen geistiger Vitalität in der sogenannten Macht der Massen und in den Methoden kollektiven Drucks zu entdecken, ist eine dem Christentum fremde Konzeption. Nicht weniger weit vom christlichen Denken entfernt ist die Konzeption, nach der sich – ein Reflex der mechanistisch-atomistischen Ideen – die gesamte geistige Dynamik des Individuums aus der simplen Tatsache herleiten würde, in ein Kollektiv zahlreicher Individuen eingebunden zu sein, die genauso denken und handeln wie es selbst. Ganz im Gegenteil dazu schöpft die christliche Gemeinschaft die ihr eigentümliche Schönheit nicht aus der Zahl der Individuen oder aus deren simpler Aneinanderreihung, sondern aus dem *organischen* Charakter ihrer Gestalt selbst, in der die verschiedenen Individuen und unterschiedlichen Gruppen alle den ihnen gebührenden Platz finden »... aus allen Nationen und Stämmen, Völkern und Sprachen«. *Ex omnibus gentibus et tribubus et populis et linguis* (Apg. 7, 9).

167 Wir betrachten es also in der Tat als eine Sache von höchster Bedeutung, daß man in all diesen verschiedenen Organisationen des Apostolats die authentische Prägung der Katholischen Aktion bewahrt: es muß sichtbar werden, daß die Organisation in ihrer Verfassung und der Festlegung ihres Tätigkeitsbereichs, in ihren Regeln und ihren Arbeitsmethoden, ihren Diensten und Publikationen, in ihrer Leitung und ihrer Verwaltung nur ein Mittel ist, eine Unterstützung des Individuums, die es ihm erlaubt, als Person und Glied der Kirche Christi im Apostolat erfolgreich wirksam zu sein. Während die organisierte Bewegung alle Weisungen der Hierarchie, deren Wünsche und Vorgaben sie zu realisieren versucht, in einem Geist freudigen Gehorsams und völliger Loyalität empfangen soll und während darüber hinaus der Charakter der organisierten Bewegung selbst diese in besonderer Weise der Billigung durch die kirchlichen Leiter unterwirft, so dürfen diejenigen, die der Organisation angehören, und die Führer, die jene billigen, deren wesentliche Rolle dennoch niemals aus

dem Auge verlieren, um ihr die Spontaneität und die überreiche Vitalität ihrer Mitglieder zu erhalten und sie zu einem sichtbaren typischen Beispiel für die Katholische Aktion zu machen.

Geistige Beiträge zur Bildung von Institutionen

168 Die von der Katholischen Aktion unternommene Arbeit der sozialen Erneuerung darf nicht bei ephemeren Kundgebungen stehenbleiben. Es geht darum, eine geistige Gesellschaft zu errichten und folglich einen soliden und belebenden geistigen Beitrag zur Bildung oder zur Erhaltung *sozialer Institutionen* beizusteuern, für die Gerechtigkeit und christliche Nächstenliebe Grundprinzipien darstellen sollten. Nach dem Zeugnis der Geschichte schöpften die stabilsten und fruchtbringendsten menschlichen Institutionen ihr Leben aus dem Leben der Kirche selbst, der Mutter aller Zivilisation, als welche sie im individuellen Leben ihrer Kinder in Erscheinung trat.

169 Seinen geistigen Beitrag zur Bildung oder zum Erhalt dieser Institutionen zu leisten stellt den sittlichen Wert und die persönliche Initiative eines jeden Christen auf eine harte Probe. Eigenliebe, persönliche Ambitionen, Hoffnungen auf materiellen Gewinn müssen unentwegt dem Gemeinwohl geopfert werden, um in jedem Individuum in bestmöglichem Maße Energien freizusetzen, die es in den Dienst der geistigen Gemeinschaft stellen kann. Während also die Teilnahme des Individuums durch sein inneres Leben und seine Vereinigung mit Christus im Sakrament sozusagen den Anfang und die Quelle der Katholischen Aktion darstellen, ist die Verwirklichung des christlichen Geistes in den sozialen, politischen und ökonomischen Institutionen der menschlichen Gesellschaft ihre Krönung: Institutionen, die der menschlichen Gesellschaft ihren organischen Charakter wieder zurückgeben.

Wirtschaftsinstitutionen

170 Wir haben bereits in Unseren Schreiben »Quadragesimo anno« und »Divini Redemptoris« darauf hingewiesen, wie wichtig es ist, der Gesellschaft gesunde Wirtschaftsinstitutionen zu geben, die den vielfältigen Auswirkungen des Wirtschaftslebens auf das menschliche Tun und Handeln gerecht werden. Nur in einer Gesellschaft, deren Wirtschaftsstruktur tatsächlich auf die wirkli-

chen Bedürfnisse des Menschen antwortet, wird sich die Familie leichter von Lebensbedingungen befreien können, die eine Beleidigung der Würde der menschlichen Person darstellen, und nur in ihr wird der Christ, indem er seine irdische Bestimmung erfüllt, sein letztes Ziel verwirklichen können. Diese wirtschaftliche Erneuerung kann zur Schaffung neuer sozialer Körper oder Körperschaften führen, die all jene zusammenbringen, die, in welcher Eigenschaft auch immer, als Kapitalgeber, Direktoren oder Arbeiter, demselben Industriezweig angehören; sie kann sich damit begnügen, zwischen den verschiedenen Organisationen, die bereits die Produzenten, die Leiter von Unternehmen und die Konsumenten vertreten, Bande wirtschaftlicher Zusammenarbeit zu knüpfen; das Ziel bleibt jedoch stets dasselbe: die Vereinigung und die friedliche Zusammenarbeit in den Dienst des Gemeinwohls zu stellen, wobei für die individuellen Interessen so gut wie möglich Sorge getragen wird. Es ist offensichtlich, daß eine Zusammenarbeit dieser Art der Gesellschaft und den einzelnen nur in dem Maße dient, in dem sie sich auf die authentische Realität der wahren menschlichen Bedürfnisse, das heißt der Familie, stützt.

Die Organisation: ein Instrument im Dienste ihrer Mitglieder

171 Darüber hinaus müssen diese Organisationen rein ökonomischen Charakters im Lichte jenes Prinzips betrachtet werden, von dem wir weiter oben im Zusammenhang mit der Katholischen Aktion sprachen. Gerade dort, wo es allein um materielle oder wirtschaftliche Interessen geht, muß man in Erinnerung behalten, daß die Organisation nur ein Mittel, ein in den Dienst der Mitglieder gestelltes Instrument ist. Die Organisation ist nicht dazu da, die Persönlichkeit ihrer Mitglieder aufzuzehren, die Initiative, den Willen und den Verstand eines jeden ihrer Mitglieder durch die Magie einer fiktiven Persönlichkeit zu ersetzen; sie ist für alle ihre Mitglieder dazu da, es ihnen zu ermöglichen, dank der Vorzüge gegenseitiger Hilfe und Beratung, einer kompetenten Leitung sowie der Verfügbarkeit materieller Mittel oder intellektueller Dienste mit vollem Erfolg im Interesse des Gemeinwohls wirksam zu sein. Eine gegensätzliche Politik der wirtschaftlichen Organisation kann, selbst vom strikten Standpunkt materiellen Wohlstands aus gesehen, nur zu den beklagenswertesten Erfahrungen führen. Man hat es in den letzten Jahren beim wiederhol-

ten Scheitern der gewaltigen Kollektivierungsversuche gesehen, mit denen eine den Einflüsterungen eines militanten Atheismus ergebene Regierung die sittlichen und geistigen Defizite ihrer Staatsbürger durch die angebliche Wirkungsmacht der Klasse des Proletariats ausgleichen wollte.

Es ist nicht Aufgabe der Kirche, die Schaffung dieser Wirtschaftsorganisationen zu bestimmen oder deren Gestalt festzulegen. Ihre Rolle besteht in diesem Zusammenhang darin, durch ihre Lehre die Prinzipien bekanntzumachen, die jene beseelen sollten. Dennoch ermuntert sie ihre Gläubigen sehr, sich mit diesen konkreten Problemen auseinanderzusetzen, nicht wegen des materiellen Gewinns, den ihnen ihre Kompetenz verschaffen könnte, sondern aufgrund der ihnen obliegenden Verpflichtung, in der menschlichen Gesellschaft christlichen Grundsätzen Geltung zu verschaffen.

Politische Institutionen

172 Die Katholische Aktion interessiert sich nicht für Politik. Dennoch stellt sie sich infolge einer legitimen und nur allzu natürlichen Besorgnis die Frage, ob die politischen, juristischen und administrativen Institutionen, die gewissermaßen die Staatsmacht verkörpern, die Rechte der menschlichen Person (und die Prinzipien, die die menschlichen Beziehungen bestimmen sollten) respektieren. Jeder Gläubige wird sich also in dem Maße, wie er an ihrer Schaffung und ihrem Funktionieren teilhat, dafür verantwortlich zeigen müssen, daß diese Institutionen mit den Forderungen des Naturgesetzes in Einklang stehen. Vielerlei Hilfswerke für Familien, Berufsorganisationen aller Art: Gewerkschaften, Versicherungsvereine, paritätische Verbände, Handelskammern, städtische Institutionen, Schulkommissionen und Bildungseinrichtungen, Freizeitorganisationen, Gesundheitsämter, internationale Kommissionen, Kolonialverwaltungen: kurzum, alle Organisationen öffentlicher oder privater Art, die auf das sittliche Leben der einzelnen und der Familien bestimmenden Einfluß ausüben, bringen für die Christen, die ihnen angehören, eine ernste Verpflichtung mit sich, immer und überall, in ihren Worten und ihren Taten, für die Lehre des Meisters der unermüdlichen Arbeiter zugunsten der Einheit der menschlichen Gesellschaft wahrhaft Zeugnis abzulegen.

Die Gesamtheit christlichen Lebens

173 Nachdem Wir so ausführlich und so betrübt in der gegenwärtigen Gesellschaft die zahlreichen Faktoren festgestellt haben, die
der Menschheit schaden und sie spalten, richten wir nun für
einen Moment unseren Blick auf die Schönheit der Einheit selbst.
Nun ist aber diese Einheit nicht nur die Summe des individuellen
Glanzes der einzelnen Glieder. Das Reich Gottes verdankt seine
außerordentlich leuchtende Schönheit der Vereinigung all dieser
Individuen zu einem harmonischen Körper. Die einfache Koexi-
stenz angenehmer Züge ohne deren harmonische Verbindung
reicht nicht aus, um ein Antlitz schön zu machen.

Analogie der Kathedrale

174 Mit dem architektonischen Glanz jener herrlichen Monumente,
die uns die Vergangenheit als Zeugnis ihres Glaubens und ihrer
Frömmigkeit hinterlassen hat, verhält es sich nicht anders: jedes
einzelne Element trägt seinen Anteil an Schönheit zu einem
Ganzen bei, das die Schönheit und die Vollkommenheit dieser
Elemente transzendiert. Man sehe sich nur eine unserer Kathe-
dralen an: jede Linie schwingt dank der Verbindung der Steine,
von denen ein jeder für sich vollkommen ist, durch den Raum, als
würde sie sich eines eigenen Lebens erfreuen. Ein Mosaik oder
ein Glasfenster bringt ein Bild zum Ausdruck, dessen Schönheit
über diejenige, die jedem seiner Teile innewohnt, hinausgeht.
Und obwohl jedes Element seinen eigenen Wert behält, bilden in
der schöpferischen Vorstellung des Künstlers all die Bögen und
Säulen, die Gewölbe und Schiffe, die Fenster, die Mosaiken, die
mit Skulpturen verzierten Portale und die Kapitelle, die Türme
und Spitzen eine Harmonie im transzendenten Glanz des
Ganzen.

175 Und dennoch ist dieses Gebäude nur das materielle, Holz, Metall
und Stein gewordene Zeugnis einer noch herrlicheren geistigen
Realität: der unglaublichen Zusammenarbeit ungezählter Geister
und unzähliger Willen bei der Verwirklichung dieses gewaltigen
Unternehmens. In diese Gesellschaft der Geister, für die das materielle Gebäude nur ein Symbol ist, sind sie aus aller Herren Länder zusammengekommen: Architekten, Zeichner, Bildhauer und
Maler, Maurer, Tischler, Schreiner, mitsamt ihren Lehrlingen und
Schülern. Oft sind sie von weit her gekommen: sie haben ihre

Heimat verlassen, sie sind lange gereist. Um mit ihrer Arbeit ihren winzigen Anteil an Schönheit beizutragen, zur unaussprechlichen Verehrung, die ein neuer Tempel der Gottheit zuteil werden läßt. Alle Gesellschaftsklassen waren vertreten: Prälaten und Priester, Mönche und Gelehrte, Könige und Staatsmänner, Männer, Frauen, Kinder unzählbarer Völker, Berufe, Körperschaften und fromme Bruderschaften, alle in der Mühe vereint, Gott ein Seiner würdiges Haus zu errichten.

176 Die erhabene Harmonie kam nicht dadurch zustande, daß die Persönlichkeit der Mitarbeiter unterdrückt oder beschnitten wurde, und auch nicht, indem man sie in einem anonymen Kollektiv oder in den Ideen und dem Willen irgendeines genialen Architekten verschwinden ließ, für den die Künstler nicht mehr als dienstbare Echos gewesen wären. Diese Methoden können auf den ersten Blick als fruchtbar erscheinen: in Wirklichkeit führen sie zum Tod. Nicht auf diese Weise geschah das Wunder, sondern durch die persönliche Antwort eines jeden Künstlers auf den Ruf des Geistes Gottes, der ihn einlud, mit der Fülle seiner individualisierten Tätigkeit mitzuarbeiten. Da sie sich in keinem diffusen Kollektiv verloren, konnte ein jeder aus der geheimnisvollen Tiefe seiner Persönlichkeit den vollkommensten wie auch spontansten Ausdruck für die Aufgabe schöpfen, die ihm durch seine persönliche Berufung gestellt war. So konnten sie über ihre gemeinsame Arbeit Gott ein würdiges Zeugnis ihres Gehorsams und ihrer Liebe darbringen, indem sie dem Christus der Eucharistie, der auf unseren Altären ständig gegenwärtigen ewigen Opferung, den Tempel errichteten, der es ihm erlaubte, unter uns zu wohnen.

Auf diese Weise konnte also ein jeder von seiner Teilnahme an dieser großartigen Kundgebung kollektiver Frömmigkeit sagen: »Wir haben alles geglaubt« und dabei den Rat des heiligen Paulus befolgen, daß wir, wenn wir uns »von der Liebe geleitet an die Wahrheit halten«, »in allem wachsen, bis wir ihn erreicht haben. Er, Christus, ist das Haupt.« *Crescamus in illo per omnia, qui est caput Christus* (Eph. 4, 15). *Sicut laetantium omnium, habitatio est in te* (Ps. 86, 7).

Konnten diese Christen aufgrund der Hingabe an die Wahrheit, die sie in sich spürten – ein Widerschein der Ewigen Wahrheit, dem sie in ihren Werken Ausdruck zu geben versuchten –, aufgrund ihrer Aufopferung in der für Ihn unternommenen Aufgabe im Geist der Nächstenliebe, Vollkommenheit und umfassenden Zusammenarbeit nicht sagen, daß sie sich selbst gefunden haben, indem sie Christus fanden? In ihm und durch ihn entdeckten sie, wonach die moderne Welt so fieberhaft sucht: die vollständige Entfaltung der Persönlichkeit, die ein jeder als ein Geschenk von Gott empfangen hat, sowie jene Einheit im Handeln, die einer Existenz ihre Fülle verleiht.

Perfecti estote . . . est: so lautet der Appell, den Wir zum Schluß an die Laien wie an die Priester richten. Mit dieser Ermahnung fordert uns unser Herr zu christlicher Tatkraft, zu Mut, völliger Hingabe, zu vollem Christentum auf. *Si spiritu vivimus, spiritu et ambulemus* (Gal. 5, 25).

SCHLUSS:
EINHEIT UND FRIEDEN:
FRÜCHTE DER ERLÖSUNG

177 Die Prinzipien, die die wahre Einheit und die wahre Vielfalt des Lebens der Menschheit leiten, werden vielleicht nicht überall wohlwollend aufgenommen werden. Doch die Einheit, die Ordnung, der Frieden der Menschheit drängen uns mit ihrem unermeßlichen Gewicht, einer Unermeßlichkeit, die dem Preis entspricht, den der Erlöser der Welt am Kreuz mit seinem Blut bezahlt, womit er letztendlich auch die Sünden des öffentlichen Lebens und die schuldhaften Verletzungen der Prinzipien der wahren Einheit der Menschheit gesühnt hat. Wir glauben, daß dieser Unserem Herzen überaus teure Frieden in der Liebe des Gekreuzigten, die ohne Ausnahme alle Menschen vereint, fest gesichert ist, ja mehr noch, daß er es nur in dieser Liebe ist: jedenfalls findet man ihn nicht dort, wo der Mensch nicht nach seinem wahren Wert beurteilt wird und wo man folglich weder den schrecklichen Leiden, die der Krieg den Herzen der Mütter, Frauen und Kinder zufügt, noch den Opfern, die er unter den Kämpfenden fordert, ernsthaft Rechnung trägt.

Notwendigkeit der Sühne

178 Vor allem ist es höchste Zeit, vor dem Heiligen Herzen unseres Erlösers die Sünden des öffentlichen Lebens, die in den Beziehun-

gen zwischen den Staaten, Völkern, Nationen und Rassen begangen werden, zu sühnen, damit nicht der göttliche Zorn mit gerechten und schrecklichen Strafen über uns hereinbricht.

Die Einheit der Menschheit in der heiligen Messe
179 Und es ist höchste Zeit, daß wir, mehr als bisher und auf wirkungsvollere Weise als bisher, im Heiligen Opfer der Messe die Einheit der Menschheit wiedererkennen: hier ist der Ort, an dem nach dem heiligen Konzil von Trient die große und tiefe Tradition tatsächlich zur Wirklichkeit wird, die uns alle, die alle Menschen verbindet: die Zeiten vor Christus mit dem Tag von Golgatha, die Zeiten nach Christus mit der uns allen eröffneten Sicht auf das Ende der Zeiten und dem Bewußtsein der Gegenwart Christi inmitten der drängendsten und innersten Bestrebungen aller Menschen, nämlich der Erlösung von den täglichen Fehlern durch das Kreuzesopfer in der heiligen Messe. So besitzen wir in diesem heiligen Opfer eine unerschöpfliche Quelle der Gnade zugunsten der Einheit und eine Quelle der Kraft für den Frieden. In den Worten des heiligen Leo, die uns die Kirche am Fest der Kreuzerhöhung in Erinnerung ruft: »Jetzt geschieht es auch, daß, nachdem die verschiedenen Tieropfer abgeschafft sind, das alleinige Opfer Deines Leibes und Deines Blutes den Platz der verschiedenen Opfer einnimmt. Denn Du bist das *wahre Lamm Gottes, das hinwegnimmt die Sünden der Welt* (Joh. 1, 39). In Dir erfüllen sich alle Geheimnisse, und wie alle Hostien nur ein einziges Opfer bilden, so bilden alle Völker ein einziges Menschenreich.
Nunc etiam, carnalium sacrificiorum varietate cessante, omnes differentias hostiarum una corporis et sanguinis tui implet oblatio : quoniam tu es verus Agnus Dei, qui tollis peccata mundi; et ita in te universa perficis mysteria, ut sicut unum est pro omni victima sacrificium, ita unum de omni gente sit regnum.«[16]
Möge also das Blut unseres Erlösers die Leidenschaften des Hasses und des Ehrgeizes zwischen den Völkern, diesen Herd der Feindschaft, auslöschen, damit gemäß dem Ziel, das Wir Uns zu Beginn Unseres Pontifikats gesetzt haben, im Reiche Christi der Frieden Christi herrsche.

Dank

Herr Prof. Thomas A. Breslin möge an dieser Stelle des aufrichtigen Dankes der Autoren versichert sein. Ohne die Dokumentation auf Mikrofilm, die er uns in so großzügiger Weise zur Verfügung gestellt hat, würde es dieses Buch schlicht und einfach nicht geben.

Für seinen Teil danken möchte Georges Passelecq: Prof. Pierre-Maurice Bogaert O. S. B., Prof. Luc Dequeker, R. P. Adrien Nocent O. S. B., R. P. Jean-Marie Schiltz SJ, Pfarrer Jean-Marie Schoefs sowie R. P. Ambroise Watelet O. S. B.

Für verschiedentliche Hilfe dankt Bernard Suchecky: Gisèle Goldberg, Mélitina Fabre-Matveieff, Francine Thomas, Anne Wijnbelt, Bernard Jenn, Bernard Skowronek, David Susskind sowie Nathan Ramet stellvertretend für B'nai B'rith Anvers, Georges Schnek für den Zentralrat der Juden in Belgien und Israel Singer für den World Jewish Congress.

Anmerkungen

Vorwort
Papst Pius XI., die Juden und der
Antisemitismus

1 Mit * markierte Begriffe im Original deutsch (A.d.Ü.).

2 Louis Sala-Molins: »Le Code noir ou le calvaire de Canaan«, PUF, Paris, 1987.

3 Émile Poulat: »Conscience de l'humanité, mémoire de l'inhumanité«, in: »Revue d'éthique et de théologie morale (Le Supplément)«, Nr. 193, Juni 1995, S. 129–148. Ein nach all den Jahren immer noch beeindruckendes Werk bleibt »Die Schuldfrage« von Karl Jaspers (1946). Innerhalb seines Werkes wird es umrahmt von den Arbeiten »Die geistige Situation unserer Zeit« (1931) und »Die Atombombe und die Zukunft der Menschheit« (1958).

4 Während der Konferenzen von Genua und Rapallo und dann in München, wo Pacelli Nuntius war, mit dem sowjetischen Botschafter. Vgl. Antoine Wenger: »Rome et Moscou, 1900–1950«, Desclée de Brouwer, Paris, 1987.

5 Der Brief wurde am 9. Februar 1959 im »L'Osservatore Romano« veröffentlicht.

6 Antoine Wenger: »Rome et Moscou, 1900–1950«, a.a.O.; Paul Lesourd: »Entre Rome et Moscou. Le Jésuite clandestin, Mgr Michel d'Herbigny«, Lethielleux, Paris, 1976.

7 Der von Kardinal Billot verlangte, Pater Le Floch, dem Superior des französischen Seminars in Rom, aufgezwungene Rücktritt.

8 Régis Ladous: »Des Nobel au Vatican«, Cerf, Paris, 1994.

9 Émile Poulat: »Catholicisme, démocratie et socialisme. Le mouvement catholique et Mgr Benigni, de la montée du socialisme à la victoire du fascisme«, Casterman, Tournai-Paris, 1977.

10 Insbesondere Mgr. Hudal, Rektor des Campo Santo Teutonico.

11 Émile Poulat: »L'Église, c'est un monde«, Cerf, Paris, 1986.

12 Andrea Riccardi: »Il ›Partito romano‹ nel secondo dopo guerra (1945–1954)«, Morcelliana, Brescia, 1983.

13 H. Monneray: »La Persécution des Juifs en France et dans les autres pays de l'Ouest, présentée par la France à Nuremberg«, Éd. du Centre de Documentation juive contemporaine, Paris, 1947 (Vorwort von René Cassin, Einleitung von Edgar Faure).

14 Fritz Sandmann: »Die Haltung des Vatikans zum Nationalsozialismus im Spiegel des ›Osservatore romano‹ (von 1929 bis zum Kriegsausbruch)«, Dissertation, Darmstadt, 1965; eine deutsche Untersuchung, von einem christdemokratischen Verleger [ins Franz.] übersetzt und veröffentlicht, in der der Rassismus und Antisemitismus mit keinem Wort erwähnt werden.

15 Zwei mit reichlich Dokumentationsmaterial ausgestattete Werke: Jean Levie: »La Bible, parole humaine et message de Dieu«, Desclée de Brouwer, Paris, 1958; Pierre Grelot: »La Bible, parole de Dieu«, Desclée de Brouwer, Paris, 1965.

16 Zur Erklärung »Dignitatis humanae« (1965) über die Religionsfreiheit, dem am

mühsamsten erarbeiteten Text des Zweiten Vatikanischen Konzils, gab es sieben auf-
einanderfolgende Fassungen, deren Untersuchung sehr aufschlußreich ist.

17 Edizioni di storia e letteratura, Rom, 1957 (ein Band in 4), mit einer Ergänzung
1991 im gleichen Verlag.

18 Étienne Gilson: »Le Philosophe et la Théologie«, Fayard, Paris, 1960, S. 197 f. In der
Tat kann man das Fehlen einer »Übersetzungsgeschichte« von Enzykliken nur bedauern.

19 Ebd. Georges Van Riet (Louvain), der diesen Text ebenfalls zitiert, führt ein Beispiel
an: die Schwierigkeit, in der Enzyklika »Aeterni patris« (1879) den Ausdruck
»christliche Philosophie« zu verstehen, deren Wiederherstellung sie zum Thema hat
(»Revue philosophique du Louvain«, 1982, S. 35–63).

20 Jean Tonneau: »Le Pape, la guerre et la paix. Pie XII a-t-il parlé?«, Cerf, Paris, 1942.

21 J. H. Nota SJ: »Edith Stein und der Entwurf für eine Enzyklika gegen Rassismus und
Antisemitismus«, in: »Freiburger Rundbrief«, 1974, S. 35–41. Hatte Pius XI. die
Bitte zur Hand oder im Gedächtnis, die ihm im April 1934, knapp vor ihrem Eintritt
in den Karmelitinnenorden, Edith Stein, die konvertierte deutsche Jüdin, die in
Auschwitz verbrannt und 1987 von Johannes Paul II. seliggesprochen wurde, in
einem versiegelten Umschlag überbringen ließ? Sie war die erste, die die Idee zu dieser Enzyklika hatte, zu früh.

22 Beginn der »Erklärung der Gemeinsamen Synode der Bistümer der Bundesrepublik
Deutschland« (Würzburg, 22. November 1975), abgedruckt in: »Freiburger Rundbrief«, 1975, S. 5.

23 »Nostra aetate«, abgedruckt in: Karl Rahner/Herbert Vorgrimler (Hrsg.): »Kleines
Konzilskompendium – Sämtliche Texte des Zweiten Vatikanums«, Herder, Freiburg
im Breisgau, 18. Aufl. 1985, S. 358 f.

24 »Bis zum Ende stellten sie der Front des Unglaubens und des Hochmuts geduldig
und entschieden die Front des Glaubens, des Gebets, wahrhaft katholischer Haltung
und Erziehung entgegen« (Konsistorialansprache am 2. Juni 1945, »La Documentation catholique«, Nr. 941, 24. Juni 1945, col. 451–452).

25 Émile Poulat: »Antifascisme et nazisme«, in: »La Croix-L'événement«, 1. September
1989.

26 »Divini Redemptoris«, Abs. 25. Darauf wird Kardinal Granito di Belmonte, der
Doyen des Heiligen Kollegiums, Bezug nehmen, wenn er sich mit folgenden Worten
an den Papst wendet: »Ihr habt Euch, wie immer schon, als oberster und universeller
Lehrmeister erwiesen, mit scharfem Geist und gut gerüstet« (24. Dezember 1937,
»Actes de S. S. Pie XI.«, Bonne Presse, Paris, 1939, S. 129).

27 R. P. Carré: »La Croix gammée, la Croix de Lorraine, la Croix du Christ«, Éd. du
Mail, Paris, 1946 (Conférences des Ambassadeurs).

28 Die Dissertation von Fabrice Bouthillon aus dem Jahre 1994 trägt den Titel »La
Théologie politique de Pie XI« (Université de Paris-IV, bei J.-M. Mayeur).

29 Karl Marx: »Zur Judenfrage«, in: »Frühe Schriften I«, Stuttgart, 1971, S. 451–487.

30 Aimé Césaire: »Discours sur le colonialisme«, 1955.

31 Als Motto zitiert bei Élisabeth de Fontenay: »Les Figures juives de Marx«, Galilée,
Paris, 1973, S. 9.

32 Quellen: Élie-Aristide Astruc: »Origine et causes historiques de l'antisémitisme«
(1884); Eliézer Lambert: »Les Juifs, la société moderne et l'antisémitisme« (1887);
Edmond Picard (ein belgischer Rechtsanwalt): »Synthèse de l'antisémitisme«
(1892); Anatole Leroy-Beaulieu: »Les Juifs et l'antisémitisme. Israël chez les nations«

(1893, die Artikel sind in »La Revue des deux mondes« 1891 und 1892 erschienen); Bernard Lazare: »L'Antisémitisme, son histoire et ses causes« (1894, der Klassiker); Cesare Lombroso: »L'Antisémitisme« (1894).

33 Émile Poulat: »Liberté, laïcité. La guerre des deux France et le principe de la modernité«, Cujas-Cerf, Paris, 1988; sowie (zusammen mit Jean-Pierre Laurant): »L'Antimaçonnisme catholique«, Berg International, Paris, 1994.

34 Léon Poliakov: »De Voltaire à Wagner«, Bd. III seiner »Histoire de l'antisémitisme«, Calmann-Lévy, Paris, 1968 (Dissertation bei Raymond Aron); Jacob Katz: »Wagner et la question juive«, Hachette, Paris, 1986. Als Schwiegervater von Houston Stewart Chamberlain erscheint Wagner, dessen Werke in Israel nicht aufgeführt werden dürfen, als eine der Symbolfiguren des Nationalsozialismus. Diese lang anhaltende Diskussion um ihn wäre einer eigenen Untersuchung und Analyse wert.

35 Robert Misrahi: »Marx et la question juive«, Gallimard, Paris, 1972.

36 Abbé Pierre Dabry: »Les Catholiques républicains«, Paris, 1905 (diese Leute sind nur ein Teil von denen, die Jules Ferry die »Katholiken des allgemeinen Wahlrechts« genannt hat und die republikanisch wählten). Der Republikaner und Antimodernist Abbé Frémont war ein hartnäckiger Gegner des Antisemitismus. Nicht zu vergessen die Katholiken auf der Seite Dreyfus', angeführt von Paul Viollet, Professor an der »École« in Chartres und Institutsmitglied. Oder der Erzbischof von Algier Mgr. Oury, dem die Niederlage der antijüdischen Kandidaten 1902 in Algerien zu verdanken ist.

37 »Revue d'histoire moderne et contemporaine«, 1962, 4, S. 171–206.

38 Grasset, Paris, 1967.

39 Le Centurion, Paris, 1969 (der Börsenkrach der General Union).

40 Fayard, Paris, 1970 (von Drumont bis Jules Isaac, 1886–1945). Der Autor ist derzeit der Präsident der »Jüdisch-christlichen Freundschaft«.

41 Le Centurion, Paris, 1980 (Vorwort von Jacques Madaule).

42 Presses universitaires de Lyon, Lyon, 1983.

43 Cerf, Paris, 1986.

44 Presses universitaires de Lille, Lille, 1991.

45 Complexe, Paris, 1992.

46 Berg International, Paris, 1992, 2 Bde.

47 »Jacques Maritain et les Juifs«, Desclée de Brouwer, Paris, 1994, S. 7–57.

48 Émile Poulat: »Intégrisme et catholicisme intégral. Un réseau secret international antimodernist: La ›Sapinière‹ (1909–1921)«, Casterman, Tournai–Paris, 1969; sowie: »Catholicisme, démocratie et socialisme« (siehe Anm. 9).

49 Fadieï Lovsky: »Antisémitisme et mystère d'Israël«, A. Michel, Paris, 1955; Erik Peterson: »Le Mystère des Juifs et des Gentils dans l'Église«, DDB, Paris, 1935 (Vorwort von J. Maritain); Jacques Maritain: op. cit. (siehe Anm. 47), S. 195 f.

50 In einem Interview in »Le Monde« vom 9./10. Juli 1995, S. 8.

51 François de Fontette: »Sociologie de l'antisémitisme«, PUF, Paris, 1984 (»Que sais-je?« Nr. 2194).

52 John L. Austin: »Quand dire, c'est faire«, Paris, 1970, frz. Ausgabe von »How to do things with words« (dt.: »Zur Theorie der Sprechakte«, Stuttgart, 1972).

53 Die Wörterbücher datieren [im Französischen] den Begriff *racial [rassisch]* auf das Jahr 1911 und *racisme* auf 1932. *Rasse* ist ein polysemer Begriff, dessen Konnotation mit den ersten beiden seine reiche Geschichte verkennen läßt. – Für das Deutsche vgl. im »Duden«: »Rasse [...] – Abl. rassisch, ›die Rasse betreffend‹ (20. Jhd.)«, A.d.Ü.

54 Marcel Simon: »›Verus Israel‹. Les relations entre juifs et chrétiens sous l'Empire romain«, de Boccard, Paris, 3. Aufl., 1983.

55 Bernhard Blumenkranz: »Le Juif médiéval au miroir de l'histoire«, Éd. Augustiniennes, Paris, 1966.

56 Die Aussagen sind bei F. Lovsky, op. cit., S. 9 (siehe Anm. 49), zitiert. Jeannine Verdès-Leroux bezieht dieselbe Position: »Der Antijudaismus in den ersten drei Vierteln des 19. Jahrhunderts« (op. cit., S. 231). Desgleichen wirft sie Pater Gaston Fessard, dessen Gegnerschaft zum Nationalsozialismus bekannt war und den niemand des Antisemitismus verdächtigen konnte, seinen »christlichen Antijudaismus« vor (S. 254).

57 René Laurentin: »L'Église et les Juifs à Vatican II«, Casterman, Tournai–Paris, 1967; Kardinal Augustin Béa: »L'Église et le peuple juif«, Cerf, Paris, 1967.

58 Der »Matamorus« ist kein »Tartarin« [Figur aus einer Erzählung Alphonse Daudets (1872), A.d.Ü.], sondern wörtlich übersetzt der »Maurenschlächter«.

59 »De l'antijudaisme à l'antisémitisme«, in: »Réforme«, 25. Juni 1994 (eine von der reformierten »Église de l'Étoile« in Paris veranstaltete Vortragsreihe über den Antisemitismus und die Kirchen).

Vorbemerkung

1 Päpstliche Kommission Gerechtigkeit und Frieden: »L'Église face au racisme. Pour une société plus fraternelle«, Rom, 10. Februar 1989, in: »Les Grands Textes de la Documentation catholique« Nr. 75, Beilage zur »Documentation catholique« Nr. 1979, Paris, 5. März 1989, S. 6.

1
Die Suche nach den Dokumenten

1 »National Catholic Reporter« vom 15. und 22. Dezember 1972 sowie vom 19. Januar 1973.

2 Burkhart Schneider SJ: »Una enciclica mancata«, in: »L'Osservatore Romano«, 5. April 1973.

3 LaFarge war von 1926 bis zu seinem Tod im Jahre 1963 ihr Mitarbeiter und von 1942 bis 1948 ihr Chefredakteur.

4 »National Catholic Reporter« vom 15. und 22. Dezember 1972.

5 1972 war Walter Abbott Sekretär der Bibelkommission des Vatikans und Heinrich Bacht Professor für Theologie in Frankfurt (»National Catholic Reporter« vom 22. Dezember 1972, S. 3 u. 4). Robert Graham, der auf die Fragen des Rom-Korrespondeten des »National Catholic Reporter«, Desmond O'Grady, antwortete (»National Catholic Reporter« vom 15. Dezember 1972, S. 8), leitet heute immer noch die Abteilung des Vatikanischen Archivs, die sich mit dem Zweiten Weltkrieg beschäftigt.

6 »National Catholic Reporter« vom 15. Dezember 1972, S. 14–15.

7 Jim Castelli: »A lingering question«, in: »National Catholic Reporter« vom 15. Dezember 1972, S. 10.

8 Professor für Soziologie und Autor von »German Catholics and Hitler's Wars. A Study in Social Control«, Sheed and Ward, New York, 1962 [dt.: »Die deutschen Katholiken und Hitlers Kriege«, Graz, 1965].

9 Das Stück »Der Stellvertreter« von Rolf Hochhuth, das am 17. Februar 1963 in Berlin uraufgeführt worden war, thematisiert das »Schweigen« Pius' XII. angesichts des Antisemitismus der Nationalsozialisten.

10 Gordon Zahn: »The Unpublished Encyclical – an Opportunity Missed«, in: »National Catholic Reporter« vom 15. Dezember 1972, S. 9.

11 »KNA-Nachrichten« (24. Dezember 1972), »Time Magazine« (25. Dezember 1972), »Neue Zürcher Zeitung« (28. Januar 1973), »Der Spiegel« (29. Januar 1973).

12 Begonnen im Jahre 1965; 1973 erschienen sieben Bände. Besagter neue Band, der eine dritte Reihe von Werken mit dem Hauptthema »Der Hl. Stuhl und die Opfer des Krieges« eröffnet, umfaßt den Zeitraum vom Beginn des Pontifikats Pius' XII. im März 1939 bis Ende 1940.

13 »L'Osservatore Romano« (dt. Ausgabe) vom 20. April 1973, S. 7 u. 10.

14 Pater Roger Braun SJ (1910–1981) war in Frankreich einer der Eifrigsten und Großmütigsten, die sich für die jüdisch-christliche Annäherung einsetzten. Vom September 1941 an Feldgeistlicher in Lagern (Gurs, Rivesaltes, Noé, Vernet usw.), in denen Tausende spanischer Republikaner, Antifaschisten und geflohene deutsche Juden interniert waren, half er, eine große Zahl der letzteren zu retten, indem er bei »Amitiés chrétiennes« (mit Germaine Ribière, Abbé Glasberg, Pater Chaillet, unter dem Patronat von Kardinal Gerlier, Pastor Boegner und dem Israelitischen Konsistorium) mitarbeitete. 1944 war er Mitbegründer von »Secours catholique international«. Er war Gründer und Chefredakteur von »Rencontre. Chrétiens et Juifs« (1967–1982).

15 Privatarchiv Georges Passelecqs.

16 Pater Robert Bosc SJ aus Paris ist der Verfasser des Nachrufs auf John LaFarge, der in den »Informations catholiques internationales« Nr. 207 vom 1. Januar 1964 (S. 32) erschienen ist.

17 Privatarchiv Georges Passelecqs. Im Original französisch. Dem Brief lag eine Kopie des Artikels von Burkhart Schneider SJ bei, der eineinhalb Jahre zuvor im »Osservatore Romano« erschienen war (vgl. weiter oben).

18 Privatarchiv Georges Passelecqs.

19 Dr. Johannes H. Nota SJ: »Edith Stein und der Entwurf für eine Enzyklika gegen Rassismus und Antisemitismus«, in: »Freiburger Rundbrief« 1974, S. 35–41; ebenfalls abgedruckt in: »Internationale katholische Zeitschrift« Nr. 5, 1976, S. 154–166.

20 Zitiert nach Teresia Renata de Spiritu Sancto: »Edith Stein«, Glock und Lutz, Nürnberg, 1952. Ursprünglich jüdischer Herkunft, konvertiert Edith Stein 1922 zum Katholizismus und tritt 1933 ins Karmelitinnenkloster in Köln ein. Nach der »Reichskristallnacht« im November 1938 flieht sie ins Karmelitinnenkloster Echt in Holland, wo sie im August 1942 von den Nazis verhaftet wird. Einige Wochen später kommt sie in Auschwitz um. 1987 wurde sie seliggesprochen.

21 J. Nota, a.a.O., S. 36.

22 Ebd.

23 Ebd., S. 38. »Ich persönlich hatte das Glück, in jenen Jahren deutschen Jesuiten zu begegnen, die viel Besseres über Israel zu sagen hatten.« Zum Beispiel Erich Przywara, Wilhelm Klein, Gustav Closen, Augustin Bea. Pater Nota erwähnt des weite-

ren Francisca van Leer und Martin Wijnhoven und wundert sich, daß LaFarge und Gundlach von Desbuquois nicht in das Denken Charles Péguys, Léon Bloys oder Jacques Maritains eingeführt wurden. Vgl. J. Nota, a. a. O., S. 38–40.

24 Aus Gesprächen mit Rabbi Leon Klenicki, dem Direktor der »Abteilung für interreligiöse Angelegenheiten« der »Anti-Defamation League of B'nai B'rith«, mit Rabbi Marc H. Tanenbaum, dem Direktor der »Abteilung für internationale Beziehungen« des »American Jewish Committee«, sowie mit Dr. Eugene Fischer, dem Sekretär der Kommission für die Beziehungen zum Judentum der amerikanischen Bischöfe, die im Juli und August 1987 geführt wurden.

25 Information aus einem Telefongespräch mit Frau Gene Blake, damals Verlagsassistentin, und Jim Castelli, dem ehemaligen Herausgeber des »National Catholic Reporter« am 5. August 1987.

26 Privatarchiv B. Sucheckys. Original auf englisch.

27 Der Briefkopf lautet: »Archivum Romanum Societatis Jesu«. Den Brief erhielt B. Suchecky von J. Nota. Original auf französisch.

28 Edward S. Stanton SJ: »John LaFarge's Understanding of the Unifying Mission of the Church, Especially in the Area of Race Relations« (Thesis presented to the Faculty of Theology, Saint Paul University, Ottawa, in partial fulfillment of the requirements for the degree of Doctor of Philosophy, Ottawa, Canada, 1972, 312 S. Edward Stanton, amerikanischer Jesuit, wurde 1916 in Boston geboren und lehrte an einem Jesuitenkolleg in Massachusetts.

29 Ebd., Kap. V, S. 168–199.

30 Er gibt allerdings an, daß »am 22. Dezember 1970 [der Autor] Seine Heiligkeit Papst Paul VI. in einem Brief um die Erlaubnis gebeten hat, diese Texte verwenden zu dürfen. Am 28. Januar 1971 antwortete ihm Seine Exzellenz J. Benelli, daß ›ich mich freue, Ihnen mitteilen zu können, daß Sie hinsichtlich Ihrer Bitte, Auszüge des vom verstorbenen John LaFarge verfaßten Textes über den Rassismus für Ihre Dissertation zu verwenden, freie Hand haben‹« (ebd., S. 180 f.). Des weiteren präzisiert Stanton in der Dankadresse, die seiner Arbeit vorangeht: »Dank gebührt ebenfalls P. Robert Graham SJ [...], der den Teil, der dem Enzyklikaentwurf gewidmet ist, den John LaFarge für Pius XI. verfaßte, gelesen und kommentiert hat, sowie Papst Paul VI. für die Erlaubnis, dieses Dokument verwenden zu dürfen« (ebd., S. II).

31 Johannes Schwarte: »Gustav Gundlach S. J. (1892–1963). Repräsentant und Interpret der katholischen Soziallehre in der Ära Pius' XII. Historische Einordnung und systematische Darstellung« (Inauguraldissertation zur Erlangung der theologischen Doktorwürde beim Fachbereich Katholische Theologie der Westfälischen Wihelms-Universität Münster in Westfalen), 1973, 665 Seiten. Veröffentlicht als Band 9 der Reihe »Abhandlungen zur Sozialethik« (hrsg. v. Wilhelm Weber u. A. Rauscher), Verlag F. Schöningh, München/Paderborn/Wien, 1975.

32 Ebd., Anm. 22, S. 76.

33 Ebd., S. 627.

34 Ebd., S. 79 f.

35 Der Gründer dieser Katholischen Sozialwissenschaftlichen Zentralstelle war Gustav Gundlach selbst, und sein eigenes Archiv bildete den dokumentarischen Grundstock dieser Institution! Siehe auch: »Pro iustitia in mundo«, Katholische Sozialwissenschaftliche Zentralstelle, Mönchengladbach, 1963–1968, Verlag J. P. Bachem, Köln, 1988, S. 15 ff.

36 »Dem Mikrofilm liegt eine Liste mit dem Inhalt des Mikrofilms bei sowie Kopien

meiner Korrespondenz mit Prof. Johannes Schwarte – dem ich ebenfalls eine Kopie desselben Mikrofilms schickte, den Sie soeben erhalten haben.« Brief Th. Breslins an B. Suchecky vom 20. November 1987 aus Miami. Sein Brief an J. Schwarte datiert vom 23. Februar 1973 aus Charlottesville.

37 Im einzelnen: einen französischen Text von 119 maschinengeschriebenen Seiten mit dem Titel »HUMANI GENERIS UNITAS« (handschriftliche Anmerkung J. LaFarges); einen englischen Text von 99 maschinengeschriebenen Seiten, übersät mit Streichungen und handschriftlichen Korrekturen. Nur die nicht durchgestrichenen Passagen stimmen exakt mit dem französischen Text überein. Am Kopf der ersten Seite eine handschriftliche Anmerkung LaFarges, die mit den Worten beginnt: »The Unity of the human race . . .«; Teile der (oder die gesamte?) Korrespondenz zwischen LaFarge und seinen Vorgesetzten in New York und Rom zwischen Juni und September 1938. Diese verschiedenen hand- oder maschinengeschriebenen Briefe sind in englischer oder französischer Sprache verfaßt; sechs Briefe (15 maschinengeschriebene Seiten) in deutscher Sprache von Gustav Gundlach aus Rom an John LaFarge nach New York. Der erste datiert vom 16. Oktober 1938, der letzte vom 30. Mai 1940; diverse Zeitungsausschnitte (»New York Times«, »L'Osservatore Romano«) aus einem Zeitraum vom Sommer 1938 bis zum Sommer 1940.

38 Paul Droulers: »Politique sociale et christianisme. Le Père Desbuquois et l'Action populaire«, Bd. 2, »Dans la gestation d'un monde nouveau (1919–1946)«, Éditions ouvrières, Paris, 1981, Anm. 110, S. 37.

39 Privatarchiv B. Sucheckys. Original auf deutsch.

40 Privatarchiv G. Passelecqs. Original auf deutsch.

41 Privatarchiv B. Sucheckys. Original auf deutsch.

42 Privatarchiv Georges Passelecqs. Original auf französisch.

43 Dennoch hatte Pater Vincent P. McCormick, der Rektor der päpstlichen Universität Gregoriana, am 31. Oktober 1939 an John LaFarge geschrieben: »Ihr Dokument ist ohne Schwierigkeiten bei uns angelangt und wird in unserem Archiv aufbewahrt« (siehe weiter unten Kap. 5). Wurde es danach vernichtet? Oder in andere Archive überführt? Oder später an LaFarge zurückgeschickt?

2
Der Auftrag zu »Humani generis unitas«
(Mai bis Juni 1938)

1 Spesenantrag, 11. April 1938, Mikrofilm 3.

2 Brief LaFarges an Talbot, London, 7. Mai 1938, Mikrofilm 5. Notiz mit Datum vom 3. Juli 1938 in Paris, Mikrofilm 13.

3 John LaFarge: »Un Américain comme les autres«, Alsatia, coll. »Sagesse et Cultures«, hrsg. v. Jacques Maritain, Paris, 1959, S. 207. Originalausgabe: »The Manner is Ordinary«, Harcourt, New York, 1954.

4 Väterlicherseits bretonischen Adels – sein Großvater väterlicherseits hatte unter Napoleon gedient –, stammte John LaFarge (1880–1963) mütterlicherseits in direkter Linie von Benjamin Franklin ab. Sein Bruder Grant, ein Freund Theodore Roosevelts, und sein Onkel George haben die St.-John-The-Divine-Kathedrale in Manhat-

tan mitgestaltet. Für dieses Kapitel haben wir uns folgender Quellen bedient: John LaFarge: autobiographische Aufzeichnungen, Mikrofilm 1 und 2; ders.: »Un Américain comme les autres«, a. a. O.; ders.: »Interracial Justice«, America Press, New York, 1937, 1942 unter dem Titel »The Race Question and the Negro« neu aufgelegt; die Doktorarbeit von Edward Stanton SJ., a. a. O.; Nachruf von Pater Robert Bosc SJ auf LaFarge in: »Informations catholiques internationales« Nr. 207, 1. Januar 1964, S. 32.

5 Als Erwachsener beherrschte er Französisch, Deutsch, Spanisch, Portugiesisch, Italienisch, Russisch, Polnisch, Tschechisch, Slowakisch, Dänisch, Niederländisch, Esperanto, Schwedisch, Isländisch, Latein, Griechisch, Hebräisch, Syrisch, Aramäisch und Gälisch (E. Stanton, a. a. O., S. 13)!

6 E. Stanton, a. a. O., S. 187.

7 J. LaFarge 1931 in: »America«, zitiert in E. Stanton, a. a. O., S. 117–119.

8 J. LaFarge, zitiert in E. Stanton, a. a. O., S. 107–109.

9 J. LaFarge: »Interracial Justice«, a. a. O., S. VIII.

10 Ebd., S. 13 und S. 16.

11 Ebd., S. 19–21 und S. 26.

12 Ebd., S. 77.

13 Ebd., S. 77 f.

14 Ebd., S. 78–83. Dabei ist natürlich klar, daß »die grundlegenden Menschenrechte den Schwarzen nicht als Schwarzen zustehen, sondern schlicht und einfach als Mitgliedern der Menschenfamilie. Die Menschenrechte sind sowenig Rechte der Schwarzen, wie sie auch keine Rechte der Weißen oder der Rothaarigen sind. Sie leiten sich aus den wesentlichen Grundlagen unserer Natur ab, nicht aus deren zufälligen Merkmalen. Das Bestehen der Schwarzen auf den Menschenrechten als *Rechten der Schwarzen* kann nur das Beharren der Weißen auf sogenannten ›Rechten der Weißen‹ provozieren, die ebenfalls der Grundlage entbehren« (ebd., S. 101).

15 Ebd., S. 98–101.

16 J. LaFarge: »Un Américain . . .«, a. a. O., S. 191.

17 Brief LaFarges an Talbot, Paris, 15. Mai 1938, Mikrofilm 6. Jan Masaryk, Sohn des früheren Präsidenten der tschechoslowakischen Republik (1918–1935), Tomáš G. Masaryk, wird aus Protest gegen das Münchner Abkommen von seinem Posten als Botschafter in London zurücktreten. Nach dem »Prager Putsch« vom Februar 1948 wird man seine Leiche unter dem Fenster seines Büros im Prager Außenministerium finden. Selbstmord? Mord?

18 Die Briefe, die LaFarge während seines gesamten Europaaufenthalts an Talbot schrieb, zeugen von seinem kämpferischen Engagement gegen die »Roten« und von seiner mehr oder weniger starken Sympathie für Franco.

19 Einer der Redakteure von »America«.

20 Brief LaFarges an Talbot, Paris, 17. Mai 1938, Mikrofilm 8.

21 Lateinisch für »Beten wir füreinander«.

22 Mikrofilm 6 und 7.

23 Postkarte aus Koblenz vom 20. Mai 1938. Mit einem Pfeil auf »Oremus« hinzugefügt und signiert: »Code: es steht sehr schlecht, schlechter, als Sie sich vorstellen können.« Mikrofilm 11. Siehe auch Mikrofilm 36.

24 John LaFarge: »Un Américain . . .«, a. a. O., S. 194.

25 Ebd., S. 195.

26 Ebd.

27 Ebd., S. 196.

28 Ebd., S. 197.

29 Ebd., S. 198 f.

30 Ebd., S. 200. Der Eucharistische Weltkongreß in Budapest dauerte vom 26. bis zum 30. Mai 1938.

31 Seine Haltung gegenüber dem im April 1941 von Ante Pavelić ausgerufenen Unabhängigen Staat Kroatien bleibt sehr umstritten. Sie brachte ihm 1946 eine Verurteilung zu sechzehn Jahren Zwangsarbeit durch das Volkstribunal in Zagreb ein. LaFarge beschrieb ihn 1954 als eifrigen Verteidiger von Religion, Recht und Gerechtigkeit, als überzeugten Antirassisten, der »gegenüber den Nazi-Eroberern Jugoslawiens und ihren Verbündeten der Ustascha eine mutige Sprache« sprach (vgl. LaFarge: »Un Américain ...«, S. 201 f.). In jüngerer Zeit meinte ein französischer Historiker: »wenn Mgr. Stepinac den Kroatischen Staat nicht verurteilen wollte (...) und wenn er glaubte, nur dessen Taten verurteilen zu müssen, dann geschah dies nicht im geringsten aus Sympathie für irgendeinen Totalitarismus, sondern in der Absicht, diejenige Institution nicht in ihren Grundfesten zu treffen, die ihm trotz allem für die Unabhängigkeit seines Volkes notwendig erschien« (Xavier de Montclos: »Les Chrétiens face au nazisme et au Stalinisme. L'Épreuve totalitaire, 1939–1945«, Plon, Paris, 1983, S. 174).

32 J. LaFarge: »Un Américain ...«, a. a. O., S. 202.

33 Brief LaFarges an Talbot, Rom, 8. Juni 1938, Mikrofilm 13. In einem am 4. Juni aus Rom an Talbot geschickten Telegramm gibt John Delaney SJ, ebenfalls amerikanischer Jesuit, allerdings an: »LaFarge kommt heute nachmittag an. Ich werde ihn vom Bahnhof abholen.« Mikrofilm 14.

34 J. LaFarge: «Un Américain ...«, a. a. O., S. 203.

35 Ebd.

36 Brief LaFarges an Talbot, Rom, 8. Juni 1938, Mikrofilm 13.

37 Ebd.

38 John LaFarge: »Un américain ...«, a. a. O., S. 205.

39 Eintrittskarte vom 22. Juni 1938, Mikrofilm 16.

40 J. LaFarge: »Un Américain ...«, a. a. O., S. 205–207.

41 Unterstrichen und auf französisch im Text. Handschriftlicher Zusatz LaFarges auf dem Dokument: »jedermann«.

42 Unterstrichen und auf französisch im Text. Handschriftlicher Zusatz LaFarges: »mit Nachdruck auf diesen Worten«.

43 Handschriftlicher Zusatz: »natürlich wird man sorgsam darauf achten, es dem H.H. Pater General zu übergeben«.

44 Zur Erinnerung: Pater Maher ist der amerikanische Assistent des Ordensgenerals; Pater McCormick ist Rektor der päpstlichen Universität Gregoriana; Pater Philipps ist der Prinzipial von New York und Pater Ouince der von Paris; Pater Killeen ist der amerikanische Stellvertreter des Generals, und »die beiden Männer, die man mich zu konsultieren bat«, sind die Patres Gundlach und Desbuquois.

45 Auf französisch im Text. Brief LaFarges an P. Murphy mit Datum vom 3. Juli 1938 aus Paris, Mikrofilm 18.

46 Auf französisch im Text. Zeugnis H. Bachts für T. Breslin: »National Catholic Reporter«, 15. Dezember 1972, S. 8.

47 Handschriflicher Zusatz: »justice interraciale«.

48 Undatiert; auf einem Blatt mit dem Briefkopf der »Pontificia Università Gregoriana,

Piazza della Pilotta – Roma 101«, darüber »AMDG«; auf französisch; im Text unterstrichen, Mikrofilm 19.

49 Dort empfängt ihn »ein alter Freund, Pater Albert Le Roys SJ, der seit einigen Jahren beim ›Bureau International du travail‹ für die Beziehungen mit der Kirche zuständig ist«, J. LaFarge: »Un Américain ...«, a.a.O., S. 208.

50 Schreiben LaFarges an Murphy vom 3. Juli 1938, Mikrofilm 18.

3
Die Abfassung
(Juli bis September 1938)

1 John LaFarge: »Un Américain comme les autres«, a.a.O., S. 211.

2 Quellen: Paul Droulers SJ: »Politique sociale et christianisme. Le Père Desbuquois et l'›Action populaire‹«, Bd. I: »Débuts. Syndicalisme et intégristes (1903–1918)«; Bd. II: »Dans la gestation d'un monde nouveau (1919–1946)«, Les Éditions ouvrières et les Presses de l'Université grégorienne«, Paris/Rom, 1969 und 1981; Johannes Schwarte: »Gustav Gundlach SJ (1892–1963). Repräsentant und Interpret der katholischen Soziallehre in der Ära Pius' XII. Historische Einordnung und systematische Darstellung« (Dissertation an der Fakultät für Katholische Theologie an der Westfälischen Wilhelms-Universität Münster), 1974, veröffentlicht in der Reihe: »Abhandlungen zur Sozialethik«, Bd. 9, Schöningh, München/Paderborn/Wien, 1975; Anton Rauscher: »Gustav Gundlach, 1892–1963«, Schöningh, Paderborn/München/Wien/Zürich, 1988; Anton Losinger: »Gerechte Vermögensverteilung. Das Modell Oswald von Nell-Breunings«, in: »Abhandlungen zur Sozialethik« Bd. 34, Schöningh, Paderborn/München/Wien/Zürich, 1994.

3 Geboren 1869. Trat 1889 ins Noviziat des Jesuitenordens ein. 1959 gestorben.

4 Geboren im Jahre 1892, 1924 zum Priester geweiht, 1963 gestorben. Sein Noviziat, das er bei den Jesuiten in Tisis im Jahre 1912 begonnen hatte, wurde durch den Krieg unterbrochen. »Wer den Kampf an der Front und das Elend in den Lazaretten gesehen hat, der ist erkenntnistheoretisch kein Skeptiker mehr; für ihn ist die Realität der Außenwelt eine Evidenz.« Zitiert in: J. Schwarte, a.a.O., S. 17.

5 J. Schwarte, a.a.O., S. 20.

6 Ebd. Der Name Pater Leibers (1887– ?) wird im Zusammenhang mit den Enzykliken »Mit brennender Sorge« und »Humani generis unitas« noch einmal auftauchen. 1906 in den Jesuitenorden eingetreten und elf Jahre später zum Priester geweiht, hatte er von 1923 bis 1929 den Lehrstuhl für Kirchengeschichte im Studienhaus seines Ordens in Valkenburg, sodann an der päpstlichen Universität Gregoriana in Rom inne. Siehe Carlo Falconi: »Le Silence de Pie XII«, Le Rocher, Monaco, 1965, S. 87, Anm. 26.

7 Später wird Gundlach jene Kreise anprangern, »die mit den für katholische Ohren besonders klingenden Begriffen wie ›Gemeinschaft‹, ›Autorität‹, ›Führung‹ arbeiteten. Antiintellektualistischer Emotionismus in der Jugendbewegung, historizistischer Glaube an eine angeblich durch den Solidarismus unterbrochene ›katholischsoziale Einheitslinie‹, liturgizistisch-supranaturalistische Entwertung des Naturrechts [...], dies alles unterspülte im katholischen Boden die Fundamente der Weimarer Demokratie und sollte einmal auch Wasser auf die Mühlen der hitlerischen

›nationalen Einigung‹ leiten.« Gustav Gundlach: »Meine Bestimmung zur Sozialwissenschaft«, unveröffentlichte autobiographische Aufzeichnungen, Rom, 23. Februar 1962; zitiert in J. Schwarte, a. a. O., S. 30.

8 Im Jahre 1890 gegründet, arbeitete der »Volksverein« beharrlich darauf hin, daß den Katholiken zunächst im Kaiserreich und dann in der Republik der ihnen gebührende Platz in der Politik eingeräumt werde. Was den »Königswinterer Kreis« betrifft, der im Jahre 1930 gerade zu dem Zwecke gegründet worden war, den »Volksverein« mit neuem Leben zu erfüllen, so zählten zu seinen Mitgliedern herausragende Repräsentanten der katholischen Sozialbewegung, Wirtschaftsexperten, Sozialwissenschaftler und Theologen wie Theodor Bauer, Götz Briefs, Paul Jostock, Rudolf Kleibach, Oswald von Nell-Breuning, Heinrich Rommen oder Joseph van der Velden (der spätere Bischof von Aachen; damals oberster Leiter des »Volksvereins«). Siehe Oswald von Nell-Breuning: »Der Königswinterer Kreis und sein Anteil an Quadragesimo Anno«, in: »Soziale Verantwortung. Festschrift für Götz Briefs« (hrsg. von J. Broevmann u. Ph. Herder-Dorneich), Berlin, 1968; zitiert bei Anton Losinger, a.a.O., S. 23.

9 Zitiert in J. Schwarte, a. a. O., S. 32.

10 Oswald von Nell-Breuning: »Der Königswinterer Kreis und sein Anteil an ›Quadragesimo Anno‹«, in: »Soziale Verantwortung. Festschrift für Götz Briefs« (hrsg. v. J. Broermann u. Ph. Herder-Dorneich), Berlin, 1968, S. 103, 109 f., 118. Zitiert in J. Schwarte, a. a. O., S. 38 f.

11 Paul Droulers, a. a. O., II., S. 153.

12 Ebd., S. 153–155.

13 P. Droulers, a. a. O., S. 333 f., Anm. 100.

14 Ebd., S. 196–198.

15 Tatsächlich wurden die Ideen Gundlachs vor allem in der Folge durch die Soziallehre Pius' XII. bestätigt. Gundlach war es, der die Konzepte seiner Reden und Erklärungen entwarf wie auch seine seither berühmt gewordenen Weihnachtsansprachen, wenngleich dieser Papst keine spezifische Sozialenzyklika veröffentlicht hat (Anton Rauscher: »Gustav Gundlach, 1892–1963«, a. a. O., S. 7).

16 Vgl. J. Schwarte, a. a. O., S. 51–53.

17 Wir werden auf dieses Dekret im 5. Kapitel zurückkommen.

18 »Lexikon für Theologie und Kirche«, 2. Aufl., Herder, Freiburg i. Br., 1930, Bd. 1, S. 504 f.

19 Quellen: Johannes Schwarte, a.a.O., S. 66–71; Guenter Lewy: »Die katholische Kirche und das Dritte Reich«, aus d. Amer. übs. v. H. Schulz, München, 1965, S. 238; Alain Fleury: »›La Croix‹ et l'Allemagne«, Cerf, Paris, 1986, S. 287–290; D. O'Grady in: »National Catholic Reporter« vom 15. Dezember 1972; »La Documentation catholique«, XX. Jg., Bd. 39, Nr. 870, 20. April 1938, S. 451–474.

20 Faksimile des Typoskripts abgedruckt in: Maximilian Liebmann: »Theodor Innitzer und der Anschluß. Österreichische Kirche 1938«, Graz/Wien/Köln, 1988, S. 77.

21 Ebd., S. 453; abgedruckt auch in: Georg Denzler/Volker Fabricius (Hrsg.): »Die Kirchen im Dritten Reich. Christen und Nazis Hand in Hand?«, Frankfurt am Main, 1988, Bd. 2 (Dokumente), S. 167.

22 »Gewöhnlich nahmen die preußischen Bischöfe und die Bischöfe der oberrheinischen Provinz daran teil. Der Erzbischof von München und Freising vertrat die bayerischen Bischöfe, die ihrerseits in der Freisinger Bischofskonferenz zusammengeschlossen waren; so bekam die Versammlung ›gesamtdeutschen‹ Charakter« (G. Lewy, a. a. O., S. 24).

23 Die englische Presse zum Beispiel wird Kardinal Innitzer mit dem Spitznamen »the Heil Hitler cardinal« belegen. Siehe »La Documentation catholique«, a.a.O., S. 454f.; G. Lewy, a.a.O., S. 187.

24 »La Documentation catholique«, a.a.O., S. 55.

25 Zeitschrift der SS.

26 »La Documentation catholique«, a.a.O., S. 456–458; in deutscher Sprache zu großen Teilen abgedruckt in den »Neuen Zürcher Nachrichten« Nr. 79 vom 4. April 1938 sowie in: J. Schwarte, a.a.O., S. 66–68.

27 »L'Osservatore Romano« vom 4. und 5. April 1938, zitiert in »La Documentation catholique«, a.a.O., S. 459.

28 J. Schwarte, a.a.O., S. 71 (Zitat aus: G. Gundlach: »Meine Bestimmung zur Sozialwissenschaft«, maschinenschriftliche autobiographische Aufzeichnungen, Rom, 23. Februar 1962, S. 8).

29 Mit Datum vom 6. April 1938, abgedruckt in der deutschen Ausgabe des »Osservatore Romano« vom 7. April und in der italienischen Ausgabe vom 8. April. Hier zitiert nach: Denzler/Fabricius (Hrsg.), a.a.O., S. 168f.

30 Durch zwei gleichlautende, in Latein abgefaßte Telegramme des Jesuitenprovinzials in Prag und des Rektors des Jesuitenkollegs in Maastricht, die ihrerseits von Prälat Hermann Josef Schmitt, dem Generalsekretär des Reichsverbandes der katholischen Arbeitervereine, gewarnt worden waren (J. Schwarte, a.a.O., S. 71).

31 In den Wochen nach dem 12. März wurden allein in der Stadt Wien 79000 Menschen verhaftet. Die österreichischen Sozialdemokraten, Christlichsozialen, Monarchisten und Nationalisten wurden an einem freien Wahlkampf gehindert; die Kommunisten waren bereits vogelfrei. Die Wahlkabinen waren so konstruiert, daß die Entscheidung der Wähler den aus österreichischen Nationalsozialisten gebildeten Wahlkommissionen nicht entgehen konnte. (Siehe William L. Shirer: »Aufstieg und Fall des Dritten Reiches«, übs. v. W. und M. Pferdekamp, Köln/Berlin, 1961, S. 333ff.)

32 »Die Sommerferien 1938 verbrachte ich in schwerer Arbeit und Hitze im Häusermeer von Paris. Die Arbeit bestand darin, mit einem anderen ein Dokument vorzubereiten, das Pius XI. als Grundlage für eine Enzyklika dienen sollte. Der Papst beabsichtigte, den Standpunkt der kirchlichen Soziallehre zu Staat, Nation und Rasse systematisch darzulegen« (G. Gundlach: »Meine Bestimmung...«, a.a.O., S. 8; zitiert in J. Schwarte, a.a.O., S. 78).

33 Brief von Heinrich Bacht an J. Schwarte vom 5. März 1973, zitiert in Schwarte, a.a.O., S. 78f.

34 Handschriftliche Bemerkung in der linken oberen Ecke.

35 Ohne Unterschrift; Brief von Talbot an LaFarge vom 13. Juli 1938; Mikrofilm 22. Original auf englisch.

36 Murphy an Talbot, handschriftliche Notiz vom 18. Juli 1938, Mikrofilm 24. Original auf englisch.

37 Zu dieser Ansprache siehe 5. Kapitel.

38 Ledóchowski an LaFarge, Neapel, 17. Juli 1938, Mikrofilm 27.

39 Telegramm von LaFarge an Talbot, Paris, 21. Juli 1938, Mikrofilm 26. Original auf englisch.

40 Talbot an Murphy, 22. Juli 1938, Mikrofilm 25. Original auf englisch.

41 Ledóchowski an LaFarge, Neapel, 26. Juli 1938, Mikrofilm 29.

42 Brief LaFarges an Talbot, Paris, 5. August 1938, Mikrofilm 31.

43 LaFarge an Talbot, Paris, 11. August 1938, Mikrofilm 32. Original auf englisch.
44 In einem vom 13. August datierenden Brief aus New York teilt Talbot LaFarge mit, daß »wir Ihren Artikel über Deutschland nicht veröffentlicht haben, weil er zu positiv zu sein schien. Ich glaube, daß Sie in Ihrer Freundlichkeit die Bedingungen, die den Katholiken auferlegt wurden, besser gezeichnet haben, als sie es wirklich sind.« Mikrofilm 33.
45 LaFarge an Talbot, Paris, 23. August 1938. Mikrofilm 36. Original auf englisch.
46 Ledóchowski an LaFarge, Frascati, 31. August 1938. Mikrofilm 34.
47 Ledóchowski an LaFarge, Frascati, 1. September 1938, Mikrofilm 37.
48 LaFarge an Talbot, Paris, 2. September 1938, Mikrofilm 38. Original auf englisch.
49 LaFarge an Talbot, Paris, 18. September 1938, Mikrofilm 39. Original auf englisch.
50 John LaFarge: »Un Américain...«, a.a.O., S. 207f. In seinem letzten Brief an La-Farge berichtete Talbot mit Datum vom 29. September, daß »wir diese Woche alle aus der Ferne den Kriegslärm vernahmen, der in Europa allerorten zu hören ist. Obwohl niemand von uns denkt, daß diesen Samstag der Krieg erklärt werden wird, haben wir starke Befürchtungen. Der Krieg scheint unvermeidlich, und wenn er nicht unmittelbar jetzt ausbricht, so wird er schließlich auf alle Fälle ausbrechen und vielleicht das Ende der europäischen Zivilisation bedeuten [...]« (Mikrofilm 40).
51 Mikrofilm 42.
52 »Das Grollen des Kriegs wurde immer nachdrücklicher. Eines Tages läutete, während wir nach dem Mittagessen im Rekreationssaal der Patres in der Rue Monsieur zusammensaßen, das Telefon im Büro des Pater Superior. Kurze Zeit später kam er und verkündete uns: ›Herr Daladier und Herr Chamberlain werden in München mit Hitler zusammentreffen: alles wird gutgehen.‹ Meine Rückkehr nach Hause war gesichert« (John LaFarge: »Un Américain...«, a.a.O., S. 213).

4
Was ist mit dem Entwurf geschehen?
(Oktober 1938 bis Mai 1940)

1 Alle auf deutsch.
2 Pater Vincent P. McCormick, Rektor der päpstlichen Universität Gregoriana.
3 Eure Hochwürdigkeit.
4 Das Borgo Santo Spirito, Adresse des Sitzes des Ordensgenerals in Rom.
5 Der deutsche Assistent.
6 Pater Ledóchowski, der Ordensgeneral der Jesuiten.
7 Anspielung auf den »Fischerring«, den der Papst trägt. Mit anderen Worten: Pius XI.
8 Brief Gundlachs an LaFarge aus Rom vom 16. Oktober 1938, Mikrofilm 41.
9 Brief Killeens an LaFarge, Rom, 27. Oktober 1938, Mikrofilm 43. Original auf englisch.
10 D. Mondrone SJ: »Il Padre Enrico Rosa D.C.D.G. In Memoriam Patris«, in: »La Civiltà Cattolica«, Bd. IV, quad. 2124, 9. Dezember 1938, S. 481–496. Die »Sphinx des Modernismus«, auf die der Autor anspielt, ist Ernesto Buonaiuti; P. Rosa ging im Kampf gegen ihn sogar so weit, seine Exkommunikation zu fordern.

11 Giuseppe de Luca im »Osservatore Romano« vom 27. Dezember 1936, zitiert von D. Mondrone, a. a. O., S. 490–491.

12 Der Mikrofilm enthält zu diesem Thema zwei aus den Nummern der »New York Times« vom 28. und 29. November 1938 ausgeschnittene »Kurzkommentare«: »Papst Pius XI., der diesen Freitag dem Tode bereits nahe war, hat heute seine Amtsgeschäfte beinahe wie gewohnt wiederaufgenommen. Es heißt, er beabsichtige, eine Enzyklika zu den Problemen der Welt zu veröffentlichen [...]. Die Gerüchte, nach denen er die Veröffentlichung einer Enzyklika vorbereite, stützen sich hauptsächlich auf die Ansicht, wonach der Papst davon überzeugt sei, daß eine weitere Serie von Herzattacken ähnlich denjenigen vom letzten Freitag tödliche Folgen hätte. Man denkt folglich, daß er seine Position zu diversen weltweiten Problemen noch einmal bekräftigen möchte, wie die Verurteilung bewaffneter Konflikte und des Kommunismus, sowie den Aufruf an die regierenden Staatsmänner, sich gemeinsam für den Frieden einzusetzen [...].« »New York Times« vom 28. November 1938, Mikrofilm 45. »[...] Wie aus Quellen aus dem Vatikan verlautet, könnte es sein, daß sich die Vorbereitung der Enzyklika, an der der Papst, wie gewisse italienische Kreise bereits seit einiger Zeit bestätigen, arbeitet, aufgrund seiner Krankheit verzögert habe. Gewisse Italiener sind der Ansicht, daß der Papst eine Enzyklika, eine Rede oder die Einberufung eines Konsistoriums vorbereite, um einige Vakanzen im Kardinalskollegium aufzufüllen [...].« »New York Times« vom 29. November 1938, Mikrofilm 46.

13 Wir werden im 5. Kapitel darauf zurückkommen.

14 Vermutlich Pater Robert Leiber SJ.

15 Mussolini.

16 Siehe Anmerkung 13.

17 Gundlach spielt wahrscheinlich auf die vom Naziregime geschürten antisemitischen Gewalttaten in der Nacht vom 9. auf den 10. November 1938 an (»Reichskristallnacht«). Weder die deutschen Bischöfe noch der Vatikan ließen damals das geringste Wort des Protests verlauten.

18 Der amerikanische Bischof. Wir sind nicht in der Lage zu präzisieren, worauf hier angespielt wird.

19 Brief Gundlachs an LaFarge, Rom, 18. November 1938, Mikrofilm 44.

20 Brief Pater Zacheus J. Mahers SJ an LaFarge, Rom, 3. Januar 1939, Mikrofilm 47. Original auf englisch.

21 Das heißt mit dem Ordensgeneral der Jesuiten.

22 Ein im Oktober 1938 verabschiedetes Gesetz gab den ausländischen Juden, die sich nach dem 1. Januar 1919 in Italien niedergelassen hatten, sechs Monate Zeit, um das Königreich und seine kolonialen Besitzungen zu verlassen.

23 Brief Gundlachs an LaFarge, Rom, 28. Januar 1939, Mikrofilm 48.

24 *Admodum reverendus pater noster:* »Unser hochwürdiger Vater«, das heißt Ledóchowski.

25 Pius XII.

26 Pius XI.

27 Lat.: der Respekt vor der Autorität.

28 Pius XII.

29 Der Bischof von Berlin, Mgr. Konrad von Preysing.

30 Brief Gundlachs an LaFarge, Rom, 15. März 1939, Mikrofilm 50.

31 Brief Mahers an LaFarge, Rom, 16. März 1939, Mikrofilm 50. Original auf englisch.

32 Jesuitische Theologiestudenten.

33 Brief Mahers an LaFarge, Ostermontag 1939, Mikrofilm 52. Original auf englisch.

34 John LaFarge SJ: »The Race Question and the Negro. A Study of the Catholic Doctrine on Interracial Justice«, Longmans, Green and Co., New York/Toronto, 1943.

35 John LaFarge: »Racism«, in: »New Catholic Encyclopedia«, The Catholic University of America, McGraw Hill, Washington, D.C./New York/St. Louis/San Francisco/Toronto/London/Sidney, Bd. XII, 1967, S. 54–60. Siehe vor allem die Seiten 57–59.

36 Dem Papst und Ledóchowski.

37 Ledóchowski.

38 Gundlach spielt vermutlich auf die Erklärung des Präsidenten der Vereinigten Staaten, Franklin D. Roosevelt, vom 14. April 1938 an. Stellen wir sie in aller Kürze in ihren Kontext. Seit dem Beginn des Pontifikats Pius' XII. folgten die Ereignisse Schlag auf Schlag, wobei die Spannung in Europa rasch zunahm. Nach der kampflosen Eroberung Österreichs und des Sudetenlandes im April und Oktober 1938 marschierte Hitler am 15. März 1939 in die restlichen Gebiete der Tschechoslowakei ein und bemächtigte sich am 23. März des litauischen Memelgebiets. Seine bisherige Haltung aufgebend, erklärte Chamberlain am 31. März im Unterhaus, daß »Großbritannien und Frankreich der polnischen Regierung jede in ihrer Macht stehende Hilfe zukommen lassen werden« für den Fall, daß Polen angegriffen und Widerstand leisten würde. Tags darauf bekräftigt Hitler, daß »Deutschland gegenüber anderen Völkern keinerlei feindliche Absichten« hege, gibt jedoch am 3. April seinen Generälen den geheimen Befehl, sich darauf vorzubereiten, »wenn nötig jegliche von Polen ausgehende Bedrohung [...] irgendwann ab dem 1. September [endgültig auszuschalten]«. Am 7. April besetzt Mussolini Albanien. Am 13. April antworten Frankreich und Deutschland, indem sie Garantieerklärungen für Griechenland und Rumänien abgeben. Am 15. April trifft in Rom und Berlin ein Appell Präsident Roosevelts ein, der von den Achsenmächten die Zusicherung verlangt, das Territorium einer Reihe von unabhängigen Staaten, darunter Polen, die baltischen Staaten, die UdSSR, Dänemark, Belgien, Frankreich und Großbritannien, weder anzugreifen noch dort einzumarschieren. Hitler reagierte am 28. April mit einer äußerst ironischen und brutalen Rede vor dem Reichstag, in der er es aber sorgsam vermied, auf die vom amerikanischen Präsidenten gestellte präzise Frage zu antworten. Siehe dazu W. Shirer, a.a.O., S. 497–513 [engl. Ausg.!].

39 Gemeint ist Polen.

40 Berlin.

41 Brief Gundlachs an LaFarge, Rom, 10. Mai 1939, Mikrofilm 53.

42 Die Sowjets werden erst am 17. September ins Geschehen eingreifen, unter dem Vorwand, die Ukraine und Weißrußland vor der deutschen Bedrohung schützen zu müssen.

43 »New York Times« vom 27. Oktober 1939, Mikrofilm 52.

44 Es sei angemerkt, daß eine der französischen Ausgaben von »Summi pontificatus« von der »Action populaire« publiziert wurde, daß sie das »nihil obstat« von »G. Desbuquois, Vanveis, de 2a Decembris 1939« trägt und daß sie vom nämlichen Desbuquois ausführlich kommentiert wird. Siehe Action populaire: »L'Encyclique ›Summi Pontificatus‹, 20 octobre 1939. Traduction française avec table analytique et commentaires«, Èditions Spes, Paris, 1939.

45 Brief Vincent McCormicks an LaFarge, Rom, 31. Oktober 1939, Mikrofilm 56. Original auf englisch.

46 Das Banner Luzifers.

47 Brief Gundlachs an LaFarge, Rom, 30. Mai 1940, Mikrofilm 57.

5
Zusätzliche, dem Dossier »Humani generis unitas« beigefügte Dokumente

1 Nennen wir nur die bekanntesten: die Kongregation der Patres und der Schwestern von Unserer Lieben Frau vom Zion (1852), die Erzbruderschaft der Priester für die Rückkehr des Volkes Israel (1905) und deren anglo-amerikanischen Zweig, die Catholic Guild of Israel (1917).

2 Im Artikel »Amici Israel« des »Lexikons für Theologie und Kirche«, Ausgabe von 1930, wird der 6. Juni 1926 genannt.

3 »Pax super Israel« (1926, 4 S.), »Opus sacerdotale: Amici Israel« (1926, 2 S.), »Status Operis« (1927, 4 S.), »Pax super Israel« (I: 1927, 36 S.; II: Juni 1927, 31 S.; III: Januar 1928, 18 S.); so laut der »Nouvelle Revue théologique« Bd. LV, Juli 1928, S. 533–535.

4 Acta Apostolicae Sedis, XX (1928), S. 103 f. Lateinisch in: »Nouvelle Revue théologique«, a. a. O., S. 532–533. Französisch in: René Laurentin: »L'Église et les juifs à Vatican II«, Casterman, Tournai, 1967, S. 104–105. [Deutsch auszugsweise in: Pinchas Lapide: »Rom und die Juden«, Freiburg, 1967, S. 45.]

5 »Nouvelle Revue théologique«, a. a. O., S. 537.

6 Über die Kirche und den Nationalsozialismus siehe insbesondere Guenter Lewy: »Die katholische Kirche und das Dritte Reich«, München, 1965, sowie aus einer anderen Perspektive verschiedene Artikel von Jean-Marie Mayeur in: Jean-Marie Mayeur/Charles Pietri/André Vauchez/Marc Venard: »Histoire du christianisme des origines à nos jours«, Bd. XII, Desclée-Fayard, Paris, 1990, S. 318, S. 327ff., S. 574–586.

7 G. Lewy zitiert durch sein ganzes Buch hindurch zahlreiche Beispiele hierfür.

8 Und das mit Zustimmung der deutschen Hierarchie und des Vatikans. Siehe G. Lewy, a. a. O., Kap. 4, »Die große Versöhnung«, S. 113–132.

9 Die Nürnberger Gesetze datieren vom September 1935.

10 Der Staatssekretär des Vatikans hatte mit Hilfe seiner deutschen Mitarbeiter Mgr. Ludwig Kaas, den Jesuitenpatres Leiber, Bea und Heintrich alle Unterlagen zusammengetragen und legte dem Papst in regelmäßigen Abständen Form und Inhalt des Textes vor. Als dieser Entwurf fertig war, wurde er nochmals den Kardinälen Bertram, Faulhaber und Schult sowie den zu diesem Zweck nach Rom gerufenen Kardinälen von Berlin und Münster unterbreitet. Kardinal Faulhaber soll dem Text den letzten Schliff gegeben haben. Siehe Mgr. Georges Roche/Philippe Saint-Germain: »Pie XII devant l'histoire«, Laffont, Paris, 1972, S. 68. Weisen wir noch kurz darauf hin, daß Pater Augustin Bea (1881–1968), Provinzial der Jesuitenprovinz Süddeutschland, später Beichtvater Pius' XII., 1960 der erste Vorsitzende des Sekretariats für die Einheit der Christen werden wird. Während des Zweiten Vatikanischen Konzils stand er im Brennpunkt der Polemiken und Manöver im Umfeld der Abfassung jenes Textes, der schließlich den vierten Abschnitt der Erklärung »Nostra

aetate« bilden sollte, wobei er stets die der jüdisch-christlichen Annäherung gün-
stigste Position verteidigte. Siehe Stjepan Schmidt SJ: »Agostino Bea il cardinale
dell'unità«, Città Nuova, Rom, 1988.

11 G. Lewy, a.a.O., S. 176.

12 Diese ersten Worte bilden den Titel der Enzyklika.

13 »Mit brennender Sorge«, in: Georg Denzler/Volker Fabricius: »Die Kirchen im Dritten Reich«, Frankfurt am Main, 1984, Bd. 2 (Dokumente), S. 104.

14 Ebd., S. 105.

15 In diesem Fall das Konkordat von 1933.

16 »Mit brennender Sorge«, a.a.O., S. 107–109.

17 Ebd., S. 147.

18 Ebd., S. 110–113.

19 Ebd., S. 117–118.

20 Ebd., S. 118.

21 Ebd., S. 126.

22 Ebd., S. 133–136.

23 Ebd., S. 137–138.

24 Ebd., S. 144–145.

25 Ebd., S. 123–124.

26 Ebd., S. 141–142.

27 Guenter Lewy, a.a.O., S. 178. Dieser Autor liefert ein zusätzliches Element, um unsere Ansicht zu untermauern. Nach scharfen Protesten der deutschen Regierung an
die Adresse der deutschen Bischöfe und des Heiligen Stuhls, wonach die Enzyklika
ein Aufruf zum Kampf gegen die deutsche Staatsführung und eine schwerwiegende
Verletzung der vertraglichen Pflichten aus dem Konkordat darstelle, sendet Kardinal
Pacelli, der Staatssekretär des Vatikans, seinerseits eine Note an die deutsche Regierung, in der er vor allem folgendes klarstellt: »Der Heilige Stuhl [...], der freundliche, korrekte oder wenigstens erträgliche Beziehungen hat zu Staaten der einen wie
der anderen verfassungsmäßigen Form und Richtung, wird niemals sich in die Frage
einmischen, welche konkrete Staatsform ein bestimmtes Volk als die seinem Wesen
und seinen Bedürfnissen entsprechendste ansehen will. Diesem seinem Grundsatz ist
er auch Deutschland gegenüber treu geblieben und beabsichtigt es weiter zu tun.«
Zitiert von Lewy, a.a.O., S. 178.

28 »Mit brennender Sorge«, a.a.O., S. 115–117.

29 Yves de La Brière: »L'histoire religieuse du temps présent. Au dixième anniversaire
des Accords du Latran«, in: »Études«, I, 5. Februar 1939, S. 389–392. Zum
gleichen Thema siehe auch Jean-Dominique Durand: »Le christianisme dans l'Eu-
rope de la première moitié du XXe siècle«, in: Jean-Marie Mayeur u.a., a.a.O.,
S. 371–390.

30 Ebd.

31 Jean-Dominique Durand, a.a.O.

32 Pius XI. hatte das mit Hakenkreuzfahnen beflaggte Rom ostentativ verlassen, um
gegen die von ihm so empfundene Verletzung des Artikels 1 des Konkordats von
1929 zu protestieren, in dem Italien den »heiligen Charakter der Ewigen Stadt, des
Zentrums der katholischen Welt und Ziels von Pilgerreisen« anerkannte und sich
verpflichtete, »in Rom alles zu unterlassen, was zu diesem Charakter im Widerspruch stehen könnte«. Der Papst begab sich also nach Castel Gandolfo, nicht aus
»diplomatischer Unhöflichkeit, sondern einfach deswegen, weil ihm die Luft von Ca-

stel Gandolfo guttut, während ihn die römische Luft krank macht«, präzisierte ironisch der »Osservatore Romano« am 2. Mai. Zitiert in »La Documentation catholique«, 5. Juni 1938, XX. Jg., Bd. 39, Nr. 873, S. 690. Zum »heiligen Charakter« Roms siehe Andrea Riccardi: »Roma ›città sacra‹? Dalla conciliazione all'operazione Sturzo«, Vita e Pensiero, Mailand, 1979.

33 »La Croix« vom 6. Mai 1938, zitiert in »La Documentation catholique«, a. a. O.

34 »L'Osservatore Romano«, 3. Mai 1938; »La Civiltà Cattolica«: Cronaca contemporanea, III, 9.–22. Juni 1938, S. 83; »La Documentation catholique«, XX. Jg., Bd. 39, Nr. 872, 20. Mai 1938, S. 579 [dt. nach der Übersetzung der deutschen Bischöfe vom Sommer 1938 in: Konrad Repgen: »Judenpogrom, Rassenideologie und katholische Kirche 1938«, in: »Kirche und Gesellschaft« Nr. 152/153, Mönchengladbach, 1988]. »Am 3. Mai brachte M. Georges Goyau im ›Figaro‹ eine Zusammenfassung des Textes. ›La Croix‹ veröffentlichte am 11. Mai den vollständigen Text in Form eines an Seine Eminenz Kardinal Baudrillart, den Rektor des Katholischen Instituts in Paris, adressierten Briefes.« Siehe »La Documentation catholique«, XX. Jg., Bd. 39, Nr. 873, S. 690.

35 In Analogie zum gegen die Moderne gerichteten Syllabus von 1864. Siehe »La Documentation catholique«, a. a. O. [dt. in Marmy, a. a. O., S. 42–55].

36 Als Beispiel genannt seien die Vorträge, die Kardinal Baudrillart und Mgr. Bressolles, Rektor und Vizerektor, sowie vier Professoren, R. d'Harcourt, A. de Lapparent, Y. de la Brière und E. Seillière, am Katholischen Institut in Paris gehalten haben und die dann in einem Band mit dem Titel »Racisme et Christianisme« (Flammarion, Paris, 1939) zusammengestellt wurden. Oder auch die Untersuchungen Pater Charles' SJ (Louvain), J. Folliets (Lyon), Pater Lorsons SJ (Straßburg) und E. van Campenhouts (Louvain), die 1939 in der Februarnummer der »Nouvelle Revue théologique« der Katholischen Universität Louvain erschienen waren und dann unter dem Titel »Racisme et Catholicisme« (Casterman, Paris/Tournai, 1939) herausgegeben wurden. Oder schließlich die Predigten und Reden der Kardinal-Erzbischöfe Faulhaber von München (6. November 1938), Schuster von Mailand (13. November 1938), van Roey von Malines, Verdiers von Paris (17. November 1938) und Cerejeira von Lissabon (18. November 1938), auf die wir noch zu sprechen kommen werden. Halten wir fest, daß von all diesen Interventionen nur der Beitrag Pater Charles' dem Antisemitismus als solchem einen Platz einräumt.

37 Pinchas Lapide: »Rom und die Juden«, Freiburg/Basel/Wien, 1967, S. 137.

38 Hier nach dem »Messagero« vom 15. Juli 1938 und der vollständigen Übersetzung in »La Documentation catholique«, 5. September« 1938, XX. Jg., Bd. 39, Nr. 879.

39 »La Documentation catholique«, a. a. O.

40 Siehe 3. Kapitel.

41 »Lehrt alle Völker.«

42 »Ich glaube an die heilige katholische Kirche.«

43 »L'Osservatore Romano« vom 17. Juli 1938, übersetzt und veröffentlicht in »La Documentation catholique«, XX. Jg., Bd. 39, 5. September 1938, S. 1054 f.

44 Nach dem »Osservatore Romano« vom 23. Juli 1938 und der Übersetzung in: »La Documentation catholique«, a. a. O.

45 Auf französisch im Originaltext,

46 »L'Osservatore Romano« vom 30. Juli 1938 veröffentlicht auf der ersten Seite einen »sehr detaillierten Überblick« über diese Erklärung.

47 Der Autor verweist auf den Brief der Heiligen Kongregation der Seminare und Uni-

versitäten vom 13. April, der ohne Kommentar in der »Cronaca contemporanea« der »Civiltà Cattolica«, Nr. III, 9.–22. Juni 1938, S. 83–84 veröffentlicht wurde.

48 Nicht namentlich gezeichneter Beitrag, »Cronaca contemporanea«, in: »La Civiltà Cattolica«, Bd. III, quad. 2115, 29. Juli 1938, S. 277 f.

49 Darüber hinaus hatte in der Nummer vom 8. Juli die Veröffentlichung einer »streng wissenschaftlichen« Studie Pater A. Messineos SJ mit dem Titel »Il problemo della Nazione« begonnen. Sie erschien beinahe in extenso im »Osservatore Romano« vom 21. Juli und vom 13. August 1938 sowie in voller Länge unter dem Titel »Nation et race. Une étude du R. P. Messineo« in »La Documentation catholique« vom 5. September 1938, XX. Jg., Bd. 39, Nr. 879. Diese Studie eröffnete eine praktisch ununterbrochene Serie von Artikeln desselben Autors über das »Problem der Nation« (8. Juli 1938), die »konstitutiven Elemente der Nation und der Rasse« (27. Juli 1938), »Natur und Wesen der Nation« (12. August 1938), über »Nation und Staat« (7. Oktober 1938), über die »Nation und den Staat in der Hierarchie der sozialen Wesen« (10. November 1938), über »Patriotismus, Nationalismus, Internationalismus« (9. Dezember 1938), über »die Suche nach einer Lösung. Klärungen und Unterscheidungen« (25. Januar 1939) usw.

50 Nicht namentlich gezeichnet, »La rivoluzione mondiale e gli ebrei«, in: »La Civiltà Cattolica«, Bd. IV, quad. 1736, 12. Oktober 1922, S. 111–121.

51 Nicht namentlich gezeichnet, »La questione giudaica«, in: »La Civiltà Cattolica«, Bd. VI, quad. 2071, 25. September 1936, S. 37–46.

52 Léon de Poncins: »La Mystérieuse Internationale juive«, Beauchesnes, Paris, 1936, S. 207–211.

53 Joseph Bonsirven SJ: »Sur les ruines du temple«, Grasset, Paris, 1928, zitiert in: »La Civiltà Cattolica«, a. a. O., S. 46. Hier nach dem Original.

54 Nicht namentlich gezeichnete Artikel: »La questione giudaica e il Sionismo«, in: »La Civiltà Cattolica«, Bd. II, quad. 2087, 28. Mai 1937, S. 418–431; »La questione giudaica e le conversioni«, Bd. II, quad. 2088, 11. Juni 1937, S. 497–510; »La questione giudaica e l'apostolato càttolico«, Bd. III, quad. 2089, 23. Juni 1937, S. 27–39.

55 Hilaire Belloc: »Gli Ebrei«, Vita e pensiero, Mailand, 1934.

56 Siehe Anm. 54, dritter zitierter Artikel.

57 Nicht namentlich gezeichneter Artikel »Rivista della stampa. La ›Teoria moderna delle razze‹ impugnata da un acattolico«, in: »La Civiltà Cattolica«, Bd. III, quad. 2113, 24. Juni 1938, S. 62–71. Das fragliche Werk von Dr. Rudolf Laemmel trägt den Titel: »Die menschlichen Rassen. Eine populärwissenschaftliche Einführung in die Grundprobleme der Rassentheorie«, Zürich, 1936.

58 Jüdischer Abstammung, Führer der ungarischen Kommunistischen Partei und der kurzlebigen Räterepublik Ungarn (März–August 1919).

59 M. Barbera SJ: »La questione dei giudei in Ungheria«, in: »La Civiltà Cattolica«, Bd. III, quad. 2114, 8. Juli 1938, S. 146–153. 1953 präzisierte Pater Yves Congar O. P., daß »die katholischen Bischöfe [...] im Ungarn von vor 1939, wo sie Mitglieder des Parlaments waren, die Einrichtung eines *numerus clausus* für den Zugang zu bestimmten Berufen und bestimmten Schulen akzeptiert [haben]. Sie handelten darin als Oberhäupter der Nation in einem Lande, wo die jüdische Minderheit (5,3 % der Bevölkerung) in verschiedenen Bereichen (Presse, Theater usw.) fast die Gesamtheit der Stellungen einnahm oder auf jeden Fall einen höheren Platz innehatte als ihr, selbst bei Berücksichtigung ihres hohen kulturellen Niveaus, ihrer Bedeutung nach zugestanden hätte. Dies ist unter vielen nur ein Beispiel für die Fragen, die im politi-

schen und sozialen Bereich aufkommen können.« Yves Congar O.P.: »Die katholische Kirche und die Rassenfrage«, Recklinghausen, 1961, S. 72 f.

60 »Un tremendo atto di accusa«, in: »Il Regime fascista«, 30. August 1938, zitiert von Enrico Rosa SJ in: »La questione giudaica e ›La Civiltà Cattolica‹«, in: »La Civiltà Cattolica«, Bd. IV, quad. 2119, 22. September 1938, S. 5 [dt. teilw. zitiert in: Lapide, a.a.O., S. 64].

61 Siehe zum Beispiel Enrico Rosa SJ: »La questione giudaica e l'antisemitismo nazionalsozialista«, in: »La Civiltà Cattolica«, Bd. IV, quad. 2024, 13. Oktober 1934, S. 126–136, sowie quad. 2025, 26. Oktober 1934, S. 276–285. Pater Rosa geht in diesen Artikeln auf die gleiche Weise wie im oben zitierten Artikel aus dem Jahre 1938 vor, das heißt, er kritisiert diverse nationalsozialistische Publikationen, die entstellte Zitate des Papstes oder aus der »Civiltà Cattolica« benutzten.

62 »Della questione giudaica in Europa«, veröffentlicht in drei Teilen in: »La Civiltà Cattolica« XIV, Bd. 8, S. 5, 385, 641 und 1890. Siehe Enrico Rosa SJ, a.a.O., S. 6.

63 In einem zweiten Teil, der zu lang ist, um hier zitiert werden zu können, stellt Pater Rosa langwierige, ebenso interessante wie lehrreiche Überlegungen über die Art und Weise an, wie die »antikatholische Strömung« im italienischen Risorgimento zu einer »Entartung seiner anfänglichen, ursprünglich wesentlich christlichen Ideen« führte, sowie über die Rolle, die die Juden bei dieser »Entartung« spielten.

64 Siehe 3. Kapitel.

65 Alle diese Dekrete werden ohne Kommentar in der »Cronaca contemporanea« der »Civiltà Cattolica« wiedergegeben; Bd. III, quad. 2116, 12. August 1938, S. 378; Bd. III, quad. 2118, 9. September 1938, S. 558–561; Bd. IV, quad. 2123, 25. November 1938, S. 471–475; Bd. IV, quad. 2124, 9. Dezember 1938, S. 567; Bd. I, quad. 2125, 31. Dezember 1939, S. 91; Bd. II, quad. 2135, 27. Mai 1939, S. 475–478; Bd. II, quad. 2136, 10. Juni 1939, S. 569–570; etc.

66 »Schaue huldvoll darauf nieder mit gnädigem und mildem Angesicht, und nimm das Opfer an, wie du die Gaben deines Kindes, des gerechten Abel, angenommen hast und das Opfer unseres Patriarchen Abraham und das deines Hohenpriesters Melchisedech [...].« Vgl. Gen. 14, 18; Ps. 109, 4; Hebr. 7, 1–15.

67 Galater 3, 16.

68 Der vollständige Text erschien in: »La Libre Belgique« vom 14. September 1938, abgedruckt in: »La Documentation catholique«, XX. Jg., Bd. 39, Nr. 885, 5. Dezember 1938, col. 1459 f. [dt. zitiert nach Lapide, a.a.O., S. 71]. Siehe auch: René Laurentin: »L'Église et les Juifs à Vatican II«, S. 45 f. und vor allem S. 107 f.

69 In der Einführung zu seinem Artikel in »La Libre Belgique« wies Mgr. Picard darauf hin, daß »der Text, den wir wiedergeben, keinerlei offiziellen Charakter besitzt. [...] Wir hätten nicht ihn veröffentlicht, wenn uns der Heilige Vater nicht dazu aufgefordert hätte.«

70 Am 7. November 1938 schießt ein junger polnischer Jude, Herschel Grynszpan, in Paris einen Beamten der deutschen Botschaft, Ernst von Rath, nieder, der am Morgen des 9. stirbt. An diesem Tag befiehlt Goebbels gegen 22 Uhr, nachdem er mit Hitler darüber gesprochen hatte, den lokalen Organisationen der Nazipartei, auf dem gesamten Gebiet des Reichs vierundzwanzig Stunden lang antijüdischen Terror vom Zaun zu brechen. Die Bilanz: 91 ermordete Juden, weitere 20 000 werden in den darauffolgenden Tagen in Konzentrationslager verschleppt, 267 zerstörte Synagogen, Hunderte geschändeter jüdischer Friedhöfe, Tausende Geschäfte und Privatwohnungen von Juden werden verwüstet und geplündert. Insgesamt entsteht ein

Schaden von 1 Milliarde Reichsmark, eine Summe, die die deutsche jüdische Gemeinde als zusätzliche Repressalie wird begleichen müssen – auch um zu verhindern, daß die deutschen Versicherungen für den Schaden aufkommen müssen.

71 In Frankreich bricht »La Croix« Alain Fleury zufolge mit »dem alten Groll, der bisher durch die antisemitische Tradition des Blattes gehegt worden war« und bringt den Opfern gegenüber Mitleid und Mitgefühl zum Ausdruck, nicht ohne zunächst daran zu erinnern, daß »man wohl den Anteil kennt, den einige unter ihnen an der blutigen Revolution des Bolschewismus hatten; doch ihr Leid im Reich macht jeden anderen Aspekt dieser schmerzlichen Frage vergessen« (»La Croix«, 27./28. November 1938). Jedoch hat, wie Alain Fleury konstatiert, »›La Croix‹ die Verfolgung der Juden durch die Nazis im Zusammenhang mit dem Novemberpogrom von 1938, von zumeist anonymen und auf den inneren Seiten gedruckten, mit heißer Feder hingeworfenen Kommentaren abgesehen, weder direkt noch ›offiziell‹ verurteilt (wie es zum Beispiel durch einen Leitartikel von Pater Merklen hätte geschehen können«; Alain Fleury: »›La Croix‹ et l'Allemagne. 1930–1940«, Cerf, Paris, 1986, S. 324 f.). »Études« bezieht ebenfalls nicht offiziell Stellung, obwohl Yves de La Brière in diesem Blatt »die abscheulichen und unmenschlichen Gewalttaten, die der deutsche Antisemitismus gerade verübte, [anprangert ...]. Hitler-Deutschland löste durch die ungeheuerliche Natur seiner sowohl von der Regierung als auch vom Volk begangenen Untaten, deren unerhörten Charakter es auch im nachhinein nicht zu erkennen scheint, in der ganzen zivilisierten Welt Empörung, ja allgemeine Entrüstung gegen sich aus. Das Deutsche Reich fällt auf sittlichem Gebiet auffallend in Ungnade [...].« Yves de La Brière: »Histoire religieuse du temps présent. Racisme et droit matrimonial«, in: »Études«, 75. Jg., Bd. 238, IV, 5. Dezember 1938, S. 665.

72 Vor allem in Deutschland, wo das Schweigen der Hierarchie durch die häufig zitierten Worte des Mitleids des Prälaten Lichtenberg grausam unterstrichen wurde, der am Abend des 10. November die Gläubigen in seiner Berliner Kirche dazu aufrief, »für die Priester in den Konzentrationslagern, für die Juden, für die Nichtarier« zu beten, und hinzufügte: »Was gestern war, wissen wir; was morgen ist, wissen wir nicht; aber was heute geschehen ist, haben wir erlebt. Draußen brennt die Synagoge. Das ist auch ein Gotteshaus.« Konrad Repgen: »Judenpogrom, Rassenideologie und katholische Kirche 1938«, a.a.O., S. 10 f.

73 Für alle folgenden Zitate siehe »La Documentation catholique«, XX. Jg., Bd. 39, Nr. 886, 20. Dezember 1938, S. 1481–1510.

74 »La Documentation catholique« gibt einfach den »November 1938« an.

75 In Kol. 3, 10–11 verkündet Paulus: »Denn ihr [...] seid zu einem neuen Menschen geworden, der nach dem Bild seines Schöpfers erneuert wird, um ihn zu erkennen. Wo das geschieht, gibt es nicht mehr Griechen oder Juden, Beschnittene oder Unbeschnittene, Fremde, Skythen, Sklaven oder Freie, sondern Christus ist alles und in allen.«

76 Konrad Repgen, a.a.O., S. 11.

77 Hinsichtlich der »Reichskristallnacht« siehe den »Osservatore Romano« vom 11., 18., 20., 23., 24., 26. und 27. November und vom 3., 16., 21., 22. und 24. Dezember 1938. Zu den Erklärungen der Kardinäle siehe den »Osservatore Romano« vom 18., 19. und 24. November; siehe ebenfalls »La Documentation catholique« vom 20. Dezember 1938.

78 Das letzte Zitat entstammt der Rede Kardinal Schusters, die weiter oben bereits zitiert wurde.

79 »La Civiltà Cattolica« druckt diesen Artikel in voller Länge ab (siehe »Cronaca contemporanea«, Bd. IV, quad. 2123, 25. November 1938, S. 471–474). In Frankreich
wird diese Frage dreimal auf der ersten Seite von »La Croix« behandelt und führt am
16. November zu einem Leitartikel Pater Merklens, in dem er mit den Worten des
»Osservatore Romano« betont, daß es sich dabei um eine »Prinzipienfrage von höchster Bedeutung« handle (Alain Fleury, a.a.O., S. 325). In den »Études« lehnt sich
Yves de La Brière ebenfalls sehr eng an die Ausführungen des »Osservatore Romano« an, bevor er mit der konzilianten Bemerkung schließt: »Der italienische
Scharfsinn wird keine Probleme haben, irgendeine neue Formulierung oder nuan-
ciertere Bestimmungen für die Verordnung vom 10. November zu finden. [...] Die
Freunde Italiens sowie die dem Heiligen Stuhl unterworfenen Söhne auf der ganzen
Welt hoffen von Herzen, daß in dieser und jeder anderen umstrittenen Sache der
Geist der Eintracht und der Zusammenarbeit gestärkt werde, der mehr als je zuvor
ein Gebot der dringlichsten Forderungen der höchsten Weisheit ist« (Yves de La
Brière: »L'histoire religieuse du temps présent. Racisme et droit matrimonial«, in:
»Études«, 75. Jg., Bd. 238, IV, 5. Dezember 1938, S. 670–672).

80 Lat.: Verletzung.

81 D. h. Protestanten und Orthodoxen.

82 Siehe John LaFarge, a.a.O., Kap. XIV: »Social equality and intermarriage«,
S. 192–199.

83 Es handelt sich um die bereits erwähnte Rede Kardinal Schusters vom 13. November
1938.

84 Anspielung auf den Besuch Hitlers Anfang Mai 1938 in Rom, von dem weiter oben
bereits die Rede war.

85 »L'Osservatore Romano«, 25. Dezember 1938. »Getreue und vollständige« [franzö-
sische] Übersetzung in: »La Documentation catholique«, XXI. Jg., Bd. 40, Nr. 889,
20. Januar 1939, S. 67–72.

86 Zusammenfassung im »Osservatore Romano« vom 19. Januar 1939, vollständige
[französische] Übersetzung unter dem Titel »L'Église, le racisme et le problème juif«
in »La Documentation catholique«, XXI. Jg., Bd. 40, Nr. 891, 20. Februar 1939,
S. 243–246.

87 Kardinal Eugène Tisserant war zu jener Zeit Sekretär der Kongregation für die Ost-
kirche[n]. Diese Aussagen wurden ohne Quellenangaben im »National Catholic Reporter« vom 15. Dezember 1972 auf S. 13 angeführt.

88 Der spätere Staatssekretär Johannes' XXIII.

89 »National Catholic Reporter«, 22. Dezember 1972, S. 3 f.

90 »La Documentation catholique«, die wir hier zitieren, präzisiert: »Am 26. Januar
[1959] hatte S. H. Johannes XXIII. bei einem Besuch im Staatssekretariat die Gelegenheit, im Geheimarchiv das Manuskript einer Rede einzusehen, die Pius XI. am
10. Februar 1939, seinem Todestag, vor den Bischöfen Italiens halten sollte. Zum erstenmal in seinem Pontifikat hatte er sie vor der großen Zeremonie, die anläßlich des
zehnten Jahrestages der Unterzeichnung der Lateranverträge tags darauf im Petersdom stattfinden sollte, alle in den Vatikan gerufen. Nicht ohne Erschütterung wird
man in diesem von S. H. Johannes XXIII. an die italienischen Bischöfe gerichteten
Brief lange Auszüge aus dieser Rede lesen [...].« »Alles, was von diesem Manuskript
übrig sei, sagte Johannes XXIII. in diesem Brief, verdiene es, vor jeglichem profanen
und indiskreten Blick geschützt aufbewahrt zu werden. Seinerzeit wurden zahlreiche aus der Luft gegriffene Hypothesen aufgestellt über die letzten Bekundungen

eines Denkens und Fühlens, die für jeden, der die spirituelle Überlegenheit Pius' XI. kannte, nur erhaben und sehr edel sein konnten. Doch die Umstände dieser Wochen, die für den alten Pontifex nicht ohne Bitterkeit waren, hätten verständlich gemacht, daß er sich in Formulierungen und mit einem Ton allzu berechtigter Verbitterung ausdrückte.« »La Documentation catholique«, XLI. Jg., Bd. LVI, Nr. 1298, 1. März 1959, S. 257–264, darin zitiert: »Osservatore Romano« vom 9./10. Februar 1959.

91 Siehe 3. Kapitel.

Schluß

1 Émile Poulat: »Catholicisme, démocratie et socialisme«, a. a. O., S. 475. Siehe zu diesem Thema auch Jean-Marie Mayeur: »Trois papes: Benoît XV, Pie XI, Pie XII«, in: ders./Charles Pietri/André Vauchez/Marc Venard: »Histoire du christianisme...«, a. a. O., S. 13–44.

2 Émile Poulat: »Catholicisme...«, a. a. O., S. 63–66.

3 »Obgleich diese Liebe zu Heimat und Volk eine reiche Quelle von Tugenden und Heldentaten sein kann, wenn sie Christi Gesetz zur Norm hat, so wird sie doch zum Anlaß schreienden Unrechts, wenn sie die rechten Grenzen überschreitet und in maßlosen Nationalismus ausartet.« Pius XI.: »Ubi Arcano Dei«, 23. Dezember 1922, zitiert nach Emil Marmy (Hrsg.): »Mensch und Gemeinschaft in christlicher Schau. Dokumente«, Fribourg, 1945, S. 709–738, hier S. 721.

4 So lautete der Wahlspruch Pius' X.: »Instaurare omnia in Christo« (Jean-Marie Mayeur u. a.: »Histoire du christianisme«, a. a. O., S. 22 f.).

5 Es handelt sich hierbei um praktisch dieselben Ausführungen zur Einheit und Vielheit, wie man sie in »Interracial Justice« von John LaFarge findet.

6 Siehe auch im 4. Kapitel den Brief Pater Killeens an LaFarge vom 27. Oktober 1938.

7 Wir haben im 5. Kapitel gesehen, daß »L'Osservatore Romano« vom 14./15. November 1938 in einem Artikel über »alle jüngsten gesetzlichen Bestimmungen für Eheschließungen« die gleiche Frage im gleichen Geiste ansprechen wird.

8 Jules Isaac, »L'Enseignement du mépris«, Fasquelle, Paris, 1962.

9 Gordon Zahn: »The unpublished encyclical – an opportunity missed«, in: »National Catholic Reporter«, 15. Dezember 1972, S. 9.

»Humani generis unitas« –
Der vollständige Text

Zur Textgestalt

1 Sowie vermutlich mit einem ersten Teil der lateinischen Übersetzung, die Pater Heinrich Bacht SJ angefertigt hatte. Doch haben wir von ihr keine Spur gefunden. Die Zeugnisse und Nachforschungen, die den unseren vorausgingen, haben sie im übrigen nur nebenbei erwähnt.

2 Mikrofilm 62.

3 Sicherlich muß man diese Bemerkungen mit einer auf französisch verfaßten Anmerkung in Zusammenhang bringen, die mit der Maschine auf ein eigenes Blatt getippt und an das Ende der »langen« englischen Fassung gesetzt wurde:
»c) Es wurden mit Bedacht *zwei neue Ausdrücke* geschaffen oder erfunden TOTALITÉ D'EXTENSION [EXTENSIVE TOTALITÄT], und NATIONALITÉ TERRIENNE [VOLKSTUM].
Mit extensiver (bzw. intensiver) Totalität will man ungefähr das zum Ausdruck bringen, was der Heilige Vater schon sagte, als er vom objektiven (bzw. subjektiven) Totalitarismus sprach. Die *intensive Totalität* ist nur der *volle Ausdruck des eigenen Wesens.* Der Staat zum Beispiel, der intensiv total ist, erfüllt seine Aufgabe als Staat voll und ganz; er ist im ganzen Sinne tätig, was er seinem Wesen nach sein muß. Die extensive Totalität dagegen ist die Ausdehnung seiner Aktivitäten auf Gebiete oder Interessen, die außerhalb seiner eigentlichen Funktionen liegen; das ist der Totalitarismus im eigentlichen Sinne, die Einmischung des Staates in Angelegenheiten, die seinem Wesen und seinen Rechten fremd sind. (Man beachte hinsichtlich der Opportunität der Enzyklika, daß diese extensive Totalität [Streichung] sich ganz und gar nicht auf die heute ›totalitaristisch‹ genannten Staaten beschränkt, sondern sich mehr oder weniger überall findet, z. B. im Bereich des öffentlichen Erziehungswesens.) Die Prägung dieses Begriffs gibt der Kirche im Kampf für die Freiheit des Gewissens und für die Freiheit der christlichen Erziehung eine neue Waffe in die Hand. Es ist sehr schwierig, außerhalb der deutschen Sprache einen exakten Ausdruck für die Wörter *Volk** und *Volkstum** zu finden. Im Französischen sowie in anderen modernen Sprachen scheint das Wort ›peuple‹ (*people, popolo*) die dahinterstehende Idee nicht exakt auszudrücken. Die hier vorgeschlagene Unterscheidung zwischen ›Nationalité Terrienne‹ (*Volkstum**) und Nation ist eine unter den modernen Autoren allgemein akzeptierte Unterscheidung, obgleich der Ausdruck ›Nationalité Terrienne‹ eine Eigentümlichkeit der Enzyklika ist.
d) Die Vorgehensweise, die Frage der Eheschließung zwischen den Rassen vom sittlichen Standpunkt aus zu behandeln, ohne die grundlegenden Freiheiten der menschlichen Person und die Freiheit der Kirche auf diesem Gebiet zu beeinträchtigen, aber auch ohne unüberlegte und schädliche Praktiken zu ermutigen, verwendet Unterscheidungen, die die hohe Gunst mehrerer Bischöfe fanden, die diesem Thema besondere Aufmerksamkeit widmeten.«

4 Interne Analyse: Untersuchung der Inhalte und der Schreibstile, der handschriftlichen Anmerkungen und der Streichungen, der Maschinenabschriften etc.; externe Analyse: Zeugenaussagen von Spezialisten und Mitarbeitern Gundlachs (Stanton zitiert die Korrespondenzen der Jesuitenpatres Burkhart Schneider, d'Ouince, Anton Rauscher und Robert Graham). Vgl. »Authorship of the Text«, in: a. a. O., S. 186–194.

5 Edward S. Stanton, a. a. O., S. 192 f.

6 Vgl. weiter oben, 3. Kapitel.

7 Brief H. Bachts an Schwarte mit Datum vom 5. März 1973, zitiert in: J. Schwarte, a. a. O., S. 78.

8 Mündliche Information A. Rauschers, zitiert in: J. Schwarte, a. a. O., S. 79.

9 Paul Droulers, a. a. O., S. 336 f.

10 E. Stanton, a. a. O, S. 189 f.

Humani generis unitas

1 So besaß die Kirche augenscheinlich stets eine außerordentliche Macht, die bürgerliche und politische Freiheit der Völker zu schützen und zu schirmen. [...] Die Rechtsgleichheit aller, wie die wahre Brüderlichkeit der Menschen untereinander, hat Jesus Christus zuerst vor allen anderen gepredigt; die Stimme seiner Apostel war nur das Echo dieser Lehre, da sie predigten: »*es sei kein Jude, noch Grieche, noch Barbar, noch Skythe, sondern alle seien Brüder in Christus*«. »*Ita semper permagna vis Ecclesiae apparuit in custodienda tuendaque civili et politica libertate populorum ... Aequabilitatem juris, veramque inter homines germanitatem primus omnium JESUS CHRISTUS asseruit: cui Apostolorum suorum resonuit vox, non esse Judaeum, neque Graeceorum, neque barbarum, neque Scytham, sed omnes in Christo fratres*« (Leo XIII., »Libertas«; dt. in: Marmy, a.a.O., Nr. 99, S. 95).

2 Siehe den verurteilten Irrtum 39 in Leos XIII. »Quanta cura«: »Der Staat ist Ursprung und Quelle aller Rechte und verfügt daher über ein unumschränktes Recht.« *Reipublicae status, utpote omnium iurium origo et fons, iure quodam pollet nullis circumscripto limitibus* [dt. in Marmy, a.a.O., S. 48, Nr. 40].

3 Leo XIII., »Quod Apostolici«: »In der Tat prägt die Kirche dem untergebenen Volke beständig das Apostolische Wort ein: *Es gibt keine Gewalt, außer von Gott, und die, welche besteht, ist von Gott angeordnet*« [dt. nach Marmy, a.a.O., S. 123, Nr. 151].

4 So wie früher unter dem Liberalismus sieht man heute die Worte Unseres Vorgängers bestätigt: »Denn in der Tat, wenn einzig und allein die menschliche Vernunft über Gut und Bös zu entscheiden hat, wird jeder Unterschied zwischen Gut und Bös aufgehoben [...]. Im öffentlichen Leben löst sich alsdann die obrigkeitliche Gewalt los von ihrem wahren und natürlichen Ursprung, aus dem sie alle wirksame Kraft für das Gemeinwohl schöpft« Leo XIII., »Libertas« [dt. nach Marmy, a.a.O., S. 98, Nr. 106].
Reiecto ad humanam rationem et solam et unam veri bonique arbitrio, propriu tollitur boni malique discrimen [...]. In rebus autem publicis, potestas imperandi separatus a vero naturalique principio, unde omnem haurit virtutem efficientem boni communis.
Siehe »Ubi arcano«: »Indem sie Gott die höchste Ehre gibt, erkennt Sie [die Kirche], daß von ihm die Gewalt und deren Rechte kommen.«

5 »Caritate Christi«.

6 »De Civ. Dei«, Lib. XIX, C. 17.

7 »De moribus cath. Eccl.«, I. 30 (P.L., Bd. 32, C. 1336).

8 »De moribus cath. Eccl.«, Lib. I, cp. 30.

9 »De mor. cath. Eccl.«, Lib. I, cp. 30.

10 »Polit.«, 3. 16, 1287 a.

11 »De Leg.«, 1.2. C.4.

12 »Ep. 21«, M.P.Z. XXII, 1029.

13 »De Sermone Domini in monte«, I, 2.

14 Röm. 2, 15.

15 »De mor. cath. Eccl.«, Lib. I, c. 30.

16 Sancti Leonis Papae: »Sermo de Pass. Domini«.

Bibliographie

Archive:

LaFarge, John: »Humani generis unitas« und weitere Dokumente im Anhang; Mikrofilm, im Dezember 1987 von Pr. Thomas Breslin erhalten, der ihn 1969 aufgenommen hatte, während er das Archiv LaFarge im Loyola-Seminar, New York, durchsah.
Gundlach, Gustav: »Societatis unio«, 89 maschinengeschriebene Seiten, Archiv G. Gundlach in der Katholischen Sozialwissenschaftlichen Zentralstelle, Mönchengladbach.

Enzykliken:

Pius XI.: »Quadragesimo anno«, 1931; »Mit brennender Sorge«, 14. 3. 1937; »Divini Redemptoris«, 19. 3. 1937.
Pius XII.: »Summi pontificatus«, 20. 10. 1939.

Dissertationen:

Schwarte, Johannes: »Gustav Gundlach SJ (1892–1963). Repräsentant und Interpret der katholischen Soziallehre in der Ära Pius' XII. Historische Einordnung und systematische Darstellung«, Dissertation im Fach Theologie an der Fakultät für katholische Theologie der Westfälischen Wilhelms-Universität Münster, 1974; veröffentlicht in der Reihe: »Abhandlungen zur Sozialethik«, hrsg. v. Wilhelm Weber und Anton Rauscher, Bd. 9, München/Paderborn/Wien, 1975.
Stanton, Edward SJ: »John LaFarge: Understanding of the Unifying Mission of the Church, Especially in the Area of Race Relations« (Ph. D.), St. Paul's University, Ottawa, Kanada, 1972.

Artikel:

»Amici Israel«, in: »Lexikon für Theologie und Kirche«, 2., neubearb. Aufl., Freiburg im Breisgau, Herder, 1930, Bd. 1.
Gundlach, Gustav: »Antisemitismus«, in: »Lexikon für Theologie und Kirche«, 2., neubearb. Aufl., Freiburg im Breisgau, Herder, 1930, Bd. 1.
LaFarge, John SJ: »Racism«, in: »New Catholic Encyclopedia«, hrsg. v. der Catholic University of America, Washington, D.C./New York/St. Louis/San Francisco/Toronto/London/Sidney, McGraw-Hill, 1967, Bd. 12.
Nota, Johannes SJ: »Edith Stein und der Entwurf für eine Enzyklika gegen Rassismus und Antisemitismus«, in: »Freiburger Rundbrief«, 1975, S. 35–41.
Schneider, Burkhart SJ: »Una enciclica mancata«, in: »L'Osservatore Romano«, 5. April 1974; dt. in: »L'Osservatore Romano« (dt. Ausgabe), 20. April 1973, S. 7 u. 10.

Periodika:

»L'Action populaire«
»America«
»La Cité chrétienne«
»La Civiltà Cattolica«

»Commonweal« (jesuitisch)
»Der Spiegel«
»La Documentation catholique«
»Informations catholiques internationales«
»KNA-Nachrichten«
»The Month«
»National Catholic Reporter«
»Neue Zürcher Zeitung«
»La Nouvelle Revue théologique«
»L'Osservatore Romano«
»Sens«
»Stimmen der Zeit«
»Time Magazine«

Bücher:

Bonsirven, Joseph SJ: »Sur les ruines du Temple«, Paris, Grasset, 1928.

Bressolles (Mgr.)/ D'Harcourt, Robert/de La Brière, Yves/De Lapparent, Albert/Seillierre, Ernest: »Racisme et christianisme«, Vorw. von Kardinal Baudrillart, Paris, Flammarion, 1939.

Charles, Pierre SJ/Folliet, Joseph/Lorson, Pierre SJ/van Campenhout, Ernest: »Racisme et catholicisme«, Paris/Tournai, Casterman, Juli 1939 (Sonderdruck der »Nouvelle Revue théologique«, Februar 1939).

LaFarge, John SJ: »Interracial Justice«, America Press, 1937 (2. Auflage unter dem Titel »The Race Question and The Negro. A Study of the Catholic Doctrine on Interracial Justice«, New York, Longmans, Green and Co., 1943).

Memoiren:

Engel-Janosi, Friedrich SJ: »Vom Chaos zur Katastrophe: Vatikanische Gespräche 1915 bis 1938«, München, Harold Wien, 1971.

Gundlach, Gustav SJ: »Meine Bestimmung zur Sozialwissenschaft«, maschinenengeschriebene autobiographische Aufzeichnungen, Rom, 23. Februar 1962; zitiert bei Schwarte, a. a. O.

LaFarge, John SJ: »The Manner is Ordinary«, New York, Harcourt, 1954; franz. Übs.: »Un Américain comme les autres«, Paris, Alsatia (in der Reihe »Sagesse et Cultures«, hrsg. v. Jacques Maritain), 1959.

Muckermann, Friedrich SJ: »Im Kampf zwischen zwei Epochen. Lebenserinnerungen«, 3 Bde., Mainz, Matthias Grünewald-Verlag, 1973.

Nell-Breuning, Oswald von SJ: »Der Königswinterer Kreis und sein Anteil an ›Quadragesimo Anno‹«, Berlin, Soziale Verantwortung, 1968.

Allgemeine Werke:

Bea, Augustin Kardinal: »L'Église et le peuple juif«, Paris, Cerf, 1967; dt. Übs.: »Die Kirche und das jüdische Volk«, Freiburg/Basel/Wien, Herder 1966.

Bloy, Léon: »Le Salut par les Juifs«, Paris, Mercure de France, 1946 (1. Aufl.: 1892).

Butturini, G.: »Alle origine del Vaticano II. Una proposta di Celso Constantini«, Pardenone, 1988.

»Cahiers Paul Claudel« Nr. 7 (»La figure d'Israël«), Paris, Gallimard, 1968.

Commission Pontificale Justice et Paix: »L'Église face au racisme. Pour une société plus fraternelle«, Rom, 10. Februar 1989, in: »Les Grands Textes de la Documentation catholique« Nr. 75, Beilage zu »La Documentation catholique« Nr. 1979, Paris, 5. März 1989.

Confalonieri, Carlo Kardinal: »Pio XI visto da viccino«, Turin, 1957; dt. Übs.: »Pius XI. Aus der Nähe gesehen« (Bibliothek Ekklesia, Bd. 25), Aschaffenburg, 1962.

Congar, Yves O. P.: »L'Église catholique devant la question raciale«, Paris, UNESCO (in der Reihe »La question raciale et la pensée moderne«), 1953; dt. Übs.: »Die katholische Kirche und die Rassenfrage«, Recklinghausen, 1961.

Conzemius, Victor: »Églises chrétiennes et totalitarisme national-socialiste. Un bilan historiographique«, Publications universitaires de Louvain, 1969.

Delpech, François: »Sur les Juifs«, Lyon, Presses universitaires de Lyon, 1983.

Denzler, Georg/Fabricius, Volker: »Die Kirchen im Dritten Reich«, 2 Bde., Frankfurt am Main, 1984; als bearbeitete Taschenbuchausgabe: dies.: »Christen und Nationalsozialisten«, 1 Bd., Frankfurt am Main, Fischer 1993.

De Spiritu Sancto, Teresia Renata: »Edith Stein«, Nürnberg, Glock und Lutz, 1952.

Droulers, Paul SJ: »Politique sociale et christianisme. Le père Desbuquois et l'Action populaire«, Paris, Éditions Ouvrières, Bd. 1: »Débuts. Syndicalisme et intégristes (1903–1918)«, 1969; Bd. 2: »Dans la gestation d'un monde nouveau (1919–1946)«, 1981.

»Les Églises devant le judaïsme« (offizielle Dokumente 1948–1978, hrsg. v. Marie-Thérèse Hoch u. Bernard Dupuy), Paris, Cerf, 1980.

»Encyclopedia Judaica«: »Italy«, S. 1134f.

Ericksen, Robert P.: »Theologen unter Hitler«, München, Hanser 1986.

Falconi, Carlo: »Das Schweigen des Papstes. Eine Dokumentation«, München, 1966.

Flannery, Edward H.: »The Anguish of the Jews. Twenty-three Centuries of Anti-Semitism«, New York/London, MacMillan, 1965.

Fleury, Alain: »›La Croix‹ et l'Allemagne, 1930–1940« (mit einem Vorwort von René Rémond), Paris, Cerf, 1986.

Friedländer, Paul: »Pius XII. und das Dritte Reich. Eine Dokumentation« (mit einem Nachwort von Alfred Grosser), Reinbek bei Hamburg, 1965.

Jansen, Hans: »Christelijke Theologie na Auschwitz«, Bd.1: »Theologische en Kerkelijke wortels van het Antisemitisme«, Gravenhage, Boekencentrum BV, 1981.

Klein, Charlotte: »Theologie und Anti-Judaismus«, München, Chr. Kaiser, 1975.

dies.: »Vatican and Zionism, 897–1964«, in: »Christian Attitudes on Jews and Judaism«, Juni–August 1974.

dies.: »In the Mirror of ›Civiltà Cattolica‹. Vatican View of Jewry, 1932–62«, in: »Christian Attitudes on Jews and Judaism«, Juni–November 1975.

Lacouture, Jean: »Jésuites«, Paris, Seuil, 1991.

Ladous, Régis: »Des Nobel au Vatican«, Paris, Cerf, 1994.

Lapide, Pinchas: »Rom und die Juden«, übs. v. J. u. T. Knust, Freiburg/Basel/Wien, Herder, 1967 (Originalausg.: »The Last Three Popes and the Jews«, 1967).

Laurentin, René: »L'Église et les Juifs à Vatican II«, Paris, Casterman, 1967.

Lewy, Guenter: »Die katholische Kirche und das Dritte Reich«, übers. v. H. Schulz, München, Piper, 1965 (Originalausg.: »The Catholic Church and Nazi Germany«, New York, 1964).

Liebmann, Maximilian: »Kardinal Theodor Innitzer und der Anschluß. Österreichische Kirche 1938«, Graz/Wien/Köln, Styria, 1988.

Losinger, Anton: »Gerechte Vermögensverteilung. Das Modell Oswald von Nell-Breunings« (Abhandlungen zur Sozialethik, Bd. 34), Paderborn/München/Wien/Zürich, Schöningh, 1994.

317

Lovsky, F.: »Antisémitisme et mystère d'Israël«, Paris, Albin Michel, 1955.

Lubac de (Mgr.): »La Résistance chrétienne à l'antisémitisme«, Paris, Fayard, 1988.

Mayeur, Jean-Marie (u. a.): »Histoire du christianisme des origines à nos jours«, Bd. 12: »Guerres mondiales et totalitarisme (1914–1958), Paris, Desclée-Fayard, 1990.

Marrus: »The Holocaust in History«, Hanovre HH, University Press of New England/ Brandeis University Press, 1987.

Montcheuil de, Yves: »Spiritualité, théologie et résistance«, Grenoble, PUG, 1987.

Montclos de, Xavier: »Les Chrétiens face au nazisme et au stalinisme«, Paris, Plon, 1983.

Montclos de, Xavier/ Luirard, Monique/ Delpech, François/ Bolle, Pierre (u. a.): »Églises et chrétiens dans la Seconde guerre mondiale« (Akten der Kolloquien vom 7.–9. Oktober 1976 in Grenoble und vom 27.–30. Januar 1978 in Lyon), Presses universitaires de Lyon, Bd. 1: »La Région Rhône-Alpes«, 1978, Bd. 2: »La France«, 1982.

Petit, Jacques: »Bernanos, Bloy, Claudel, Péguy. Quatre écrivains catholiques face à Israël, images et mythes«, Paris, Calmann-Lévy, 1972.

Pierrard, Pierre: »Juifs et catholiques français«, Paris, Fayard, 1970.

Poulat, Émile: »Intégrisme et catholicisme intégral«, Tournai/Paris, Casterman, 1969.

ders.: »Catholicisme, démocratie et socialisme«, Tournai/Paris, Casterman, 1977.

ders.: »Une Église ébranlée. Changement, conflit et continuité de Pie XII à Jean-Paul II«, Paris/Tournai, Casterman, 1980.

»Remembering for the Future. Jews and Christians During and After the Holocaust« (International Scholar's Conference in Oxford 10.–13. Juli 1988, Oxford/New York, Pergamon Press, 1988.

Rauscher, Anton SJ: »Gustav Gundlach, 1892–1963«, Paderborn/München/Wien/ Zürich, Schöningh, 1988.

Repgen, Konrad: »Judenpogrom, Rassenideologie und Katholische Kirche« (Reihe »Kirche und Gesellschaft«, Nr. 152/153), Mönchengladbach, 1988.

Rhodes, Anthony: »The Vatican in the Age of the Dictators, 1922–1945«, London, Hodder and Stoughton, 1973.

Roche, Georges (Mgr.) / Saint-Germain, Philippe: »Pie XII devant l'histoire«, Paris, Laffont, 1972.

Schmidt, Stjepan SJ: »Agostino Bea, il cardinale dell'unità«, Rom, Città Nuova, 1988.

Shirer, William L.: »Aufstieg und Fall des Dritten Reiches«, übs. v. W. u. M. Pferdekamp, Köln/Berlin, Kiepenheuer & Witsch, 1961 (Originalausg.: »The Rise and the Fall of the Third Reich. A History of Nazi Germany«).

Villey, Michel: »Le Droit et les droits de l'homme«, Paris, PUF, 1990.

Zahn, Gordon: »Die deutschen Katholiken und Hitlers Kriege«, übs. v. E. Schmitz, Graz, 1965 (Originalausg.: »German Catholics and Hitlers Wars«, New York, 1962).

Namenregister

319

Hanser Sachbuch

Robert P. Ericksen
Theologen unter Hitler
Das Bündnis zwischen evangelischer Dogmatik
und Nationalsozialismus
Aus dem Amerikanischen von Annegrete Lösch
1986. 344 Seiten

»Das Buch des amerikanischen Historikers Robert P. Ericksen beschäftigt sich mit drei angesehenen deutschen Theologen: Gerhard Kittel, Paul Althaus und Emanuel Hirsch. ›Jeder dieser drei Männer war ein bedeutender und international anerkannter Wissenschaftler. Keiner von ihnen war vor 1933 Nazi, und keiner kann dem radikalen, fanatischen Nazismus zugerechnet werden. Und doch gibt es etwas, das sie miteinander verbindet: Jeder von ihnen hat Hitler öffentlich unterstützt, begeistert und mit wenig Zurückhaltung.‹ ... Ericksens Studie, in der ausführlich die politischen und theologischen Auffassungen von Kittel, Althaus und Hirsch dargestellt werden, vermittelt darüber hinaus allgemeinere Einsichten über die Haltung vieler Theologen im Dritten Reich. ... Die Stärke der Studie Ericksens liegt darin, daß er Verständnis für die Haltung dieser Männer weckt, ohne sie dabei von moralischer Schuld freizusprechen.« *Süddeutsche Zeitung*

»Wie weit können Theologen, denen man sensible Empfindungen für höhere Werte unterstellt, sich dem Zeitgeist entziehen? Daß diese Frage zumindest wieder einmal gestellt wird, ist das Verdienst des Autors Robert P. Ericksen und dessen Buch *Theologen unter Hitler*. ... Moralische Urteile sind leicht für den, der nie angefochten wurde. Dieses Buch sollte vor allem Pflichtlektüre für jene sein, die heute ungehindert und ohne Risiko ihre Ansichten zur ethischen Norm machen und dabei voller Eifer meist Sören Kierkegaards Warnung übersehen: ›Wer sich dem Zeitgeist vermählt, der ist bald Witwer.‹« *Die Welt*

»Die deutschsprachige Ausgabe ist zu begrüßen, zumal der Autor bewiesen hat, wie gründlich er deutsche Quellen und Literatur auszuwerten und deutsche Zeitzeugen zu befragen vermochte.« *FAZ*

Hanser Sachbuch

Peter Reichel
Politik mit der Erinnerung
Gedächtnisorte im Streit
um die nationalsozialistische Vergangenheit
1995. 387 Seiten, mit über 100 Abbildungen

»Der Hamburger Zeithistoriker Peter Reichel hat nun ein Buch über deutsche Gedächtnisorte und Erinnerungskonflikte vorgelegt, das viel zur Ernüchterung und Versachlichung der überhitzten Debatte beitragen kann. . . . Reichel hat seinen Gegenstand genau recherchiert; es ist dennoch kein langweiliges Buch geworden, denn Reichel versteht es, anhand der zahllosen Einzelfälle übergreifende Zusammenhänge und Konflikte zu verdeutlichen.« *Rheinischer Merkur*

»So traktiert das Buch grundsätzlich und in vielfältigen, überzeugenden Beispielen das anfangs benannte zentrale Paradox deutscher Erinnerungsbemühungen. . . . Die Landschaft, durch die Reichel seine Leser als gebildeter Cicerone und vorzüglich informierter Reiseleiter führt, wirkt eigentümlich vertraut. . . . Die *Politik mit der Erinnerung* wird noch für lange Jahre das Standardwerk zur deutschen Gedenkpolitik bleiben, jede künftige Einzeluntersuchung wird auf dieser Grundlage aufzubauen haben. Mit Reichels neuem Buch ist der zeitgeschichtlichen Forschung zum Nachkriegsdeutschland eine neue Disziplin erschlossen worden.« *taz*

»Ein erfrischend offenes, auf den moralischen Zeigefinger verzichtendes und deshalb weitsichtiges Buch – ein Buch, das ohne markige Schwarzweißzeichnungen auskommt, Grautöne bevorzugt. Das Bild, das hier von der deutsch-deutschen Erinnerungsgeschichte entworfen wird, ist deshalb sehr viel differenzierter und damit treffsicherer als all die wohlfeil-instrumentellen Legenden, die um ›Verdrängung‹ vs. ›Bewältigung‹ gewoben werden.« *Süddeutsche Zeitung*

Hanser Sachbuch

Ian Buruma
Erbschaft der Schuld
Vergangenheitsbewältigung in Deutschland und Japan
Aus dem Englischen von Klaus Binder und Jeremy Gaines
1994. 408 Seiten

»Burumas kundige Beobachtungen erweitern nicht nur den Horizont, sondern schärfen den Blick für den eigenen Umgang mit der deutschen Vergangenheit.« *Die Zeit*

»Buruma hat ein scharfsinniges, subtiles und aufrüttelndes Buch geschrieben, das mit den billigen Klischees über die Japaner aufräumt und das vor allem auch dem moralischen Hochmut der Deutschen entgegentritt, die den Anspruch erheben, sie hätten in Sachen Vergangenheitsbewältigung soviel bessere Arbeit geleistet als ihre japanischen Verbündeten.« *Tages-Anzeiger*

»Vielleicht gelingt es Buruma mit dieser Arbeit, das Zerrbild, das von uns Deutschen vorherrscht, zu berichtigen.« *Parlament*

»Egon Erwin Kisch ist ein Beispiel dafür, wie ein großer Literat aus einem Sachbuch Literatur machen kann, oder Joseph Roth mit seinen journalistischen Arbeiten. Das gilt auch für Ian Buruma. Er ist als Reisender in Sachen Vergangenheitsbewältigung in Japan und Deutschland unterwegs gewesen, und er hat ein gescheites und sprachlich lebendiges Buch über die Gegenwart beider Länder geschrieben.« *Der Tagesspiegel*